王赓武回忆录

（上卷）

［澳］王赓武 著　林纹沛 译

上海译文出版社

王赓武回忆录

《家园何处是》（上卷）《心安即是家》（下卷）

© 香港中文大学 2020

本书简体中文版由香港中文大学出版社授权出版，本版限在内地发行。

Copyright © Wang Gungwu

英文原版 *Home is not here* By Wang Gungwu and *Home is where we are* by Wang Gungwu and Margaret Wang 由新加坡国立出版社出版，中文版由该社授权翻译出版。

First published in English by NUS Press，Singapore.

Simplified Chinese Edition © 2022 by Shanghai Translation Publishing House

All rights reserved

图字：09 - 2021 - 147 号

图书在版编目(CIP)数据

王赓武回忆录：上、下卷/(澳)王赓武，(澳)林娉婷著；
林纹沛，夏沛然译. —上海：上海译文出版社，2022.2（2025.4重印）
  书名原文：Home is not here；Home is where we are
  ISBN 978 - 7 - 5327 - 8967 - 2

  Ⅰ.①王… Ⅱ.①王… ②林… ③林… ④夏… Ⅲ.
①王赓武—回忆录 Ⅳ.①K836.115.81

  中国版本图书馆 CIP 数据核字(2022)第 019463 号

王赓武回忆录：家园何处是（上卷） 心安即是家（下卷） *Home is not here；* *Home is where we are*	［澳］王赓武、林娉婷 著 林纹沛 夏沛然 译	出版统筹 赵武平 责任编辑 陈飞雪 装帧设计 胡 枫

上海译文出版社有限公司出版、发行

网址：www.yiwen.com.cn

201101 上海市闵行区号景路 159 弄 B 座

上海雅昌艺术印刷有限公司印刷

开本 720×1000 1/16 印张 37.25 插页 16 字数 285,000
2022 年 8 月第 1 版 2025 年 4 月第 4 次印刷
印数：18,001 — 20,000 册

ISBN 978 - 7 - 5327 - 8967 - 2
定价：148.00 元（上、下卷）

家园何处是

王赓武，1930 年生，新加坡国立大学特级教授，中国台湾地区"中研院"院士。广泛涉猎东南亚史、海洋史、中国近现代史、海外华人史等领域的研究，著作等身。历任新加坡马来亚大学文学院院长、澳大利亚国立大学远东历史系主任、中国香港大学校长。自香港大学荣休后长居新加坡，对东南亚研究院、新加坡国立大学李光耀公共政策学院及东亚研究所等机构有推进之功。

主要著作有《五代时期北方中国的权力结构》(1963)、《东南亚与华人：王赓武教授论文选集》(1987)《中国与海外华人》(1994)《海外华人：从落叶归根到寻觅自我》(2000) 等。

2020 年，王赓武获颁第四届"唐奖 · 汉学奖"，新加坡"殊功勋章"。

译者｜林纹沛，台湾大学外国语文学系学士、历史学系硕士，现为专职译者。译有《从彼山到此山》《一九一九，日本与中国：杜威夫妇的远东家书》（合译）等书。

目 录

叙说缘起

几年以前，我开始为孩子们写下我在怡保成长的故事。我知道这也是为了自己而写，因为过程中我努力回想父母当年的样子。我和父母同住一城的岁月，除开1948年间的九个月，只有孩提时代到十九岁为止。我觉得应该告诉孩子们，离家前我的世界有多不一样，好让他们了解对身为孩子的他们而言，有什么变了，以及对身为父母的我们而言，又有什么变了。内人娉婷（Margaret）知道我的故事，也赞成我趁着力所能及把故事讲出来。

之所以决定出版这个故事，是因为有一次我在新加坡碰到一群文史工作者，他们让我更加意识到过往历史里的个人层面。我大半辈子都在研究历史，觉得过往十分迷人。我想要为自己，也为那些和我同样渴求知识的人们剖析世间万物的道理，然而我感兴趣的道理总是如此宏大，甚至令人生畏。即使读到王侯将相和市井小民的人生，我看待他们时也保持批判的距离，希望从中学得更大的教训。随着时光流逝，我终于了解自己对过去的理解多么片面：我的研究理路主要依循欧洲历史学，也有儒家修身背景赋予的一些要素。

这些从事文史工作的朋友提醒了我，我们夸夸谈论历史的重要性时，其实无感于亲身经历某段历史时期的人们是什么感受、有什么想法。我们往往诉诸文献，试图以此捕捉苦与乐的时刻，尽管这有助我们想象他人过往的片段，但我们太缺乏人们实际经历的故事。关注地方文史遗产是第一步，鼓励大家分享人生或许可以是下一步。我开始觉得，也许家族外的人也会对我为孩子写下的故事感兴趣。因此我着手完成故事，写到 1949 年离开怡保赴新加坡，就读新成立的马来亚大学为止。在那之后，我的父母移居吉隆坡，再也没有回怡保。为了让这个故事适合更广大的读者群，我竭尽所能地修改并补充故事的各个篇章。

很多朋友跟我说，真希望当年父母还健在时多和父母聊聊，我记得自己在青少年时期想法正好相反。那时候我觉得母亲太常讲起中国，却太少讲到我真正想知道的事。不过我记得当时好希望父亲可以说说他自己的事，尤其是他在长江流域成长的中国童年。父母两人都热爱他们的中国，而且就我记忆所及，他们一直梦想能回到家乡。

在我心中，中国的不平衡让人不可思议。母亲眼中的中国，是她害怕会消失的传统中国，她希望自己的独生子对此能多少有所了解。母亲将之视为职责，要让我尽可能多认识中国，因为我是生长于异乡的孩子。

母亲丁俨、父亲王宓文和我。摄于 1930 年代中期，我们刚搬到怡保不久

我觉得应该把故事说出来，让我的孩子能读到这一切的来龙去脉。我一边写，一边后悔没有趁父母在世时多和他们聊聊。母亲最后确实写下了她的人生故事，我也为孩子们翻译了一部分，作为本书的内容。[1]真希望那时能要母亲多和我说说这些事。但我最觉得可惜的还是没能多听父亲讲一讲个人的事情，说说他的梦想，还有他的成长过程是什么样子。有时真希望父亲在我面前展现的是他真实的自我，而不要活得那么谨守他心中儒家父亲的典范。如果他愿意谈身处动荡时代，自己如何从孩子变成大人，我一定听得津津有味。或许是这份失落感驱使我说出这个故事。

母亲在1993年9月撒手人寰。临终之际，她把1980年完成的手稿《略述我五十年之回忆》留给我，那是她用非常工整的小楷为我写下的回忆录。她说她有好多人生故事想让我知道，但我们从未久坐长谈，因此无法好好把故事告诉我。我满怀悲伤捧读回忆录，因为从未听母亲当面讲述而错过了她人生里的好多环节。运用回忆录的段落，我将母亲人生的关键时刻转述给内人和孩子知悉。为孩子写下我的故事时，我进而翻译其中的相关篇章，让他们能读到祖母记忆中的故

---

1 中文版径用作者提供的手稿原文。——编注

第十六頁

為英校學生補習中文令汝就讀惟該校規定時間
對學生略有不便在下午一時半上課而英校一時
始放學汝回家勿忙吃飯即趨往校大約就讀僅
數月有一日踏腳車往時被一汽車兩懂汝摔在地
上承附近友人来告使我驚慌失措汝幸未受傷心始稍
法通知汝父我趕往一視汝難幸未受傷駕車
安駕汽車者乃一高級公務員警察来調查時恐己
有賠示帶至法庭判款二元了事汝又未受傷我
己經犯規汝既被判罰款二元了事汝又未受傷我
己喜出望外不頗與醉計較徒然結怨但自此以
後不散令汝再就讀使失去唸中文之機會未免可
惜自國內開戰後南来避難者日眾文人藝術家来
怡亦不少如徐悲鴻君張善子君翁点秋君張丹農
君黃延凱君張斯仁君李西浪君諸均先後抵達
汝父均結為文友有一日汝父下班未回從未有之
情形至晚十一時仍未歸令我疑慮欲往尋深夜我
一人不敢外出如欲帶女佣同行汝年幼且已入睡
如鎖門放汝一人在家又怕有危險正左右為難時
尹君乘三輪車来接告知一切攜汝同往一九三八
年底周師母攜五子女来怡最大者十三歲小者不

母亲丁俨的手稿《略述我五十年之回忆》第十六页

事。这样对孩子来说更为真实，因为他们有机会亲身阅读祖母的文字，能够更清楚知道对我而言她是怎么样的母亲。决定将成长故事付梓时，我认为也应该将母亲的故事放进来，附在我写的故事之后。

我记不清母亲是从什么时候开始告诉我她的故事，但我想应该早在我五岁上学以前就开始了。母亲说故事是为了让我对中国的家人有所了解，让我为返回中国做好准备。她想确保我看见她认识的全貌，好知道该抱有什么期待。假如我有妹妹，也许母亲就不会跟我说这么多了。但因为我是独生子，她又离家迢迢，没有其他人听她说故事，所以她必须确保我不会忘记她告诉我的种种。我们是第一代核心家庭，父母两人则成长于大家庭，和许多近亲同住一个屋檐下，同堂的至少有三代。其他亲戚都住在附近，所以通常也不需要多说亲戚的事。有好多故事母亲都再三重复，确保我领会。对她而言，这是一种文化传承实践，因为我从来不觉得她说故事是为了让我觉得有趣。母亲的一言一行在在散发浓厚的责任感，我不久便了解到她在教育我认识自己的身份，知道自己是父亲的儿子，来自深深扎根于传统中国的家族。她希望让我知道自己在王氏家族的定位，也希望为生在遥远异乡的儿子尽好自己身为中国母亲的本分。

母亲从自身的故事开始说起。母亲名叫丁俨，家人叫她丁佩兰。她出生在江苏省东台县城，东台是滨海城镇，地处长江以北约五十英里，离父亲的故乡泰州不远。东台地势低平，接近沿海分布的盐田，那是丁家十九世纪享有的财富泉源。丁家来自镇江，镇江是长江三角洲的大城市，位于长江和大运河交汇处。丁家祖先里不乏曾任盐运使司衙署官员者，其中一些人去职之后仍然和盐业保持密切关系。十九世纪中叶，太平军逼近镇江时，母亲的这支丁家人离开镇江，前往东台。

丁家由成功的文人领导，他们期待家里的年轻子弟专心研读典籍，以图仕进，不过也有和盐业关系密切的丁家人。清廷在1904年之后废除科举考试，丁家子弟仍因循旧规，继续读书；一部分是家族传统使然，一部分也是因为他们不知道除此之外还能做什么。不过还是有比较务实的丁家人，他们转向商业投资，而这几支直到民国初年都还十分富裕。

母亲的大哥恪守传统。她告诉我她大哥要在瞬息万变的中国谋生时，有多么手足无措。这唤起了她个性中务实的一面，让她对中国青年男子应该读什么书感到非常矛盾。考虑到大哥的状况，她的观点是如果孩子对读书缺乏天分和兴趣，那么应该建议他学些实用的技能，而不该一味逼他读书。母亲还有个跟她一样务实的妹妹。她很喜欢妹妹，也认同妹妹的职涯选择：在地方政府当小职员。

丁家三个孩子出生时，家产仍然富裕完好，每到吃饭时间，全家超过百口集合在有数重庭院的大宅里。说到宅里用锣声召唤家人集合用餐，母亲甚至语带敬畏。男人在正厅的餐桌上吃饭，母亲则和她的母亲、妹妹在内厅同其他女眷一起吃。然而好景不长，母亲这代是沾得这种家族庇荫的最后一代。吸食鸦片渐渐荼毒家里的男丁，甚至也祸及一些女眷。清朝覆灭后动乱不已，加上军阀各据山头，让地方驻扎的军人得以在地盘内任意向商人和乡绅地主"征税"。

军阀苛捐加上鸦片烟害将东台丁家推上末路，不过母亲记得镇江的本家多挨了一段日子。母亲述说的丁家故事掺杂憾恨，我印象最深刻的是她如何严词批评某些宗族长辈。她一再重申鸦片的危害、种种铺张浪费、财务管理不当、大家族规模过分膨胀，而最重要的，是丁家男人无力适应这一隅中国瞬息万变的局势。

丁家传统上依循儒家教导，也囿于此一窠臼，大家期待儿孙用功读书，求取功名。她的父亲在研读经典方面的表现称不上优秀，因此被鼓励去帮忙家族经营盐业。1905 年母亲出生时，家境依然富裕，但不久之后，丁家从前和官僚的关系随着清朝垮台而断裂。其后，她的父亲和叔伯、堂兄弟竭力维持生意运转，以维系大家庭。这是场没有胜算的战斗。他们需要新的商业能力，但家里出不了真正具有企业才干的人才；面对袁世凯总统治下不稳定的民国政权和后继掌权的军阀，他们也欠缺与之周旋的必要关系。丁家上下只知道固守儒家价值观，让他们的子孙准备好展开某种书中自有的事业。他们或许预期帝国传统有所改良，但仍在能够适应的范围，似乎从不怀疑儒家的中心思想依旧会是政府的指导原则。

清朝统治结束以后，确实有件好事发生在母亲身上。纵然王朝已倾覆，又尽管民国政权支持一概终止妇女缠足的激进呼吁，但家里仍旧安排让母亲裹小脚。听到自己必须遵循习俗时，母亲向外祖母哭泣哀求。母女两人皆泫然落泪，但外祖母不改心意，缠足照旧进行。疼爱母亲的仆人不忍见到母亲哭泣，也向外祖母求情，她指出附近一些人家已经终止这项陋习。外祖母最终让步了。我觉得母亲的脚很小，但她说不准如果脚从来没被缠过，是不是可以长得更大。

母亲在成长过程中，看见家族随生意没落而四分五裂。她看见大哥整日埋首于儒家经典之中，唯一的乐趣消遣是书法和下棋。她和妹妹在家里学会读书写字，母亲对古今文章深有涵养，阅读涉猎广泛，甚至读了一些她不该读的传统小说，像《红楼梦》。家里期待她长大后帮她的母亲在持家上分忧解劳，因此她研读女德的典籍，也学习一应家务和各种实用技艺，皆是打理大家庭所必需。她最引以为傲的成就是勤练而来的好书法，她写得一手漂亮的标准小楷，这是丁家每个女子都应该会的技艺。母亲常常告诉我她练字有多努力，她和书法受到盛赞的堂姐一起练习，后来终于把字练到可与堂姐媲美。不过，母亲承认她永远没办法像堂姐一样精通绘画，堂姐不只是地方上的佳人，也被视为镇上最有才气的女画家。1980 年，我在上海再次见到这位堂姨，堂姨已经年近八十，依然美丽动人，她给我一柄亲笔作画落款的画扇，要我带给母亲，堪称珍宝。

我终于在 2010 年 4 月造访东台，却遍寻不着母亲口中的大宅和庭园。当地人告诉我大宅过去坐落何处，之后又怎么出售改建。他们为我指出那块土地上后来盖起的房屋，现在住着几十户人家。我遇见住在附近的某家人，他们还记得丁公馆（丁家大宅）的故事。其中一个人带我去看几百码外的小溪上的一座桥，仍然叫丁公桥，标示丁家土地的边界。尽管不知道他们说的有几分正确，但我所见的印证了母亲的故事，还是让我很高兴。

这些故事大部分是在我成长过程中，在战争于 1941 年延烧到怡保之前听说的。最初的故事听来趣味盎然，我们在怡保没有近亲，这些故事把我们小小的三口之家放进大网络中，连结为数众多的姨姑婶婶、叔伯舅舅，还有或亲或疏的堂表兄弟姐妹。深一层的背景里还有祖父母、外祖父母，以及其他祖辈亲人。母亲一丝不苟地教导我，要我认识所有分得清的亲戚，每个亲戚都有一两则趣闻赋予他们鲜活形象，亲戚个个都被精准定位，安置在以母亲父亲为中心以及最终以我为中心的网络中。因此我的心灵世界住满血亲，母亲那边除了她的大哥和妹妹之外都暗淡不清，但多亏母亲，父亲那边则鲜明清晰，溯及王家四代。

母亲说起夫家的故事，总是比说起娘家的故事要更温柔。这是因为她真的尊敬王家，还是因为她觉得自己身负儒家职责，必须教导我尊敬王家，对此我始终无法确定。或许两种理由都有一点，因为王家从来不是富贵人家，但他们坚守儒家文人传统，不碰生意也不沾鸦片——至少这是母亲透过精心挑选的故事所留给我的正面形象。

父亲名叫王宓文，字艺初，他对自己的事缄口不提，也不谈王家的事，而我也从来没有想过问父亲他青年时代的事情。我对父亲成长过程的了解均来自母亲之口，母亲对王家的好奇心驱使她把故事一点一滴拼凑出来。父亲 1903 年生于泰州，1911 年 10 月 10 日他和父母都在武昌，那天爆发的革命最终推翻了满清王朝。当时在武昌做生意的一位广东朋友帮助王家九死一生地逃离武昌，回到泰州。我的祖父王海山（字允成）无望在政府谋得职位，转而投身商场，经朋友介绍到银行工作，不过在商界似乎不太顺遂，之后又找了其他工作，但也没有做出什么成绩。

父亲之前在泰州时已开始读书。他的叔祖父王宗炎（字雷夏）是当时的一方大儒，父亲十分景仰叔祖父，因此就教于其子王冶山在武昌的学塾。父亲在武昌学习经典，接受叔叔的指导，叔叔督促他熟习重要的儒家典籍，鼓励他写作古文，并教他赏鉴最出色的诗作，上自《诗经》，下至唐宋名家。父亲师法叔祖父，学习颜真卿的颜体书法，之后又学古老的篆书。父亲勤练篆书，从不间断，我记得小时候每晚饭后都会看到他练字。除此之外，父亲也推崇家人钟爱的六朝文学，终其一生都以六朝风格作诗。

到父亲十二岁时，家里认为父亲的古典造诣已经足够。回泰州之后，他进了当地一所新式学校，钻研英文和数学，两者对他都是全新的科目。2010年9月，我和家人一起参观父亲的母校，学校向我介绍官方校史，我发现过往教师里有好几个王家人的名字，父亲也名列其中，1925年父亲刚从大学毕业时曾在此短暂执教。

从泰州的学校毕业之后，父亲获得一笔奖学金，可以进入南京高等师范学校，同年该校改组为国立东南大学，即国立中央大学的前身，也就是父亲之后决定要我就读的大学。父亲在大学攻读英国文学和教育，当时的校长郭秉文曾经赴美深造教育哲学，就教于哥伦比亚大学的约翰·杜威（John Dewey）和保罗·孟禄（Paul Monroe）等学者。郭秉文校长邀请这两位学者来此讲学数月，让国立东南大学以全国最进步的教育中心之姿声名远播。

父亲说起郭秉文时语带崇敬，他说郭校长延聘同为哥伦比亚大学校友的陶行知来领导教育学院。据父亲说，陶行知引介了当时急需的对教育方法的革新。父亲常常告诉我他受杜威之启发有多深，杜威是陶行知的老师，将教育哲学最新潮的观念传授给中国整整一代的老师。我不知道父亲在中国和马来亚的时候是什么样的年轻教师，但我知道1959年他担任柔佛州新山（Johor Bahru）宽柔中学的校长时，实践了他自由主义的主张。他在引进教与学的方法上饶有贡献，为学校赢得美誉，至今不坠。就我而言，可以说父亲对我的教育确实十分开明，赋予我极大的自由，可以开心上学，读想读的东西。这点常引起母亲担忧，母亲觉得我的生活需要多点规矩，但父亲极力避免让我接受他自己不得不经历的那种传统教育。中国远在他方，即使父亲真的想让我接受传统教育，恐怕也困难重重，不过，父亲实践了自己的信念，选择送我去上英文学校，现代教学方法正在英文学校里渐渐站稳脚步。

父亲当年之所以选择念英国文学，是因为他觉得自己对中国文学的认识已经足够，需要转而多了解外面的世界。他做这个决定时深知国立东南大学以汉代之后的文学见长，拥有许多优秀学者，尤其专精于他钟爱的六朝，而他对六朝诗的爱好始终不减。父亲转向英国文学后，特别关注诗歌的发展。他受教于曾留学哈佛的教授，像白璧德（Irving Babbit）的学生吴宓，后者将比较文学这个领域引介至中国。回忆起英文系的学生时光，父亲满怀情意，遥想一位年轻的美国孝道颂词。父亲的篆书作品。《论语·学而》："贤贤易色，事父母能竭其力，事君能致其身，与朋友交言而有信。虽曰未学，吾必谓之学矣。君子不重则不威，学则不固。主忠信，无友不如己者，过则勿惮改。"

教授罗伯特·温德（Robert Winter），温德教导他莎士比亚、弥尔顿、蒲柏和浪漫主义者（主要是华兹华斯和柯勒律治）的诗作，还告诉他中国对埃兹拉·庞德诗作的影响。这些都让他心中的浪漫面向更加坚定，我认为他也深受温德自由主义理想的影响。一边是养育他的传统，另一边则是英国文学为他开启的想象世界，终其一生，这两者的冲突始终存于父亲心中。

长大之后，我开始了解，父亲虽然鲜少谈论政治，但心底十分爱国。我认为他的爱国情怀来自大学时代的经验，以及他对华南国民革命军的钦佩：军阀割据中国，致使中国无力抵御外侮，而国民革命军最终推翻了军阀。国民政府发动北伐，1927 年拿下南京，终结了荒废的十年；在北伐之前，父亲就已去国到南洋执教。毕业后他的确曾在泰州教过一阵子书，后来又任教于南京的钟南中学，在南京期间，他受到鼓励前往东南亚，教育南洋华侨的孩子。

父亲热心支持华侨教育，在新加坡的华侨中学展开新事业。他在新加坡得知陈嘉庚的慈善工作，包括几年前陈嘉庚出资创办厦门大学。父亲后来告诉我他开始读林文庆的著作，林文庆是新加坡的土生华人（Peranakan Chinese）知识分子，曾任厦门大学校长。父亲赞赏林文庆能将西学素养和对儒家规训的信念相合璧的才学，尤其欣赏林文庆翻译的楚辞《离骚》。林文庆能够识认诗中提及的诸多草木花卉，也令父亲叹服。

父亲也到马六甲教书，任教于培风中学。该校由当地社群的头面人物创立，其中一位创办人之子沈慕羽是父亲最喜爱的学生。沈慕羽后来成为教育领袖，热烈支持父亲在宽柔中学的工作，是战后和马来西亚独立后推动华文学校发展的关键人物。

父亲刚到马来亚的头几年单身未婚。不过到了 1929 年，他获聘为华侨中学校长，这是荷属东印度爪哇岛泗水（Surabaya）的第一所华文中学。现在他的收入足以负担成家所需，于是他回到家乡泰州拜见祖父母，迎娶了母亲，这是祖父母为他选择的对象。祖父没有工作，家里十分穷苦。考虑到家人生活拮据，父亲在外赚取的收入十分重要，因此婚礼之后他并未久留，迅速带着妻子一起回东南亚。

和英属马来亚的华人不同，爪哇多数华人都在当地出生，而且大都已有数代侨居海外。荷兰人和印度尼西亚人（爪哇人）对待土生华人的态度也和对待新移民的态度迥然不同。在爪哇，政治忠诚错综复杂。荷兰人多年来教育土生华人把眼光投往西方，但新移民却紧逼所有华裔都要爱国——爱中国。与此同时，年轻的印度尼西亚民族主义者坚信人人皆应效忠他们即将建立、后来被称为印度尼西亚的新国家。华文中学身处这种种状况下应该扮演什么角色？找出答案就是父亲的任务。

在泗水以及后来在怡保，我们与非华裔的人，还有客家人、广东人、闽南人和其他华人住在一起，在他们眼中，我们有点奇怪。父亲是老师，因此大家对他总是恭恭敬敬；至于母亲，尽管也受到大家善意相待，她却觉得应该尽早回中国为上，以免日久儿子完全迷失了自己的身份。

父亲也和母亲一样担心，认同我们应该早日返回家乡，不过在我的成长过程中，父亲乐观得不可思议，相信他可以倾囊把真正重要的中国教给我，也就是古典文学和儒家思想的中国。父亲似乎认为，只要能把文化遗产的核心传授给我，就无需担心我会走偏，而必定会令我成为堂堂正正的中国人。因此，他一面信心满满地送我去上当地的英文学校，一面等待回中国的时机。父亲欣赏英国文学，但他自己是从少年时期才开始学英文。他认为如果情况许可，应该让我有机会早点开始学英文。父亲似乎相信中英文学底蕴的结合会是个好起点，让我更能适应现代世界。我注意到母亲对此存疑，但还是服从父亲的判断。那个时候，他们大概觉得这不会有什么害处，因为我们很快就会回中国。

在我七岁那年，日本侵略中国，战争粉碎了他们所有的计划。他们决定留在怡保，没有料到战争会经年不止，更想不到马来亚之后会遭日本占领。日军击败英军后，将东南亚战线进一步北推，挥军缅甸和印度，马来亚的不同社群发现他们的命运在日本统治下天差地别。英国人口调查的马来人、华人、印度人等分类被日本人利用来支持其分化政策。日本人宣称马来人身为本地原住民，应该受到保护，免受其他人种侵害。他们鼓励印度人在日本支持下，为了从大英帝国独立而战。华人则被单独归类为日本的敌人，或至少不可信任，除非他们愿意承认受控于日本的汪精卫南京傀儡政府。有部分华人、少数马来人、印度人，还有许多欧亚人依旧希望英国能重返此地，他们秘密支持地下活动，但是日本占领的主要影响仍是让马来亚各大种族间的猜疑和不信任更加僵固。

我们熬过了战争，随着英国重返马来亚以及国民政府重返南京，父亲母亲再一次准备回中国。我们等待启程返乡之际，内战仍在华北继续，但这并未让父母裹足不前。当我们终于动身前往中国，这趟返乡之行已被耽搁了十多年。我进入南京的国立中央大学，就读外文系。父母叮咛我要好好努力用功，才能在战后中国做个有用的人。他们明白我长成的模样不同于他们原本的希望，不过父亲依然乐观认为念几年大学，和中国教师、同学们一起生活，就能把这些都弥补回来。母亲比较务实，思考我能派上什么用场。最乐观来看，由于我拥有外国教育背景，她希望也许我能当外交官报效国家。

最终我在中国住的日子不如父母希望的长久，他们认为如果我在中国多住几年，就可以变得更像中国人。我转身离开了剧变中的中国；我既非新时代想要的中国人，也非父亲所希望的致力于成为"有为有守之公民"的中国人。父母希望回到故土，在南京展开新生活。孰料事与愿违。那年冬天，父亲病危，父亲学校提供的生活条件过于恶劣，母亲认定父亲不可能在这种状况下再撑一个冬天，坚持返回怡保。1948年底，在父母动身往马来亚的九个月后，南京政府的局势已经无可挽回，我也抛下大学学业和父母一样回到马来亚。印度尼西亚和越南的独立战争正打得如火如荼，而英国政府1948年决定必须对马来亚共产党展开军事镇压，这场称为"紧急状态"的冲突于焉爆发。我这个阶段的人生于是和战争不可思议地密不可分，以至于我几乎将战争视为常态。

第一部　我的小小世界

从泗水到怡保

1930 年，我在荷属泗水出生，那时经济大萧条刚击垮了资本主义世界。我们离中国有千里之遥，中国遭到军阀割据，现在又面临新兴海权日本帝国入侵的威胁。我的故事真正的起点，是我们一家三口试图返回故乡中国，但最后只走到怡保，抵达英属马来亚。往后十五年间，还有一次次的尝试以及一次次的失败。1947 年，我们一家三口的确抵达了南京，却不是就此快乐还乡。八个月后父母就打消了念头。再过九个月，1948 年底，我也放弃继续尝试，返回我成长的城镇。

等待回到中国以及重返马来亚，这两者形塑了我的人生，影响远比我意识到的还要深刻。如今老迈的我发觉一生中有好多环节都可回溯至这两地，也看得见年轻时的故事有双重视角。南京的意象让我想起人生中似乎几度追寻的目标，而怡保则代表了我生活其中并学会珍爱的多元文化世界。

多年以后，经过在三大洲间迁徙的日子，我了解称怡保为家乡不是单纯感情用事。我人生最初的十九年里，大多时光都在怡保的不同地区度过。怡保笼罩在想象中的祖国阴影下，不过在怡保成长让我对英国保护下的马来诸州带有好感，这份好感长存心中。与此类似，虽然我和南京关系并不密切，但南京在我心上留下了深刻的印记。回想在南京度过的日子时，我发现自己也会想起人生的其他时期，不禁把往日回忆与日后的经历联系起来。

父母搬离泗水时，我只有一岁大，因此对泗水毫无印象。一岁那年拍的两张照片留了下来。其中一张照片里，我是坐着的小婴儿，旁边站着一位高挑的爪哇女子。母亲告诉我这位爪哇女子喂我吃东西、帮我洗澡、跟我说马来语。另一张照片里的我被抱在园丁怀里，园丁在父亲的学校工作。照片里的我看起来被照顾得十分周到，身为母亲的头生子和唯一的孩子，深受眷顾。

1929 年，父亲获聘成为泗水第一所华文中学的校长。然而时运

我和爪哇保姆

不济，大萧条扩散至爪哇，岛上糖业崩盘。由地方华人实业家资助的私立学校顿时陷入财务危机。经过又一年的茫然不定，父亲决定请辞。校方无力负担送我们回中国的旅费，因此父亲同意就近找工作，前往马来亚，学校董事会的一位成员为我们支付到新加坡的旅费。父亲在新加坡找到工作，担任华文学校的副视学官，启程前往马来亚霹雳州最大的城镇——怡保。在父亲心目中，这是返回中国之路的中继站。他恐怕没有想到马来亚会成为自己和妻子的长眠之所，而中国则会成为儿子心中悠长的深影。

多年以后我才了解，父亲的经历是当时许多中国人同样必须面临的处境。我放下历史研究，转而书写父亲这一辈身处的变局以后，更加了解二十世纪初的局势，以及第二次世界大战结束后又发生怎样的剧变。我意识到像父亲这样的人提供了起点，让我由此了解过去发生的事，但在试图理解不同背景的人群时反而也是种阻碍，更何况有些人不是从中国迁居南洋，而是移民到世界其他地方。这让我想到应该说明移民研究不是我的主要兴趣。吸引我投入这个主题的，是中国对外部世界所代表的意义，尤其是对离开中国定居海外的华人而言代表什么。此外，我也好奇外部世界对中国的认识及想法。这些议题最初皆来自我对怡保和南京的回忆。

近打（Kinta）以盛产锡矿闻名，怡保是近打河流域（Kinta

Valley）最大的城镇。除了看起来像个中国城镇，怡保和我父母离开的那个中国毫无关联。怡保里华人居民占多数，他们拥有大部分的店铺，就住在店铺楼上。许多豪宅都是华人矿业家族的宅第。华人主要来自南方的广东省，说客家话和广东话，也有来自福建说闽南语的人，包括在英国殖民地槟城出生的本地人。

父母来自更北方的省份，完全听不懂他们的方言。我们说的中文比较接近国语（官话），是华文学校上课用的语言。学校聘的老师是来自中国沿海更北方地区会说国语的人，因此父亲能够和他负责管理的老师沟通，负责运作学校董事会的几位实业家则花了一番工夫才总算听懂父亲的话。母亲则学了一点广东话，好让仆人阿兰多少能理解她在说什么。不过母亲这里的华人朋友几乎听不懂母亲说广东话时想表达什么，母亲也从来没能把广东话讲得标准。

我的广东话是跟阿兰学的，这也是我学到的第一堂中国课：中国人有很多种，我和阿兰就不一样。这是父母不太招待客人的原因之一，家里仅有的访客是屈指可数的几位学校老师，通常来自怡保外的小镇，到此寻求父亲的建议或帮助。他们大都来自江苏省或浙江省，讲国语时操着南腔北调。我问母亲这些人是谁，母亲会告诉我有些人和州教育局有摩擦，有些人和学校董事会起了冲突，还有些人则带着个人问题上门。很多人都住在遥远的矿业小镇或橡胶园里，也是他们任教的小学所在地。然后，母亲还会告诉我，我们也一样离家迢迢，而且跟他们多数人一样，不会在此久留，等遇到适合的时机就回中国。

母亲往往一有机会就告诉我父亲对家里的长远打算，因此我五岁时就深知这一点，也时刻准备回去探望祖父母。母亲述说她和父亲如何在泰州成婚，婚后不久就动身前往爪哇，也述说父亲在泗水担任中学校长期间的事迹。她还告诉我年幼时我体弱多病，患有哮喘，而她自己对怀孕生子又所知甚少，还有生活在异乡，周遭的人都说着她完全不懂的语言，是多么孤立无援。

父亲送我去上英文小学，我开始上学的时候，中国即将崭露头角，或者说得更精确些，中国刚刚走出阴霾。我知道中国是我们的家乡：父母总是挂在嘴边的话题是中国的家人，以及该怎么努力让近亲生活得好些。他们婚后从来没有回过家，祖父母还没有见过我。因此，我自然而然认为返乡路的绿灯迟早会亮起；当父母告诉我要回家时，我一点也不意外。然而意料之外的是，我们不是真的要回乡定居，只是停留数周，造访老家。当时是 1936 年年中。母亲向我解释，现在父亲能告假回家，决定利用假期看看家人，但我们不打算回去长住，因为中日之间战争一触即发，祖父母要父亲留在怡保继续这份好差事，如此一来战争开打之后，他还能持续寄钱回家。我将此举视为孝行的典范，我也已经知道这是所有中国人最重视的价值观。

母亲在我年仅三岁时就开始教我认简单的汉字，为有朝一日返家做好准备。我不记得那时到底学了什么。她买了一套字卡，用来教中文读写。母亲说短短几天我就能记住几十个汉字，她满怀骄傲地告诉父亲我记得哪些字。一段时间以后，身为现代教育家的父亲担心她揠苗助长，向她解释孩子如果过早开始学习，只学会背诵个别生字，反而可能有害。母亲不甘不愿地就此打住，只得知足于知道我的头脑没有问题，开心地断定我天资聪颖。

从中国回来之后，情况完全改变了。父亲既然送我去上英文学校，于是决定亲自教我古文。每晚饭后，我们一起坐下来阅读简单的文本。父亲希望我学会文言文，这种语言不拿来说，除正式文件外鲜少使用。他教我用短句记生字，告诉我怎么读，以前的意思是什么，以之对比现在口语中的意思又是什么。父亲相信只要古文的造诣够深（包括学会文言文写作），就自然能够精通白话文，因此他不愿意让我念华文学校用的标准课本。何世庵（我的朋友何丙郁［Ho Peng Yoke］的父亲，何丙郁日后成为中国科学史史家）当时开授文言文私塾课程，父亲敬佩何世庵等人的努力，但不打算送我去他那里学习，因为何先生教授经典时用的是广东话。

父亲从传统的《三字经》和《千字文》教起，不过之后就改用二十世纪初编订的《新国文》课本。课文都是文言文，讲述知名儒家文人的各种故事，像是孔融和司马光等等，他们少年时的举止即已堪为标杆，相当于中国版的不说谎的华盛顿和阿尔弗雷德王（King Alfred）与糕饼的故事。精习语言的课程因此和高尚品德的教诲密不可分。我视之为常态，推测中国人、美国人、英国人共享一致的是非观念。

父母很快明白这样学中文远远不够。在英文学校，我每周上五天课，每天上课五小时，学习各种科目。经过这样的学习，我建立的英文语汇库足以描述种种观念和事物，都是中国古文篇章全未触及的范畴。我也需要现代中文语汇，因此父母决定下午送我去上华文学校。九岁的时候，他们买了脚踏车给我，让我可以骑车去附近新街场的私立学校上课。我在这里学会了更多中文语汇，堪比我在英文学校所学。但我的中文世界只是一方极小的天地。私立学校的其他学生住在镇上，教室是店铺里的一个房间，我们有一位老师，大家上课时才集合，下课就四散。后来我了解我们家为何与众不同：一部分是因为父母完全无意融入当地，同时也因为我们只有采买或看电影时才到镇上，然而这两种活动都不频繁。父母唯一比较亲近的朋友是吴家，他们住在镇上另一边，就在铁路旁。吴毓腾先生是父亲的直属上司，住在教育局附近由政府分配的房屋。吴先生和太太都是上海人，除了上海话也讲国语。吴太太很喜欢打麻将，每个周末都邀父母过去凑齐一桌四人。

　　记忆中，拜访吴家的日子是生活中的欢乐时光。我们刚搬到怡保的时候，吴家有三个孩子。老大迪先比我大几岁，他做模型飞机的高明技术让我们几个孩子都好崇拜。老二迪华则是孩子王，我们不管玩什么游戏都由他带头。老三是女孩子，叫作迪和，她比我大几个月，我叫她姐姐。吴家之后又添了三个孩子，我很喜欢被这几个更小的孩子叫哥哥。身为独生子，和吴家的孩子成为朋友，几乎就像拥有自己的兄弟姐妹。1937 年，吴先生的妹妹吴君亦（周太太）带着一男四女五个孩子来到怡保，逃离日本入侵的战乱。于是现在又多了两个比我年长的孩子，周绍海和周容与，我很敬重他们，听他们描述上海这个大城市。奇妙的是，虽然孩子个个都会说国语，但我们之间常用广东话沟通，从上海初来乍到的五个新成员也被带着入境随俗。店家做生意主要说广东话。出了政府官厅，怡保几乎没有人懂英文；当地的集市马来语（*pasar*/bazaar Malay）则是另一种常用语言。

每逢星期天，我们坐黄包车去拜访吴家，和他们共度。孩子们自己做玩具，也互相教对方在学校学到的游戏，像是在火柴盒里斗蜘蛛、踢毽子、放风筝等等，包罗万象。最重要的是，我们发明了可以好好利用吴家大庭园的游戏，也玩捉迷藏玩得不亦乐乎。

我从固定拜访吴家的行程中学到意想不到的一课。每次去吴家都会跨过一座小桥，经过优雅的印度教寺庙以及被充作道教寺庙的石灰岩露头上的洞穴。有时候从庙前经过，会看见汹涌人潮在这间庙或那间庙里参加祭典。我很好奇置身其中的意义，但父母从未停下脚步加入人群。

这让我注意到镇上还有很多别的庙宇，也有几座教堂和清真寺。我看见有些地方挤满祈祷的人群，有些地方则香烟缭绕。父母明白告诉我，他们认为举凡宗教活动都是迷信，必须与之划清界线。我注意到父母的朋友也不进庙宇、不上教堂，家里也没有任何宗教相关的东西，和我们家一样。我问母亲为什么，母亲的回答是她崇敬我们的祖先，也说明她深深尊敬王家长辈的原因，但我们无法从事任何仪式，因为家里的祠堂和牌位远在彼方。然而她的说明还是无法帮助我了解其他人为什么这么公开大方地展露信仰。但这在我心中种下怀疑论的种子，凡是无法明确归为理性的事物，我对之一律抱持怀疑。

回顾过去，我接受了家族观念：做中国人就是做深深扎根于中国悠久历史的儒家君子，这是家族文人背景的核心。虽然这个想法并未阻止王家人欣赏老子、庄子和研读佛经，但这个精英传统的首要之务是依循孔子及其弟子所教诲的理想，将年轻男子教育为帝国朝廷的忠仆。与官府及地方社会首脑人物的关联让多数王家人有别于常民，后者是他们理应领导、教育，有时也是统治的对象。因此，他们将各种民俗仪式和宗教实践视为文化特质，应该容忍，但不可信奉。他们对需要帮助的人萌生关怀之情时，背后的原则要求他们循义而行，也要求某种置身事外的距离。长大之后，我了解我们家和怡保其他华人之所以不密切往来，不只是因为我们离城居住，也是传统中国社会的结构使然。

从绿城开启的世界

怡保的旧街场建于近打河的河湾处，有气派的政府官厅、银行和商业楼房。旧街场有火车站、圣公会教堂、英人俱乐部、可以玩板球和橄榄球等运动的巴东（padang），还有几条短短的商店街。有两所基督教传教士办的男校：天主教的圣米高学校（St. Michael's Institution）和美以美教会的英华学校，此外还有两所华文小学。

跨到河对岸，我们这一侧的城镇是新街场，这里华人杂货店林立，中央医院也建于此地。新街场还有五所大型学校，其中三所以英文教学，包括州立的安德申学校、天主教修院学校[1]、英华女子学校；另外两所是华文学校，包括男校育才中学和女校霹雳女中。马来小学则位在附近的村庄。新街场也是河畔新街市（New Market）的所在地，镇上的电影院也大都位于此区；几幢华人豪宅沿路坐落，点缀通往锡矿和橡胶园的道路，一直延伸到往更东边、更南边城镇的路

1　当地华人称为"姑娘堂"。——译注

上。中央医院附近及修院学校后方是官厅区，这一区称为绿城。1931年至 1941 年，以及 1946 年初至 1947 年中，我们就住在这里。

我们家是绿城的怪胎。大家知道父亲来自荷属领地，是旅居此地的教育家，而且是这里少见的中国大学毕业生。绿城里只有他一个人以华文学校为工作对象，而且只会说国语、英语，对马来语和其他中文方言一窍不通。绿城这一区专门建来为不是欧洲人的政府官员提供寓所，我们家的周边邻居来自四面八方：有马来人、华人、欧亚人，也有人来自英属印度和锡兰（旧称，1972 年 5 月改称斯里兰卡）。大家为不同政府单位工作，但这里的华人都不会说国语。

我们分配到的房子是小型公共工程建筑，漆成标准的黑白双色，以矮柱为地基，带有马来传统干栏屋的风格。屋内有一间客厅、两间卧房，两间卧房都有浴室。后面是屋檐遮蔽下的十码走廊，以及围墙围住的庭院。走廊通往厨房，旁边还有用人房和小仓库。走廊区是我们用餐的地方。

屋旁还有个大花园，四周环绕着整排的扶桑灌木。花园里有三棵椰子树、四棵果树，果树包括两棵红毛丹、一棵山竹、一棵榴莲。其中一棵红毛丹特别高大茂盛，我很喜欢这棵红毛丹，壮起胆子往上爬，直到枝干太细、爬不了为止。一到产季，每棵树都会结果，但我从来没有机会吃到榴莲。榴莲会在半夜熟透落地，邻居只要听到重重坠地之声，就会过来把榴莲捡走。有时候我半夜醒来，一有榴莲落地就会听到急促的脚步声。等到天亮，地上空空如也。我在这里又一次提早体会到中国的阴影：母亲深信热带水果不健康，小时候，她不愿意让我吃任何热带水果，但我还是自己偷偷吃了红毛丹和山竹，发现这些水果可口美味。吃热带水果让我大快朵颐，也没有害处，因此在我心中种下第一颗认真怀疑的种子，怀疑母亲是否永远正确。

五岁时，父亲决定让我去上麦士威小学（Maxwell School），一所小型英文小学，就在父亲工作的教育局旁边。他说服母亲让我念英文学校不要紧，因为他们可以在家教我中文。父亲喜爱英国文学，遗憾自己太晚才开始学英文。他觉得现在是好机会，可以让儿子提早学，掌握这门有用的语言。父亲送我上英文学校实是不寻常之举，他的上司吴先生以及所有在华文教育界工作的朋友都把小孩送进华文学校。母亲反对此事，但父亲自信这是正确的决定，还是帮我注册入学了。第一年上学时，父亲会骑脚踏车载我去学校，再到隔壁上班。

我们在绿城的房子是公共工程局按标准格局建成

这张马来亚汽车协会的怡保地图（由新加坡国家档案馆提供）可追溯至 1936 年

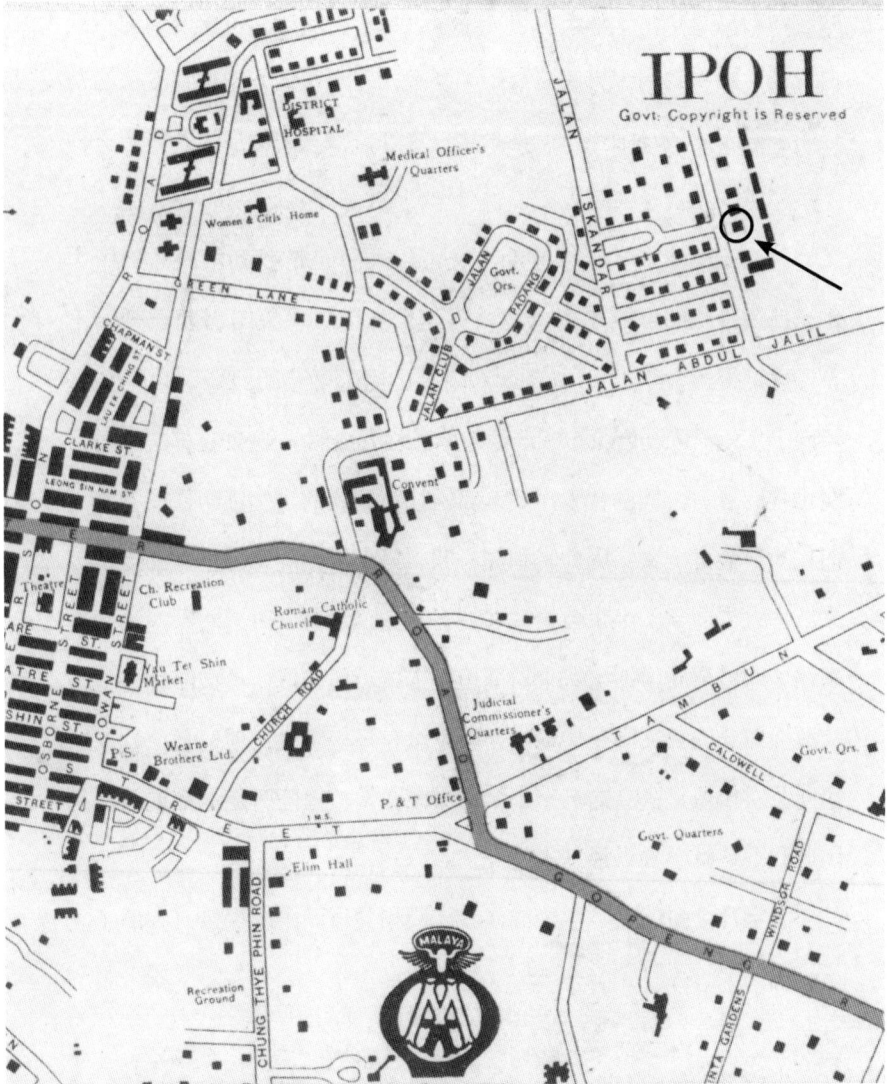

右上角圈出了我在绿城的老家

　　这是我适应两种世界不同生活的开始。我在父母的生活圈里是怪胎，因为只有我一个孩子上英文学校。反之，绿城的孩子原本觉得我很奇怪，因为我们家毋庸置疑是中国人，但现在他们觉得我没那么奇怪了。除了少数几个孩子上马来学校之外，绿城的小孩大多数也一样上英文学校。我一会说英文，就可以和他们一起玩了。

　　就读麦士威小学也很方便。父亲每天早上带我到学校，到了中午，他会带我回家吃午餐，然后再回去工作。学校的事我记得的不多，只记得第一年班（Primary One）[1]的老师是弗朗西斯太太（Mrs. Francis），一位发色深、威严稳重的英格兰女性。她教我英文字母，纠正我的发音，鼓励我大声朗读。她注意到我的出生证明是荷兰文，而且我只会讲中文，因此特别关心我。班上其他同学家里大都会说英文。华人男同学多半来自当地的峇峇家庭，说英文时混着闽南语跟马来语。印度男同学的家庭来自斯里兰卡或英属印度，英文流利；至于欧亚混血儿的英文则是母语。学校里没有马来学生，他们会上私立的伊斯兰学校或是公立的马来小学。大家在学校里随时随地都说英文，因此我很快就学会讲最基本的英文。

　　上学几个月以后，学校准许我告假和父母回中国探亲，我请了大

1　当时的英文学校采用十一年学制。入学第一、第二年就读"第一年班"、"第二年班"，约相当于现在的小学一、二年级；第三年升上"第一号位"，第七年升上"第五号位"，这七年相当于小学。从"第六号位"到最高的"第九号位"约相当于初中至高中一年级。参考何丙郁：《学思历程的回忆：科学、人文、李约瑟》，台湾"中央研究院"近代史研究所，2012，页14。
　　——译注

概两个月的假。回来以后，我在课堂表现良好，可以升上第二年班。麦士威小学后来并入安德申学校，后者是官办的英文学校，靠近绿城，因此离我们家又更近。父亲安排请住在同一条街另一头的纳瓦拉特南太太（Mrs. Navaratnam）带我上学。纳瓦拉特南太太和她的大女儿都在安德申学校教书，每天早上一起坐黄包车出门。我走到她们家去搭黄包车，坐在她们脚边的小板凳上。她们请同一位黄包车夫每早过来接，因此我们四人成了往学校路上的固定风景。我升上第一号位（Standard One）时，纳瓦拉特南太太也成为我的班级导师。她每天早上都跟我说英文，告诉父亲我学得很快。我记得我最喜欢上她的课。

第二年班的老师是威德森小姐（Miss Widdowson）。她个子娇小、发色浅，严格要求我们讲标准英文，不准我们讲学生常用的马来英文土话，如果我们脱口说出其他当地语言，就会严加斥责。现在班上有几个来自镇上的华人，说广东话，我记得他们有几个人每次在学校讲广东话就被罚五分钱。威德森小姐给我们很多故事书读，我的英文进步了。但是故事主角大都是英格兰的小孩，他们的生活、冒险都和我们迥然不同。这在我已经必须与之共处的种种社会层面之上又多添一层。学校的世界以及怡保镇不同社群的世界，在在迥异于我和父母及父母的华文老师朋友共享的生活。现在，透过阅读从书本里触及的英格兰生活又为我打开了另一个要思考的维度。

学校生活提供封闭的世界，同时代表纪律和规律，在学校里，

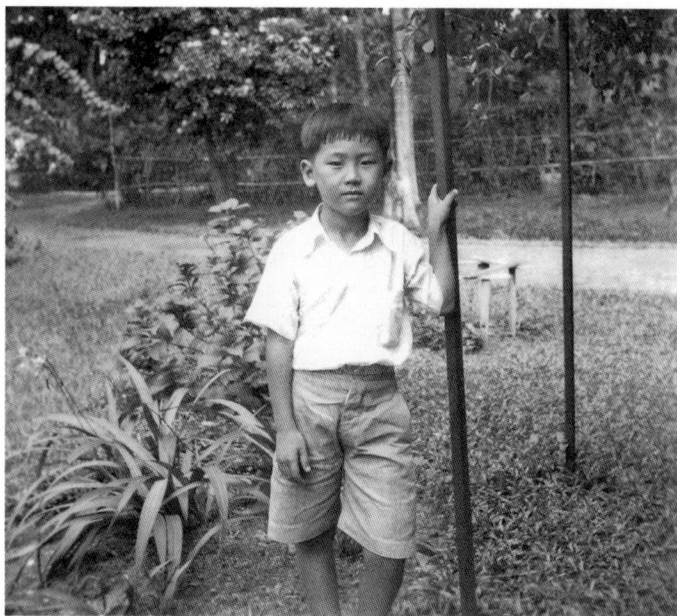

这是我七八岁大的时候，身穿学校制服

结交朋友时不问家庭背景，也不在意彼此的校外生活。离开学校的家庭时光情况则完全不同。在家里，母亲带我参加另一个社交圈，圈里的种种关系都被一一道明、仔细解释，碰到和我们的中国大家族有关的亲友，更是介绍得巨细靡遗。父亲白天不在家，待在他那老师们的世界，处理他们的麻烦事，到了晚上则会督促我的中文教育。1936 年底，我们从中国回来以后，他开始在夜间为我上中文课。

　　在不同世界学习永远不愁枯燥。和三十几个男孩一起接受正规教育非常难以应付，要争取老师的注意，还要接受评量，展现学习成果。在安德申里，我是结构井然的学校的一分子，学校只收一定人数的学生，一个年级一班，每班都有自己的教室。不过，特别的是，校内有两个独立的班级，学生是从附近村庄的马来小学毕业的马来男孩。我以前从来没有在学校里看过马来学生，因此特别注意他们。我知道学校有马来学生，但是直到进学校第五年以前，从来没有和他们同班过。校方告诉我们，他们是奖学金生，毕业于马来小学。他们先念两年独立班级补齐英文程度，再并入学校一般的第五号位。他们的年纪都比较大，住在宿舍，受到英文老师和马来老师管理。他们一起念书、一起受训，我们佩服他们为校争光，在校际和全州运动赛事中屡屡夺得奖项。

这群马来学生突显了我们混杂的社群背景，这是英国殖民霸权的独特产物。我当时不明白为什么马来学生的待遇和我们不同，也没有人愿意解释。几年以后，1941 年，我终于认识了这些马来学生，他们和我们一起读第五号位，我发现他们很友善，但也注意到他们依然觉得和我们略有隔阂。不像班上其他同学曾经开心共度成长时光，相较之下，他们像是新成员，必须努力融入大家。我们的父母因为英国政策而来到他们的国度，身为这群人的孩子，我们却仿佛把学校据为己有，不知道他们心里如何看待我们。日后这成为我心头的疑问，长久地留在心里，但没有找到答案。我才刚要开始认识他们，日军却侵略了马来亚。其后大家四散，要到 1945 年 9 月英国重返马来亚，学校重启，我才再次见到同学。

战后，大部分的学校同学都重新回来念书，我理所当然地以为只有我准备回家，准备离开马来亚、回到中国。直到数十年后，我才发现有好多人默默回了家，回到斯里兰卡和马德拉斯（Madras）。[1]有些同学从印度的大学毕业后，定居英格兰或澳大利亚。我后来碰到昔日同窗，很有兴趣了解来自英属印度和斯里兰卡的几位同学如何在南亚家乡和西方世界之间来去自如。我因此发现很多先祖较早移居南洋的当地华人也有类似本领，能在两个以上的世界之间灵活移动。这时，我发现自己也被训练得同样能够穿梭各界。

1937年我就读安德申学校时，我们采用的课程大纲是从英格兰使用的课程大纲修订而成，通用于全世界大英帝国官员控制的领土。这项用心的重大意义在于让我们共享殖民认同，但我当时并未领会，因为我自己在校内校外已经有泾渭分明的多重世界要努力适应。多年以后，我走访其他英国前殖民地、现在的英联邦成员，发现我们这一辈念过同样的书，对于书中的一些看法也有共鸣。但是回到当年，唯一可以肯定的是中国是我的家，因为那是父母的故乡，而且我不久就会回到中国。

我的学习启蒙始于主流殖民教育，这点自不待言。我表现良好，第二年班读完后升上第一、第二号位，第三号位略过大部分课程，只念一学期就跳读第四号位，于是只读四年就升上了第五号位。我的老师都是锡兰人或印度人。第二号位的老师是锡兰人萨巴拉特南先生（Mr. Sabaratnam），老师的侄子也在班上，和我是好朋友。我很喜

1　今金奈。——译注

欢克里希南先生（Mr. Krishnan），但他只在第三号位教过我一学期。第四、第五号位还有另外四位老师：同样是锡兰人的莫莱斯先生（Mr. Morais）；来自旁遮普的纳瑞恩·辛格先生（Mr. Narain Singh）；孟加拉国人森·古普塔先生（Mr. Sen Gupta），很开朗的一位老师；以及辛尼尔先生（Mr. Sinniah），他的一票孩子里有三个后来在新加坡和我成了大学同窗。我的确有一位马来老师，穆罕默德·赞恩（Mohamed Zain）老师满腔热忱地教我们地理；还有一位陈先生（Mr. Chin），教美术和木工。

学校的课业不繁重，除了算术和英语，我一直觉得学到的不多。学校完全没有教我们认识怡保或霹雳州，只稍微提到有位马来苏丹，我们有些人名义上是苏丹的臣民，这点的佐证是学校教我们要对苏丹代表展现敬意。苏丹代表通常是身为王储的二王（Raja Muda），或是下一继承顺位的三王（Raja Bendahara），苏丹代表会主持学校的年度运动会，为我们颁奖。

至于不在英国掌控下的邻国领土，我们肯定一无所学，我也不记得课程提过中国和日本，只除了介绍到英国船队称霸中日沿海的时代时顺便一提。我们真正学到的是大英帝国的广大幅员，所有领土都用红色标在展示的地图上。除此之外，学校也鼓励我们参加童军活动和竞技运动。我很想参加，但对两者皆缺乏天赋或热情。我还发觉美术木工老师也很在意天赋，他发现我不会画画时大失所望。

1941 年，我升上第五号位，此时学校对 1939 年开打的欧洲战争已有强烈感知。我们那时开始了解英国本土如何身陷战火，也知道广衮的英帝国如今陷入危机。我记得看到同校学长像军校训练生般踏步行军，听说有些人加入了地方志愿团，演练和假想敌战斗。在我的校外生活中，我当然早在 1937 年就清楚知道中国的战争，也发现同校同学不太关心中日战争。因此英国卷入战争后，面对向英国展现忠心的种种活动，我始终置身事外。1941 年底，我刚考完第五号位考试，这时日军入侵马来亚，怡保遭受第一波轰炸。两场战争显然终于合流成一场大战。于是我生活的多重世界就此汇聚，大家都面临相同的命运。但这同时也是我离校之时，学校自 1936 年以来一直是我接受正规教育的核心场所，如今我离开了学校，忽然被带进另一个世界的生活。

中国的滋味

我不太记得 1936 年的中国之行，所知主要来自母亲告诉我的内容，加上回泰州时叔叔替我们拍的几张照片帮忙加深印象。我模糊记得新加坡、香港、上海等城市，也隐约记得搭上一艘大客轮，但不记得我们怎么抵达泰州，也不记得除了拜访众多亲戚之外在泰州还做了什么。母亲告诉我祖父母看到我有多开心，还有我在一位位亲戚面前表现得多乖巧，只除了一次尴尬的插曲：在祖宗牌位前举行祭典时，我爬到堂哥背上。虽然祖父疼我，没有多加责备，但母亲还是觉得内疚，竟然没有把我教好。

这里提到此事，是因为这是母亲往后更常告诉我王家种种的原因之一。母亲下定决心要让我了解王家先祖的优异世系。父亲从来不跟我聊家族和个人的事，王家来自何方于是留待母亲述说。母亲告诉我我的祖先来自华北，也说明曾祖父母为何南迁。相较之下，她鲜少告诉我娘家的事，直到多年以后，我才对丁家的起源有多一些了解。母亲要我知道她和父亲是奉父母之命成婚，是两户好人家的联姻，只要我懂这点她就心满意足了。我以为包办婚姻是常态，直到后来才发现今日年轻人都是自由恋爱结婚。这启发我思考父母怎么能如此融洽契合，互爱互敬地一同生活。我因而敞开心胸认同其他可能：并非凡事皆以爱情为起点，爱情在婚后也能继续滋长。

父亲工作时间很长，也经常到外地出差，视察远方的学校。我通常只有晚饭时间才会看到他，饭后他会教我基本的中文，而后练书法，要我在一旁观摩。父亲去逛镇上朋友开的书店时，有时候也会带我同行，为我买中文童书还有男孩子看的英文杂志，替母亲买几本新的中文杂志，也趁这个时候拿他的几份英国周日报。我记忆最深刻的是母亲殷切盼望杂志到来，以获知中国的大事新闻，特别是中国内战的政治角力和日本侵扰华中、华南的消息。

尽管父亲很高兴听到老师说我的英文进步，但他从不跟我讲英文。父亲在教育局和英国官员共事，因此我知道父亲通英文，但我从来不知道父亲的英文究竟说得多好。几年之后，我发现他的书面英文非常正确，也能巧妙掌握英文文法和惯用语，不过他从不跟我说，我也几乎没有听过他脱口说出英文的只言片语。过了许多年，父亲见到我在马来亚大学的朋友，和他们简单寒暄，那时我才知道他的英文说得非常流利。

和父亲一起出门逛书店是独特的享受。我在书店领会到父亲优游于两种复杂的语言世界，也发现父亲就连英文世界也分成两块：一块是用来满足职务需要的公领域，另一块是为了获悉英国的文学品位和潮流而投身的私领域。由此可见父亲远比当时我所了解的更复杂。即使到今天，回想起父亲，我也明白自己尚未完全了解父亲人生的诸多面向。

1937 年年中，父母担忧之事成真了。日本和中国的战争正式开打。北平城外的卢沟桥事变爆发后，日军进攻上海，不久便推进首都南京，成千上万的平民惨遭杀害，史称南京大屠杀。一如所料，中国军队不是日军的对手，国民政府领导人蒋介石撤退到大后方的重庆。父母非常担心身在长江以北的家人，这一带顷刻已落入日军之手。雪上加霜的消息传来，身为国民政府领导人之一的汪精卫回到南京和日本合作，在南京另建国民政府。汪精卫建立的不过是傀儡政府，如今却控制了我们家人所在的县境。父母莫可奈何，唯一能做的只有继续寄钱回去帮忙，知道钱确实寄到家人手里多少松了口气，然而家人竟成为日本傀儡政权下的人民，父母深感难堪，从未向别人提起此事。他们也确保我清楚汪精卫的姓和我们的王姓不同，如果有人向我问起，必须郑重予以澄清。

因为这场战争，我在学校越来越清楚自己无疑是中国人。父母在家以及他们和朋友谈论的话题是一回事，学校老师和其他学生关心的议题完全是另一回事，两者天差地别。老师确实谈到英国和帝国在欧洲面临的紧张局势，但完全不曾提及中国的战争，也不曾提到中日战争对我们身处的地区可能有什么影响，我在学校的朋友即使是华人也不会谈论这场战争。

父母密切关注中国的局势动向，支持镇上华人为战事发起的募款。母亲加入了为抗战募捐举办活动的妇女团体，她有时候会允许我一起参加活动，活动上有爱国主义的激情表现。我因而认识了以战争为背景的民族主义元素，而且祖国是战争中节节败退的一方。我记得自己只要碰到和中国相关的事物就升起混合无奈、愤怒又不服气的情绪，这股情绪长年郁积心中。

我还记得曾经听父亲跟母亲说起霹雳州华校积极支持中国国民政府，父亲偶尔也会提到社群心底的混乱。国民党党员里，有些支持蒋介石，有些则站在汪精卫那边。反对党（包括中国共产党）的同情者则热烈辩论以什么方式合作支持救国运动最好。我耳里听着父母的谈话，心里对当地华人之间的细微区别懵懵懂懂。尽管如此，这仍然引领我认识了国家政治的元素。当时的我毫无所觉，但父母的对话已为我对政治事务的兴趣奠下基础，将在我日后的人生中浮上台面。

日本在中国本土的战事拖磨多年。战争对我和学校朋友共度的时光影响不大，我们这段时期继续开心读书、快乐游戏。只有回到家里，听父母谈论战事时，我才会觉得正在延烧的战火的确和我们切身相关。

1937 年起，父母开始带我到电影院看爱国电影。我记不清总共看了多少电影，不过 1938 年看的一部让我印象非常深刻。片名是《八百壮士》，演出淞沪会战如何在 1937 年底以撤退告终。电影结束时，我和电影院里的大家一起为这群英雄喝彩，他们英勇奋战，直到撤退前的最后一刻都拼命守住仓库。然而，电影里有一幕困扰着我：生还者必须过河退到安全地带，河上的桥由英军把守。我问父亲英国人怎么会在苏州河对岸，从父亲的回答中学到了关于现代中国的第一堂历史课。他向我解释英国并未和日本开战，因此不能帮中国，英国的租界位于苏州河南岸的公共租界区，英军只能阻止靠近英租界的战斗。

父亲没有继续深入解释，因此我缠着母亲再多说一点。母亲不是历史学者，但是她认真读过一本又一本杂志，足以告诉我两次鸦片战争的中国标准版本，以及英国如何影响中国的没落。如果我读的是华文学校，就会学到这些，但不是从马来亚这里用的课本学到，而是从老师和同学口中听说，老师希望学生明白他们对英国人的看法，同学则会转述父母和兄长的意见。在父母的对话以及父母和朋友的对话里，我听过故事的片段，但从没有人为我连贯叙述西方帝国主义击溃中国的过程。

这让我想到，之前走访的家乡泰州和上海这座城市截然不同。母亲向我解释上海是仿效伦敦、巴黎等城市的规划建成，大部分地区当时由英国和法国经营。她告诉我中国一切现代事物都来自上海，包括她读的报纸杂志。上海是中国领导者借以投射中国未来的模范，上海的中国企业正迎头赶上欧洲的脚步。中国公司努力生产国内需要的各种产品，希望中国人民多买国货，但是他们必须和西方制造商竞争，最主要的竞争对手是上海的日本工厂，日货价廉物美。由于中日正在交战，母亲指出怡保很多地方在鼓吹大家抵制日货。她向我形容有些华人商店不愿意加入抵制，因为店里大半营收皆仰赖销售日货，结果抵制行动引发暴力冲突。我没有见过冲突场面，但确实听说当地警方有时会介入其中，保护不加入抵制的商店免受狂热爱国分子攻击。

自此以后，母亲说到日后要回中国的事时，我会更留神听。中国现在是个比较真切存在的地方。我开始认同中国，不是透过父亲钟爱的传统典籍，而是在脑海中勾勒出母亲传神描述的战争和蹂躏。我也开始更用心观赏父母带我去看的其他战争片或爱国片，没有一部像《八百壮士》那样深深打动我，不过确实有部电影令人难忘。那时大概是1940年或1941年，《岳飞》在怡保上映。这部电影演的是这位宋代名将的故事，他违抗旨意，征讨入侵华北的女真人。父亲很喜欢这部电影，也带我欣赏据传出自岳飞之手的名词《满江红》。这阕词令人动容，开头的词句仍然在我心中回荡，词中表达的情感接近如今走入我生活中的爱国情怀。为《满江红》谱的曲广为流行，至今依然是我最喜欢的歌曲之一。我会唱当时流行的版本，但一直不知道作曲者是谁。这是少数几首我现在还琅琅上口的战时歌曲。

父母现在更常带我去看电影，我每次都满心期待。我能理解母亲后来为什么不太喜欢去看某些中国电影，她认为很多电影都太催泪，让观众深陷悲伤，但是现实生活已经够难过了。至于我，我特别喜欢创作出脍炙人口歌曲的电影。我喜欢周璇和白光唱的歌，和吴家的儿时玩伴一起学着唱。周璇的电影代表作之一《马路天使》多年来一直萦绕在我的心头，难以忘怀。

我看《八百壮士》这部电影时，欧洲的战火一触即发。学校老师开始谈论，由于英国、法国、荷兰忙于欧洲的战事，日本有可能图谋南进，威胁这些国家的殖民地。我记得这些讨论称不上认真，但从现在起确实多少值得担心。欧战一爆发，班上讨论的话题也纳入了中日之间的冲突，但大家关心的对象不是中国，而是战争可能会蔓延到马来亚。

马来亚政府决定尽可能让一切如常。当地的英国官员的确开始比较同情抗日救国运动，我记得母亲更加投入，更常参加活动，不过父亲的为人既不会牵扯政治辩论，也不会表露情感。他的任务是密切关注受到不同华人派系政治化的学校活动。他一方面保持寡言低调，同时试着阻止学校董事会和校长把学校变成政治角力场。父亲这么做是因为深信自己有责任为一心向学的莘莘学子提供良好的教育，不希望学生因这些事过于分心。虽然他时常出席小区募款活动，也愿意向所有向他寻求意见的人建言，但他从未公开评论中国政治。

等我年纪稍长、更了解父亲之后，我体会到父亲具备的强烈责任感和高度自制力。他严格的儒家教养让他不喜欢结党连群、兴风作浪对抗合法权威。身为教育官员，他努力超然于一切之上，但他告诉母亲这很不容易，地方异议团体之间争执不休，卷入其中更是苦不堪言。父亲继续教我中文，如果我背不出他认为相对直白的文章或诗词，就会动怒。他同时也鼓励我精进英文，甚至带我去看英文电影。他喜欢历史题材的电影，母亲也是。我记得母亲被《苏格兰女王玛丽》（*Mary of Scotland*）和《江山美人》（*The Private Lives of Elizabeth and Essex*）等电影深深感动。母亲熟知伊丽莎白女王的生平，让我大为讶异，她也透露自己曾经一再思考女性在历史中的角色。我因而认识了襄助汉朝开国君主的吕后，也听说了家喻户晓的花木兰故事：花木兰女扮男装，代替父亲应召入伍。后来《木兰从军》这部电影在怡保上映，母亲非常喜欢，还带我去看了第二次。我深深迷上扮演木兰的年轻女演员陈云裳，只要一听到有人提起花木兰的名字，眼前就浮现她的容颜。后来听说她放弃演员生涯，嫁给上海的医生，不过五十多年后我在香港再次见到她，惊喜发现她的容貌依旧能勾起我对木兰这个名字的记忆。

　　母亲不是女性主义者，不过她非常在意妇女在传统中国的地位。木兰的故事促使她告诉我妇女缠足的骇人习俗，缠足大大限制了女性的活动能力。她告诉我木兰之所以办得到这些，还有像唐代的武则天女皇之所以能权倾一时，是因为她们的双脚不受束缚。但是十世纪以降，中国妇女被迫裹小脚，而且几个世纪以来，多数家庭面临的压力越来越沉重，迫使女孩们的脚越缠越小。说到十七世纪满清征服中国时，母亲对汉人的批评尤其严厉，她说满人虽是蛮族，却远比汉人善待女性。尽管满人从汉人身上学了很多，但依然听任满族女性的双脚自然成长。

　　她也描述自己十岁左右时险些跛足的故事，那时她的母亲一面哭，一面监督她裹小脚，同时跟她解释为什么不得不这么做。她接着绘影绘声地形容裹脚布拆下、双脚得救的那一刻。母亲强调，为此她永远感谢辛亥革命，感谢革命推翻了对妇女残忍有加的王朝体系。她让我看她的脚，指出脚的小巧尺寸，说明双脚为什么无法长到完整的大小。母亲接着告诉我，她之所以尊重鼓吹赋予妇女平等地位的现代西方观念，还有她之所以支持城市里致力于让中国再次繁荣强大的现代化推行者，也是出于这个原因。从此以后，我再也不能将人类的进步和女性的地位分开而论。

　　父亲则一贯强调文学能力在现代性的先锋部队里举足轻重。父亲相信是文学能力成就了中国文明的伟大，我们最终也需要类似能力，才能够学习让西方文明进步且可取的语言和思想。因此他常常鼓励我读他的书和杂志，也要我有机会就多观赏根据文学名著改编的电影。例如我记得有一次父亲带我去看《双城记》，这是早在小学时代他就带我去看的头几部电影之一。看电影前，他先帮我做好功课：他让我看他的藏书，叮咛我要学好英文，有一天才看得懂这本书。接着告诉我故事剧情，让我可以欣赏电影。电影让我印象深刻，我一直牢牢记得饰演戴维的童星演员费雷迪·巴塞洛缪。我特别要求父母带我去看巴塞洛缪演出的每部电影，还不忘告诉母亲巴塞洛缪的演技胜过她觉得很可爱的童星演员秀兰·邓波儿。在看过的电影里，最感动我的是《伦敦劳埃德公司》（Lloyd's of London），主线是海军名将纳尔逊在特拉法尔加战役取胜后不幸阵亡的故事，电影让我对爱国主义思想和爱国主义激起的情感又有不同观察。纳尔逊被比拟成我心中民族英雄岳飞的英国版，他阵亡的情景让我深感失落，这份失落感从未消失。1954 年，我初次造访伦敦，站在特拉法尔加广场的纳尔逊雕像前，出乎意料，那份失落感袭上心头。不过，纳尔逊英勇抗敌、为国捐躯，也因此获得表扬；反观岳飞一心救国，却被国家统治者下令处死，两相对比总是让我十分难过。

　　看了一部又一部电影，我发现自己如今能在最基础的程度上自在使用中英双语，让我觉得父母的世界渐渐靠近了我以安德申学校为中心的另一头世界。一边是父母教给我的零星中国古典名作，另一边是学校教给我们的地中海神话寓言，这两条并行线或许不会交会，但两边都开拓了我的视野，让我看见怡保之外广阔无垠的世界。

帝国终结，另辟天地

战争的声响如今更加震耳，我以为英文学校和中国家庭之间的鸿沟会随之缩小，但我不禁觉得隔阂感依旧不减，鸿沟时而仿佛无可弭平。学校或多或少将我们视为英属马来亚统治下的学生，希望我们可以学习仰望英国。回到家里则是父母和他们的生活圈，延伸链接到一系列以中国为焦点的网络。我行动自如地穿梭在两者之间，仰赖的手段却是在脑海里将两者分开，言行也同样随之作出区隔。

英国参战之后，老师知道不能期待我们对英国怀抱爱国心，感动于敦克尔刻大撤退里英国军民拯救部队的行动，我也了解这点。如果我们对欧战有丝毫关心，也是因为我们有些人觉得英国终于和中国站在同一阵线。我们的确注意到国歌《天佑吾王》更常在当地广播放送，电影院放电影前也会先播国歌，但就记忆所及大家对此反应不冷不热。几年后，我发现有些老师心情轻松地看待战争，因为他们暗自希望一个被削弱的英国会让殖民更容易画下句点，印度和锡兰就能顺势独立。

1941 年，我就读第五号位，第五号位一般相当于入学第七年，也是小学的最后一年。开学时我十岁，这年英文、数学等科目都派了新的科任老师给我们，我迫不及待想上新老师的课。要学的英文文法增加了，老师也鼓励我们写更长、更有野心的文章。老师选诗给我们背，有些同学还有机会演出简单的短剧。一些同学大胆尝试发表简短的演说，评论我们关心的议题。至于数学方面，现在更需要语言能力，也需要更多思考和计算。我们开始学基础代数和几何。大部分同学都觉得数学主要还是仰赖认真练习，我不记得有同学表现特别出色，或对数字的谜团特别好奇。

地理课很有意思，我们学习种种基础知识，主题涵盖地形、气候、作物和农业、矿业和工业、殖民扩张和贸易、港口和城市的位置，有时候我可以在教室的地球仪上找到这些地方。确实有些老师会敦促我们用功读书，不过校方政策似乎意不在逼我们追求卓越。大多数情况下，学校鼓励我们健康成长，在运动场上一较高下。我的几位挚友认为上学应该开开心心。

走出校门，凡事皆严肃得多。父亲负责督察的华文学校全力支持中国抗日战争。到了1940年，华校集会时将焦点放在海外华人如何展现爱国心，每到晚饭时间，父亲会告诉我们母子华人社群氛围的最新动向。我记得他们有若干历史方面的对话，谈孙中山的抱负，谈海外华人对辛亥革命的贡献，以及后续为建设现代中国的付出。母亲是最新中文杂志的忠实读者，她会告诉我们战争的进展、中国人民的迫切需求，还有她的妇女朋友在怡保努力募款的行动。我每到周日就去找吴家和周家的儿时玩伴一起游戏，他们全都就读于华文学校，会向我描述学校的活动，以及为了支持中国国防力量的付出。我们之中最大的孩子就读本地中学，他说有些同学的哥哥志愿从军，到中国打仗。有些人出发加入国民政府军，其中一个人加入了空军，要成为飞行员，这位未来飞行员的故事让我们听得特别津津有味。

1938 年底，在海外华人之间颇负盛名的武汉合唱团莅临马来亚，为抗日战争募款。合唱团的第一站是新加坡，之后到华人人口有一定规模的各州巡演，来年他们终于现身怡保，赢得当地大多数华人的心。我们久仰合唱团团长的大名，他就是《八百壮士》的作曲者，我最早是在讲述上海保卫战的同名电影里听到这首歌，现在已经脍炙人口。

我年纪太轻，无法准确度量是不是有华人对周遭的激昂群情无动于衷，对社群其他人怀抱的炽热爱国情感也觉得事不关己，不过母亲告诉我有些华商连为抗战捐一点小钱都不愿意，让我醒觉确实有华人漠然以对。父亲对职场之事一贯沉默不提，因此我只能猜测他的英国、印度、马来同事会怎么想。至于安德申学校的华人同学，我清楚他们多数人家里都不关心武汉合唱团来访。大家知道自己身居的国度是英国人所谓的主权君主国，华人竟然这么明目张胆地为无关英国人也无关马来人的目标热心投入，让他们感到不自在。霹雳州、雪兰莪州、森美兰州等地是华人人口最集中的地方，各州的马来统治者尽管不握有控制各州的实权，但或许也不解他们的英国保护者何以容忍人民公然表露这种对异国的忠诚。

我向朋友学唱中文流行歌，现在我们喜欢唱爱国歌曲。我们从看过的电影里学到几首，不过听过武汉合唱团的表演之后，我们唱的歌和中国战争的连结变得更密切、更直接。我们唱的歌有《义勇军进行曲》，这首歌后来成为中华人民共和国国歌；也有几首以失土和英雄主义为主题的歌曲，像是《松花江上》，讲的是失去家园的东北民众；还有深受我们喜爱的《中国不会亡》，歌颂上海的八百壮士。有时晚上我陪母亲去听音乐会，有新歌曲演出，我也学会了。这些时刻爱国情感日益增强，但我同时也清楚，面对眼前发展迅速的事件，这只是我的一小部分响应。

武汉合唱团的团员绝大多数是大学生和刚毕业的学生，不少人来自上海。吴家有机会认识其中几位团员，我记得碰到过两位去吴家做客的女性。合唱团回中国之后，她们留了下来，在霹雳州的学校找到教书的工作，战争结束后两人都回到上海。时隔多年，吴先生的发妻过世时，其中一人回到怡保，最后嫁给了吴先生。母亲后来和她熟识，加上她是朋友的继母，因而使我一再想起当年风靡马来亚华人的武汉合唱团。

❦

身为独生子，我享有母亲的全部关心，父亲也对我的教育关照有加，仔细思量。但他从来没有真正解释过为什么决定送我去念英文学校。父亲的决定饱受许多朋友批评，不过他清楚表明返回中国的打算，母亲也谆谆教诲我为这天做好准备。有次我问起母亲为什么我不像朋友一样有兄弟姐妹，她甚至回答我，因为她希望时机来临时我们能有余裕踏上归乡之旅，回到中国。

因此，在成长过程中，我始终认为我们在怡保是异样的存在，也认为怡保当然不是家。镇上的其他华人似乎比较落地生根，他们有自己的团体和寺庙，也定期举办节庆和社交活动。但我们家除了为中国抗日募款举办的活动，其他活动概不参加。父母提醒我，我们遵循儒家教导，只相信慎终追远的仪式，一旦逾越这个范围，我们充其量只能当观察者。最重要的是，在大家眼中，我们家只是暂居怡保，随时准备离开。

我记得心里有两种冲突的想法，时而冒出来困扰我。一方面，我喜欢住在怡保，我爱学校也爱朋友，一想到要离开他们就难过。另一个想法比较令人不安。我的确相信中国才是我们真正的家，也喜爱中国制作的音乐和电影，因此热切希望尽可能精通一切，为回中国做好准备。但是上学时从书中读到的英格兰形象也同样吸引我，特别是和英文作品的描写巧妙契合之处，这些作品主要是父亲鼓励我阅读的儿童杂志，还有学校教给我们的英国历史和文学故事。

权宜的对策在我十岁那年出现了。这年父亲买了一本精美的世界地图集送我当生日礼物。我在学校看过这种书，但从不觉得读起来会有什么意思。然而等到拥有属于自己的地图集，开始逐一细读每张地图时，我的心中充满了探索发现的感动，想要好好考察地球的天涯海角。父亲看到我对地图的大小细节处处入迷，十分讶异。有好几页我一读再读，然后深深觉得应该罗列出每项重要特征，以便牢记在心。

我先从国家、城市、省份开始，接着是大岛小屿、大洋和海域、山脉和谷地，一直列到半岛、湾澳、海湾、岬角。经过一段时日，我可以在眼前想象出比较知名的地方，以及它们在地图上的确切位置。

母亲注意到放学后我不再跑出去跟朋友玩。相反，吃完午饭后，我直接回到房间，摊开地图集，把列出来的清单满满写在一本特别的作业簿里。我不再觉得置身单一地点沉重难耐。中国、英国之外还有好多东西可学，怡保千里之外还有好多地方可去。我把地名和看过的历史电影相互连结，尤其是讲述扩张到全世界的大英帝国的电影，从中发现了生活的新次元：原来过去充满了值得探究的有趣时代。五大洲处处是丰富的空间、丰富的时间，我对世界蕴涵的宝藏满怀惊奇。

自此以后，每当我对自己的身份或身处之地感到不自在，只要回想我的地图集和清单，心底就会涌出愉快的平静。我可以想想上海和伦敦，想想纳尔逊和岳飞，不分人物，不限地方，天地世人都进入可以认识的范围。我开始感到没有东西能挡在我认识万物的道路上。回顾当初，我想自己无意间找到了方法，让我的格格不入较堪承受——我确实开始觉得自己毕竟不是那么与众不同。

母亲的回忆

略述我五十年之回忆 [1]

【1】我原籍江苏镇江，因太平天国之变，祖上迁移东台，计已一百余年。该地风气闭塞，新式教育不发达。我虽生长在书香小康之家，但家庭守旧，对女子赴外地求学极不赞成，以致未能受较高教育，至今思之，仍以为憾。我二十三岁出嫁时对处理家事毫无经验，因烧饭洗衣均有工人代劳，加之慈母宠爱，不令操作，养成不理琐事之习惯，大有菽麦不辨之概。幸以后逐渐改变，尚不致完全外行也。我于一九二九年二月结婚以前，彼此从未见面，居然相处感情不错，

---

1 原稿没有句读和段落，为便于阅读，录入本书时参考王赓武先生的英译文稿进行标点和分段。原稿用字时有前后不一或与今日常用字不尽相同之处，在不影响理解的情况下予以保留。【】中为原稿页码，〔〕内为错字订正或重要信息的补充。——编注

互相关怀，互相敬爱，甘苦与共，数十年如一日。

汝父曾在南京东南大学毕业，正在泰县两中学任教。原本系数代同居之大家庭，我到汝家时，老家已分居数年。其时家中只有祖父母与伯祖母及叔父、叔母、姑母同住一宅，相处数月，甚为和睦，并不感生疏。

九月初闻外祖母病重，我即赶回侍疾，不数日而弃养。我在家悲痛守孝时，接汝父函告，已得同学之父乔荫刚君来信，谓已推荐汝父往荷属泗水华侨中学担任校长，正式聘书业已到达，并有旅费三百元。因国内正僧多粥少之时，虽离乡背井，亦乐意接受，亟急整【2】理行装。

我亦随行，九月底拜别家人，先赴南京。因旅费不敷，向乔一凡君筹借三百元。乔君如数照办，并设宴送行，友情可感！四舅公亦邀宴惜别。

至上海候船，住惠中旅馆。我拜访数年未见之四表姨，其夫严毅甫君在交通银行服务，承招宴送行。尚有表姑丈曹南屏君，系一富家公子，正在复旦大学读书，亦招饮饯行。堂叔父绍文亦在复旦读书。七叔曾祖父正在沪担任胡笔江君家中之西席。胡君为上海金融界之巨子，因崇拜其道德文章，特聘为课读其子读古文，借敦品德，为青年人模范，胡君诚有独到之见解也。

回忆七叔曾祖父对我甚爱护，带游大世界，并吃晚饭，绍文叔亦同往，在五十年前已算甚开通。但乘人力车往时，嘱将我坐之车行在中间，以免有失。老人做事谨慎周到，可以推知。

我等在旅馆候船期，数日始成行。所乘之船名芝加达，舱位只有两种：一等与三等，且无码头停泊，只好停在黄浦江中心，由渡船而至大船。且在晚间登舟，我又初次乘大船，不免心有怯惧。至船上，房间男女分住，每房上下六张床位。同房全部广福同胞，言语不通，其苦闷可知。且该船每至一港口即停泊，上下货物一二日。天气既炎热，【3】声音又嘈杂，令人烦闷。

船行计十五日，于一九二九年十月底始达目的地。幸学校总理张济安君乃商会会长，有财势，素受当地政府重视，亲来接船，可直接上岸，以免排队受辱如猪仔，大有令其他搭客羡慕不遑也。

乔荫刚君已代租一间小洋房，两房一厅、一餐室，每月租金八十元，环境清幽，离校不远，每次到校只需付马车费一角，乃一理想住宅区，但开支未免太大。如住在校内，既节省汝父办事，又较方便。两月后即迁入校内。

汝父到校接任后，与董部详谈，始知校中情形：既无校舍，又无基金。仅靠临时筹募二三万元维持一切，安能持久！初看校舍，雄伟堂皇，惟租金甚昂，每月需付四百元，水电杂费亦不少。教职员薪金规定亦不低，而平时来源只赖少数月捐与学费而已，所谓一月所入不足半月开支，以致将捐之余款，不足半年即已告罄。教职员薪水虽打八折，亦不能照发。

而泰县家中经济又极拮据，时来催款而无法如愿。汝父思维再四，困难甚多，不能安心办事，徒对公私，均无裨益。而辞职又不获准，只有竭力以赴，开源节流。筹备游艺会增添不少琐事。

正要开游艺会时，我要生产，汝父倍加忙碌。我因初生，虽【4】腹痛甚久，自早至晚，尚未生产下。后经医生略施手术始产出。体重约八磅左右，貌甚可爱。我与汝父初为父母，不免紧张。我身体虚弱，两周后始出院回家。后每至黄昏时，汝哭，欲人抱。经同事郑君言，婴儿连哭二十分钟不停，对身体有益无害，即照办。大家在小床围观汝哭，不到二十分钟即停，以后亦不再哭。最奇者，以两周之婴儿似已懂事，至今未能令我明白。

我因年轻，不知护理，体虚不懂应服何种补品，且当时又无成药，拖延数月，始渐恢复。医院乃一专门产科，颇负盛名，但离校不近，来回三十余里。汝父每日抽暇来探视，其奔波忙碌可知。幸游艺会尚算成功，筹得二万余元。将教职员所欠之薪还清，亦所余无多，以后如何维持，难以预料耳。

年终时，有一位女教师欲回国，汝父设宴送行，坚欲我同去。汝不足三月，无人可托，而女工巫人从不留宿，每晚必回。不获已请校工抱汝同往，未曾注意校工将汝抱坐屋檐下。俟晚饭毕，汝已受凉，当夜即发高烧，呼吸困难，不能睡下，我与汝父轮流抱在手上。病势不轻，四日未喝牛奶。幸医治得法，始逐渐好转，但以后时常有发，成为轻微哮喘者，因而不能令汝身体强壮。至十余岁【5】始渐愈。多年来，亦花我等不少心力也。

以荷属华侨经济情形而论，富有者并不少，如董部不分派系，慷慨捐输，维护华教，办一间理想华校，绰有余裕，惜不作此想，奈何？

有一日，我与汝父出外散步，未注意火车经过时间而走轨道，行至中途而闸门闭。知火车即将要过，汝父行较速，已过去，幸我未慌惧而前行。如稍迟一分钟，恐已粉身碎骨，可谓险矣！事后思之，犹有余悸。

汝父来校任职已一载有余，因节省经费，虽教师缺少时亦不肯增聘。功课由汝父担任，除办行政外，每周尚教课二十余节，虽略节流，无济于事。因工作太重，身体难以支持，又一再坚辞职务，终获批准。既离职，不便谋其他职位，且亦不易谋适当位置，而学校欠薪有三千余盾，如还一半，已感满意。虽一再催欠薪，但重要董事不肯负责偿还。

而泰县正闹大水，陆地行舟，无力寄款接济，只有在校静等。食宿虽无问题，其苦闷可知。等候三月余，仍无消息，不知何日始能离开。

忽接曾在星之旧同事李春鸣君来信，谓马来亚怡保教育局正征聘一位副督学，不妨投函一试。如能有成，与吴毓腾君同事（亦曾在星洲华侨中学之旧同事）。不得已乃投函，竟获聘用。【6】寄有全家旅费，即将欠薪放弃、准备成行时，有一位董事林生地君，私人赠款三百元，以表歉意。另一位董事嘱乘其货船来星，可节省川资，其盛意均甚可感。

荷属地方本甚整洁，名胜古迹不少，惜因经济不宽，心境不佳，虽居两年余，任何地方亦未游，除校中数位同事外，其他友人不多，生活极单调，告别泗水时似无留念。

所乘之船不大，装货不多，颇摇动。路经马辰，如逆水行舟，我与汝父均头晕不能起床，亦不能饮食，如患大病。幸在未动身前备制一木床，可卧可立。每日将床放在餐厅中央，抱汝入内，放饼干少许，由汝自取。汝自幼甚乖，不爱哭，又不怕生人，终日未见父母并未啼哭。我至下午始勉强起身，为汝洗澡、喂乳，然后照料睡觉，连接三日，始抵星洲。

有赵信侯君夫妇来接船，并帮料理行李。赵君乃第一次同来之旧友。未在星逗留，当晚即乘夜班火车赴吉隆坡，住李君家。其弟楷模亦在谋职。次日，汝父赴医院检查身体，医生认为蛋白质多，须留院治理。适吴君因公事在隆，回怡时问我愿否先到怡。我因李君家庭复杂，不便多住，即应允同行先赴怡。

中午即抵达，与吴师母初次谋面，即感为人易相处，惟思想稍幼

【7】稚，爱外出与友人玩牌，不愿在家教育子女、管理家务，未免放弃主妇之责。我住吴府十余日，汝父始来怡，即准备搬入向政府所租住宅。略购简单用具，床褥、家私、橱椅、厨房用物均系旧货，因价较廉，并买一脚车。计算之下，亦需款不少。幸临行有董事所赠之三百元以及省下川资二百元，此款大有用场，除支出简单开办费外，尚抽出百元寄泰，以济眉急。

在吴府既打扰多日，搬家购物各种琐事又承吴氏夫妇帮忙甚多，令人感激。所住房屋，若以五十年前水平观之，尚算不错：两房一厅，两洗澡间，厨房、用人房各一，四周不少空地，尚有数棵果树，乃全部公务员住宅区，幽静整洁，似相当理想。所缺者，住宅西向，热带阳光太强，每至中午一时，即将前面窗门关闭。至下午六时始开，使数小时空气不流通。因无驱热工具，在当时冷气机固尚未发明，连风扇亦未普遍。现各种用具均系电化，与数十年前相比，进步之速不可以道里计，所谓今非昔比。但较高生活水平亦非人人可以享受耳。

汝父来怡时，世界各国正经济恐慌，以致薪金不高，每月一百二十元，有按年加俸十元，无欠薪之虞。且物价低廉，房租每月七元。除每月寄泰【8】三十元外，尚余九十元。虽无余款买额外东西，量入为出，平淡生活，尚算安适。

怡保虽为霹雳首府，而地方仍甚闭塞，既无娱乐场所，教育亦不发达，全州约有华校四十余间，而怡地仅设数间，其余均在乡村，如同私塾，其设备甚差，大都茅屋校舍，黑板一块，旧桌椅十余张，教师一二位，学生二三十人，类似情形者约有不少间。稍具规模者则寥寥可数。

汝父每赴小埠视察时，交通工具之不便难以形容。乡村既无火车路，又无汽车路；遇有小河时，乘木舟渡过；在胶园内乘自行车或步行，抵达学校已花费不少时间与精力，只不过对教师教学法稍加指导而已。此辈教师学历谅有限，始能安度如原始之生活，其精神可佩，对乡村儿童启发智识亦有所贡献，功不可没也。

我等来怡仅三月，迪宇出世，迪和忽出水痘，恐婴儿易受传染，吴君商量将女佣带迪和寄住我家。明知汝会受传染，但无法推辞，果在四五日，汝即被染上。小孩本不能免，不过时间迟早而已。

汝父工作并不忙，每逢周末往吴府玩小牌，因吴氏夫妇嫌生活单调，借以消遣。汝父内心认为浪费时间，但又不便推辞，令人少兴，有伤友谊。计算一年最少五六十次，而【9】每次约费十余小时，十年来耗费不少宝贵光阴，诚可惜也！

我来怡住，安定后本想学少许英文以备应用。惟当时无私人补习地方，与友人谈及，只姑娘堂有英文下午班，以我程度而论，勉强可入三号位，惟会话则不足。自揣年龄太大，与儿童同班似不适合。且汝年幼顽皮，无可靠工人付托，加之汝父又不愿久留，有甚多原因而失去学习机会。至今思之，犹觉惋惜也。

到怡将近一年时，始渐多认识数位朋友，如许逵伯君、尹彭龄君、王寿民君，乃江浙同乡，在假期中时来小坐。其他朋友亦渐多，如各校董事与教师，但平时无往来，只在洽商公事与应酬场中见面而已。在吴君之家又认识曾志强、戴澍霖两君，此乃最早之友人。约两年后，李楷模君平素需人介绍职业，居然敢邀南通数位小同乡来马来亚谋职，其胆大热忱可佩。同来三对夫妇：许济时君长吉勿营¹华校，邵琦君任高乌校长，李维汉君在安顺长校，总算能有固定职业。许、邵两君办事认真尽职，惟李君品格不佳，不免多事，每逢假期必来怡坐谈。此三间学校均在汝父管辖之下，又添数位乡友。

有一次，所雇之女工因洗头受凉，即刻全身震动，面部变色，令我甚惧。【10】我往附近通知其友，嘱汝看家。俟我回来时，门户全开，汝年幼爱玩，已往友人家矣。

汝父来怡工作，本不想久留，生活虽尚安定，但觉无甚意义。每念及受国家培植而未能为国家服务，时感不安，殊不知报国无门，奈何！忽忽来怡三年有余，约期将届满，职务去留须下一决定。当时国际情势日益紧张，大战有一触即发可能，而祖国多年受日本欺侮，虽武器准备不足，诚忍无可忍时，恐被逼而应战。且回国谋职毫无把

---

1 吉勿营，即积裁营。

握，亲老子幼不知如何供养。再四思维，三夜未能成眠，结果仍决心放弃。

当地政府颇以为异，但亦不便挽留。数日后，奉七叔曾祖父手谕，分析各方情形，不可贸然辞职，但辞函已寄出，当不能出尔反尔。事有凑巧，雪州督学梁长龄君因年终各校会考工作甚忙，向政府提议留汝父再服务半载，帮阅考卷，汝父同意。不久提学司某君面嘱再加考虑，汝父因而借以转圜，继续留任。

惟出国已七年有余，思亲颇切，只有请假归省，而在外工作虽有数载，毫无积蓄。不获已向吴君商借三百元作旅费，以两月薪水作还，于一九三六年八月间启程。所乘之船名 *P and O*，虽坐二等舱位，我等三人一房，尚算不错。

在船上【11】巧遇梅光迪教授全家。彼等正由欧回国，路经星洲。乃汝父在东大读书时之老师，计已十年未见，一旦相遇，倍觉愉快。

该船既大，又无风浪，故无晕舟之苦。船行约一周，即安抵上海。承三表姨丈严中甫君、静仪表姨母、佩玉姨母、绍文叔父均在码头候接登岸。后惊悉七叔曾祖父已逝世多日，灵柩业已运回泰县。骤闻噩耗，甚感悲痛。

当晚蒙严君邀宴洗尘，餐后又请观京剧。因叔曾祖父新丧，未便前往，我等先回旅馆，仍住惠中。汝年不足六岁，愿随往戏院，看至十二时始回。汝玉姨谓在戏院时汝与英兵交谈，询汝如何认识，汝答同船之水兵。其胆大活泼，令人喜爱，亦未免使我等担忧不易教养。汝有语言天才，入学仅半载，家中又从未教读英文，在校由读字母开始，短暂数月所学极有限，居然与英兵谈话。如能生长在优裕环境之家庭，多请名师课读，或多学会几国语言文字，亦未可知。

在沪之次日，接受书法家李仲乾夫妇之邀宴。此在怡时所认识之友人，已数年未见，互谈甚欢。因叔曾祖父不日将开吊安葬，不能在沪耽搁，即迅速回泰，叩灵送殡。回忆七年前我等出国时，老人精神矍铄，思想谨密，而今不能再亲謦欬，【12】令我等不胜感伤，将多年不见亲人之热情亦为之减。拜叩祖父母，幸均健康不减当年，心中快慰。但多年远离，见面时不知话从何说起，大有喜极而悲之概。其他长辈亦众，须一一拜见，并受招饮。

天气又渐凉，虽留国内不久，亦须略制秋装以备应用，琐事甚多，不及细述。东台尚有不少亲人必须一往。已离数载，须多留数日始有拜访畅谈机会，无何假期有限，匆促又与家人离别。天明上船时，叔外祖父未起身，不便面辞。不料船将开时，叔外祖父赶至码头，只能互相遥望，一别竟成永诀！

回泰后，再住旬日，又整装待发。居在内地，交通诚不方便，路程虽不远，须换数次交通工具始达上海，花不少时间与精力，无如何也。临行时向祖母叩别，百感交集。此番回国，颇费筹措，始能成行，只与亲人短期聚会，不知何日再能团聚也！

乘公共汽车先赴扬州，至严府坐谈。严君在扬亦有一住宅，似另有事业，未便细询。三表姨因子女读书，则长住上海。其时静仪表姨在教育厅服务，寄居其家，我等再与会晤一次，畅谈竟晚，快慰之至。次日由扬至镇，搭火车至沪候船。

在船上一路顺适，似无事可述。至星洲未逗留，当晚即乘火车至吉，然后换车转【13】怡。两月余之旅程告一段落，虽整日奔波，未有休息，幸大家身体尚安好。回怡至车站时，旧女工来接车。彼为人诚实勤劳，惜身体太弱，不便再雇，未免使彼失望。另雇一位，尤有可取之处，为人性情温和有礼，虽吃长素，做荤菜时无须试味，均甚适口。在我家服务五年，相处如亲人。彼因国内寄母患病，欲回家侍疾，后因马来亚战争爆发不能来。彼乃我一生中所雇工人最优良者，失之令我惋惜。

汝三月来既未读书，回家即考试，竟能在二十几名之列，次年可以升级，令我等喜出望外，以免耽搁一年。我等回马仅八月，果不出所料，日本侵略战争于一九三七年七月七日爆发，我国领袖与人民不顾一切牺牲起而应战，坚强抵御，保卫国土。海外华侨亦竭力支持，星马侨领亟急组织筹赈会，并设有妇女部，将所有收入之赈款寄回祖国救济军民。从此大家认特别捐外尚缴月捐，虽杯水车薪，但表示群策群力。

　　妇女部之主持人大都侨民在社会上较有地位之家属，吴师母与我亦参加。每周赴游艺场义卖食品，东西由各人自制报效，日间分派数队外出，负责向各商店与各住户推售食物券。时偶遇知识浅薄而吝啬者，大【14】有尝闭门羹之苦，只有忍受而已。

　　自此增添不少朋友，因而开支亦增，幸物价低廉而稳定。汝父薪水逐年增加，已近二百元，并不敢浪费，希稍有存储以备不时之需，无如不能如愿。我等虽远居海外，但对国内战事之发展时在惦念中。上海初战时，将精锐之武器与士兵运往前线，颇能一战，损失亦不少，竟抵抗近三月，令日军阀大出意外，国际间亦不无改变态度。为保存持久计，只有忍痛撤离。十一月中旬，首都亦失陷，幸日军阀傲慢成性，以为我国已失去抵抗力，必须求和，即在南京大事庆祝胜利，殊不知我国当局早有成竹在胸，借喘息机会作全盘持久战之计划。首都迁至重庆，武汉暂为行政中心，整理军队，再为抵御。失利时逐渐后撤，诱敌深入，以待时机，此武器不精良之国家唯一之办法也。

　　开战业已经年，侨汇仍可照寄，书信亦通，家人于战事紧张时即逃避乡间，俟稍平静则回家。处境虽苦，但人尚平安。

　　有一晚，嘱女佣带汝往游艺场一游，彼未买票，嘱汝与人同坐观粤剧。汝不愿意，即离去，觅女佣不见，即自回家。因年幼，晚上从未单独行走，不免心怯，离家尚有半条巷子之遥，即哭呼爸爸。我等闻之即赶往，一【15】视始知一切。用人在剧院到处寻问，不能如愿，惧惶而回，见汝已在，如释重负，以后不敢带汝外出矣。

一九三八年秋间忽接泰县电报，惊悉祖母因患感冒，延医诊治无效，数日即弃养，甚为悲痛。如老人不遭战争惊慌避难之艰苦，或不致染病身亡。每一念及，尤增悲哀，又无法回家奔丧，稍释罪愆，只好筹款电汇，以备急需。

我等本时常忧虑，若世界大战一爆发，外汇即中断，家中老幼如何维持生活？但手中又无余款可以多寄，正为难时，忽国内规定：办一约期汇款，每月寄存银行，需款时可以提取，政府借以吸取外汇。适姻亲丁蘧卿君在上海中南银行服务，请代管理。连寄三年，银行略有存款，心为之稍安。

忽然日本军阀不自量力，又来侵犯东南亚，于一九四一年十二月八日，槟城先受炸。马来亚因兵力不足，无甚抵抗，在极短期间放弃数州，汇款信件亦告停止。和平后回国，曾谈及银行存款事，大有用场。数年之久，八口之家免有冻馁之虞，否则不堪设想也！汝在英校，功课谅不甚繁重，晚上很少见汝温习课程。本可在家略念中文，无如年幼好玩，又无同伴，未免枯燥乏味，进步甚慢。适离家不远有一间新办私立学校，专【16】为英校学生补习中文，令汝就读。惜该校规定时间对学生略有不便，在下午一时半上课，而英校一时始放学，汝回家匆忙吃饭，即赶往到校。大约就读仅数月，有一日，踏脚车往时被一汽车所撞，汝摔在地上。承附近友人来告，使我惊慌失措。家中无电话，无法通知汝父。我赶往一视，汝虽受惊，幸未受伤，心始稍安。驾汽车者乃一高级公务员，警察来调查时恐已有暗示。带至法庭，判乘脚车者错误，其实喝酒驾车已经犯规。汝既被判罚款二元了事，汝又未受伤，我已喜出望外，不愿与醉汉计较，徒然结怨，但自此以后，不敢令汝再就读，使失去念中文之机会，未免可惜。

自国内开战后，南来避难者日众，文人艺术家来怡亦不少，如徐悲鸿君、张善子君、翁占秋君、张丹农君、黄延凯君、张斯仁君、李西浪君诸君均先后抵达。汝父均结为文友。

有一日，汝父下班未回，从未有之情形。至晚十一时仍未归，令我疑虑。欲往寻，深夜我一人不敢外出，如欲带女佣同行，汝年幼且已入睡，如锁门放汝一人在家，又怕有危险。正左右为难时，尹君乘三轮车来接，告知一切，携汝同往。

一九三八年底，周师母携五子女来怡，最大者十三岁，小者不【17】足三岁，前来兄家避难。彼乃吴君之胞妹，同来者尚有一位王儒雅君，均住吴家。房间不够住，幸所居半楼有地板，天气炎热，较易解决，全体均卧地板。南洋子女多之家庭大都如此。

初来时，其夫周君尚寄款接济零用，以后国币日低，无法再寄，只赖乃兄每月供给二十元作为零用，幸物价不高，尚勉强应付。彼来

怡一年余，始谋得培南小学一教师职位，月薪仅三十五元，六人零用
及添置衣履，勉可维持。残酷战争破坏无数美好家庭，诚可痛恨也！
我等来怡计已八载，友人日增，来访者亦渐多，座椅既旧又不够用，
不得不稍为添置。所买东西，顺将价目写下，借知当时物价：如厅中
木制矮桌椅全套五十元；玻璃书橱十五元；木制大床十六元；有镜衣
橱二十五元，旧无线电六十元；旧机器脚踏车三十元。几将余款告
罄。用不足两年，经遭战乱而被窃。以后十余年，因战后各物昂贵，
又无余款添置，仍用劫后剩余之旧物矣。

一九三九年夏，尹君提议组织三江同乡会，借以联络感情，积极
筹备，于十二月二十五日成立，除广东、广西、福建三省外，其他别
省男女均可加入为会员。成立时只六十余人，财力不足，租屋一所，
在游艺场【18】附近。

怡保地方素为客人势力范围，各华校重要董事大都客人，三江文
化人不易插进，只能在外地学校任职，不能常来公会，工商界人士则
较多。公会成立后，令久居海外者无形中似有温情之感，衷心喜慰。
惜创办不足两年，日军南侵而停止。

三九年底，武汉合唱团南来作爱国运动，全体男女团员计二十六
位，在星马各地演唱，卖票所得全部寄回祖国。而彼等食住零用，则
由各地侨团供给。时间约年余，然后遣散回国，除付川资外，并赠每
位团员五百元。如愿留下者，则免赠款。一年来各处侨民之负担亦不

轻也。

团员中有两位系上海小姐，均姓陈，不同宗，一位名蔚，一位名霞影。吴师母因彼等系小同乡，见面时尤觉亲热，因而往来甚密。彼等住中华大会堂，若由火车路行至吴府，只须数分钟而已……

【19】自二陈再来怡后，我等四人很少玩牌，因每逢周末，吴君夫妇与二陈往附近外地旅行，在将近晚饭时来我家打牌，但来前并未通知。我家三人饭菜，忽加四人，非再煮不可。因无雪橱，鱼肉蔬菜须每日购买，临时诚无法添菜，只有以罐头食品与鸡蛋补充。类似情形，至开战止有五六次，我只好多买罐头存放，以备招待。玩牌甚久，非至深夜不停，牌桌即在房门外，对汝睡眠必大受影响，而吴君只顾一时兴趣，似不为人着想也。

开战之日，适小陈往太平，吴君邀我等往玩牌，由早玩至深夜，回家时路经街市，见士兵已全部武装，推测战事已【20】要爆发。至家中收听无线电，始知槟城已遭轰炸。战起忽然，我等毫无准备，彷徨绕室一夜，未能成眠。次晨，吴君提议两家同往避难，互相较有照料。我等同意，即略准备所需之物，随身携往。

第二部　学习漫游

战火延烧至马来亚

　　战争的回音在耳边回响超过四年以后，战火终于延烧到马来半岛。1936 年我们短暂返华，随后战争便在中国开打，父母和朋友谈话的主题几乎三句不离战争，战争也是家里餐桌上的重要话题。返乡回中国显然已经不在考虑之列。战事似乎逐年扩大，尤其渐次往南蔓延，侵袭多数怡保华人的原乡省份。到了 1939 年，欧战的消息也日日传来，战事最终似乎势必会蔓延到马来亚。父亲买了台收音机，方便我们收听新闻，让我发觉局势确实堪忧。我听新闻听得很起劲，现在手上有地图，可以追索战事发生的地点，每次听新闻提到地名，我就在地图上查找，这让我觉得自己和战火蹂躏的世界有了个人的连结，也让战争显得不那么可怕。还记得重庆和伦敦几乎同时遭到轰炸的消息惊传而来，让我更加醒觉这场冲突是名副其实的世界大战。

　　日军控制了广州， 1939 年又进一步控制海南岛，于是日军不久即将南进扩张的恐惧就此浮上心头。英国清楚日本打算利用法属印度支那进攻东南亚其他地区。法国维希政府无力阻止日本，因此英国严阵以待，准备保卫马来亚。我们在学校听说新加坡的海军基地已整备妥当，大部分的老师都有把握英军能让日军不越雷池一步。战争落幕后，各家纷纷著书解释英军为何转眼就不敌日军，我于是得知英军虽然担心日本会利用泰国从陆路进犯北马各州，但没有预防海路侵略的准备那么充分，防御半岛的整体计划不够周全。

日本的欧洲盟友连战告捷，纳粹德国开始侵略苏联，我想大多数人都觉得日本攻打马来亚只是时间的问题。1941年，父亲母亲就跟多数人一样，寄望英国军力强盛，足以击退日军，我一点也不觉得紧张，直到接近年底才感到不安。12月，日军从北方来袭，不消数日，炸弹轰击怡保。仓皇之际，父母和朋友吴先生一家一同逃离怡保。我后来知道我们被安排到丹戎督亚冷（Tanjong Tualang）镇外的伐木场和橡胶园躲藏避难，产业的主人是当地华文小学的董事长，他认识吴先生和父亲，愿意伸出援手。我们在此借住三周，大部分时间都待在伐木场，不过有日军接近时会迁进丛林更深处的临时搭建栖所。曾经有一些日军来查访伐木场，不过他们急着赶路，没有伤害任何人。我对我们做了什么几乎毫无记忆，只记得我们小孩子都很兴奋，能体验沿丛林边缘漫游，认识丛林的一些动植物。最难忘的是我染上了严重的疟疾，病情让我那年有好几个月断断续续地不能上学。我发高烧数日不退，母亲非常担心，幸好她带着足够的奎宁，我最后顺利康复。

1942年新年前后，我们从伐木场搬到另一个藏身处，是更靠近怡保的石灰岩洞群，里头住了许多家庭。我们在洞穴里住了两周，其间没有看到任何日本军队。我始终不知道我们两家怎么被安排到这里避难，但我深深被这些岩洞吸引：山洞外形奇特，狭小的开口引领我们进入洞穴之内，走进之后竟豁然开朗，出现意想不到的大片空地。空间较大的洞穴里容纳了各式各样的小型建物，我们被分配到几间使用。总之我们在这里有食物、有饮水，安然度日，但我们得知原来有人平时就住在洞穴中，忍受异乎寻常的条件，实在深感惭愧。尽管我们待在丛林和山区的时间不长，最后也平安无事，但这标志了我长年半游牧生涯的滥觞。我记得被大人郑重告知我们两家如今无家可归，身边的行李就是我们仅有之物。

到了1942年1月，怡保的日本驻军在民政官员协助下恢复了秩序和基础服务。吴先生和父亲到镇上帮我们找新住处。现在绝无可能回到政府建的官舍，因此他们往新街场找地方。我们跟着吴家行动，租下一间房间，两家人一起挤在店铺一楼。这间屋子是中药铺所有，位于紧邻新街市的一条小街。我们的狭小房间里摆了一张床，父亲母亲睡床上，我睡地上。能平安无事真是谢天谢地。我们不久就听说日军拿下了新加坡，还听到消息说日军杀害了上千名华人青年男性，新加坡等地多处溅血，包括离怡保不远的近打地区也有灾祸。至于怡保镇本身，大部分人民均奇迹似的幸免于难。汪精卫的妻舅陈继祖（汪精卫之妻陈璧君的哥哥）在怡保生活工作，大家不知道这是否有所影响。

我和吴家的老大、老二、老三一起帮忙家计，对我们而言是全新的生活，我们即使心里害怕，也努力不形之于色。我们在街市外摆了几周摊子，卖肥皂、酱油等吴先生帮我们张罗来的杂货。后来有一天，日本人来到街市口，在高台上摆出几颗人头，就在我们摊子前面不远处。日本人公告这几个是因趁火打劫而被斩首示众的宵小，警告大家任何犯罪概不容忍。我们吓得目瞪口呆。人头很快招来成群苍蝇，三天后就被移走，因为谁也受不了阵阵恶臭。从此以后，街市冷冷清清，父母就把摊子收掉了。我们三个孩子于是改骑脚踏车，尝试到镇上住宅区挨家挨户兜售肥皂，可惜这场小小创业完全不成功。父母决定让我们退出，我们短暂的销售员生涯就此告一段落。

几周以后，我又碰上另一个恐怖经历。那天我跟着一些人走到小公园，公园在往河边的路上，离以前的学校不远。我不知道公园为什么聚集起人山人海，以为有运动或表演可看，接着我们被告知将在这里目睹公开处刑。我们远远看见有个年轻华人男子被带到公园中间，被迫跪地。我对即将发生的事依旧一无所知。忽然间，日本军官举刀砍下男人的头。军官第一刀未竟全功，只得挥下第二刀，才让人头滚落地上。群众惊叫出声，接着一片沉默。军官用日语喊叫了一番，再命令手下把尸体搬走。我吓得惊魂不定，好几个晚上噩梦连连。虽然往后再也没有目睹类似场面，但这让我体会到人们只须片刻就能对残忍之举麻木无感。

经过几个月，父母认为我们两家这么多口人同住一层店铺实在太挤，于是开始另觅住处。我们先搬到镇外的村庄，在何家借住了几个月。接着又搬回镇上，这次搬到旧街场，向福建会馆租下一个房间。福建会馆拥有一幢大屋，在自己的物业上经营培南小学，就是吴家孩子之前念的学校，父亲及吴先生也都和会馆诸位领袖熟识。日军占领怡保之后，学校没有重启，因此空出房间。前校长许先生现在为会馆工作，住在会馆大屋一角，他认识父亲，将其中一个房间租给我们。这个房间一样非常狭小，因此我睡在地上。

会馆的地点无可挑剔。吴家孩子曾经跟我说过他们多喜欢在培南念书。一边是近打河，另一边就是大操场，镇上最好的运动场。越过大操场，高级英人俱乐部坐落在地势略高处。天主教的圣米高学校在我们房子的右方，左方是整条锡米街（Belfield Street），镇里不少一流店铺都开在这条街上。

日本征用了我们旁边圣米高学校的美丽校舍，作为州政府总部使用。不知道是什么样的因缘将我们置于新征服者统治机关的阴影下。影响之一是整个地区戒备森严，但同时也表示这一带为数不多的当地男性居民必须担负起守望小区的职责，包括从半夜到清晨在街角站岗。站岗由大家轮流负责，我们住在福建会馆期间，父亲站过几次岗，有一次他身体不舒服，由我代替他执勤。我只有十二岁大，但以这个年纪而言个头算高，加上配备给我的长棍，看上去是个像样的守卫。

父亲安排我进入明德小学就读，学校位于锡米街上，离我们住的地方只隔几个街区，是嘉应州会馆开办的学校。我被安插在高年级班，老师是客家人，上课时讲客家腔的国语。这是全新的体验，我喜欢用中文学习算术、地理、历史等科目，而非只限于在家里读的古文典籍。可惜不久就发现并非事事尽如人意。让父亲困扰的是，日方要求学校多教日文，派了两位当地年轻老师来教我们，要我们花更多时间学日文。我们每天早上都要唱日本国歌，学习日本军国主义歌曲。父亲决定不要让我经历这些，带我离开了学校，我不上学的岁月于焉展开。和新结交的学校朋友分别让我有点难过，但我很快就习惯了自己找事做，往后三年间完全不想念上学的日子。

几个月来，有好多天晚上我和其他孩子一起在操场奔跑。现在少了英国人用它来办板球和橄榄球比赛，操场于是开放给大家打球、放风筝，多少防止我们调皮捣蛋。我也喜欢沿着近打河高起的河滩地散步，到下面低浅的河床洗脚。我们和许先生一家同住了几个月，许家有两个儿子、三个女儿，他们是闽南人，不过会说国语。大儿子大我几岁，小儿子又小我几岁，幸好跟我年龄相仿的三个女儿很亲切，教我说闽南语，也传授我帮忙母亲的小秘诀，特别教我怎么在菜市场采买新鲜蔬菜，还有饭后怎么收拾整理。我坦承自己不是天生的孝子，真希望能有一两个妹妹帮我分担这些家务。

小城男孩

离开明德小学之后，父亲担心起我的教育，因此筹设了家教班教朋友的小孩，让我可以和大家一起学习。我们十人左右的小班一周上三次课，上课时间通常是午后向晚时分，父亲在课堂上教我们古文。他非常热衷于教我们欣赏文言文，也希望我们精熟文言文写作。我们都已经学过基本的《三字经》和《千字文》，于是父亲预设我们认识这两个读本里大部分汉字的意思。父亲先专注在中国散文名篇的标准选集《古文观止》之上，从陶渊明的短篇小品教起，像是有名的《桃花源记》和《归去来辞》，不久就带领我们进入优美明晰的文章，像韩愈、欧阳修、苏轼等人的作品。

父亲要我们背诵几篇重要的文章，确保我们不只了解文章逐字的意思，也能掌握逐句的韵律和节奏。接着他交代一项作业，要我们练习写作这种文言散文。我们的家教班同窗共学一年有余，日益进步，继续研读其他散文选集。背诵的功课繁重，尤记得用文言文写散文和书信实在苦不堪言。我觉得散文写作特别煎熬，因为这项交代下来的功课对比我们周遭的生活显得遥远又无关。

父亲自己非常喜欢写毛笔字，他单独鼓励我练书法，带我学习颜体，即颜真卿的风格。当时我认真练习书法，可惜没有持续下去，后来也没有重拾笔砚。我知道自己没能学好书法是父亲遗憾最深的一件事。父亲也希望我能分享他对诗歌的爱好。他先教我《诗经》的几首诗、《楚辞》的名篇，也从《古诗十九首》选取范文。最后，我们读完《唐诗三百首》的精选，很多诗我背起来琅琅上口。奇怪的是，父亲不曾教我创作旧体诗，也从来不曾鼓励我尝试。对他而言，只要我能欣赏中国一流诗人表达情感之广、之深，便已足矣。

多年之后，我常常思考父亲身为坚定的儒家文人，为什么没有带我钻研《论语》《孟子》等儒家经典。四书里他只教了《大学》和《中庸》，费尽心思让我透彻了解《大学》。至于后代儒家思想的例证则是透过韩愈、欧阳修等人的文章间接介绍给我。父亲从来没有直接教过我新儒学思想，他提到张载，程颢、程颐兄弟和朱熹等新儒学思想家时，只说他们是我日后应该学习的哲人。或许父亲认为他们的思想（像他们对《论语》的评注）对我而言过于艰深，无法全面理解，因此不希望新儒学的晦涩难明浇熄我的学习兴趣。或许他想起自己曾经亲身经历的过量经典教育，因此不愿重蹈覆辙。也或许是因为父亲在南京学过杜威的现代教育理论，对之十分推崇，因此遵从其教导，多给儿子一些空间，让儿子自己去探索学习。

不过，父亲确实做到一件事，就是勾起我对重要史家文字的兴趣，也感兴趣于他们笔下中国恒久过去中的英雄和恶人。父亲先从《古文观止》挑选的左丘明《左传》的几篇故事教起；他特别欣赏司马迁和班固的文章，后来也鼓励我多读两人的著述，直接阅读《史记》和《汉书》的原典。虽然他只是单纯称许这两位知名史家的文采，不过他知道两人笔下的生动故事也激发了我的想象。例如当年读《项羽本纪》的记忆依然鲜明，推翻秦帝国的伟大勇士项羽最终却将一切败给汉朝开创者刘邦。另一则难忘的故事来自据传出自李陵笔下的书信，李陵是汉朝将军，败给匈奴后便投降匈奴，信中解释自己变节的原因。李陵这封信写给汉朝使节苏武，苏武的选择恰恰相反，他继续效忠汉室，因此被流放到北海荒野，流放的十九年间多半在牧羊中度过。父亲强调文章里的散文笔法，但这些文章无疑也激起我对中国历史的好奇。

父亲收藏了一套《纲鉴易知录》，这是司马光《资治通鉴》的精简版，把这套巨著的纪年延续至明末。他虽告诉过我这套《纲鉴易知录》的内容，却不曾鼓励我阅读。父亲对历史不太感兴趣，或许也认为经典著作的精简版不值一读，不过后来我对中国史中的连续性提起兴趣，因此读起司马光的著作。父亲间接为我做好准备，让我在需要时能够善加利用这套巨著。

父亲借这些方式确保我的教育在日占时期不中断。这几年间，我只讲国语以及渐渐学会的各种中文方言。让我们与众不同的是我们通常讲江苏腔的国语，不过这时几乎任何腔调的国语，大家都很想听上一两句。

这几年的学习也不只限于认真念书、自我精进，我记得学到授业心得的特别时刻。有位华侨富人邀请父亲去教他的年轻小妾读写中文。父亲觉得这么做不妥，婉言谢绝，不过这位富人一再坚持，因此最后父亲提议或许儿子可以代替他执教。富人和我谈过之后，认为我年仅十二岁，应该可以信任我作家庭教师。这名女子年轻貌美，一心向学。父亲建议我应该教什么，我亦步亦趋地遵循父亲的指导，也意外发现自己喜欢教书。经过几个月，富人很高兴看到小妾的长足进步，为我的指导支付了我认为相当优渥的报酬。不过我真正的收获是自信心，相信自己能够清楚表达，也的的确确能教会他人说国语和写简单的中文。

与此同时，父母对于我只能打地铺的这个狭小房间日益不满，因此开始寻觅新住处。不止这点，寄居在像福建会馆这样的公共建物一角也有其他困扰之处，父母也担心借住日久会惹人生厌。他们于是打听到有位叶太太（叶林生的母亲）愿意将大宅的一个房间租给我们，同时也提议让我和店里一个伙计共享房间。或许是这个提议打动了父亲母亲，叶太太也很高兴有我们同住，因为她的丈夫是上海圣约翰大学毕业，和父亲认识。我不记得他们怎么认识的，或许是因为叶太太以前当过学校老师。

于是我们再次搬家，这次搬回新街场。叶先生是生意人，大部分时间都待在吉隆坡照管总公司，或许他也认为屋里有我们同住对叶太太比较安全。叶太太非常亲切，认为我应该要有床可睡，于是我有了一张自己的床，放在共享的房间里，室友是在叶太太脚踏车行工作的一个年轻小伙子。叶太太和员工之间说的是一种我闻所未闻的福建方言。他们讲的是兴化话（莆田话），怡保几乎没有人听得懂，幸好他们也会说国语。我的室友教了我几句兴化话，向我说明他们的方言介于闽南语和福州话之间，但坦白说，兴化话和两者落差极大，即使是说闽南语和福州话的人也听不懂兴化话。

通过室友，我发现了一门非常独特的行业，让我着迷好一段时间。他告诉我在马来亚说兴化话的人专门做脚踏车生意。他不知道事情是怎么开始的，也不知道为什么大家多半留在这行，但他非常骄傲这行没有人是他们的对手。这则故事深深印在我的脑海，多年后，只要碰到兴化人，我就会问起脚踏车生意，对方则会表示自己和这行有关。即使不是直接从事这行，所知也非常丰富。因此，日后有篇调查马来亚脚踏车业的研究总结说脚踏车业完全掌握在兴化人手中，我读到时一点也不意外。我还得知兴化人在印度尼西亚一样事业兴隆，开始臆测兴化人都做这一行。于是，后来碰到成功的银行家、学者、外交官，还有优秀的戏剧导演，得知他们都出身兴化，不禁大吃一惊。不止如此，更让人惊讶的是，有些人坚持马来亚共产党的年轻领导人陈平（Chin Peng）其实是兴化人，虽然他登记的籍贯是旁边福清县的一个小镇，这实在让我难以置信。寄居叶太太家的日子替我提早上了一课，领略中国认同的错综复杂，这个课题此后一再挑战父母教导我接受的华人性。

住在叶家的日子十分开心。数十年后，我在前往怡保的路上遇见了叶太太的儿子叶林生，得知他写了一本书，讨论马来西亚近来的政治发展，书名是《华人的困境》（2005）。读这本书让我体会到叶家确实深深在马来西亚落地生根，让叶林生有能力分析国家得以和平发展的种种议题。书中探讨华人如何适应变迁的国家计划，他的精辟见解能帮助读者了解新兴民族国家要成功必须达成哪些要件。

以前一位学校同学李茂兴（Francis Lee）就住在叶太太家对面，我们至少有一年时间经常见面，结为好友。这是过去住在绿城独立小天地里所错过的机会，那时从来没有机会认识住在镇上的同学。李家是客家人，和资助当地华文中学的矿业家族关系密切。李茂兴的父亲和我的父亲认识，因此我们两家很容易就更加熟稔。有件我和李茂兴一起投入的事实在难忘：　新鲜渔获从马来亚东岸运到市场的日子，我们通力合作上市场买鱼。这代表我们远在天亮前一大早就得去排队，等上好几小时。不过我们把这件差事变成好玩的出游，学习在菜市场里穿梭，以挑选我们想买的鱼类。

和李家共度的时光里最刻骨铭心的是他们诚挚欢迎我一同参与家庭活动。李家是个大家庭，有四个女儿和三个儿子。李伯母是俊美的客家女性，尽管语言不通，还是设法和母亲交流。李伯母乐见茂兴和我开心共处，常常邀我到他们家玩。我很快就能讲一口流利的客家话，也认识李家许多亲朋好友，甚至觉得自己就像当地客家社群里附属的一分子。他们的古道热肠帮助我比较轻松地适应怡保华人的日常生活，我渐渐不再觉得自己是全然的圈外人。

我将1942年铭记为适应新生活的一年。一方面，我觉得自己被推出自给自足的封闭圈子，进入开放但陌生的市井之间。我第一次和众多华人一起生活，他们不说英语，说的是各式各样的中文方言和一点点国语。这让我敏锐察觉到之前在绿城过的是温室里的生活，和打拼事业、劳碌工作的真实世界脱节。日本占领前我只认识零碎片面的怡保：短短上过一阵子的午间学校、父亲带我去的书店、每年光顾几次的几间电影院。现在我们是重新融入镇上的"穷亲戚"，和镇上常民一起生活，仰赖大家的善心与援助，从镇上一方漂泊到另一方。

这年同时也是自我发现和体会新乐趣的一年。我发现自己可以和形形色色的人打交道，有些人住在店铺，家里专门做小生意，也有些人为了微薄工资和温饱而工作，但克勤克俭又忠厚老实。我不再上学之后，看到许多晚上在操场一起玩或是早上在河边一起玩的玩伴一样也没去上学，还发现有些人从来没上过学。这让我体会到世上还有别套规则，和我原本认为理所当然的规则截然不同。最重要的是，我碰到有些人虽然是华人，却不符合伟大经典著作里描写的华人性。这拓展了我的眼界，让我看见各种各样的多元性，看见在我熟悉的绿城里无法想象的社会阶层和高低阶级，也促使我在心中开始怀疑父母让我做好返乡准备的那个中国。我开始注意到，虽然父亲仍然决心让我接受经典教育，但在日本占领的这整整几年间，母亲绝口不提将来要回中国的事。

我们和吴家分开而搬到旧街场后，父亲四处找事做，母亲负责煮饭洗衣。父母有一点积蓄，也慢慢变卖用不到的东西来攒钱。就我记忆所及，我们从不急缺现金花用。我在明德小学念书的几个月间，跑过几次菜市场买新鲜蔬菜和米。离开学校之后，我只在父亲的家教班念书，每周上三天课，因此有时间在街道漫游，逛逛镇里还开张的商店。我非常好奇和我们家不一样的人都做什么谋生。

　　大家耐心向我解说他们店里专门做什么，我的广东话因此进步了。大部分店家卖食物和杂货，或是卖衣服和家用品，商品多半由店家自煮、自产或自制。我很惊讶看到所有华人店铺里都摆了神明桌，案前永远香烟袅袅。他们解释这是为了确保神明庇佑，生意才能兴隆。有些人告诉我他们的神明是从中国的老家一起过来的，将他们和拜同样神明的人连结在一起。这时我开始体认到我们家和其他华人多么不同。我问母亲这是不是因为我们来自中国不同地区，她回答说长江流域的人也拜自己的神明，但是我们家恪守儒家价值，因此和其他华人产生距离。

　　让我印象最深刻的是几间脏乱的店家，店里的男人忙着修理各种机器或做家具，或是做锅碗瓢盆等厨具，前所未见的多样技艺就展现在我眼前。他们只有寥寥几件工具，主要似乎是靠双手来形塑手上制作或修理的物件。我也打听到做这些工作的人工资多么微薄，很多年纪和我差不多的男孩子在店里帮父母或兄长工作，但连分文工钱也没有。他们没去上学，有些人完全没进过学校。这样的家庭大都毫不可能送女儿去上学。

　　我碰到好多华人告诉我，他们家早在几十年前就从中国移居此地，也同样希望有一天能回中国，或至少能像我们家一样回去探望亲人。听到我去过上海，他们都羡慕不已。如果他们踏上旅程，目的地最远也只会到香港、汕头或厦门。听他们这么说，我觉得尽管说不同方言，尽管我们家不同于他们的宗教及团体归属，但或许我们不是那么特立独行。将我们隔绝于寻常生活之外的，是绿城这个自外于人群的官僚系统产物，系统运作有赖于让官员超然于群众之上。

1942 年的时间一周周过去，我们接受日本人不会主动离开的事实，我开始思考自己怎么样可以变得更像我每天碰到的华人。父母和他们的朋友都紧抱希望，期待我们目前的处境只是暂时的，英国和盟军终会赢得战争。这个想法十分抚慰人心。镇上的日本军人让我们非常害怕，我们尽可能远避任何有日本军人把守的地方，幸好镇上的日军不多。我记得大家猜测军队多半正在缅甸作战，暗援印度摆脱英国统治。留在这里的多半是朝鲜人或台湾人。大家似乎有共识地认为不必为难愿意相安无事的华人，日本人比较提防仍然效忠英国的人民。不论如何，日本人需要华人继续生产食物、工具等基本物资，以敷大家日常使用。

我在镇上遇到的人没有一个会说英文，我觉得自己和说英文的那部分生活完全一刀两断。就在这时，命运的奇妙转折让我和英文学习重新连结。当时毫无所觉，但战后回安德申学校重拾学业时，这个连结带来莫大帮助。

另一种学习

占领时期的头一年多，我四处探索学习，了解怡保和镇民，让自己从绿城的舒适圈断奶。这是个多事之年，变动频仍，我们一家四度搬迁，我自己则在街头游荡。接下来两年相较之下安定许多，但两件意想不到的事改变了我生活的基调，有趣的是两件事都让我重拾英文，战前在校学习但如今用不到的英文于是和我又有了小小连结。第一件事关系到英文小说的临时图书馆，第二件则关系到秘密短波收音机，是我收听战争消息的来源。

日本官方一再邀请父亲重回过去的工作岗位，协助教育局。父亲不肯，但当地几位华人社群领袖（包括陈继祖在内）都劝父亲不要展现敌意，鼓励他合作。父亲感觉到劝告背后的威胁，但坚持不回去当视学官，只在局里担任比较次要的职位。日人教育局局长同意了。让父亲意外的是，教育局局长受过美国教育，拿的是英国文学的学位。局长发现父亲拥有类似学历，于是指派他管理局里堆积如山的书籍，是战争最初几个月从英国商人、庄园主、官员的家中搜刮清理而来。父亲因此重新回去工作，可以说是这些弃置图书的看守人，再次开始每天一早上班、傍晚回家的生活。他重新安排了中文家教班的时间，此后我们晚上上课。

想不到父亲的新工作对我是非常幸运的机遇。父亲发现图书背负的故事即使称不上悲剧也实属苦难有加。图书是从英国侨民家中收集而来，屋主或许已经逃出国境，或许落入日本人手中，被送到新加坡的监狱。大部分的书都是英文通俗小说，不过也有手册、指南等技术性书籍。书堆了一箱又一箱，大部分箱子仍然封着，大家同意这些书应该成为教育局图书馆的核心馆藏。父亲之后请求带我进图书馆，帮忙把书统统上架，也帮忙编目图书。

我以前从来没有读过当代小说。父亲只买古典中文或文言文的学术典籍，母亲则是流行杂志的忠实读者，家里一本现代中文小说也没有。我们的英文书是文学经典：乔叟、莎士比亚、弥尔顿、浪漫主义诗人，还有几本笛福、斯威夫特、菲尔丁、狄更斯写的小说。父亲虽然订阅文学杂志，但是从来没有买过年代晚于狄更斯的作家所写的小说。我把一箱箱的书拆开，发现这是时下畅销英文书的宝库。我从书名呈现的数量很快看出哪些最受欢迎。一目了然的有阿加莎·克里斯蒂、佩勒姆·G. 伍德豪斯、埃德加·华莱士、埃德加·赖斯·巴勒斯。我深深迷上赫尔克里·波洛这位比利时侦探，我想我几乎读完了藏书里所有克里斯蒂的小说。伍德豪斯一开始比较难懂，但我后来也喜欢上伍德豪斯生动形诸笔墨的正宗英式心态。华莱士培养起我对惊悚小说的黑暗品位，而赖斯·巴勒斯不只让我想起战前看过的泰山电影，还带我登上火星、打开通往外层空间的想象之门，最终引领我日后进入科幻小说的世界。

其他吸引我的还有亨利·赖德·哈格德和莱斯利·查特里斯的作品。哈格德的《所罗门王的宝藏》让我对浪漫遥远的撒哈拉沙漠以南的非洲满怀向往，数十年不减，查特里斯则以另一种方式让我获益良多。查特里斯写的故事很多都是西蒙·邓普勒（Simon Templar）这位"七海游侠"的冒险，看过即忘，不过他在书中页页都用上又长又少见的生字，教会我有效率地查字典，最终大幅扩展我的词汇量。多年后，我得知查特里斯生于新加坡，父亲是中国医生，母亲是英格兰人，1900年孙中山来到这个殖民地时，他的父亲曾经帮助孙中山。战后，查特里斯的一个侄子和我是马来亚大学的同窗，他告诉我查特里斯的弟弟是受人敬重的圣公会牧师，后来定居新加坡。这挑起我另一方向的兴趣：日后我开始研究海外华人的早期历史时，特别好奇香港内外华欧混血儿遍布四海的后代子孙。

除此之外，藏书也包括许多经典小说，我久闻其名但未曾一睹风采。有十九世纪的小说，包括奥斯汀、勃朗特三姐妹、狄更斯、萨克雷、乔治·艾略特的作品，还有两本二十世纪的小说，是康拉德和哈代之作。我也找到欧洲经典的译本，作者有雨果、大仲马、托尔斯泰。津津有味地读过通俗小说后，我有自信能读完其中几本，包括《傲慢与偏见》《呼啸山庄》《远大前程》《双城记》。阅读经典需要全神贯注，其他经典我只浅尝部分，很可惜战争结束前没有再多读几本。

父亲直到1944年底都负责管理图书馆，他请求允许我借阅想看的书。一开始我每周借两本书回家，自然而然从通俗小说看起。刚开始读得很慢，不过随着词汇量增加，也更熟悉口语英文之后，阅读速度加快不少。我晚上看书，大概三四天就能看完一本小说，经过一阵子之后，每周可以看三四本小说。我偶尔会在通俗小说中间穿插几本经典，不过我觉得惊悚小说、推理小说、科幻小说读来更加趣味盎然。我记不清那年看了多少书，不过那段时间我的英文大有长进。

结果这段日子成为我的非正规教育里成果丰硕的时光。中文的学业依然继续，父亲带我们家教班认识更多中国古代的重要诗歌，教导我们和之前学过的唐诗名作相互比较。我不确定有多少同学了解父亲希望我们注意的微妙之处，不过我们背了不少诗。此外，父亲开始花更多时间讨论能带给我们哲史洞见的经典散文，比如选自儒家《论语》《孟子》的关键篇章、《春秋》的重要选文（主要是左丘明的评注），也从《史记》《汉书》这两本史学巨著里拣选更多章节。父亲深信研读经典对我们有益，也乐观认为有一天这些著作会帮助我们学会写文言文。我不敢说当时全盘了解这些文字，不过日后终于有机会到中国念书时，儿时学习的种种无疑帮我更能应付大学课业。1954年，我在马来亚大学开始研究南海贸易的早期历史时，这层教育背景让我能独力写作论文，毋须专家指导。

不过，读英文小说确实是额外的收获。这三年半来我和说读英文的人毫无接触，小说在这段时间提供一条生命线，丰富了我的词汇。父亲的英文字典还留在身边，我把不认识的字逐一用字典查清楚，每天列清单，就像以前根据我的学生地图集所列的清单，大幅增进了对英文的认识，进步幅度让父亲大感讶异。1944 年底，父亲辞去教育局的工作，到一位客家锡矿实业家那里当家庭教师，这时我已经有自信能够阅读任何英文书写，继续留心找书来读。我甚至大胆认为可以自己创作通俗小说，借此练习英文。

1945 年，我根据去年怡保获准上映的一部中日合拍片（上海出品的空洞爱情音乐剧）的情节创作一篇马来亚爱情故事。那时我列出的尚未用过的生字清单已有长长一串，认为现在该是试着写点东西的时候。有几个月的时间，我每天写几页故事，尽量多运用清单中的生字。战争结束时，我写了长达两百页左右的内容。我对故事不大以为然，一准备要回去上学，就把这初试身手的创作结晶抛之脑后，后来大概是在准备动身去中国时弄丢了手稿。

借书勤读的这一年不只是让我离开街头，也带给我全新的自由感受。我想自己是在这期间开始体认到，只要能阅读、能动脑思考，再多变的处境我都能适应。我觉得自己找到了人生目标，不再想要融入镇上其他孩子，成为他们社群的一员。我发现自己更喜欢埋首书堆之间，书本开拓了我的视野，让我看见其他世界，里面不只有中国古代的美人、诗人、圣人，也有太空旅行、悲剧英雄、世俗侦探、自大傻瓜，甚至是侠义之盗。

1945 年，一位客家锡矿实业家聘请父亲担任家庭教师，他亟欲学讲国语，也想让孩子学中文。由于这份工作，我们搬进对方家中，位于近打河畔的新街场南缘。我们从叶太太家搬进钟森先生家，这是战争结束前最后一次搬迁。我们直到年底都住在钟家，这期间都觉得安全舒适。钟先生从广东省梅县来到马来亚，身怀技艺，能处理锡矿场用的电气机械，他在占领期间买下几座已无利可图的矿场加以重整，因而致富。他提供主屋里一个舒适的房间供父母居住，我则和钟先生的一位电气技工共享屋后扩建的一个房间。这时我已经从李茂兴家那里学会不少客家话，可以和钟家人对答无碍。钟先生心领我的好意，但要求家人只能和我说国语。钟先生不像父亲，他非常热衷于规律运动，要我们和他们父子每天早上一起在草地上做健身操。运动对我来得正是时候。我的饮食营养甚好，高瘦清癯的身体需要多锻炼来长长肉。我相信健身操不只强健体魄，也增进了我的运动能力，让我战后重回学校时能参加体育活动。

另一个意想不到的机会接着降临，让我得以再次接触英语，不过这次是从空中而非书中。钟先生发现我身怀本地社群十分罕见的能力： 我的英文以当时的标准来看相当出众。钟先生之前曾经要一位员工（电气技工）秘密建造一台短波收音机，好知道外界发生的事情。现在他要我每天早上用收音机收听英文新闻，早餐时告诉他战事的大要发展。这时是 1945 年初。

收音机讯号不是很强，而且我花了一阵子才听惯英文会话。新闻播报的主题大部分对我也是全新的内容，有很多东西要学习。我听了好几周才觉得自己真能听懂我们这一角世界发生了什么事，得到一些有意思的消息可以告诉钟先生。幸好钟先生非常有耐心，鼓励我继续努力，直到确定听到他需要的重要消息。我开始渐渐能听懂各种英文口头表达，不只和以前在校学到且数年不闻的英文不同，也和我在小说里读到而以为是一般口语的英文不同。我每天早上专心听标准英语播报的广播，多半从新德里或科伦坡发送。我注意到播报中偶尔会穿插带有美国口音或澳大利亚口音的评论，也很快学会分辨这两种口音。透过这种方式，我仿佛亲身参与了大人的战争。

我听到自1944年底日本进犯华中华南的湖南、广西以来，中国在战场上一直声势不振，也听到英军仍然难以将日军赶出缅甸。不过局势也日渐明朗：盟军在海战占上风，美军在太平洋战区取得胜利。这时怡保的经济状况更加恶化，通货膨胀让大家的日子越来越难过。不过，大家越来越乐观认为日本人会输掉战争，英国人会回来。身为生意人的钟先生必须确定事态的发展。到了1945年中，他要我每天注意新闻，听日本人在当地发行的货币"香蕉票"未来命运如何。如果"香蕉票"将来一文不值，他就得尽量多多买进马来亚元或叻币，而且动作越快越好。其他人所见略同，因此虽然有人准备在"香蕉票"的价值上赌一把，但马来亚元在黑市的价格逐日水涨船高。

我们被警告过收听秘密收音机非常危险，也知道日本人曾经处决他们抓到的偷听收音机的人，但是我们这台收音机体积小、容易藏，用起来不太害怕会被发现。这几个月我觉得自己身负重任，尤其是能够捕捉到消息的时候：有信息暗示英国人将不会承认现在流通的日本货币。我把消息告诉钟先生，他听了眉开眼笑，因为这证实了他心中的想法。钟先生持续按部就班收购马来亚元，我推测这帮助他在战后守住了资产。

在这样的处境下听收音机，对一个十四岁大的少年而言是非常特别的经验。我因此得知远方的世界大事，多亏三年多前逐页详读过那本地图集，我可以在脑海中定位远方各地。缅北和东印度的战区变得格外熟悉，我也认识了一些太平洋岛屿和澳大利亚港口的名字。战争领导人的姓名就更不用说了，这些名字新闻天天放送，已经一一印在我的脑海，从丘吉尔、罗斯福到希特勒、斯大林，从蒋介石、毛泽东到东条英机、山本五十六。这些名字都伴随简洁的评介，用意是描述每个人的主要性格。我知道自己接收的是多少带有偏见的政治教育，不过这还是让我感受到我们小小的怡保镇同样直接受强大历史力量左右。战争不只变得真实，广播里描述的战役不分欧亚，听来仿佛场场振奋人心、场场是决定性的胜负。广播提到的地点我大都记不住，只除了太平洋上的两地不知为何留在脑海中：瓜达尔卡纳尔岛和中途岛。加上先前记住的珍珠港，说起这些地名就想到壮观的美国空战和海战。我因此相信美国海军陆战队就站在击败日军作战的最前线，这也是盟军逐渐占上风的原因。于是每次打开收音机，我对"我方"凯旋的希望就更茁壮一些。

❧

广播谈起的英勇胜利，加上我持续阅读的通俗小说，日后带我走进奇妙的小路：我在战后发现了电影院的迷人之处。好莱坞在战争期间制作的美国电影库存现在一口气涌进镇上五间电影院，成为目不暇给的影像盛宴。相较之下，鲜有来自战时中国和英国的电影，他们的影业需要时间休养生息。来自美国的数百部电影热烈上映，有些电影勾起我读过的英文小说。电影激发想象的方式反映出我心中的部分幻想世界，通俗小说在其中接上了放送战争真人真事的秘密广播。我沉醉在这个私人世界，从 1945 年日本投降到 1947 年我们启程前往中国的这二十个月间，我想方设法多看新电影。回顾当年，我在这二十个月里看了四百多部电影，几乎令人不敢相信；大部分都是英语片，几乎忘光了。

多不胜数的电影可以接连上映，是因为电影多半不会放映超过两天，每部电影一天通常只放一场下午场、两场晚场。热门电影会在周末上映，吸引大批人潮观看。其他电影多半对着空空如也的影厅播放，观众连同我在内只有寥寥几人。第一批来到怡保的电影是 1941 年或更早以前拍摄的隽永电影精选，其中有不少佳作，吸引我看更多电影。下一波涌入的是 1940 年到 1946 年间的制作。有些电影的目的是娱乐美国大兵，或是向他们保证国家的支持，有些电影则描述沙场、海上或空中的艰苦生活，旨在让美国国内人民安心相信美国和盟军正迈向胜利。尽管知道大部分电影都是政治宣传，几乎毫不可信，但我还是一看再看，仿佛在沙漠度过三年光阴后初逢活水一般。

我始终弄不清楚自己为什么会观影成痴。或许是因为战争最后一年适逢我最容易受影响的年纪，这一年间我持续阅读图书馆借来的小说，持续收听秘密收音机的胜利广播。两件事接连发生，都影响了我的日常生活，两股影响不知何故在我专属的错杂英语世界汇流为一，仿佛反向平衡了在父亲课业繁重的中文家教班苦读的时光。一端大抵是娱乐和刺激，另一端则恒常要求克尽本分的稳重举止。和平终于降临时，娱乐的那一端似乎胜出了。我没有意识到过去三年来生活变得多么压抑，没有准备好应付日积月累的剥夺感。1945 年 9 月重回安德申学校念书似乎不足以满足我的渴望。我被提醒也接受我们不久就要回中国，但漆黑的影厅仍然一再召唤我入座，仿佛在说启程面对又一连串的未知未定以前，我应该尽情利用电影投射出的想象世界。

1945 年底，生活似乎差不多步入常轨，这时我自然想要看看被宣传为战时最佳制作的电影。我连月来一直听说这几场战役，现在迫不及待想亲眼看看美国海军陆战队在太平洋大败日军的作战，以及瓜达尔卡纳尔岛、威克岛、中途岛的战场。有些电影讲到珍珠港事变后的峰回路转，有些则展现美国军机前往轰炸日本的场面，又或讲到欧洲的奋战、纳粹德国败北，以及这场大战对英国城市和美国家庭的冲击。让我特别震撼的是为确保最终胜利人人皆需付出高昂代价时的众生相。

更难忘的是从我认识的作者小说取材的电影。我发现《无人生还》这部电影改编自我一年前乐读不疲的阿加莎·克里斯蒂的小说，意会过来时的感受至今记忆犹新。另外还有泰山电影，情节取自埃德加·赖斯·巴勒斯的著作，也有电影取材莱斯利·查特里斯的"七海游侠"小说，或是改编海明威、格雷厄姆·格林、诺埃尔·考尔德、萧伯纳等人的著作。坦白说，我激动不已。毋庸置疑，最高潮就是看到莎士比亚的《亨利五世》和夏洛蒂·勃朗特的《简·爱》搬上大银幕。战前观赏过狄更斯和罗伯特·路易斯·斯蒂文森的电影改编，不过相较之下，现在我年纪较长，更能好好欣赏这些电影。

　　我惊讶地发现自己对电影质量非常感兴趣，对演技和导演特别好奇。于是我更加迷恋电影，难以抗拒想要逐部观赏怡保上映的电影的渴望。我又开始列起清单，列出片名、主要卡司，甚至也列出电影的制作公司。这也是一种瘾头。虽然电影票价十分低廉，但一周看好几部电影还是一笔不小的开销。我荒废课业，自愿打些杂工多赚点钱，才不会错过就是非看不可的电影。难以想象我还能参加学校的体育竞技活动，也通过了毕业考。

　　三年半的占领改变了我的生活，这段日子移居四个地方，怡保镇的新旧街场两边都住过。过去多年来一直等待返回中国，只和其他华人社群有最低限度的接触，然而在占领期间，我和背景迥异的形形色色家庭有了来往：闽南人许家、兴化人叶太太、客家人的李家和钟家。我也发现到处都有人可以说上某个版本的两种马来亚通用语：广东话和集市马来语。最特别的是，尽管整个占领期间我在镇上听不到一句英文，也没有和别人说英文，但是我看的英文书比以前上安德申学校时还多，也从广播中听到前所未闻的各种英文。我没有在街上碰到过马来人，只有经过村镇边缘的马来村庄时见过他们，至于印度人则只有住叶太太家时遇过。我曾经在棕榈酒出售的日子和同一条路尽头的印度工人混在一起，有时候和他们一起喝酒。我在战前喝过酒，大部分是庆祝农历新年时喝到由米发酵制成的酒，这种酒比较接近葡萄酒，但棕榈酒偶尔可以让印度工人在街上醉得东倒西歪，是我初次尝到的烈酒。

不过整段占领期间，我相遇交谈的对象大多时候都是其他华人。我的广东话进步了，也学了不少客家话，可以轻松和客家朋友聊天。闽南语比较不拿手，我说的是槟城福建话，母语是闽南语的人视之为不纯正的方言。至于日文，我在明德小学上过三个月的日常用语课，学习日本歌曲，有几首我还认得，但是我从来没有和日本人交谈过，只在几部日本电影里听过日文口语。这三年间还播过其他电影，包括上海沦陷区拍的中国片，其中有三部我很喜欢：讲鸦片战争的《万世流芳》，里面的英国人显然是坏人；根据《西游记》里家喻户晓的故事改编的动画片《铁扇公主》；还有音乐剧《万紫千红》，由年轻漂亮的李丽华献声高歌。欢乐的音乐剧在我青少年的心中留下深刻印象，我将电影薄弱的情节运用到后来尝试写作的小说之中。

这段成长历程否定了我至今接受的殖民教育，同时也让父亲希望我珍视的古典语言世界支离破碎。不上学的这几个年头为我开拓了其他学习方式，虽然我被局限在小小的中国城，缺乏学习场所，但我享有观察和社交的自由，从中习得对人群和地方的新认识。我发现我可以不属于任何正式团体或机构，但仍然能够探询自己好奇的某些事物。我漫无目的在镇上游荡时养成的心理习惯多年来一直构成障碍，良久之后，我才终于领悟这些经验里包含某种自我发现。最显而易见的是我了解自己不倾向追求理论和抽象观念，比较喜欢处理个人性情和社会现象。战争落幕后我返校完成学业，当年没有意识到这点，但是我日后求学的方式或许深受这些年随心所欲的学习方式影响。

新规则

　　1945 年 9 月回去上学让我心中五味杂陈。虽然英国人回来了，但一切早已今非昔比。社群关系在交接期降到冰点，马来亚多地发生种族间的报复仇杀。怡保这方面还算幸运，但可以明显感到镇上大家不再敬重英国人，殖民权威荡然无存。英国军政府辖下的州政府召回前官员复职，但排除之前公然加入日方而和英国敌对者。政府要求所有学校的学生注册若战争没有爆发本应于 1942 年就读的年级。学校欢迎老师回来教书，协助评估每个学生应该安插在哪一年级，有的要接续在日文学校就读的时间，有的则像我一样完全中断了正规教育。英文学校和华文学校的名额特别抢手。

　　官方立场是对 1941 年 12 月以来发生的种种尽量置之度外，试图在战前的旧有基础上展开重建，但我们大都清楚这不切实际。有些学校同学曾经和英方的 136 部队及马来亚共产党组织的马来亚人民抗日军并肩作战，但有些同学曾为日军效力。能够开始正常上课让我们松了一口气，我知道自己的战时"教育"丝毫不会获得学校承认，由衷希望不会因此而掉队，尤其我完全没有念数学或理科，程度依然停留在之前的第五号位。

不过校方亟欲让学生升学，我有一个优势：我的英文至少在读写方面异常出色。我也非常幸运，学校的英文老师热心推荐我升级，而且如果我顺利升级，数学老师也准备好加强辅导我。诸位老师立刻决定让我升第七号位，听到数学老师同意另外帮我一对一指导，大家决定让我再多升一级，升上第八号位。这满足了我的自尊心，但后来发现跳升第八号位关闭了我命运中攻读理科的这扇门。我必须费尽力气才跟得上数理科，始终没有真正补起这段差距。我喜欢生物课，但物理化学等科目念得很辛苦。

我也发现很难再次静下心来念书。我唯一尽全力花工夫念的科目是数学，部分要归功于老师循循善诱，让数学趣味十足。于是我日益进步，到1945年底，老师认为我已经追上进度，可以升上毕业班，和班上同学一齐准备剑桥高中文凭考试（Senior Cambridge Examinations）。我确实再幸运不过了。假如没有战争的干扰，我原本会在1945年进入毕业班。尽管学业中断三年有余，我现在却只比原本的进度落后一年。我拼命用功，弥补失去的时光，全神贯注在课业要求上，但老实说对某些科目提不起热忱，像是大英帝国史、自然地理、自然科学通论等等。要不是英文和数学成绩优异，我应该拿不到文凭，也没办法被任何一所大学录取。

有两件事让我从苦读中分心，如今回顾当年，两件都不可原谅。第一件是我对镇上的骚动越来越好奇，骚动的鼓动者是现为工会领袖的前抗日战士。战前曾经有民族主义运动者和共产主义运动者，但是全世界的经济大萧条和严厉的政府措施削弱了他们的力量，许多领导者被驱往中国和印度。如今战争结束，雇主面临种种压力，左翼领导者纷纷现身，组织鼓动工人（尤以华人为主）争取更好的工作条件。英国军政府几乎无力处理这个问题，各地都有迹象显示工人的骚乱愈演愈烈。在镇上住过三年半的经历开启了我的眼界，让我知道这种普遍的动荡非比寻常，我试图理解局势变化。但是我对工权议题所知有限，关注这些远非我能理解的事情实在虚耗太多时间。

　　第二件事的原因即使对我自己都无法解释。一如前一章提到的，怡保的电影院重新营业，播放来自英美的电影。经过数年匮乏的日子，我陷入来者不拒的观影狂热，不因难看的电影而却步，永远期待下一部会更好。我无法锁定疯狂的源头，或许和1943年到1944年间读的英文小说有关，或许和我收听的战争广播新闻有关，又或许和我的断裂感有关，毕竟从怡保搬回中国一事近在眼前。我不确定回到中国要面对什么，置身镇上昏暗影厅的几小时光阴提供了某种确定感。回安德申学校继续学业似乎只是生活中无关紧要的一部分，我即将前往中国念大学，那里凡事都不一样。我只需要学好英文和中文，也大致掌握数学，好在全然不同的环境中重新开始。

　　战火延烧到马来亚时，当地华人必须面对如何自处的问题。国民党支持者可以假装他们站在汪精卫这边，不过日本人不愿意冒任何风险，采取雷厉风行的手段驯服人民，如果无法让人民完全顺服，至少也让他们不再抵抗。

父亲当初因为受到教育海外华人的目标感召而来到东南亚，他兢兢业业维持霹雳州华文学校的水平，训练年轻一代的教师，也小心避开政治，从来不和我谈政治。尽管如此，马来亚日占时期对于像父亲这样的人而言必定非常煎熬。我知道父亲支持南京国民党政府，因为他们终结了父亲痛恨的军阀割据时代，面对日本分裂中国以图控制全中国的行动，民族主义的抵抗也受到父亲赞许。

父亲到英属马来亚工作后，远远观察到早在国民政府巩固统治以前，日本就加紧控制山东省，打造出"满州国"这第一个傀儡政权，之后进一步扩张势力到蒙古和中国华北地区。不仅如此，父亲也身受其害：尽管 1936 年父亲非常想回中国，却不能如愿，因为战争的威胁迫在眉睫，于是他只能继续留在马来霹雳州工作。父亲敏锐察觉到当地华人中日益高涨的民族主义情绪，始终对自己为州教育局工作感到不自在，教育局监控学校的课程大纲和教科书，将政治内容减到最少。华文学校用的课文多半在上海撰稿出版，英国人决心打压当地华校流露的民族主义情绪或反帝国主义情绪，如果课本提到反英的故事或评论则打压力度更甚。

我当时年纪太轻，无法完全体会父亲在马来亚日占时期经历的难处。我理所当然以为他不会为日本人工作，在占领的前几个月好奇父亲将何去何从。父亲有一点积蓄，参与了几个小型商业投资，可惜没有一项成功。随着积蓄日渐消磨，父亲身兼数份家教，同时省吃俭用。

父亲在教育局担任低阶工作，以示对日本不怀敌意，一面继续寻求其他工作机会，幸运地在战争结束前找到工作，担任钟森先生家的家庭教师。这期间父亲绝口不提他的感受，1947 年我们前往南京时，父亲才提起这几年的占领时期，谈到战争期间为汪精卫政权效力、与日本合作的人。我直到这时才意识到父亲对此十分敏感，他在马来亚认识的人里有些和汪精卫及其傀儡"国民党"有关系。他看到朋友一个个因为和支持汪政权的派系有私交而折腰，我猜想这更加坚定了他不碰政治的决心。

我的骨子里也有一部分像母亲，对别人的政治立场向来比较好奇，好奇他们相信什么，又准备展开什么行动。例如我听说有三位学长加入了英国训练的 136 部队，在离怡保不远的丛林地带作战。班上同学全都佩服他们的勇气，得知印度学长阵亡时非常难过，他应该是在作战中命丧日军之手。另外两位学长活了下来，但战后没有回来上学。其中一位学长是马来人，我相信他后来加入了正规军，在马来亚军队中晋升军官。另一位学长是华人，叫张国英，是我两个同班同学的哥哥。他和马来亚人民抗日军的部队一起参加伦敦胜利阅兵典礼，之后前往美国攻读工程学。这些经历使他同情中国的号召，加州理工学院的研究告一段落之后，1950 年代，他不顾家人反对，执意前往中国推动火箭研发。开往上海的船中途停靠新加坡时，他在船上和父母打招呼，却没有跟着父母上岸，那一刻他父母困惑的神情至今仍印在我的脑海中。

此后，我偶尔会听到他在中国科技界发展的消息，后来得知他在1960年代末"文化大革命"期间自杀身亡，不啻晴天霹雳。红卫兵攻击他过着布尔乔亚的生活，享受西方图书和音乐。他也被批评拥有"海外关系"，这是极为狡猾的指控，暗示对方通敌。这个标签令许多出于爱国情操从海外归国，或者想跟住在海外的亲戚保持联络的中国人陷入水深火热之中。

1980年代，我在香港遇到很多有此经历的海外华人，邓小平的改革开放让他们得以离开中国，他们证实自己因为具有疑似"通敌"的背景多年来饱受歧视。在印度尼西亚出生、念书的一群人告诉我，在迫害最严厉的时刻，他们彼此用爪哇语沟通，一部分是因为他们不希望中国告密者听懂他们的抱怨批评，一部分是因为这带给他们安慰，也带来一种分离的身份认同。

还记得另一位安德申学校的同学，他的生命以另一方式走向终点。他是华人，在日方组织的地方警备队工作，战后被指控和日本人勾结，与许多担任类似职位的人一样遭到杀害。这个消息和全国各地发生种族冲突的消息同时传来，到处都有武装华人杀害曾经在日军手下工作、对抗马来亚人民抗日军的马来警察。当时人们觉得没有道理要等战争罪审判，也几乎无人相信英国军政府会制裁在战时犯下叛国罪的战犯。

情况并非总是黑白分明。日本人自有一套合理化征战的说辞，也不断提倡亚洲人团结一致，驱逐白种人。当地一些民族主义者（有马来人也有印度人）相信了日本的说辞，把握机会准备让母国各自从殖民统治中独立。几个年轻的马来男子和印度尼西亚同道一样被送到日本受训。许多印度人同情印度的反英民族主义，加入了印度国民军，这是苏巴斯·钱德拉·鲍斯（Subhash Chandra Bose）在日本支持下组织的军队。至于华人，或许除了汪精卫"国民党"的部分追随者之外，多数对日本的真实企图丝毫不存幻想，只想避免惹祸上身，保护自身和家人安全。有些人加入反抗势力，逐渐认为马来亚共产党是实现未来马来亚独立建国的最佳手段。

战后回到马来亚的英国面临过去他们尚且控制得住的两大问题。工人对雇主的敌意日渐升高，尤其针对他们认为在占领期间发大财的雇主；现在又得到马来亚人民抗日军里共产党的鼓励支持。除此之外，种族间的紧张关系因为日本的差别待遇政策而火上加油，日本偏袒马来民族主义者，打压他们怀疑忠于英国和中国的族群。如果放任各方的相互指责越演越烈，国家将会四分五裂。两个问题背后都关系到对日合作问题，这是当局必须细腻处理的议题。

我在学校的最后一年发觉日占时期在马来亚发生的种种没有一件堪与汪精卫在中国的叛国之举比拟。我和王清辉（Ong Cheng Hui）、詹姆斯·穆拉格苏（James Muragasu）、 M. 库马拉莎米（M. Coomarasamy）、阿米努丁·巴基（Aminuddin Baki）这几位最要好的同学一起讨论在我们这种多元殖民社会中何谓忠诚，也和同地区的其他殖民国家比较。这个议题盘根错节，我们一致同意由于华人对日本在华作为心知肚明，他们的情况又更复杂。日本人因为华人的抗日行动而打压和猜忌华人，相较之下对待其他族群的方式则大不相同。日本人寻找不认为有理由效忠英国的马来人，为他们擘画愿景，让马来人期待有朝一日能运作自己的独立国家。日本人鼓励马来人和有志一同的印度尼西亚民族主义者携手努力，无疑让他们以为日本决心开创亚洲新纪元，让亚洲人取代欧洲白人执牛耳。

我们可以看到英国人审慎考虑该如何处置这些追随日本人的马来领袖，他们是民族主义者，寻求机会建立自己的马来国度（Tanah Melayu）。情况很快明朗化：许多英国官员希望向马来人保证马来人的主权会获得承认，马来人的权利最终会被恢复。英国官员知道马来统治者也备感共和派印度尼西亚人的威胁，村庄的寻常马来百姓则担心华侨移民和印度移民掌握经济优势。英国人必须展现帝国确实重掌权威，能帮助马来人，但也要考虑英国的利益，帮助马来人的同时不能歧视被英国人引进马来亚的非马来裔工商业工人。

跨过马六甲海峡，对这里的民族主义领袖而言，对日合作完全不构成问题，他们在日占时期滋养茁壮，发动独立战争反对荷兰人回到印尼。事态恰恰和马来亚相反，许多之前和日军走得最近的人成了新国家的英雄。缅甸的情况类似，由日本训练来对抗英军的缅甸部队拒绝接受英国统治回归，宣布自己打算逼英国人尽速离开。和印度尼西亚一样，先前日本支持者当中的一部分人协助建立了新国民政府，被拥戴为爱国志士。

我们也观察到菲律宾的状况更加微妙。战争爆发前，菲律宾获得独立的承诺，曼努埃尔·奎松（Manuel Quezon）总统领导的流亡政府支持美国和盟军，但其他爱国人士曾经为占领马尼拉的日本政府效力，如今发现自身的处境动辄得咎。美国人回到菲律宾后迅速宣布支持菲律宾人拥有自己的独立国家，认为不要深究对日合作问题才是上策。

从怡保的学校毕业之前，先前关于战时对日合作的疑虑已在我心中化解。大多数人似乎对东京国际法庭的判决心满意足，几位日本军事领导人都被判以战争罪。至于我，我听说中国审判了傀儡政权的领导人，但没有太把消息放在心上，因此很惊讶父亲在前往南京时特别向我提到大家仍然对汪精卫的罪责争论不休，也告诉我汪精卫政权支持者的种种下场。我猜父亲是以这种方式提醒我，如今身在中国，必须敏锐注意我遇到的人所关心的议题。

准备回家

父母在日占期间不再提起回中国的事，原因不言自明，随着我和镇上各种华人家庭处得越来越自在，这件事也被我抛之脑后。和学校还有绿城的朋友隔绝让我能够用崭新的眼光看待怡保，在怡保找到归属感，十一岁到十五岁这段成长岁月仿佛提点了我，让我想到自己可以成为所谓怡保华人。其他华人家里说方言，信奉普遍的佛教或道教信仰，和他们比起来我还是迥然不同，但是根据我透过想象力理解的英文小说世界，我知道自己不像什么样子，因此能和镇上新结交的朋友融洽相处，和一起读父亲中文家教班的同学特别要好。

战争一结束，我们家和我依然是怪胎的事实再次浮上台面，或许不像以前住在绿城的时候那么格格不入，因为我也遇到其他说要回中国的华人，但大多数人只计划回去探亲，不打算回去定居。父母提醒我一旦出得起旅费，我们就会立刻动身，听到时我没有反对。我知道这是我们长久以来的愿望，现在前方已没有任何阻碍。我做了孝子该做的事，收拾好一切，迎接终于来临的出发时刻，从这个角度回顾在怡保的这几年。面对全新的未来，我半是失落，半是雀跃。归乡之旅

启程回中国前夕，我、父亲、母亲三人站在绿城家前。我应该是十六岁，教育因战争中断

显然势在必行，我决定把家里的规划告诉学校的大家。

我们很多人在占领这几年都变了，种种经历需要大幅重新调适。对我而言，最明显的改变是 1941 年那帮第五号位的同学现在绝大多数不是同学了。我是极少数在 1945 年 10 月升上第八号位的人，在 1946 年 1 月进入毕业班的三个同学里是年纪最小的一个。因此班上三十三个男同学对我大都是新同学，他们战前就读比我高的年级，有些同学比我大好几岁，幸好大家随时愿意拉我这个班上的"小弟弟"一把。

我最弱的科目是理化。理科老师杰加达森先生（Mr. Jegadason）是印度人，拥有马德拉斯大学的学位，教学非常认真，但是学校没有实验器材，我们必须一周去一次旧街场的圣米高学校学做初阶实验。数学老师洪先生（Ung Khek Cheow）是很高明的老师，在当地十分出名，不过我还是必须在课后请教他才能弄懂微积分。我唯一能好好把握的领域是英国文学，我们有丹普西先生（Mr. Dempsey）这位好老师，他教我们莎士比亚的《皆大欢喜》，让读剧演戏都乐趣横生。老师对剑桥毕业会考的其他指定文本比较提不起劲，包括康拉德的《"水仙号"的黑水手》还有亚历山大·金莱克的《日升之处》。这两本书我读来津津有味，因为它们引我翻开新地图集，是我买来代替战争期间丢失的那本旧地图集的。查找书中描写的充满异国情调之地很有意思，让我体会到英国作家就同在世界各地伸张帝国影响力的官员和商人一样放眼全球。但这没有让我对地理、历史等科目提起兴趣。我只想知道各地最知名的特色，特别是地图上画红色的地方。至于历史方面，记得当时认为比起大英帝国开创者的功勋，更有意义也更难忘的是从父亲教的文章里学到的中国史上高潮迭起的事件。

在学校的最后十五个月真是忙得不可开交。我没有意识到自己多想念上学的日子，现在事事都想投入。我参加了学校青年团，大家拿着学校配发的木枪绕校行军。我设法挤进羽毛球校队，差一点就成功了，打起其他球则远远不如羽毛球拿手。我卖力练习越野赛跑，非常自傲在决赛跑出第二名的成绩。我如愿加入辩论校队，打败太平镇爱德华七世学校的对手。我也想办法趁着每周看几部电影的空当了解怡保工人在抗议什么。不止如此，我还一面准备中文考试，这毕竟是我到南京之后要应考的科目。但学校毕业考的考科准备得不够充分，侥幸以等级一的成绩低空飞过，刚好够上大学。

在这阵忙乱之际，父亲要我做一件事，既深深触动我也引我伤心。他发觉这几十年来写的诗大都因为战时几度搬迁而散失，于是决

战后在绿城的家里读书

定集结手边残存的诗稿印刷成册。翻印机是最佳选择，父亲要我用硬笔将诗作复写在蜡版上，他显然认为我的正楷还算端正得体。我非常骄傲他将此事托付给我，正式动工前先勤练好一阵子，才终于小心翼翼地开始抄录诗作。父亲认为结果相当理想，用镇上数一数二新的翻印机印刷这些刻版。我不记得总共翻印装订了几册，父亲把成书分送给朋友，诗集谦虚地题名为《惕斋烬余稿》，卷首写道他命儿子手抄诗稿，好将诗稿保留下来。父亲过世后，母亲将内容印刷成书，献给父亲，经过三十年，我又重印此书纪念父亲。和父亲这么亲近让我感动不已，这是我最亲近父亲内在自我的一次，却也同样让我难过：我知道自己无法完全体会父亲诗作里的感触和特质，也从来没有学会写作父亲如此热爱的旧体诗。

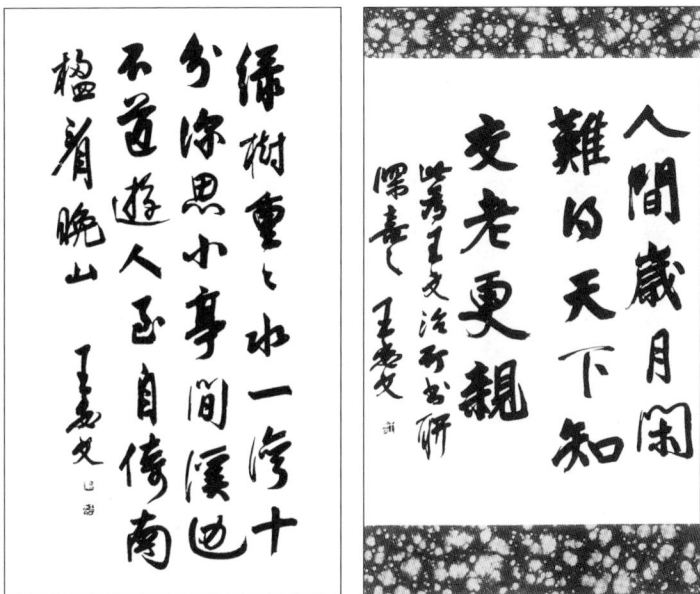

父亲的诗作。这两首诗是父亲的墨迹

　　霹雳州政府宣布将补发欠薪给大部分官员，父亲在 1946 年初拿到这笔钱，用来支付回中国的旅费绰绰有余。但是我必须念完中学才能在中国参加大学入学考试，如果在拿到中学毕业证书前就回中国，意味着我必须去念中国的中学并取得毕业证书。父亲认为比较务实的做法是让我先通过剑桥毕业会考，再请南京政府机关承认这是中学同等学历，于是我们延后了返华之行，先等我拿到剑桥的成绩再出发。成绩 1947 年 3 月公布，我以等级一通过，父亲立刻订好船票，　6 月我们搭上铁行轮船公司的"迦太基"号前往上海。

我不太记得自己到底对离开怡保前往未知之地作何感想，但体认到心情里掺杂了认命和犹疑。母亲七十多岁时记录了她的感想，虽然是为我而写，但我想母亲预期我有一天会和孩子分享她的想法。关于我们前往上海的转折点，就让我引用母亲的原话，为本书第二部画下句点。

　　船甚宽大，风平浪静，无晕船之苦，颇为顺利。舟行五日即抵上海，大舅父、二姨、表姨、叔父均在码头候接。一见之下，多年所受之苦难不知从何说起，只有勉强欢笑而已。姑祖母因伯郊表叔结婚事特来上海，住霞菲〔飞〕路一高尚住宅区，我等即住其家。汝父嫌表叔结婚太铺张，不愿参加，托辞南京有事，偕汝前往……

　　我久住南洋，衣履古旧而不华丽，又无珠光宝气，与海派相比颇现土气，不免甚窘。幸我行我素，勉强过去。

最后的感触以寥寥数语贴切描写出母亲的样子，母亲在我心中始终是这样的形象。这一句确实捕捉到回家对母亲的意义。

母亲的战时回忆

【20】妇孺先至甲板一华校。因在假期，地方尚宽，同行计大小二十一人：吴府八人，其妹全家六人，我等三人，二陈亦同往，尚有女工二人，暂时尚粗安。每日清晨，吴君与汝父仍照常赴怡办公。开战仅数日，已日益紧张，而二陈与吴师母嫌甲板岑寂，十五日晨仍同往怡购物与吃东西，不料中午时，彼等正在菜馆吃点心时，日机忽来炸，小陈几受伤或送命。此一炸，大家始感惊慌。大难已将临头，政府发出通告：各公务员停止办公，并发遣散费一月。吴君与汝父往取款时，银行正准备关门，几不能领到。其数虽不多，在战时大有用场，维持我等数月生活费用。

当轰炸时，我在甲板须照顾大小孩子十余人，因无防空洞，只领大家至偏僻地方躲避，俟警报解除后心始稍安。从此，吴君与汝父整日筹划，认为甲板离怡仅八英里，易受军事威胁，拟易地为良，又闻政府广播坚守星洲，因而商量欲往。而人数太多，难以成行，吴君劝二陈赴星，不便与【21】彼等同行，彼二人曾做爱国工作，如遇日军时其危险性较大。又嘱其妹另作打算，殊不知周师母既无钱又无熟人，不知逃往何处。吴君虽有困难，但骨肉至亲，又系妇孺，出此办法似嫌未多加考虑。我等爱莫能助，只好将厨房用具分赠若干以备应用。

目睹当时情景，令人鼻酸。晚间我与汝父商量：星洲既无亲戚又无知交，投往何处？且现款有限，如欲远逃，力劝汝父随吴君同往，恐公务员留此，对汝父有所不利，我愿带汝与周师母全家同逃。汝父坚决不允。我等痛哭一夜，未能成眠，至今思之犹有余痛。

次晨，吴师母见我不去，伊亦不愿往。承周师母赞我有胆有识。以后由星回怡之友人谈及在星逃难之辛苦，难以形容，甚至有伤性命之虞。

晚上，吴君与汝父送二陈上火车，只有一座位。与售票员情商始允上车，且为最后一次火车开行。即我等愿往星洲，亦无交通工具，徒使我等一夜痛苦，大有生离死别之感。星洲既不能去，只好另筹他策。吴君与汝父一再研究地图，认为督亚冷地方偏僻、无路可通，乃避难好地方，特先往探视。毫无战事情形，且有熟人。板厂主人胡俭君乃学校董事长，尚有曾志强君全家已先在。能【22】与好友同在一处诸多便利，乃决定迁往。

不料搬去仅数小时，日军即来炸，胡家被炸死两人，一男孙一婢女，使大家颇感惊慌。若要再走，既无交通工具，又无地方可往，只好坐以待毙。而每晚猛烈炮声时刻不停，令人心寒。因对面即金宝埠，地方较重要，互相必争之地也。

约在本月底，霹雳州全陷，日军即开到督亚冷。板厂妇孺于慌忙中已逃在后面荒山中，厂外由吴君与汝父与日军周旋，幸彼等尚无粗暴举动，仅索男子衣服，拿我一衣箱、一串古钱，将女子衣服放在地上，损失不大。但大家甚紧张，认为该地不安全，非逃入深山不可。于深夜三时集体出发，计大小二十六人，吴君、汝父与数男孩则仍居板厂。

逃难者行至天将发白时始达目的地，乃一原始森林，野兽出没之区，一无所有，仅大木枋数十根，只好将该木作为床椅，但上无遮盖。大家仓促以椰叶编制为屋顶，尚未完成即遭倾盆大雨，无处可藏，大家成为落荡〔汤〕鸡。当晚大家睡在露天，四周升火以防野兽，并雇请板厂数位工友巡夜，以防坏人抢劫，所谓前狼后虎。

我深夜仰视天空，月亮在上，不能成眠，百感交集，不知何日始能安静。整日忧愁，几乎生病，幸遇数【23】位新交友人：曾月云女士、陈凤球女士、罗瑞兰女士均系学校教师，尚有曾家数位女眷，数日相处，渐感习惯。惟最令人头痛者，无冲凉间，洗澡时用一布遮盖而已。吴师母正大发痔疮，卧在太阳下不能起身，其痛苦可知。每日饮食由汝与迪华携进。据谓厂中情形，饭菜由吴君煮，汝父洗衣，大家分工合作，以渡难关。

在山内约住十余日，闻附近抢风甚盛，对被劫者用残暴之手段有甚日军。因而不敢再留，又须再作搬迁打算。闻波赖埠离怡仅六里，有一小山洞，外面洞口小而且矮，出入须低头弯腰。大家认为该洞较安全，每人各定一位，以木板铺地，约离地三四寸，较睡泥地稍好。每位须缴款十五元。

一切办妥后，由深山先迁至波赖市一座屋时，妇孺均躲入房中。不久，日本数军官进入该屋，远闻皮靴声已令人心寒。彼等正欲推门入内时，幸王振东君在旁与之解释而未入。当时情形颇为惊险。事后谈起，犹有余悸。

王振东与陈继祖两君乃怡保维持会之主持人，日军对渠等略为客气。人民在背后虽呼渠等为汉奸，平心而论，人民如被宪兵逮捕时，向渠等求援，渠等亦尽力而为，因而得救者亦不少。如钟森君被捕时，幸王【24】振东君竭力担保始获释也。

当晚，妇孺迅速搬进山洞。该洞口外面虽小，里面甚宽，别有天地，有甚多人已先居其中，故不感荒凉。每日仍由汝与迪华送饭进出，甚为辛苦。如不小心撞至石尖，大有头破血流之虞。

在战争期中所遭之苦况难以尽述。住进山洞约一周，又闻四周逃难者被抢。大家商量之下，在此久留亦非良策。日军既占据全霹雳州，躲亦无益，不若回怡再作打算。幸逃至督亚冷时，巧遇曾君，始知保险公司有间空屋，可以暂时栖身，否则吴君与我等素居公家屋宇，今既非公务员，即无权住，可谓有家归不得也。

现住处虽暂有办法，而回怡交通工具缺乏则大伤脑筋。吴府乘何车辆已不甚清楚，汝父与汝乘牛车，我搭脚车后尾。逃难月余，搬迁数次，大家能安然无恙，总算幸运。

我等住进保险公司约两周，忽然何迪庵君来访。彼素创办一间私立学校，专教旧书。汝父曾时往视察，已早有认识。今蒙邀至铁船路家中同住，只收房租每月四元，并云彼处从未见日军，视为安全福地，即欣然应允，准备迁居。

汝父回吉灵档探视旧居，大部东西被抢，书籍被焚，尚余少许，恐因焚嫌费事。英文书籍既不敢存，又不忍毁，【25】只好寄存附近印度人教师家中。其余旧家具等雇一牛车运往何府……

【27】……我等迁何府，大家相处甚融洽，又增两位女友：何师母与其亲戚李荣端女士。彼等对人和善而有感情，在苦闷生活中时有闲谈，略解寂聊，以后成为好友。汝父无事可做，略阅旧书以混时光。住彼处五个月，无事可述。忽一日接日军教育局之通知，以前公务员须往报到。汝父为安全计，不得不往，但申明不任从前【28】工作，愿为一书记职务，幸获应允，月薪六十元。视学官职位由一位华校教师（曾留学日本）林颖琴君担任。此时许亦周君特来邀往培南正校同住，租房一间，每月八元，尚有两房租于两位教师：一对潘君夫

妇,一位冯女士,许君全家居楼下。汝父因工作关系,只有迁往……

汝父日间所做工作本极烦闷,现又增一层苦恼,晚上尚须赴两家教蒙童,微薄之待遇聊以贴补;周末又须守夜,其困苦情形难以尽述。汝父虽日夜辛勤,而所得亦渐难维持,正忧愁间,汝父偶买一元马票竟中三奖,计四百元,借以贴补,略解眉急。我等一生从未中过马票,在经济极窘时有此幸运,似有神助,其数虽不多,对我等当时情形大有帮助也。

我与周师【29】母自甲板分手后,数月来未有见面。俟搬至培南后,始知彼全家住在培南分校。因在附近,不时于晚间前往坐谈,借知彼等逃难情形:先逃至布先,俟战事稍安静后与逃难者一同回怡。在布先时认识一位青年,名阿云,结伴同卖肥皂,略赚微利以维持生活。在日军统治时期,彼因教书收入太少,不能养活全家,以致未任教职,仍做小买卖,尚可勉强维持。当时分校情形如一逃难大杂院,同住约十余家,人声混乱嘈杂,诚难忍受。既无地方可迁,约住两年有余,后学校要用,始搬至一荒野郊外养猪之区。有一次,我特往探访,一见如此凄凉情景,令我流泪。惜彼此均处在困难中,无法帮助,奈何!

一年来,汝既无校可入,又无书可阅,终日往吴府闲坐。四三年春,汝始入明德华校六年级,年终毕业,次年又无校可入。不仅无校可读,且缺乏精神粮食,使汝十余岁之少年终日呆坐,无如何也。不久，汝父要求入图书馆服务，幸获批准，每日汝可随往，略有书籍可观，以免闲荡。

我等与许府同住，时感苦闷，但又无适当地方可迁。有一日，汝父遇见一位多年前认识之教师柯怡栋君，谈及近况，谓其同乡叶太太有楼房一座，在红毛丹车头。【30】楼上有空房两间，一间已租一房客母女二人。楼下一房自住，但女主人时往外埠，正希望有一家诚实可靠者来住。一经柯君介绍即无条件应允，并不收房租，而我等得如此理想住宅，如获至宝……

搬定后房子安静而舒适，无形中精神为之一振。汝同学李茂兴即住斜对面，汝又可多一走坐地方。于每周半夜两次结伴赴菜场排队，买一种极便宜之鱼。因久不知鱼味，不惜牺牲睡眠，可谓得不偿失耳。

战事拖延，物价日高而收入如旧，生活不易维持。而家中能变卖之物仅有一架打字机，一年前拟欲出售，索价五百元。一年后物价已高涨若干倍，汝父仍要五百元，对方认为太便宜，自愿加至六百元而成交。但该款不肯随便花去，适一友人欲种稻，即以此款入股，俟收谷后舂米度命。数月后分谷三十顿。

恰巧有一位教师张济安君介绍汝父任钟森君家庭教师，供给全家食宿，并送零用百元。汝父与我商量，搬至钟家当不如住在叶寓安适，惟食为最大问题。战事又不知何日始能结束，今既有此机会，似不【31】应放弃，乃乐意接受。我等既不忧食宿，即将稻赠送周师母，当即整理旧家具迁往。

钟君家有老母、妻室二房、子女六人、妻妹夫妇子女，另有一内侄。大家同住一宅，似相当复杂，惟钟君颇有权威，独裁专制，面貌严肃，令人生畏，因而大家相处甚安。汝父开始上课时，钟君亦读国语，约月余即辍，以后即教五幼童均读华文，颇感乏味。教书仅四月，忽闻日本两地受原子弹轰炸而无条件投降，虽两地人民受炸死伤数十万，未免残忍，如战争继续拖延，恐数国军队与人民之损失更难以计。总之，祸首应得之惩罚殃及无辜，可浩叹也！

日军投降后，人民欢欣鼓舞，难以形容。汝父仍回教育局服务原职，三年八个月仍按年照加，每月薪金已升至二百五十元。惟各种物价之高昂令人咋舌，每元只合战前一角左右，不久虽逐渐下降，较之战前亦高数倍。当时薪金虽未调整，但政府以四十四个月半薪补还各公务员，如中一马票。汝父可获五千余元，暂以此款贴补收入之不足，并迅速寄家信与汇款，报告我等平安。

其时公务员房屋甚缺乏，汝父无法领到，只好仍住钟府。与人同住一宅，有许多不便之处。汝父有一日出外访友，深夜【32】未归，其实已在汝房中休息，恐上楼时扰醒他人清睡。其时虽已和平，但治安甚差，杀人抢劫时有所闻，因而令我疑惧，终夜未眠，次晨至汝房探视，正在汝床上安睡，徒使我惊忧一夜。

又一次，钟君脚车被窃，误会被汝所乘而遗失，殊不知汝虽顽皮，未得人允许决不敢动人东西，今无辜受责，心有未甘，晚饭未吃即外出。我等心知有异，用餐后即赶紧到处寻问，至深夜未能如愿，心急如焚，几无可寻。最后往探防空洞，一再呼唤，汝果在其中，始应声而出。向汝解慰，始一同回去，一切经过不便提起。不久，又一辆被窃，真相始大白。钟君认为上次误会被汝遗失，似对汝歉意，亦算难得也。

汝父既不担任教职，伙食即应照贴，恐付款不肯收，只有买米、牛奶、鱼肝油等作为补贴。不料又住半年，幸大家相处尚和睦，于四六年三月始迁出，仍居战前旧屋，甚为巧合。

和平后，各校在九月间即开学，汝被升入八号班，只读两月，次年开学入毕业班，数理课程不免中断，以后进大学不读理科之原因也。

大约和平仅一周，三江同乡积极筹备复会，向各会员认缴特别捐。而我等在和平未正式宣布前已由偷听无线电者告香蕉票作废，趁【33】尚可使用时，我等将所余之款赠送友人，不料公会嘱交特别捐而手中竟无分文。忆起曾有一箱肥皂存放周师母家，现请代售，而彼因需款时业已卖去，其经济之窘可知。我早知如此，决不应提，令我内心不安。

吴君在日治时期做西药生意，最后两年甚为顺利，所入亦丰，似未能慷慨帮助胞妹。彼以为日治所发行纸币价值可能与叻币同值。据说彼存有香蕉票数麻袋，大家均认香蕉票无用，而彼仍抱成见，与友人林君研讨最低可值叻币一半，后经广播作废。迪先迅速向日抢购数辆机器脚踏车、旧桌椅床橱等，其余香蕉票弃之可也。果能作一半使用，吴君可成为富翁矣。

吴君一生爱经商，惜从不顺利。战后政府补还之款，取七千元参加一位小侨领丘乔君经营之矿场，开不足一年，全部蚀完，以致经济不宽，不能令长子就读大学，未免可惜。其子甚聪明，经多年自学，始发明一种化学，可以制造应用物品，经济基础始渐稳固，今已成为一位实业家矣……

【35】……〔吴师母〕将要临盆，我特往探候，见彼睡在床上，已略有流血，不以为意，医生只嘱附〔咐〕休息。因彼此家中无电话，消息缺乏，汝父为三江公会募捐，与数位乡友同赴星洲，其家之情形更难得知。彼欲生产之日，私人接生医生嘱往医院。先车至怡保医院门口时，巧遇一护士友人，谓该院医生不好，会将人治死，吴君因而转至华都巴加医院，辗转拖延，抵达目的地已近黄昏。吴君与迪华及女工均在旁作陪，产妇既不痛苦，又未欲生。至晚上十一时许，医生嘱吴君【36】回怡休息，大小可保平安。两人闻言，欣然回家，留女工作伴，殊不知两人回去不久即欲生产，因流血过多而亡。彼家中无电话，无法得通知。次晨父子赶来送早餐时，医生详告一切，妇

已去世数小时，如晴天霹雳。悲痛无益，即将死者运回家中料理后事。此各种情形，事前我毫无所知，即周师母亲人亦未得悉。我与汝正早餐时得此噩耗，不禁令我惊慌失措，涕泪交流，赶往吊唁。多年老友一旦永诀，其心伤难以形容。我与相交十五载，可是接触次数不下五百次，在我一生中相处最多接近之一位友人。每一念及，令我怀思。

四六年冬，吴君被擢升调往吉隆坡教育部任职，汝父与彼同事十余年，朝夕相见，今一旦他往，大有依依不舍之概，所谓世无不散之筵席也。

第三部　前往南京

大家族

父亲不想出席表弟奢华的婚宴，因此匆匆忙忙带我到南京。我们共度的四天是我初次得以几乎独占父亲的时光，成为我生命中的重大时刻。下一章将以此为引言，揭开我在南京度过的十九个月，这一章先铺陈背景，说明重回大家族网络为何对父母意义重大。

结束南京之行后，父亲和我回到上海，接母亲一起踏上返回泰州老家的旅程。我们在上海又待了三天，父亲的弟弟在上海工作，还有几位堂亲也在上海，其中一位嫁给母亲的远房亲戚，因此和我们亲上加亲。我记忆最鲜明的是姑祖母（祖父唯一的妹妹），深受父亲敬爱，母亲借住她在霞飞路的公寓。盛大的婚礼既然已经落幕，父亲愿意带我去问候表叔和新嫁娘表婶。

之前很少听说上海家人的消息，因此这是我第一次碰到从江浙主要家族延伸出来的文人网络。文人网络在明清时代开枝散叶，虽然中华帝国还遍布其他多种网络，但文人网络在江浙两省特别强韧。就王家而言，姑祖母的丈夫徐森玉（徐鸿宝的这个名字更广为人知，徐家原籍浙江）是备受尊崇的学者，也是珍本文献、书画古玩的鉴赏家。

徐森玉曾经在清史馆工作，担任过北京大学图书馆馆长，后来成为故宫博物院古物馆馆长，最知名的事迹是在中日战争期间协助抢救珍善本和文物馆藏。

父亲非常景仰姑丈，以姑丈为荣，但和表弟徐伯郊处不太来，徐伯郊喜好商业营利，投机上海股市而大发利市。父亲鲜少对不以为然的人流露好恶之情，却明白告诉我他对表弟迎娶四川将军之女的铺张婚礼作何感想。

多年以后，我在 1973 年"文革"期间访问上海博物馆，听说徐森玉过世前担任过馆长。博物馆尚未重新对大众开放，我们的澳大利亚历史学者参访团获得特别参观许可。馆方告诉我们徐森玉在内战年间致力保护珍贵馆藏，南京政府 1949 年撤退之际曾经要徐森玉帮忙把故宫馆藏搬到台湾，但遭到徐森玉拒绝。馆方避而不谈的是他 1958 年被打成"右派"，"文革"期间遭到残酷迫害，当时他已年近九十，1971 年以九十岁高龄在苦涩凄凉中去世。

南京政权垮台后，徐森玉的独生子（父亲不欣赏的表弟）因为在香港有投资和房地产，便搬到香港，改头换面成为艺术鉴赏家。我在 1960 年代再次见到表叔，他因为收藏画家友人张大千的作品而格外出名。1980 年代晚期我在香港大学任职时，欣赏过表叔的部分张大千画作收藏。表叔过世十年后，2013 年北京出版的画册广受张大千画迷注目。

1947 年我在上海初次见到表叔，那时他因股市期货一片大好而春风得意。我后来得知中国通货膨胀的情况，惊叹他艺高人胆大；国家经济崩盘时，他的财产也化为乌有，却一点也不令我意外。让我觉得很有意思的是，像表叔这样出身书香门第，陶冶于书画古物之中，竟然也能以冒险犯难的生意人闯出名堂，即使成功昙花一现。

在上海停留三天之后，我们启程回家。记得我们搭火车到镇江，转乘渡轮北越长江抵达扬州，再从一个叫仙女庙的地方换乘当地的摆渡船。我喜欢仙女庙这个名字（现已改名为江都），"仙女"体现道教神灵的古老信仰，我从中初次领略到心目中的传统奇思妙想。摆渡船带我们穿过错综复杂的运河，四处是平坦的水乡，船只时而停靠村庄，让乘客下船。我们几乎一路搭到泰州。最后一段路换乘公交车，我因此体会到摆渡船为何是上选的交通方式。公交车挤满人丁家禽，路上几度抛锚，因此路途虽然不远，我们却花上半天才走完最后这段路。

我们在泰州住了几周，见了很多亲戚，我不记得我们一一做了什么，脑海里还有印象的两件事是再次见到祖父，以及和1936年初识的堂亲重逢，现在大家都大了十岁。家人告诉我当年我们天天玩在一起，可惜这次停留时间太短，很遗憾后来也没有机会多认识他们。多年后，我得知绳武在西藏过世，澄武（安保）被派去当军护，照料朝鲜战争的伤亡士兵。1990年代她来香港探望叔叔时我再次见到她，她似乎对人生心满意足。他们的弟弟经武成为俄文传译员，2001年在乌鲁木齐过世，我还来不及拜访他。1947年我认识了家族最新报到的成员：小堂弟纬武，是父亲三弟的独子，他这年只有七岁大。纬武的父亲在上海工作，纬武和病弱的母亲则跟祖父同住，母亲过世后，他到香港和父亲会合，之后到了台湾，在台湾服兵役，有一阵子驻守金门岛。在台湾念完大学之后，他继续到新西兰攻读农学，又到澳大利亚念图书馆学，现在和子孙安居悉尼。

我也认识了姑姑，父亲唯一的妹妹，她嫁进当地的潘家。1988年我再次造访泰州时遇到了姑姑的儿子——表弟潘家汉，他当时是省立泰州中学的校长。许多王家人都在这所地方上的中学教过书，父亲和好几位叔叔伯伯都是校友。日后几度再访泰州，发现镇容变换迅速，我认不出祖父故居的旧址。原本的王家大宅现在是佛教居士林的一部分，大宅所在区域已经面目全变。

根　源

我从来没想过自己有一天会想要寻根。成长过程中听了无数家族故事，也在容易留下印象的年纪造访过泰州、南京、上海，我觉得自己所知绰绰有余，无须追根究柢，可是不久就发现自己忘了许多细节，甚至连母亲告诉我的故事都记不清。内人娉婷说起她非常遗憾没有趁她的母亲在世时问问母亲家人的事，听她这么说，我想到该是时候重读王氏家传了。几年前查阅过几位王家人的生平，犹记当年惋惜于不曾读过族谱。家传留下不少空白，因为编纂家传的伯曾祖父只挑选他认为生涯值得记录的家人。我后来在泰州市图书馆找到伯曾祖父的族谱手稿，惊奇地发现宗族规模庞大，族谱收录多达上千个名字。

王家祖先是清源县出身的农民，清源县今已并入山西省省会太原市辖下的清徐县。王家两兄弟在明初 1369 年应募从军，其中一人在河北省正定的驻军服役，河北省就在山西省东邻；另一人则驻扎在观海卫，靠近浙江省的港口城市宁波。观海卫是设来抵御"倭寇"的海防卫所。

我家所属的北方王家和观海卫（宁波）那支王家失去联系，不过在十六世纪末，华南一位王尚文总兵拜访了正定王家。记录显示两支王家恢复了几年联络，后来又再次失联。观海卫的地方研究如今证实当地从军的王家原籍确实是正定。宁波王家十九世纪转向商业投资，发迹致富，但 1949 年后家道中落。2014 年我造访观海卫镇时曾经被带去参观王家家宅，看得出来宅第曾经风光一时。

我们的家族史印证了戎马之劳可以为农家带来社会流动。宁波王家数代从军，之后经商大有斩获，尤其是十九世纪宁波和上海开港后获利甚丰。我们北方这支王家比较保守持重，部分王家人通过科举乡试、会试，跻身地方士绅。无法成功向上流动的人可以选择照旧从军或是务农。

现在正定的远亲已更新了王氏族谱。我不久前碰到他们，他们很高兴能听到十九世纪迁居江苏的这支王家的发展，也想了解我们这些移民海外的王家人。他们记下我们这支王家的近况，为新族谱加进更多细节。以王武臣为首的编辑团队在 2016 年 12 月出版了《正定王氏族谱》，这本族谱截至十九世纪的内容大都和泰州市图书馆现存的手稿相同。

现在我从新族谱的记载得知本家的祖坟位于三里屯村，但在"文革"期间夷为农地。王家牌坊过去矗立在东门外的大街，也约莫同时遭到拆毁。

王这个姓太常见，不容易确定几户王家之间的关系，就连在正定县也不例外。例如王士珍（1861—1930）是袁世凯总统麾下军队的元帅，曾经在军阀领政的北洋政府短暂出任总理。王士珍出身于离县城不远的牛家庄农家，不知为何由我们东门王家养育长大。他投身军旅，在1890年代的朝鲜战争建功，受命负责训练军队，最后在清军中晋升至最高权位。虽然王士珍曾经协助军阀，但大家仍持正面评价，认为他是出人头地的本地才俊。今日王士珍被传为雅好诗书之辈，所建大宅也重新修复。王士珍在王家的东门本家长大成人，因此本家的族谱研究者很好奇王士珍是不是远亲，最后查明他不属于我们这支王家。

☙❦❧

开创正定王家的祖先蓬勃发展，其中一支在十六世纪打破社会藩篱，培育出第一批进士，跻身文人之列。这支王家在正定县城内的东门里建立本家大宅。王家人终明一代（1368—1644）活跃兴旺，在满清王朝初年则似乎低调度日。不过到了十八世纪，王家又开始辈出举人进士，至十九世纪初中叶声望显赫，有身居要职的王定柱（1761—1830），先后任官于遥远的云南省、四川省和后来的浙江省。王定柱的儿子之后在江苏任官，其中两个孙子定居于此。

这两个孙子是我的高祖父王荫祜（1824—1875）和他的哥哥王荫福（1822—1881）， 1851年到1864年死伤惨重的太平天国之乱平定后，他们在1869年迁居泰州。此时距《北京条约》签订已有十年，这段时期揭开了清朝中国的苦难序幕。我们这支王家从此其实应该看成泰州人，但是泰州有其他历史悠久的王家，哲思和行动并重的明代大儒王艮就出身其中一支泰州王家，因此我们家族一直被看成来自北方正定的移民。1983年我前往正定探访本家，碰到当地的宗族领袖王武雄，身为武字辈表示他是非常远的"堂亲"。我们这支王家二十世纪前半叶仍留在泰州，但年轻一代多半因为工作之故四散中国各地，只有极少数人留在泰州。

王荫祜的长子（曾祖父的哥哥）王耕心著作丰富，他所修的族谱底稿留存至今。泰州市图书馆2014年为我影印了一份。不知道伯曾祖父是否有意将族谱付梓，他续写族谱加进孩子这一辈，1900年代初过世时书稿尚未完成。不过伯曾祖父完成了一部《正定王氏家传》，出版于1893年，宗族里所有成员都收到一本。我还在马来亚念书时，父亲曾经让我看过他手边那本。父亲几度迁徙都把家传带在身边，父亲过世后则由我保管。后来在正定碰到王家人时，我很高兴看到他们的家传在"文革"中幸存下来，这相当难得，因为当年所有家族都被下令销毁族谱。其他复本如今也现身中国、日本、欧洲、美国各地的图书馆馆藏。

一如母亲所言，王家非常传统，在十九世纪中国衰落之际依然忠于清朝。父亲景仰的叔祖父王雷夏在南京领导数间教育机构，其中一间负责教育城里的满清贵族子弟。王雷夏的儿子加入了宪政实进会，创立者是一些朝廷要臣，获得数位满清亲王支持。家传上毫无迹象显示有任何一位王家人意识到朝代倾覆在即，文人社会阶级也将随之瓦解。

从许多方面来看，王家是典型不直接卷入改朝换代政治议题的家族。举例而言，西方势力击败清帝国并深深渗透中国内地，尽管这样的严峻事实就在眼前，我却找不到王家人参与相关论争的任何证据。相反，王耕心这一辈和他的子侄辈（包括祖父在内）依然奉儒家思想为圭臬，出任老师、校长。许多人从公职退休后转而热心支持佛教复兴运动，原本蓬莱巷的王家故居最后成了佛教居士林。我初次造访正定时，很感兴趣地注意到宗族的本家和隆兴寺在同一条街上，隆兴寺（原名龙藏寺）是华北地区历史悠久的寺庙。我遇到的王家人向我证实王家世世代代护持供养隆兴寺。

王定柱子孙三代出版的著作部分流传至今，但数量稀少，其中没有一篇半章讨论当代关心的议题，泰州图书馆里还有一些著作以手稿形式留存。但是我 1947 年回泰州时，家人只字不提这些旧时代的著作。王家人看来既无心响应民族主义的号召，也不同情左派反对势力。母亲大胆猜测祖父不认同孙中山及其党从，认为帝国儒家传统的破坏要归咎于这些人。如果母亲料想正确，这层态度说明了王家对现代化抱持的保守立场。

祖母在抗战期间逝世。我 1936 年初次见到祖母，她慈祥的面容还留在记忆中。祖母是泰州陈家人，不过祖母的陈家跟母亲的东台丁家一样，都迁自历史悠久的港口城市镇江。祖母的父亲陈廷焯（1853—1892）著有一本词学评论集， 1894 年在他身后出版。这本著作日后被誉为词学研究的重大成就，但我碰到的王家人都对文学诗词兴趣寥寥。我好奇父亲为何与众不同，后来终于读到陈廷焯的著作时，才知道父亲对文学的爱好或许出于他对外祖父的孺慕之情。

家　人

再次见到祖父时，祖父身体硬朗。尽管他严肃正经，情感内敛，但我们知道他见到我们满心欢喜。父亲的情绪激动则在情理之中，尤其祖母过世时他不在身边。身为离家多年的游子，父亲更是谨守孝子的本分，和祖父相处时毕恭毕敬。他和祖父有几次私下谈话，我只透过母亲得知他们讨论的少许内容。江苏省这一带连年战火不断，他们的谈话有部分提及因战乱流失的祖产土地。我也得知乡村地带掌握在共产党新四军部队手中。我们或许因安全考虑没有到祖母坟前上香，我不记得去扫过祖母的墓，祭祖仪式在亲戚见证下在家里进行。

父亲常常和幺弟聊天。本来中间还有一个二弟，但二弟夫妇早逝，留下两个儿子、一个女儿由祖父抚养。小叔就跟父亲一样也离家工作帮忙养家，父亲到马来亚，叔叔则前往香港，婚后一直住在那里。战争打到香港时，他和妻儿逃往内地，战争期间多半待在广西和湖南。战后叔叔到上海工作，寄钱给泰州的妻儿以维持家计。父亲战后从马来亚寄来的钱也帮了泰州家里的忙。整体而言时局艰难，幸好他们的妹妹（我的姑姑）就在左右。

姑姑嫁进潘家，姑丈是父亲的同校同学，后来到南京升学，毕业于金陵大学。姑丈是数学老师，他任教的学校也是王家三代（包括父亲在内）曾经执教之地。姑丈备受尊敬，曾经担任一阵子的代理校长。潘家是地方上根基深厚的家族，只要王家有难便伸出援手。祖父有三个孙儿要照顾，潘家的援助让生活勉强过得下去，撑过战争最苦的日子，那时他的两个活着的儿子都在远方。我们到泰州探亲时，潘先生还在同一所学校教书，他的儿子是北京大学物理系毕业，后来成为泰州中学校长。2003 年地方的荣耀感攀上高峰：泰州中学校友胡锦涛继成为中国共产党中央委员会总书记后，当选国家主席，新校史于焉诞生。校史记录了不少王家人的名字，他们在这里教过书或上过学。我看到父亲的姓名有误，校方保证会予以更正。

我不记得 1947 年到泰州的时候当地有多少王家人。我记得见到了姑祖母、叔叔、堂亲，也拍了一张合照，照片里有祖父、我们一家三口、叔叔一家三口、姑姑、父亲二弟的三个孩子（我的堂弟、堂妹），加上一位堂叔公（祖父的堂弟）。

这张照片里的叔公很有意思。根据家里的规矩，我称他为"十三叔公"。母亲解释祖父那一辈有十四个男丁，祖父排行老三，理论上我有两个伯公、十一个叔公。我不记得十四个男丁里总共有多少人顺利长大，母亲说男婴夭折是常有的事。祖父的两个兄弟已过世多年，他们只留给祖父一个侄儿，我在上海见过这位年轻的堂叔，他在交通大学念水利工程。祖父的堂兄弟里有两个和他最亲，是排行第十和第十三的两个堂弟，他俩是亲兄弟。十三叔公是当地学校的老师，我在上海见过叔公的独生女，巧的是这位堂姑嫁给丁家人，是母亲一票"堂亲"里某人的孙子，因此我们亲上加亲。这又是一个例子，说明地方望族在种种延伸关系中相扣相连。

和泰州亲戚的合照。祖父蓄须，着深色外袍，和我的"十三叔公"并肩而坐

十叔公几年前过世了，他是家族里第一个日本留学生。十叔公的父亲王雷夏1901年被任命为驻日管学专员，负责处理留学生事务，十叔公和他一同赴日。十叔公后来拿到生物学位，在各校教书，最有名的是1913年任教的武昌高等师范学校。王雷夏被尊为博学鸿儒，在清朝灭亡前领导多所学校。他教导父亲儒家经典，也是父亲练书法时临摹的典范。

十叔公的遗孀不在照片上。我后来见到十婶婆的时候，她告诉我两个儿子（我的堂叔）和小女儿（我的堂姑）的事情，三人都在海外留学，都是国立中央大学毕业，就是我想进的大学，因此我洗耳恭听他们的发展。1947 年婶婆的儿子人在美国，大儿子雒文是研究甜菜糖的化学家，二儿子雅文是专精汽车的机械工程师。女儿蘅文克绍箕裘，攻读生物科学，医学院毕业后在苏黎世大学研究细胞生物学。三兄妹在 1949 年后都选择回到中国，"文革"期间因为拥有海外关系备受折磨。幸好在邓小平的改革后，他们得以恢复原职，任化学教授的大哥最后当上吉林工学院院长，妹妹在上海从事研究工作，扬名于病理生理学领域，出版著作探讨实验肿瘤学以及癌症与环境的关系。

我最熟识的是工程师堂叔。1980 年见到他的时候，他已经从工厂退休，好让儿子能在厂里谋得工作，因此没有受惠于 1980 年代汽车工业的兴起。儿子在工作上表现平平，让他后悔提早退休。堂叔的女儿发展得好些，一个女儿当上会计师，另一个女儿投身学术，成为南开大学的历史教授，专精于校注明清珍善本。

王家在世界各地开枝散叶，海外的王家人现在多半已和中国的家族失去联系。有趣的是正定本家的家人努力不懈地追踪海外亲戚关系，将他们记录在中国的族谱上。我不知道这会对宗族带来多少影响，不过这个例子说明中国各地和海外宗族仍有许多人坚持让关系维系不坠。家庭价值被视为恢复中华文化固有特色的一环关键，我想众人的努力会源源不绝地推动复兴中华传统家庭价值的民族大业。

抵达南京

南京不是我们的家，但南京是父亲谋得工作之地，也是我首选大学的所在。我们似乎自然而然几乎一踏上中国国土就立刻造访南京，初次到访留下的印象格外深刻。我牢牢记得初访南京的另一个原因是，这是我第一次也是唯一一次和父亲独处，谈到现代中国以及无关文学或儒家思想的话题。父亲带我去的地方让我萌生许多疑问，长年不解。经过多年之后，所遇、所读仍会引我想起父子两人在南京共度的四天时光。

抵达上海的时候，父亲想避开表弟的婚礼盛会，因此带我和他一起到南京，从上海搭火车很快就到了。父亲拜访他即将任职英文教师的中学，这所中学由他的母校东南大学创立，东南大学当时已改为国立中央大学，就是父亲希望我就读的学校。1937年日军逼蒋介石撤离南京时，中央大学随中央政府一起撤退至重庆，经过八年避难，如今刚回到成贤街的旧校园开始安顿下来。参观中央大学的时候，校方告诉我们学校现在占地更广，丁家桥那里有医学院校区，大一新生第一年会在医学院校区上课。

　　父亲要我报名大学入学考试，也确定我了解考试要求。他知道考试对于英文学校毕业的我相当具挑战性，也知道我的理科成绩不会太理想，毕竟我的正规教育中断过几年，安德申学校理科又教得太少。不止如此，我的理科是用英文学的，对中文专有名词没有把握。总之父亲要我申请外文系，英文能力将是关键。父亲认为只要我英文考好，剩下的科目及格就可以。他最担心国文这一科，国立中央大学以重视古典中文著称，这科标准非常高，父亲不确定我是否能够顺利通过。

　　南京经过将近八年的日军占领，如今百事待举，大家忙着适应新环境。中央政府机关从重庆迁回，经济受到严重通胀打击，人人都在拼命想方设法巩固生计。父亲和我谈到人民普遍失望于两大政党无法协议组成联合政府。大家都渴望和平。父亲解释为何在1946年初，距离抗战结束不到一年，内战看来就已势不可挡。父亲尽管深知这点还是决定回国，因为他相信国民政府会赢得胜利。华北现在激战不休，人民解放军显然在农村乡间深得民心，比原本预期的更骁勇善战。

　　父亲已经二十多年不曾踏足南京，城市变化极大。他对民心氛围感到紧张，似乎踌躇于面对国民政府当前的状况该和我说什么，但他还是打破沉默，开口谈中国的政治。

　　该办的琐事办完之后，父亲带我参观中山陵，中山陵在父亲离开中国数年后才建成，父亲自己也没有看过。父亲非常希望我能够认同革命，在他远居海外的这些年，革命为中国擘画了新国家愿景。父亲告诉我孙中山的事迹，孙中山选择南京作为 1912 年初几个月间的临时首都，要求埋骨此地，父亲希望借此让生于异邦的儿子了解他对错过 1928 年以后新政权短短数年的黄金岁月有多么遗憾。辛亥革命的故事我早已听过不少，站在陵墓台阶下，我想起以前会和怡保的朋友炫耀 10 月 10 日的武昌起义跟我 9 号的生日只差一天。

通往陵墓的这面紫金山山势陡峭，父亲为我示范如何对孙中山之墓表示应有的尊敬。我心怀敬畏地拾级而上，想到自己是在蒋介石领导的国民党政府建立两年后出生的，赓武拼成"Gungwu"是因为父亲谨遵新政府教育部采用的正式罗马拼音，否则可能会拼成"Kengwu"或"Gengwu"。父亲说南京不只是国家的新首都，也将化身古老中国文明的"现代"中心。站在墓前，父亲让我觉得孙中山梦想的中国统一终于得以实现。我知道从这一刻起，这层梦想将永远和我切身相关。

这个想法启发我为更远大的目标读书，我一定要按计划上大学，可是选择有限，必须仰赖英文能力取得一席之地。这个选项当然也不差，能让我追求在父亲鼓励下培养的对文学的热爱。母亲依旧不以为然，她认为我既然拥有外语能力，一定有更适合为国服务的路。

谒陵之行促使父亲谈起现代史，对我十分新鲜。现在站在陵墓前，听父亲从自己的观点说这些故事，一切好像豁然开朗。故事真实具体，我们身在继续开展的故事中，南京再度成为首都，一如孙中山心中的新中国蓝图。然而这天的所见所闻无一能帮助我为往后数月即将经历的时局做好准备。父亲的话言犹在耳，我不久却将看到他描绘的景况色调丕变，从光明转为黯淡。在南京念了几个月书，和朋友漫步南京街头，我渐渐看清摊在眼前的政府贪污腐败、士气低落。

隔天我们在南京市区街道散步，父亲继续谈辛亥革命，他认为革命为中国人民带来机会，使他们打开心胸接纳新知，得以重新衡量传统，同时发展新思想、新制度，跟上进步的西方。这条路不是坦途，未来如今又和身边如火如荼的内战分不开。我的中国史知识足以让我明白必须在战场称雄才能赢得天命。"革命"现在用来翻译"revolution"一字，但原意其实是改革天命。国共双方因此都举着革命大旗声讨对方，争夺全面控制。

父亲提醒我怡保很多建筑都看得到孙中山像，一旁写着他的名言："革命尚未成功，同志仍须努力。"过去在马来亚的时候，父亲不希望我对这段中国现代史太慷慨激昂。以往父亲教育我准备回中国的那些年里，他清楚区别革命不等于马来亚共产党武装力量的呼吁，后者希望一战解放马来亚。马共以中国共产党为楷模，而中共正和南京国民政府交战。回首当年，我发觉自己的认识过于浅薄。父亲告诉我孙中山事迹的几个月后，我开始怀疑二次革命是否真的克竟其功，心想下一次革命由中共领导是否更有希望成功，如果给共产党一次机会，中国人民会不会更有可能走向和平稳定的未来。

父亲带我去看了一些他记得的地方。有些是史迹，可以上溯至南京的古都时代，像是三国时代的吴国，五、六世纪南朝的宋齐梁陈，以及千年后明朝短暂定都南京之时。我们也走过一些年代较近的地方，诸如十九世纪南京成为太平天国首都时洪秀全及其拜上帝教信众使用之地。父亲也指出一些地方，和日本控制下的汪精卫傀儡政权有关，讲到这些地方的时候，也一并告诉我当地媒体仍在比较汪精卫底下两个得力左右手的不同命运，两人都曾是国民党支持者：陈公博1946年被处决，周佛海则改判终身监禁，举国都在议论两人为何待遇不同。汪精卫自己早在1944年战争结束前就已过世，逃过接受战争审判的命运，他的妻子陈璧君（她是马来亚槟城人）则没这么幸运，余生在牢中度过。

父亲谈起霹雳州的汪精卫支持者，提到陈璧君在怡保的哥哥，也说到战前、战时、战后马来亚当地华人社群领袖之间的复杂关系。父亲特别提到自己担心国民党和共产党之间的冲突会影响华文教育。我没有完全领会父亲口中社群内的潜在问题。数年后，父亲在马来亚"紧急状态"期间访视霹雳州偏远地方的学校，当时我问他可以采取什么行动来守护他的教育理念，他又回到谨言慎行的样子，只回答会尽力而为，不像在南京那次和我分享想法，徒留我想象他的忧思之深。父亲又努力了几年之后决定提早退休。

我们还拜访了父亲的朋友兼校友乔一凡先生，他是钟南中学校长。他告诉我们南京情势严峻，政府普遍贪污腐败，内战正在耗竭国家资源。岁入不足以支应公务机关开销，更不可能帮助公务员跟上日益飞升的通胀率。南京人多半觉得国民党领导人从重庆回归没有带来什么好处。乔先生的满腹不平里有一点特别引起我的注意，关系到过去还在怡保的少年时代就困扰我的事。乔先生说1937年"南京大屠杀"的受害家庭乏人关心，南京人不满政府没有为受牵连的家庭出更多力。父亲认为这是因为政府忙于内战，决定这个议题可以暂缓处理。

❧❦❧

中国人民此时有很多事要操心，多数人顾不上高等教育。最引南京人注意的新闻应该是眼前内战的进展。报纸天天告诉我们政府决心剿匪，任何一点战果都以激励人心的话语报道。报道显然是从国民政府的观点出发，父亲提醒我注意不同观点，指出政府面临的挑战。

父亲也要我小心几个月前针对南京大学生采取的强硬手段，例如警方在国立中央大学等各校校园里展开行动，不少学生领袖被捕入狱。学生抗议的首要焦点是饥荒和严重通胀等经济问题，不过学生也不满政府在对抗共产党上仰赖美国援助，对北京发生的美军性侵女学生一案愤愤不平。到了 1947 年夏天，政府宣布南京禁止示威游行，为街头带来些许安宁，但仍有工会组织工人抗议的报道，他们要求提高工资，打平困扰大家日常生活的高通胀率。

谈论内战对我来说不是新鲜事。打从父母要我做好回中国的准备开始，中国人民似乎始终处在无止境的战争状态。父亲母亲成长时，内战就在江苏省离两人家乡不远处酣战不休，他们这一辈对 1946 年内战再起毫不惊讶。比起讶异，内战更让他们感到遗憾，双方的分歧无法找到其他方法解决，也无从建立属于全体国民的政府，全心投入战后重建。父母两人显然深有同感，但没有告诉我他们认为谁要为重启战端负责。刚到南京的时候，我认为国民政府显然占有优势，终将赢得胜利，但不久就听说政府高层腐败，给予军人的待遇苛刻，也无法提振士气让军队坚定对抗人民解放军。更让人不安的是怨声载道的社会情景，民众深受物价飞涨之苦，货币几乎一文不值。

我在马来亚日占时期的最后一年经历过通货膨胀，当时米价腾贵，许多人必须吃番薯或树薯维生。很多人用生棕榈油煮饭，新鲜蔬菜的价格日日上涨。幸好我们寄住的人家里厨房还能把可堪下咽的餐点端上桌，但我们知道日本人不断印行更多钞票，钞票价值持续下跌。

我因为收听短波英文新闻广播学到一些这方面的知识，新闻说明英国回归后不会承认日本货币。我也知道货币贬值及其对日常生活的影响，在南京证明这些经验能够派上用场。我可以理解父母怎么有办法凭父亲微薄的薪水在南京活下去，同时还能帮忙泰州的家人。父亲拥有马来亚元的存款，明智地一次只换一小笔钱，跟上步步下滑的汇率。父亲教我如法炮制，他回马来亚后每月寄来一张相当于十五港元的汇票，上海的叔叔教我一次只换一元，每次可以换到一大迭法币钞票，法币几乎天天贬值。在很多人眼中，汇率就是国民政府失去信用的指数，大家普遍认为统治精英和精明的商人正逐步把钱换成美元或金条，同时普罗大众则日渐陷入绝望。

局势持续恶化，到 1948 年夏天时，一美元大概相当于一千一百万元，这个金额毫无意义，几乎什么也买不到。南京政府最终改发行新的金圆券，全面取代法币，汇率是三百万元法币换一元金圆券。那年夏天我在上海和叔叔同住，从叔叔市中心的办公室可以看到大批民众在马路对面的银行外排队等着换钱。我们也换了一些新钱，但发现新钱什么也买不到。政府命令所有商店继续开门营业，但架上空空如也，听说商店老板连夜搬空商品。更沮丧的是我们甚至连吃饭的地方都找不到，餐厅和摊贩都没有东西可卖。

蒋经国在上海推行金圆券，他下令要所有人把手上的美元、金币、金条都换成金圆券，威胁一旦抓到持有黄金和美元者一律处决。虽然我在南京住了一年之后已对货币波动无动于衷，但城市蔓延的混乱恐惧还是让我感到震惊。如果我先前心里还存有一丝希望，相信国民党政权会熬过难关，那么那年夏天抹灭了一切希望。我的看法一如所有大学友人，确信政权垮台是势所必然。

多年后我看到研究揭露当年通胀灾难性失控的全面情形，不过从我初次踏足南京时就清楚通胀是严重问题。父亲承认他在 1948 年 3 月返回马来亚前夕确实忧心忡忡。除非政府能够在当前的内战中迅速取得决定性胜利，否则国家濒临崩溃边缘。父亲这一席话和去年夏天的乐观论调形成鲜明对比，我记得自己因此大感惊异，去年夏天我们看到大家至少表面上还在努力将南京重建为新中国的伟大首都。

无可逃避的事实是，中国再次陷入成王败寇的苦战，争夺统一国家的新位。身为中国的外人，我不想选边站，尽管我知道母亲希望国民党赢得战争，我则希望（相信父亲也一样）一切能尽快尘埃落定，不要再拖延下去，让遭受多年战争蹂躏的国家能展开亟需的重建。我不知道哪一边更擅长治国，但国民政府显然节节败退，我可以理解为什么身边很多人会说换一个政党也不会比现在更糟了。

和父母同住的五个月

我不记得离开马来亚前往南京时心里有什么期待。父母长年等待返乡，也为我做好在中国念书的准备，让我确信自己会过得很充实。我心里最关心的是父亲的母校就位于南京，南京也是早在 1800 年前三国时代的吴国古都。小时候我就跟许多人一样同情三国鼎立的蜀国，仰慕桃园三结义的刘备、关羽、张飞，还有辅佐他们的伟大军师诸葛亮。不过到了南京，我发现自己也应该对认识到南京地理位置潜力的吴国统治者给予肯定。南京在南朝宋、齐、梁、陈继续保有首都地位，明永乐迁都后，清康乾两帝下江南后，江宁府都是华南政治经济中心。1928 年国民党掌权后定南京为全国首都。

但这不代表我知道要往城中何处访古寻幽。南京有知名诗人的相关胜地，有可供凭吊良臣勇将功绩之所，也有太平天国的惊悚传说：太平天国定南京为天京时屠杀文人家族，据说早在清军一个个处决抓到的叛军将领之前，内部的领导者就已开始自相残杀。科举学子住在夫子庙一带，按理忙于埋首苦读，但这一带也因青楼林立、优伶云集而闻名遐迩，照料学子的课余消遣。同学领着我造访各地，带我浅尝帝国及文人文化，我于是了解到在中国跟上现代表示要融会古今。

最让我心驰神往的是关于南京的诗词。小时候父亲鼓励我读唐诗，唐诗刻画往昔都城的旧日荣光，也抒发当时文人必然遭遇的悲欢离合，李白的诗再添上种种潇洒醉意下的慷慨之情。但是和南京关系最密切、也最打动我的不是唐诗，而是《虞美人》这阕出自李煜笔下的优美词作，一开始是朋友告诉我的。李煜是南唐末代君王，南唐的国都位在南京；他在 975 年降宋，后来被迫自尽。这阕词近年我读过好几版翻译，最欣赏杨宪益和妻子戴乃迭两人的译笔，勾起我当年面对离开南京的心情。

> 春花秋月何时了？往事知多少。
>
> 小楼昨夜又东风，故国不堪回首月明中。
>
> 雕栏玉砌应犹在，只是朱颜改。
>
> 问君能有几多愁？恰似一江春水向东流。

There is no end to moonlit autumns or flowery springs,

And I have known so very many things.

From my turret the wind was in the east again last night.

A lost land was too much to bear; I turned from the moonlight.

The cavern rail and jadework wall are as they were before;

Those rosy cheeks alone are there no more.

Tell me, what is the uttermost extent of pain, you say?

Mine is a river swollen in spring and welling east away.

李煜描述袭上心头的失落感，想起过往在南京的日子，如今以俘虏之身受困于远在南京以北六百余公里的大宋首都开封。

父亲受的是严格的儒家教育，不赞同感慨失落绝望的文字，因此不认同《虞美人》。他不否认词的美感，但反对其中的感伤，认为太过负面，不适合眼前还有大好人生的年轻读者。对于有企图心，或是对社会有责任感、有服务之志的人而言，李煜也不是好榜样。咸认李煜耽于迷信，生活放纵，言行举止不是有担当的君王，因此悲惨下场实属应得。我知道父亲反对，但依旧欣赏李煜以同样笔调写成的许多诗词。李煜在南京度过优游岁月，他的诗词也为南京更添浪漫迷人气息。

记得自己曾经问起五代时期南唐（937—975）留下的史迹，只得知部分城墙或许融为明朝开国君主朱元璋（1368—1398 年在位）定都南京时重建的城墙，但不知道确切位在哪一部分。南唐皇宫位于现代市中心某处，遗迹已荡然无存。1990 年代考古学家陆续在新街口一带发掘出南唐文物，大致吻合人们认为的宫殿旧址，我尚且无缘参观后来兴建的陈列馆。

不过当年在南京读书时，大家既没有工夫追思古都，也对之意兴阑珊。光是维生度日就已让人疲于应付，知道紫金山山坡上有明孝陵遗迹足矣。明孝陵位在市区以东，坐落于邻近中山陵的优美山谷之中，让人可以暂时逃离阴郁的现实。

父母两人住在父亲学校提供的宿舍，离我们大一新生住的丁家桥宿舍不远。他们的房子是整排以茅草覆顶的平房中的一间，墙壁下半是木板，上半是茅草，建筑比不上仓库改建而成的我们学生宿舍那么坚固，我们至少有铁皮屋顶和从上到下的整面木墙。整个冬天，我每周日都去探望父母。寒风畅行无阻地穿透茅草，父母的房子跟我们的宿舍一样都没有暖气，十月底他们已经包得全身密不透风，但还是觉得不够暖。父亲教的英文在学校是重要科目，教学工作繁重，要批改成堆作业。我一有空就帮忙改作业，不久发现父亲显然为了批改高年级学生写的较长文章而心力交瘁。

母亲非常焦心，但父亲从无半句怨言，反而总是关心我的功课，我则告以自己的表现。父亲一直担心我的中国语言及文学课，知道老师是格外爱好《诗经》的古文献学专家让他倍感担忧。他无视我一再保证自己应付得来，试着提醒我应该留意的地方，于是我改说其他事逗他开心，讲别门课程，聊老师同学，最有趣的是宿舍结交的朋友，大家志趣各异，有人立志成为工程师，也有朋友读美术、音乐。有位经济系同学是泰州同乡，激起父亲的好奇心。他叫茅家琦，后来不读经济，转行成为十九、二十世纪中国史史家。我们 1980 年代末重逢，发现两人许多方面兴趣相投，结为莫逆。

来南京的第一年天天忙于学习，时光飞逝，也许从课堂外学到的比课堂内更多。1947 年 10 月开学之后，我必须应付悄悄来临的第一个冬天。学校给我们一袭暖和的长袍冬衣，但我不久就需要多穿好几层里衣。到处都没有暖气，因此我整天穿着同样的衣服，即使在棉被底下也穿着大部分衣服。厕所环境原始，缺乏好好维护个人卫生的设备。大家将就使用偌大盥洗室里的一排水龙头和水管，盥洗室将我们的建筑隔为两半。宿舍有高大木墙和铁皮屋顶，但即使没有寒风吹送之助，冷空气一样从墙壁和屋顶间的宽缝灌进屋内。有天早上我发现湿面巾冻成一片冰块，通知我准备迎接冬天的到来。

父母的宿舍从我这里步行可达，在母亲坚持下，我把衣服拿给她洗。他们的住处更加无从抵御寒风，跟我一样也必须从早到晚穿同一套衣服，夜里几乎无法保暖，看得出来他们备受生活的折磨。母亲煮饭洗衣，每次见到我都尽量表现得满意安适，但父亲往往看来疲惫不堪。他的年纪不过四十多岁，身体向来不强健，虽然从小在中国长大，但大多时候都和大家族同住在坚固的房屋里。他告诉我以前念书时南京的宿舍是砖房。父亲自1926年以来住在马六甲、新加坡、泗水、怡保，已有二十多年不曾面对严寒天气。这是他多年来的第一个冬天，如今必须以中年之身熬过寒冬。

母亲向来担心我吃得好不好，但父亲生病这个问题对她来说严重得多。刚开始只是感冒，父亲还力图教学不辍，病情日渐恶化。我看到父亲必须批改的作业堆积如山，只要回家就帮他改作业、打分数，但父亲一直没有完全康复，一度病危。母亲担忧父亲熬不过来年冬天，决定两人应该回马来亚。父亲写信给怡保旧友吴先生请他帮忙，吴先生已经晋升为华校总视学官，迁居联合邦首都吉隆坡。霹雳州接任父亲职位的人表现不太理想，吴先生相信父亲必定更能胜任，尽管自从我们离开以来政治环境已大幅改变。父亲实际上已经离职，吴先生必须与政府协调，安排复职，父母非常感激吴先生的帮忙。

1948年3月任命正式确定，父亲回到新成立的马来亚联合邦底下的霹雳州担任华校视学官。启程时刻对父亲母亲痛苦难当，父亲不想回马来亚，他和母亲为离开中国难过低落了好几周。父母认为我应该留在中国完成学业，我也有同感，但内心五味杂陈。我知道他们非常渴望回中国，日夜企盼得以重新踏上故国国土的一天。这次是否只是暂时离开，有朝一日还能重返？我要继续留在中国，因此希望能看到他们回来。叔叔从上海带他们去搭船。我已经安顿下来，交了新朋友，也喜欢大学的课业。父亲每月寄来十五港元，于是我成了校园里相对宽裕的学生。

父亲母亲离开后天气开始好转，我和同学一起深入探索南京市区和近郊，同学也想更熟悉南京，我们大都对南京相当陌生。到父母离开的时候，我已经和新朋友探索过南京各地。我们1947年秋天开始先走访保存完好的明城墙和秀丽的玄武湖，离宿舍都很近，我们在春季和初夏周末前往两地。等到胆子更大之后，我们往南到市中心的鼓楼，再到更南边的秦淮河一带，夫子庙附近的旧考场素来是观光胜地。每次出游大抵平安无事，但确实有一次遭遇惨痛的意外，那次我和同学借了相机，却在拥挤的公交车上被高明的扒手偷走。朋友非常体贴，他出身上海中产家庭，慷慨地坚持不让我赔偿他的损失。

我们一大群同学规划了中山陵一日游，我几个月前才去过中山陵，但还是一同前往，因为我也想看看附近的明孝陵，这是明朝开国君主朱元璋埋骨之地。在马来亚成长时身边有许多华南人，他们仍怀有反清复明之心，因此我感到必须向朱元璋致意，他驱逐了蒙古人，试图将大一统中华帝国疆域的根基设在长江以南，是史上创举。这次前往市区东郊的途中，见多识广的朋友指出几栋重要公共建筑，包括蒋介石和内阁高层官员办公之地。即使对领导者的信心已一落千丈，但是想到辽阔的中华民国就由此地统治，仍令我肃然起敬。

大家都觉得我们由仓库改建的校园简陋粗糙，一群人便相约探访成贤街的中大总校区，看看升上二年级有什么等着迎接我们。还有一次去参观了两所教会学校：金陵大学和金陵女子文理学院，两所学校都位于鼓楼以西，我们仔细欣赏优美的校园建筑。走访这些地方让我们更清楚自己在中国高等教育界的定位，同时由于另一个缘故，对我而言也是好的开始。1948 年初举办了大学校际公开英语演讲比赛，一所大学派两名代表参加，我发现自己必须面对来自其他大学的学生。我是中大的两名代表之一，深知自己是那晚的演讲者里唯一的大一学生。我不记得当时选了什么题目，不过我为演讲准备多日，比赛当晚我们在金陵大学的大礼堂对着满座观众演说，评审团里有几位大使。比赛由金陵女子学院的学姐夺冠，我赢得亚军。印度大使（我想应该是梅农〔K. P. S. Menon〕先生）为演说讲评，也道出他的希望，期许中印两国未来以战后世界新国家之姿建立邦谊。我记得自己深受感动，父亲也在观众之中，听了十分欣喜。

我和同学一起游览其他有意思的地方，包括离市区较远的史迹。

其中印象数一数二深刻的是长江畔燕子矶，1937 年日军在此屠杀上千名中国人，知道杀戮之地就在眼前真是震撼的一刻。另一次是到市区西边的战略要地雨花台，这里打过无数次南京保卫战，当地人视这座小山为英勇将士的纪念碑。我们在雨花台得知战时参与南京屠杀的数位日本军官在此伏诛。

　　我天天学到新事物，但也渐渐意识到随着局势演变，快乐时光将日益缩减。身为学生的特权让我们能开心探访热闹街头和难忘景致，即使如此，我们也清楚人民越来越难度日谋生。也许我乐观的日子比大家都长，因为身处这个应当视为新家园的国度里，我还未准备好面对内部发生的种种变化。

安顿下来读书的日子

我在 1947 年夏天参加入学考试，整整三天和数百名考生一起关在闷热不通风的考场里，汗如雨下。对热带长大的我来说，暑热可以忍受但令人不适。我不知道总共有多少人参加考试，考试在全国各地数个考场同时举行，但我明白竞争非常激烈，那一周又是担忧又是兴奋。国文科考试的作文部分我依规定以文言文写作，但掌握不住题目征引的孔子章句的要义。数理科考得非常煎熬，毫无头绪到底答对多少题。等到榜单揭晓，我是录取外文系的二十四名考生之一，让我欣喜若狂。我猜也许有考官想为外文系网罗优秀学子，我的英文科考卷脱颖而出，带我渡过难关。我后来得知学校这年只收约四百名新生。当时的政策是国立大学要让所有学生入住宿舍，负担学生的基本开销。中大这年收的学生很少，因为通胀失控、财政困难，加上内战延烧全国。大学也才刚从重庆迁回，校园小，宿舍空间和整体设施都严重不足。中央大学拥有综合大学应具备的各院各系，是中国最大的大学，但大学生和研究生合计只有四千人上下。尽管中央大学是政府的旗舰型大学，但如此有限的人数实难满足国家经过长年战争蹂躏下的需求。

　　我们这批大一新生获得良好待遇，第一年都住在丁家桥宿舍，离总校区大约三公里远。男生宿舍一共有三间，每间约容纳一百人，人数稀少的女学生在更远一点的地方有自己的女宿舍，我们只有在课堂上或社交活动中才碰得到她们，周末到市区和近郊出游时也会遇到。宿舍中央是大型公共盥洗区，周边摆放整排的上下通铺，八个学生共享四组上下铺，每个人在床铺之间都有一张书桌。我们这个八人小组里有一个工科学生，两个念国文系，一个念哲学系。剩下三人当中有两个是我外文系上的同学，一个同学是当过兵的四川人，讲话带有浓浓的四川口音；另一个同学是客家人，自称家乡在江西省，不像我在马来亚认识的客家人都来自广东或福建。我很高兴听得懂他的客家话，他则讶异我会讲标准的梅县客家话。

　　幸运的是宿舍里有一百个年轻小伙子，夜色渐深时屋里似乎稍微暖和起来。我们晚上从不寂寞，宿舍吸引许多当地的食物小贩，兜售炒栗子和煮花生，有位积极的小贩夜夜带来帮我们温好的粗制高粱酒。虽然大家手头多半没什么钱，但东西要价极为低廉。许多人最爱的点心是高粱酒配花生，正好在爬上床睡觉前让体内暖和起来。

　　书桌照明充足，天黑之后除了读书和预习隔天的功课之外也没有什么事可做。我们最常抱怨的是食物。大家都在几百码外的大餐厅一起用餐，八人一桌，标准菜式是四菜一汤，东西永远不够八个饥肠辘辘的年轻人吃，只好用供应的米饭填饱肚子。食物不够是多年的老问题，学生和校方曾经为此起过冲突。我们不必为学校的食物付费，学生组织费力费时和厨房工作人员协调，要求厨房善用政府拨付的款项，不浪费一分一毫。

我们身为分校区的大一生，知道总校区的学长学姐积极就战争、贫穷等国家议题发声，但距离他们有些远，无法加入他们的活动。我们很好奇他们投身什么行动，期待二年级搬到总校区后能对他们的目标多加了解。几乎所有学长学姐都跟着大学从重庆回来，公开反对内战。几个月以前，就在我抵达南京前的 1947 年夏天，数名学生领袖因为领导大规模示威运动而遭退学或逮捕。这削弱大家上街游行的意愿，但不妨碍他们在总校区集会抗议。我注意到有些大一生非常认同示威活动，但他们愿意静候至春天到来，这段时间就靠抱怨食物来发泄精力。

用餐时间我永远吃不到足量食物，同学已经习惯速战速决，迅速扫光桌上寥寥无几的肉和菜。我最不习惯的是米饭里掺着小石子，必须学着把小石子从饭里挑出来吐掉，得非常小心才不会因咬到石头而崩断牙齿。朋友个个熟练这门功夫，在口中筛出米饭里头的石子一一吐出来。我一直抓不到要领，大幅拖累吃饭速度。后来发现可以从当地市场另外买到便宜丰盛的食物，让我松了一口气，有时候也会有小贩到宿舍上门兜售，商品包括大罐奶油和雪糕粉，由联合国善后救济总署（United Nations Relief and Rehabilitation Administration）提供给中国作为粮食救济，帮助战乱下流离失所的人民。联总官员在乡下发送，可是大部分中国人都吃不惯乳制品，被生意头脑灵光的城市人低价收购，到南京、上海等城市出售。城市人以及像我一样异邦长大的人爱吃这种东西，我夜里肚子饿就吃一些。奶油品质绝佳，比我在马来亚吃过的都好吃，雪糕粉格外便宜，因为大家都没有冰箱，也很少人知道怎么处理雪糕粉，我发现混合热水可以泡成浓稠甜腻的饮料，夜里能温暖身子。奶油和雪糕粉几个月吃下来让我长胖不少。

　　附近有几间仓库改建成教室，文科生的教室离宿舍很近，理科生和工科生人数较多，在分校区一角的实验室上课。大家有四门共同必修课：中国语言及文学、中国史、伦理学，以及一门政治导论课，以孙中山的"三民主义"为课名。外文系学生多半主修英文，少数人选择攻读日文或俄文，每个人都必须再副修一门语言，我选择副修德文。一周六天的课表十分单纯，一大早是体育，上午接着上课，午餐过后再继续上其他课。晚上的时间留给我们念书或自己找娱乐。至于周日，趁着严寒冬季到来之前，我们喜欢散步到玄武湖，湖就在城墙外，离宿舍很近。除了认识宿舍的新朋友之外，到玄武湖踏青就是我一年级最享受的时光。

❦

　　英文课对我来说很简单，但因为中学不是在中国念的，其他方面都是全新体验。国文和中国史的课业十分繁重，伦理学则实在出人意表。伦理学教授是秘鲁出生的广东人，他留学欧洲，专精于德国哲学。教授特别偏爱康德伦理学，绝大多数时间都花在这上面，用中文向我们讲解。我承认自己从来没有听懂授课内容，不过有位主修哲学的朋友听课时聚精会神，他向我们保证教授言之有物，不是胡言乱语。比起课程，我对教授的拉丁美洲华侨背景更感兴趣，告诉他我也是华侨，不过教授全副精神都放在以简单中文传达艰深欧洲概念上，没有丝毫兴趣关心他教导的学生。每次下课我都感觉得到教授因为终于下课而松了一口气。至于我，即使上完整门课程，我的伦理学知识依然毫无长进。

欣赏这位伦理学教授的哲学系朋友叫杨超，他浸淫于中国经典，博览佛家经书，熟读核心道教文本，常常将课堂教的康德比附成中国人熟悉的类似观念。杨超热情真诚，亲切可爱，眼前的同学数他最博学多闻，和他在宿舍同寝共食，让我深深体会到自己多么无知落后。大家都佩服他横跨数个哲学领域的渊博知识，更让大家惊奇的是他公开表明自己读过马克思，似乎了解共产党想达到的目标。

后来听说1950年代一位哲学大佬侯外庐教授对杨超笔下一篇文章印象非常深刻，于是招徕身在上海的杨超到中国社会科学院历史研究所担任他的哲学助理。杨超进入社科院帮忙侯教授《中国思想通史》第三册的编写工作，该册讨论佛、道思想兴起的六朝时期。不幸的是，侯外庐及其门人1968年在"文革"中遭到抨击，杨超坚持诚实磊落，否认自己是某个子虚乌有的阴谋集团的成员，拒绝指认任何他认识的人牵涉其中。杨超因此遭受红卫兵严厉批斗，被指控为反党分子，经此惨酷劫难后选择自我了断。几位幸存的侯门中人日后为文，悼念这位才华洋溢的学者不幸陨落。读到这篇悼文，我想起杨超只要闻知新想法或找到阐明论点的新思路，脸上总是神采飞扬。

到了春天，比较积极的同学偶尔会在周末加入学长学姐的讨论，有次我们跟着一大群示威者上街游行。游行起初安安静静，等到接近中央政府的一处办公室，抗议人群开始高喊口号。我们都拿到一张要喊的口号列表，一些同学跟着齐声大喊。我现在不记得口号的字句，但记得一些口号的大意是攻击政府援引美国帮助来对抗其他爱国同胞。沿路都有武装警察，有些骑在马上，不过警方那次没有采取任何行动。我们在街头抗议数小时后返回总校区。

大一生活也有比较欢乐的时光。我们这群外文系学生里有几个是上海人，喜欢流行音乐。他们组合唱团带领大家唱流行古典乐，像是小约翰·施特劳斯的《蓝色多瑙河》和《多瑙河之波》。我们一周练唱数晚，慢慢进入难度较高的舒伯特曲目，接着唱起莫扎特、威尔第、普契尼歌剧的知名咏叹调。咏叹调对我是全新的音乐，必须先吸收许多新知才懂得欣赏个中美妙，幸好带领合唱团的同学非常有耐心。我惊讶地发现来自上海的学生里不少人在文化上相当西化。大一和这些同学相处让我为二年级做好准备，我们二年级搬到总校区，每天早晚都会经过校园中间教西方音乐的音乐系。我常常伫足聆听音乐系学生演奏乐器，或引吭高歌西方歌剧咏叹调，羡慕他们才华出众。

❦

　　暑假过后，我们返校升上二年级，搬到更靠近市中心的成贤街校区。我们住在大约半公里外的大型砖造宿舍，设施远胜丁家桥的宿舍。这里一样是八个人睡四组上下铺，床铺中间摆放两排的四张书桌，不过我们有自己的房间。我和室友前一年已经在课堂上或同住的宿舍里见过，现在有了室友这层更亲近的新关系，彼此更加熟识。我们每天早上穿过窄巷走到校园，经过两旁栉比鳞次、展售最新图书的书店。我们大都负担不起购书的开销，但很喜欢随手翻阅，惊讶的是书店允许我们这样看书。听说有学生站上好几个钟头读完整本书，我和朋友没有这么认真，不过如果有时间，就连我们也忍不住读完一两个章节。

　　外文系班上有四位女同学，四人都选择主修英文，一位是重庆人，一位是上海人，一位是南京人，一位是东北人，东北同学的家乡是眼前内战争夺之地。她们的年纪都比我稍长，待我如弟弟一般，我们二年级的课程都在一起上，彼此变得更熟稔。她们感兴趣的主要是语言能力，四人的英文书写和口头表达都十分出色。她们的文法知识比我在行，但英国文学史方面则要靠男同学提点。不知道南京陷落后她们何去何从，后来听说四人都转学到北京外国语学院。一位攻读俄文，后来成为中央编译局的官员，一位加入外交部，另外两位也在其他需要一流英语能力的政府单位一展长才。

我也开始体会到中大为何备受推崇。教员里延聘了不少中国最负盛名的学者，专业涵盖欧美一流大学具备的大部分科系。我这一年修习各种英国文学课程。诗歌方面，有一门课教从弥尔顿到蒲柏的古典诗人，另一门课教浪漫主义诗人。散文方面，一门课教从笛福到菲尔丁的早期小说，另一门课专门教十九世纪，讲授简·奥斯汀、勃朗特三姐妹、狄更斯、哈代等小说家的作品。

可惜二年级的课程进展有限，开学不到两个月，内战战火延烧至长江北岸，大学被下令关闭，所有学生皆被解散返家。我别无选择，只能准备回马来亚，这期间我已经和室友结为好友，也熟悉校园各个角落。到新宿舍的第一个月，我被选为食物委员会主席，工作是确保餐食供货商没有偷斤减两。我们派两个人陪同厨房员工到粮仓领取数十袋米，确认米粒没有掺进砂子或小石子增加重量。我们必须前往几英里外的南京郊区领米，一路盯着卡车把米运回厨房，月底要负责确认归还仓库的米袋数量正确无误，再雇三辆人力车把米袋悉数送到米店。幸好我们的委员会只要服务一个月。

我有两次见识到同校学生的"行动"，大家对政府的期待日益幻灭。第一次是跟着一大群人出校游行，两两并排，抗议蒋介石依赖美援对抗共产党。比起先前的游行，这次示威者音量更大，口号更直白、更激昂。最后警察受命制止游行，但群众仍继续高声抗议，于是骑马的警力抵达现场，强行驱离人群。我没有受伤，顺利离开了，但听说一些学生必须被送到医院接受治疗。

经过两周，有天晚餐过后，一群学生在学校大礼堂守夜，同时发表演说。现在已想不起核心议题是什么，当时和朋友一起参加，听学长学姐谈论局势多么恶劣。集会中途，所有灯光忽然熄灭，大家全都在一片黑暗中朝出口移动。我从最近的侧门离开，而从两个主要出口离开的人撞上一群手持长棍的年轻男子，步出礼堂便遭到痛殴。我从远处目睹一切，自己没有遇到任何恶徒。后来听说拿长棍的人是国民党地方青年团指使的暴徒，借此吓阻我们进行反政府活动。当时我并未因此心生惧意，反而深信国民党政权已陷入绝境。然而如今没有时间让我深究，大学不久关上校门，能够脱身的人皆返家而去。

我的老师

我的诸位老师才情各异，其中最让我在意的是教中国语言及文学必修课的教授。教授名唤游寿，她不太像教语言、文学的老师，反而比较像语文学学者。她的大一课程毫无架构，纯粹教她喜欢的东西，听凭学生自己想办法领会她拣选的课程内容。就我而言，幸运的是她喜欢古典文学，虽然一开始大部分授课内容听来一头雾水，但是她娓娓讲起《诗经》和长篇汉赋选文时情真意挚，激励我尽力跟上课程。教授开始注意到我，因为我显然很努力。班上同学对教授挑选的诗文都不陌生，但我不像他们，我必须拼命才跟得上课程。教授对我的外国背景感到好奇，或许是因为（这点我后来才知道）她曾经在厦门教过书，敬佩当地一所大学的创办人陈嘉庚，陈嘉庚发迹于英属马来亚。

游寿教授还欣赏班上另一位同学，他不只真的会作旧体诗，还写得一手好字。这位钱璱之出身书香门第，年幼时就已精通种种技艺。我想全班可能只有他一个人知道游教授是多杰出的学者，也因为教授的学问而对她另眼相看。教授个子娇小，貌不惊人，外表几乎总是不修边幅，她讲话带一口浓浓的福州腔，我花了一阵子才听懂她的课。慢慢地，我开始了解到她上课的内容不是从一般的教科书随手取来，而是研读原典的成果。我们有幸聆听她如何做出评断，以及她为何认为自己的看法胜过大家普遍认可的评注。当时没有意识到，但如今回头细想，是游教授的身教让我初次领略何谓全心于学问的学者风范。这门课要教的应该是从上古到明清的中国文学导论，但教授专注在语言的上古起源及中国诗歌的发展。我其实读过《三国演义》《水浒传》等经典小说，但她没有给我表现机会，这让我有些失望，不过她差不多只讲到唐代诗人的后面一点。缘此之故，我对近一千年中国文学的知识多年后依然贫瘠含糊。但对我而言，幸运的是她确实教了好几首宋词名作，这几首宋词让我想到父亲曾经说过他的外祖父陈廷焯的事，不过父亲自己并不热爱词，所以我那时不明白他的外祖父为何备受推崇。偶然之下，接近课程尾声时，有次游教授解释起词为何在宋代发扬光大，我提到父亲认为陈廷焯的《白雨斋词话》对这个议题有所贡献，而教授竟然熟知这本书。这让我觉得自己不再只是个华侨，不再那么格格不入。这是我初次体会到自己沾了祖上的光，而且在最后几周的课堂上都沐恩其中。那时父亲已经回马来亚了，我写给父亲的信中提到游寿，父亲相信我一定可以应付得来，鼓励我多就教于她。

　　我之后再也没有见到教授，一直到1993年才听说她的消息。那时我在香港大学，她的一位学生来访香港，带来她的问候，还带来她一些诗作的翻印本。原来这几十年间，她都在中国最北端黑龙江省的一所大学教书。她继续研究甲骨文，同时也成了东北部族历史文学的专家。她的学生没有提到她在"文化大革命"年间的遭遇，不过1980 年以后，她再次成为备受尊敬的学者。

我很高兴能收到她的问候，寄了我的一本书给她，甚至希望或许可以和她再见上面。可惜几个月之后，1994 年，我听说了她的死讯，享寿八十八岁。直到那时，我才终于知道 1947 年她怎么会跑到国立中央大学教大一文学课。我得知当年她学习古典语文学有成，加入因抗战西迁至新址的中央研究院从事研究。当时她和历史语言研究所所长傅斯年之间有些误会。她脾气顽固，不承认自己有任何过错，最后终于被请走。她先在四川一所规模较小的大学担任教职，后来于1947 年加入国立中央大学，搬到南京。

傅斯年是他那一辈数一数二重要的历史学者。他跟着蒋介石政府到了台湾，成为台湾大学校长。我在香港时曾经和台湾"中央研究院"交流，多加认识了台湾"中研院"资深学者和他们在古典语文学方面的成就。我不禁揣想，如果游寿没有和傅斯年闹翻，仍然待在史语所，她会不会跟一些同事一起来到台湾，也和他们一样因为才学而广受肯定。不过对我而言，她是为我开启眼界的老师，让我看见古文字在文学发展中的力量，也间接帮我做好准备，让我多年后在新加坡马来亚大学教书时，能无畏地面对先秦时代的历史。

刚进中央大学的头几个月为我打开眼界，看见新中国崭露头角。

我每日所见所读皆异于父母告诉我的理想化样貌，让我体会到显而易见的道理：视角即使只是稍微转换，短时间内也能发生巨变，一切看来迥然不同。父母对 1930 年以前在中国度过的青年时代怀抱美好回忆，希望抗战过后中国复苏，能让一切恢复原样。他们热切希望我认同中国，接受未来就在中国生活。我理所当然地认为父母的思虑最周全，进中大读书不只是进入父亲的母校，也是进入全国首屈一指的大学。

中大确实让我们感到这是最顶尖的大学，能读中大是种特权。我们是经过精挑细选的学生，被视为对国家人才库的投资。学生享有免费住宿，不需付学费，人人都拿到两套长袍——一件夏衣，一件冬衣。经过长年残酷的战争摧残，环境无法尽如人意，但学校尽全力让我们能安顿下来好好读书。大学吸引许多优秀学者在此作育英才，使我们确信学校以其栽培成就的校友为荣。诸位老师惋惜内战再起，承认被通胀拖累的经济伤害了大家的生计，也是政局动荡的根源。南京人出乎意料地镇定，逆来顺受适应艰难时局，只是连我们的老师都需要兼差打平开销，情形显然毫不乐观。老师课后会简短指导我们，但每位老师都不会耗费太长时间。

记得入学时负责照料学生的训导长曾经来欢迎我们。我没有念过华文学校，因此不熟悉担任这项职务的师长，不过我知道父亲在霹雳州视察的华校被要求应该至少有一位老师负责督导学生的品行和生活习惯。中大的训导长沙学浚是备受尊敬的留德教授，出版过数篇论中国地理的重要著作。沙教授严格要求整洁和守信，订下优良行为的规约。他叮嘱我们认真听讲所有大一生都要上的三民主义必修课，课程讲解的《三民主义》是根据国父孙中山先生1925年过世前不久发表的一系列演讲编纂而成。

我后来得知沙教授是泰州同乡，比父亲年轻几岁。他在金陵大学求学，获得留德奖学金，在柏林大学取得博士学位，1949年跟着国民党政府撤退台湾，留在学界服务，后来也到香港、新加坡教书。沙学浚1964年在新加坡南洋大学教书，当时父亲想安排我们两人见面。我那时身在吉隆坡，无法抽空相见，记忆中沙教授是非常认真的学者，谆谆教诲我们如何善用在校时光。

刚开学几周最引我注意的是学长学姐似乎全部都是四川人，或至少说话有四川口音，大一新生则多半来自长江下游，我的同班同学绝大多数是讲吴语的江苏人和浙江人。就一所国立大学而言，这样的组成完全无法代表全国学生，后来听说战后的状况让许多身在远方省份的学生不可能考虑报考一所远在南京的大学，最后投考的学生泰半来自长江下游。学校录取的人数稀少，因为如果录取太多这一带的学生，就会像是地方大学。

过去一直生活在海外，如今身边的人讲各式各样的中文方言，置身其中感觉非常陌生，他们的方言和口音与父母的国语迥异，也不同于我在怡保听到的客家话、广东话、闽南语。应该再补充一点，老师的方言更是汇聚了大江南北，有些要十分费力才听得懂。我大体上顺利适应了各种不同说话方式，结果这层经验成为认识中国的绝妙途径。最重要的是，南京校园里四川"国语"却是主流，提醒我们大学

1937 年被迫离开南京以来十年间的颠沛流离。知道老师和学长学姐经历的种种磨难让我们感到自惭，也让我更下定决心向他们学习。大一班上多数同学都清楚他们在为日本服务的汪精卫傀儡政权下长大，迫不及待要忘却那段不愉快的时期，迈向未来，没有人想谈论战争期间的经历。这是我初次体验到置身这样的人民之中，大家视集体失忆为展望未来的正面表现，和我在怡保认识的人民截然不同——在怡保，想遗忘战争的人遭到严厉指责，被控不愿逐一禀告战时罪行。

❧❧❧

　　我一直期待能向外文系上的教授学习，教授里有各种专家，领域囊括莎士比亚、欧洲古典学及汉学、浪漫主义、小说、语言学及翻译。大部分教授我都只闻其名，无缘亲炙风采，因为他们鲜少教导大一学生。二年级开学不久，才刚进入小说、翻译、浪漫主义专家的课堂，就碰到大学被勒令解散。莎士比亚专家楼光来是文学院院长，楼教授确实开始为我们上课，但才刚刚讲到里顿·斯特拉奇（Lytton Strachey）的《维多利亚时代名人传》。我们上课的时间不够长，还不知道为什么教授认为这是重要著作。我欣赏斯特拉奇的文风和历史评价，部分原因是他的文章修正了怡保中学教给我的大英帝国史。

　　我们的系主任是欧洲古典学及东方学专家范存忠，我没有见过他，但听说他是优秀的教师。多年以后，我在 1973 年拜访南京时初次和范存忠见面，他当时是南京大学副校长。我向他说起当年在前政权底下读过大学一年级，范教授记得我的父亲是英文系同窗。范存忠荣获留美奖学金，在美国师从白璧德，被誉为中华人民共和国最杰出的英国文学学者。父亲在我们见面的前一年与世长辞，我知道父亲如果听到我和范存忠见面一定很高兴，也一定希望能和外文系再续旧缘。

一年级时全班都敬爱的一位英国文学老师是刘世沐教授，专精于浪漫主义诗人。大家正值青春年少，知名的诗作早已耳熟能详。教授显然热爱浪漫主义诗人，也清楚这是能让大家聚精会神的主题。他告诉我们华兹华斯和柯勒律治的故事，是我们前所未闻的内容，花最多时间讲解的则是济慈的生平和诗中典故，借此能够带我们认识古希腊，也教我们比较一流唐宋诗运用的古典意象。刘教授无心插柳地间接帮我连结起游寿教授的授课内容，游教授从反方向出发，教导古典文学，后世中国诗人显然深受这些经典启发。我早在当年就认为这是大一学到的最重大的知识。回顾过去，相信两位老师不同方向的指引都影响了我日后的学业，影响比我意识到的更深远，但不是依他们计划般增进我的文学鉴赏力，而是影响我学历史的方式。

我曾经被问起为什么选择当历史学者，我必须坦承自己一直到后来在新加坡念大学时才终于做出选择。以前在学校不喜欢历史科，一部分原因是学校只教大英帝国史，不过更重要的原因是老师照本宣科地念教科书，十分枯燥乏味。读中大时所有文学院大一生必修的中国通史再次令人失望。教导我们的缪凤林教授是历史系主任，资深教授里只有他教我们大一生，对此我们心怀感激。缪教授夙负盛名，他的大学教科书《中国通史要略》讲述上古至现代的中国史，广为各校使用。我一年级只买了两本教科书，这是其中一本。

同学觉得缪教授非常保守，有些人不认同教授对当时的现代疑古派历史学者的驳斥，疑古派包括胡适的学生（如顾颉刚）及友人，他们编写了一套影响广泛的《古史辨》。缪教授认为疑古派太英美化，对郭沫若、吕振羽这类受日本和苏维埃马克思主义影响的人又更不以为然。缪教授批评的著作我一本都没有读过，至少再过十年才开始了解这些被中大历史学者批评为意图扭曲中国史的著作。因此我当时十分不解教授的批评为何满怀愤慨，他的言论无助于让我接受教科书灌输的内容。

我觉得缪教授的书很不好读，他对着力批评的"现代派"著作只有浮泛的认识。父亲知道缪教授是他大学时代的学长，建议我坚持读完教科书。事实上我更感兴趣的是缪教授和父亲两人皆曾就教的柳诒徵教授，柳教授著有三卷本《中国文化史》，父亲有这套书，也鼓励我读。虽然读起来一样吃力，不过这套书带我认识了从上古中国到十九世纪广泛的文化发展，对中国文明的观点别开生面，影响我对中国历史的认识，程度或许远比我意识到的更深远；不过我必须坦承中国史课堂的正规教育并未勾起我对历史更浓厚的兴趣。

缪教授的授课内容倒是帮助我了解讲孙中山《三民主义》的政治课，虽然只是间接的帮助。《三民主义》的倡议仿佛是国民党民族主义的蓝图，被南京统治政府奉为圭臬，当时被视为中国面对西方帝国主义和苏维埃共产主义的解答。缪教授告诉我们中国朝代和政治史的清楚框架，孙中山《三民主义》第一部分的数讲就在申论中国如何从王朝国家迈向中国人民今日努力建立的共和国。

还在怡保读小学时，我就听过民族、民权（民主）、民生三大主义的口号，但对内涵了解有限。置身殖民马来亚的多元社会环境下，华人社群可以表达爱国心，支持中国抵抗日本侵略，但不能公然参加反对英国的政治活动。缘此之故，尽管孙中山像处处悬挂，也常见中国国旗飘扬，但三民主义的民族主义宗旨被小心淡化。特殊场合可以允许唱国歌，尽管国歌开宗明义肯定三民主义。我在怡保认识的年轻华人全都熟悉三民主义，和中国不同的是，怡保不教孙中山的演讲内容。不知道马来亚容不容易找到《三民主义》的出版品，我念中大前从来没有看过这本书，怀疑父母或许也没有读过。

开始上三民主义课以后，我被建议买一本自己的《三民主义》，这是我买的第二本教科书，其他的书都是出于兴趣购买。不像《中国通史要略》读起来是苦差事，最后也没有读完，我把《三民主义》里老师推荐的章节全部读过。我记不得这本书究竟是哪部分这么引人入胜，也许是因为孙中山严词批评帝国主义对中国的伤害。我对大英帝国不抱政治敌意，只是觉得过去学校教科书讲述的英国在全球的丰功伟业和我毫无关连。不过我明白西方帝国的竞争在孙中山关注的十九世纪晚期如何侵害亚洲、非洲的人民和政体，十分好奇截然不同的中国民族主义视角如何看待英国的活动。我可以理解国民党为何在马来亚遭禁，以及这里的华校为何不能教三民主义。

许多中大同学都拒绝读这本书，他们批判国民党政权，认为《三

民主义》纯粹是政治宣传。老师的上课方式的确像是试图把官方信仰
灌输给我们，只是他对任务似乎不是非常热衷。学年末的考试只是虚
应故事，全班都及格。我对读到的东西十分入迷，其他同学在成长过
程中经历过激烈政治辩论，倾向支持某一方，又或变得愤世嫉俗、漠
不关心，但我不像他们，我对中国政治相当天真无知，因此孙中山的
思想听来耳目一新，带来强烈的冲击，或许是一年级学业里影响我最
深的新知。我说不上喜欢三民主义课，这一年学到的无数中国文学、
英国文学文本读来有趣得多。我后来发觉马来亚教育里缺乏任何一套
政治辞令，因此《三民主义》的论点显得铿锵有力。我几乎对孙中山
的论点照单全收，经过多年才终于具备足够知识，可以了解为何有些
人深受孙中山吸引，有些却完全无动于衷。

　　孙中山吸引马来亚华人的原因之一是他具有华侨背景，在夏威夷
和香港读英语学校，活跃于新加坡和槟城。记得听说过他因为演讲鼓
吹革命而被英国人要求离开槟城。尽管如此，我从来不认识有谁读过
《三民主义》或听谁谈论过内容，于是一张白纸般地接触第一部分的
民族主义六讲，这是恢复中国人民自信心的基石。

　　读孙中山没有让我成为民族主义者，不过确实让我更了解中国现
代史的进程。第二部分的六讲中孙中山接着谈论"民权"主义，相当
于民主。他论述欧美民主史的理路难以理解，对自由、平等真正意义
的解释也不容易吸收，不过有两个论点让我印象深刻。一个是中国人
不应该模仿西方这方面的思想，这些思想在中国意义不同。另一个是
中国人不缺自由，恰恰相反，中国人太自由，因此中国遭到更有组

织、更有纪律的民族攻击时，他们无法团结一致，共同抵御外敌。这样的想法显然过于肤浅简化，我读完指定阅读的部分就没有兴趣再往下读。

第三部分的"民生"主义四讲并不完整，孙中山还来不及全部讲完就溘然长逝。我感兴趣的是孙中山如何区别民生主义和社会主义、马克思主义，尤其是他为何认为这些风行的意识形态无一适合解决中国农业经济相关问题。孙中山显然对土地利用、土地所有权等议题非常敏感，也关心中国农民的困境。老师在《三民主义》的民生部分逗留特别久，仿佛要强调孙中山真心想为穷人找到解决办法，不希望打内战消耗他们，内战最终也会摧毁中国。关于这点，班上同学反应敏捷地指出挨饿的农民是内战中最大受害者。因此我偶尔会被提醒国家首都精英大学里的年轻学子未必全然认同统治政府的目标。

记得引起大家不满的一个源头来自被推荐为课程读物的另外两本书，两本书可以免费拿取，我都拿来看看它们为什么和这门课有关。一本是陈立夫的《生之原理》，另一本是蒋介石的《中国之命运》。陈立夫是前教育部长，蒋介石的亲信。两本书都出版于战争期间，当时陈立夫是部长，蒋介石1943年到1944年间短暂担任中大校长。许多学生反对这两本书，老师同意两书不列入考试范围。

《生之原理》旨在对抗共产党提倡的唯物主义哲学，反对大学科学界盛行的科学主义。陈立夫是自然科学训练出身，据称受到西方生物学和心理学最新研究的影响，主要是亨利·柏格森（Henri Bergson）的著作，但许多学生都将此书视为反马克思主义的政治宣传，拒绝阅读。我觉得创造进化论的观念很有意思，但无法了解两书绝大多数的论点。老师没有仔细解释两本书和三民主义的关系，只说两书皆批判中国共产党支持的思想。蒋介石的《中国之命运》是民族复兴宣言，帮助解释政府和苏联、美国之间的复杂关系，以及战后为何寻求美援对抗共产党。

三民主义课程告一段落，我糊里糊涂通过了考试，发现一年来阅读孙中山的亲身言论及和同侪切磋讨论让我获益良多，同学毫不讳言心中的怀疑。读《三民主义》奇妙地领我走出向来身处的纯人文圈，带我认识政治哲学和社会科学的元素，尽管范围相当有限。课堂上当然没有严谨定义，没有热烈辩论，也没有启发人心的教学相长，无法真正磨炼我面对不同知识领域的心智，不过这些读物确实为我引介日后接触到的社会科学领域的元素。

过去在怡保成长时听过一些概念，但不曾仔细寻思，三民主义课让我重新审视这些观念。不论是英国人还是日本人都不希望我们了解中国，我对祖国的认识几乎完全来自父亲母亲，来自父亲热切希望我学习的经典。课程教给我的语汇留在脑海中，跟着我回到马来亚，不只出乎意料，甚至可谓不请自来，但这些概念日后在种种情境下反复出现，变得切身真实。我后来有许多著作皆对下列概念提出诠释或质疑，惊讶地发现最初会认识这些概念都是因为过去在南京试图读懂孙中山：

革命　　　　　"革命"（revolution）如何比附为传统

的"改革天命"?

民族主义	在民族国家里当中国人意谓着什么?
权利	为何其他权利比个人权利更重要?
自由	为何可以说中国人已经拥有自由?
平等	平等的口号较之落实的情况如何?
共和国	中国政治框架下可以如何实现共和国?
政党	单一政党如何能够代表整个中国?
资本主义	资本主义为何吸引众多中国人?
社会主义	社会主义思想为何对其他中国人民富有魅力?
马克思主义	马克思主义和共产主义有何不同?

这些语汇的重要性似乎随着我离开中国越久、越远而与日俱增,回到马来亚后仍不愿散去,有时我会好奇在对追求文学爱好感到举棋不定时,对这些语汇的无知是否多少促使我转向历史研究。1949年马来亚逐步迈向独立,境内受中国共产主义成功的激发而燃起游击战。这段时期也是重新定义各种民族主义之时,有些人认为民主社会主义优于马克思列宁的国际共产主义。大家普遍理解以上种种语汇,虽然用法未必和孙中山同调,也未必依循中华民国的官方定义。亚洲在终结帝国和殖民地时代的奋斗下觉醒,尽管孙中山的《三民主义》和现实渐行渐远,但亚洲关心的议题仍旧深植于相同语汇中。回到这样的马来亚,研究理解这些语汇的需求越来越迫切。这些知识不是我

前往中国学习的目标，如今已成为知识分子之间日常对话的一部分，几乎随处可闻。比起过去在南京读书时身为无知天真的局外人，我不由发觉离开中国之后，这些语汇的重要性有增无减。去中国念大学最后没有让我留下来服务祖国，但确实将我从家庭和早年中规中矩的学校教育中解放出来，也从 1947 年自怡保启程时心中怀抱的稚嫩希望中解放出来，化作让我能展开自我生活的第一步。

向朋友学习

父亲离开南京以前，我告诉他有两位宿舍同学也喜爱中国文学，两人都读国文系。一位是钱瑮之，书法受到游寿教授公开赞扬，出身自无可挑剔的文人世家，家族出过好几位举人进士，在家乡常州（武进县）极有名望。钱瑮之对我有好感，我怀疑部分原因是他认为半洋半华的我求知若渴。他教我书法史，加上帮助良多的批注说明，补充游寿教授教我们的旧体诗形式、风格演变。钱瑮之温文儒雅，略为高瘦，印象最深刻的是他为人谦逊善良。

他称赞我英文拿手，他能自己读英文诗，但读起来有些勉强，要依赖翻译。我很好奇莎士比亚有多少作品翻译出来，钱瑮之读过1930年代出版的梁实秋的八本译作，其中包括我在马来亚念书时读过的那出戏剧，梁实秋译为《如愿》（*As You Like It*）。我觉得莎士比亚的英文不好读，相当辛苦地读完其他剧作，像《哈姆雷特》《奥赛罗》《麦克白》《李尔王》。钱瑮之读过这些剧作的译本，体察莎剧和身为中国人的他如何相关，让我印象深刻。我理所当然地认为莎士比亚受到普世尊敬，但从来没有想过莎剧如何能够吸引无法阅读原文的中国人。钱瑾之的看法为我启示普世的意义，我未曾或忘。事实上，我开始体会到如果读者不熟悉伊丽莎白时代的英文，那么好的莎士比亚译本或许比原文更具启发性。钱瑾之认为梁实秋的翻译优美流畅。

父亲因为种种考虑没有教我作旧体诗，我向钱瑾之请益，他鼓励我放胆一试，帮我修改初步的创作，解释哪些字平仄不谐，哪些字缺乏典故的力量。但是我们才练习数周就碰到1948年11月大学关闭。离别时钱瑾之赠诗一首，纪念彼此的友谊，我多年来都加以珍藏，可惜自己是不长进的学生，对他的诗文造诣叹为观止，日后再也没有尝试作诗。另一位国文系室友性情完全不同，他的名字是章熊，年仅十六岁，在我们这群大一生里年纪最小。他一样写得一手好字，也会作旧体诗，不过他来自上海，比较愿意接受新生代作家的作品，希望带我认识徐志摩、郭沫若的诗，茅盾、老舍的小说，以及由鲁迅领衔的左派论战，对此我由衷感激。他开启了我的眼界，看见年轻世代殷切关心的问题，领我走进以前不熟悉的白话文学的世界。章熊活泼外向，素来开朗，尽管身边局势纷乱，他仍然对国家的未来极度乐观。章熊出于个人爱好，喜欢和我们英文系学生处在一起，参与我们所有的社交活动。他读过市面上的众多译本，熟悉英国文学，其中最喜欢浪漫主义作家，不过更有兴趣而博览深究的则是十九世纪欧洲文学，尤其偏爱德国浪漫主义者和法国现代主义者。我从章熊身上了解到城市里受过教育的中国青年喜欢欧洲文学的哪一点，喜欢哪些管弦乐、室内乐，也知道上海搬演哪些剧目，因此明白许多东西可以透过翻译被吸收、在地化、重新诠释。他承认自己的理解也许并非全部正确，但领悟到的启发明白无误，崭新的思考和创意因此激发。章熊对一切新鲜事跃跃欲试，充满感染力，让我意识到文学、文化变革的新次元正在蓬勃开展。

章熊带领我认识全新文学界，是父亲不关心的领域。我和父亲说起章熊时，父亲承认过去在马来亚没有让我读现代小说和新诗确实不妥，鼓励我听从同学的建议，读读不同的书。我认为父亲担心如果我在被殖民的马来亚读到这些，可能会太过倾向民族主义，或过于同情多半身为左派、反对传统的作家。

我和章熊一别二十五年，1973年在"文革"期间访问中国，和章熊重逢，这时"批林批孔（间接批周公）"的运动正如火如荼展开。章熊是我离开南京以来第一位重新联络上的同学，得以重逢完全是因缘巧合。澳大利亚和中国正式建交不久之后，澳大利亚国立大学派出历史学者及汉学家代表团，我随团前往北京。在北京大学接待我们的中国东道主知道我在前政权下的南京念过书，和当年中国的同学失联多年，他问我还记不记得任何同学。我战战兢兢，生怕将任何身在中国的人和住在海外的人扯上关系。他再三盛情催促，我思忖在北大氛围下提章熊的名字应该稳当安全，章熊念的是现代中国文学，就我记忆所及并非毫不同情左派主张。隔天他们告诉我已找到章熊身在何方，他是北大附中副校长，负责研拟课程，也是中国语言及文学的资深教师。我想见见他吗？我热切回答：求之不得。当天下午，我被带到待客楼的会议室，章熊就在眼前，老了些，但无疑认得出是他，更开心的是他一如记忆中的精神抖擞、愉快开朗。

他告诉我北大附中的工作，在学校里肩负语文教育的特殊职责，也帮忙编写过教科书，现在用于全国。我很高兴听到他过得不错，问起其他同学，他告诉我以前一些外文系同学在南京解放后转往北京读书，有两个现在是外国语学院的教授，其他人分散在政府各单位。我也问起钱璎之，章熊跟他也熟识。章熊告诉我钱璎之没有和其他人一起前往北京，他和钱璎之失去联络，后来才听说钱璎之回到家乡常州，进入当地学院培养教师。我猜想钱璎之的出色文才在很长一段时间内大概不受赏识，尽管才华洋溢，也只能甘于担任地方的一介教员。

章熊显然谨言慎行，我也同样小心翼翼，我们将谈话范围限于回忆和教育议题，两人都清楚这样方是上策。能够重新聚首，享有一小时左右的独处时光，已令人心满意足。既然知道他身在何方，我发誓一定要想办法再和他见面。我1980年拜访北京，这时邓小平的改革开放已经开始，我和章熊联络，透过章熊又见到几位老同学。

多年后再访北京，这次有内人娉婷同行，我们也认识了章熊的妻子，大家一起到北京郊外的香山公园郊游一日，度过愉快的时光，这天章熊提起1973年在北大会面的事。他说那天早上接到通知，听说我来访，因此获准可以离开当时耕作的郊外田地。他问我是否注意到他身穿满是尘土的农夫装，我坦承自己单纯认为那是正常状况。他说我们的会面受到特别关注，他和我分开后，必须将对话内容一五一十向组织报告，幸好没有出什么差错。这次会面对我而言是意外惊喜，却给他的记录添了一笔，尽管最后无罪可究，但在当时还是惹人注意。我很高兴听到他的书法功力不减，他用端正的小楷抄录一首苏东坡的诗送给我，我将墨迹裱褙，至今仍然珍藏在左右。

自从 1973 年首次访问中国以来，我的访华之旅多半是官方性质，身为学者代表团的一分子，或是去参加会议，或代表香港大学、新加坡国立大学东亚研究所从事官方拜访。只要时间允许就找机会和所到城市里住的亲朋故旧见面，几年来顺利走访王家的祖籍地正定，以及父亲位于江苏省的家乡泰州。这些地方早已没有我认识的亲戚，因此旅行目的从来不是拜访故人，比较像是间接"寻根"之旅。所以章熊虽然提过钱璱之或许回到了家乡，但我不曾多加思索，一直等到 2010 年有机会经过常州附近，打听之下才发现钱璱之已经退休，但仍然住在常州，很高兴听到我打算造访常州。我们于是重新聚首，共进晚餐。钱璱之八十三岁，比我年长三岁，看起来老态龙钟。他说自己不只没有和章熊共赴北京，更放弃了大学学业。我察觉到原因和他的家族有关，钱璱之没有往下多说。他没有大学学历，只能在当地的教师培训学校教书，后来升任至镇江师范专科学校工作，最后以当地教育学院的副校长退休，教育学院后来并入常州工学院。钱璱之作诗不辍，研究地方上的一群学者、诗人、艺术家（许多都和他备受尊敬的祖父钱名山有关）。1978 年改革开始之后，钱璱之的研究受到肯定，成为地方文化一杰。钱璱之 2013 年过世，仰慕者为他出版纪念文集，彰显他对传统文学观、美学观的贡献。如今绝大多数中国人争相攀爬现代财富权势的高墙，钱璱之的毕生心血似乎只在这堵高墙投下清浅的影子，让人不胜唏嘘。然而他坚持不懈，提醒后学遗落的珍宝，这些努力并未全盘遭到埋没，令我感到欣慰。

父亲还在南京时非常关心我对英语及英国文学课的看法，他认为课程对我应该不难，好奇同学的反应。听到我说有些同学阅读涉猎广泛，父亲一点也不惊讶，称赞我注意到许多同学都比我更了解西方文学、文化。我告诉他国文系的钱瑟之和章熊读过莎士比亚译本，也熟悉许多欧洲作家的著作，父亲回答想必中国的文科学生会透过翻译博览文学。现在我认识了用原文读这些作家的中国人。最让我大开眼界的是听大家用中文谈论欧美作家的作品，兴致勃勃地批评一番，我也开始学着用中文和读过这些著作的朋友讨论西方小说和诗歌的翻译。惊奇的是大家似乎十分了解背后的文学史，试着放在脉络下讨论。

我十分有幸在班上交到两位好友，其中一位同时是室友，两人的英语能力都出类拔萃，至少读写方面非常出色。两位好友的英语大部分是自学有成，一位侧重英文的语言面向，另一位以英美文学为跳板，借此更进一步了解欧洲文学。我们三人成为挚友，夏祖奎二十三岁，祝彦二十一岁，我只有十七岁，但大家对文学兴趣相投，他们决定待我如弟，为我指点迷津。父亲乐观其成，欢迎两位朋友以兄长之姿照顾我，鼓励我多向他们学习。这点我当年没有想到，但后来怀疑父亲一直清楚中国学生的学识比起像我这样在殖民地读书的人更为纯熟。我的中文能力有限，学英文着眼于实用性，而非将英文视为了解欧洲文明的关键。相反地，在中国念新式学校的优秀学生很可能以探询文化问题为出发点。

夏祖奎爱好英国，将全副精神贯注在英国文学巨著上，细细品味从乔叟到狄更斯的语言演变。夏祖奎成长于战时上海，上海当时经历了四年日本占领时期，后来生活在汪精卫傀儡政权的统治下。他的经历让他极端不愿牵涉政治，拒绝评论当时如火如荼的国共内战。我想他心里或许常有这样的念头："他们两家合该倒霉。"[1]夏祖奎的英文写作无懈可击，发音一贯正确，文法和句法知识远远超过我的水平。后来知道他的英文科入学考试是当年最高分，我一点也不惊讶。

他不愿意透露自己的英文为什么能这么流利，明明这里几乎没有人说英文，用英文的人也很少。我只能推测上海租界区和别处不同，租界区里用英文的人比较多。更让我佩服的是他的文言文造诣深厚，有童子功。我很快发现他从必须修习的课程中学不到任何新知，把时间都拿来看自己的书。他一有机会就教导我追溯英文字词词组起源的重要，必须上溯至拉丁文、希腊文，或法文、德文的源头。我不知道他另外几门语言的造诣深浅，但是他十分熟悉这些语言的文法、结

1　"A plague on both their houses." 语出莎士比亚《罗密欧与朱丽叶》配角墨枯修（Mercutio）第三幕第一景的台词："你们两家合该倒霉！"（A plague o'both your houses!）此处译文从梁实秋译《罗密欧与朱丽叶》，远东图书，1991，页74。——译注

构，也了解和英文之间的异同，令人叹服。

在几位老师里夏祖奎最感兴趣的是吕天石教授，吕教授翻译了好几本哈代的小说，我在父亲的文学杂志里读过哈代的介绍，但没有读过哈代的小说。现代作家之中，康拉德和 D. H. 劳伦斯的作品比较吸引我，不过在找到英文原著以前，我先就中译本读起哈代的《苔丝》和《卡斯特桥市长》。听夏祖奎挑剔教授的翻译很有意思，他赞许教授某些地方处理得宜，质疑某些中文的用字遣词。听一介大一学生批评教授的著作是非常新鲜的体验，夏祖奎的论据掷地有声，让我深深入迷。他天生就是好老师，因此后来知道他成为北京外国语学院的顶尖语言教师，一点也不让我意外。1980 年和他重逢时，他是联合国在北京设立的同声传译训练计划的负责教授。我参观了他的语言实验室，看到一些学生受训，可以理解为什么许多学生能成为翻译专家。阔别三十二年后的重逢，夏祖奎几乎一点也没变，依旧笑容满面，开朗愉快，只是胖了些，他的头发茂密，只有几缕灰丝。他依然不屑谈政治，甚至不愿意松口承认邓小平的改革让中国的生活更快乐。他只字不提自己怎么熬过"文化大革命"，拒绝谈论这个话题。他固守专业，决心竭尽所能地服务，但拒绝认同任何用来指引国家发展的官方口号和党的修辞。我在 1990 年代和他再见了一面，后来听说他退休迁居海外，和在英格兰工作的儿子同住。我相信他在英国一定无比怡然自得，但他迁居不久就因手术失败而撒手人寰，听到这个消息让我悲伤不已。

我们的共同好友祝彦完全是另一个极端。祝彦战争年间在云南的偏远地区教书，刚结束这份工作不久便参加国立中央大学入学考试。他们家住在江阴，是江苏省辖下县境，离南京不远，我始终想不透他怎么会跑到云南。他神秘兮兮地避谈生平背景，只告诉我他的英文是跟一个美国人学的，以前在云南的小学教书时结交了这位美国朋友。他的学校显然毗邻昆明的空军基地，是飞虎队支持对日抗战的根据地。美国朋友借了一些书给他，也帮他从空军基地图书馆借书，他说影响他最深的是沃尔特·惠特曼的《草叶集》。祝彦向来爱好文学，对西方文学的认识泰半透过翻译，在云南译本十分稀少，因此他为了直接阅读原文开始认真学英文。读起美国书之后，英文进步神速，惠特曼最令他入迷，他让我看手上那本饱经翻折的平装诗集，自豪地告诉我最喜欢哪些诗，还记得他的最爱是《大道之歌》。更有趣的是他爽快转向英格兰出产的文学。和夏祖奎不同，祝彦偏好现代诗人，或许是读惠特曼带来的影响；他带我认识 T. S. 艾略特（T. S. Eliot）和 W. H. 奥登（W. H. Auden）的诗，对当代文学知识渊博，让我体会到自己的无知。我读英文学校毕业，加上父亲鼓励我阅读文学杂志，向来觉得自己略懂英国文学界，祝彦让我明白自己的认识流于守旧、零碎。透过祝彦学到艾略特和奥登是我的一个小小转折点，让我对当代创作展开全新的了解，英国文学就此拥有不同面貌。

祝彦对文学的热爱超乎常人，体会到这点是因为有一天他带我到南京的英国文化协会图书馆，告诉我图书馆刚进了全中国第一本艾略特的《四首四重奏》。《四首四重奏》已出版数年，我从来没有听说，但祝彦竟然知道图书馆刚刚引进这本书，希望一读为快。因为是新书，图书馆又只有一本，所以不能外借，祝彦知道后便坐下来开始手抄诗集。他一天只能抄录几页，因此多日屡次造访图书馆，直到在练习簿里抄完整本《四首四重奏》。以前从来没有看过谁醉心至此，往后也没有遇过像他一样的人。

祝彦还有特别的另一面：他热爱俄国作家，最喜欢托尔斯泰和陀斯妥耶夫斯基。他不懂俄文，但不甘于读中译本，转而读起英文版的《安娜·卡列尼娜》和《罪与罚》。我认识他的时候，他正在读英文的《卡拉马佐夫兄弟》。看到祝彦读过的书单，我才开始体认到中国青年如何接触阅读一流欧洲著作。英美传教士教导第一代人了解科学和哲学思想。二十世纪初，第二代人透过严复、林纾等翻译家吸收新知，翻译作品以社会科学和小说为主。再下一代阅读由日文译为中文的最新西方著作；其后是从欧美归国的留学生，他们拓展了阅读范畴，纳入包括希腊语和拉丁语经典在内的其他欧洲著作，认识途径主要是英译本。中日战争虽然减缓了这类书籍的流通，但翻译出来的书单仍然十分可观。能够接触到翻译书的人数自然还是十分有限，不过就连中学毕业生也能熟读西方著作。尽管如此，祝彦的青年时期在云南乡村度过，却能自学成就深厚文学素养，实在罕见。

1980 年，我和夏祖奎、章熊一起和祝彦重聚，祝彦这时已经是北京外国语学院的杰出德语教授。1949 年他从南京搬到北京后改念德语， 1951 年毕业。毕业后留在东欧语系教德语，成为德语系主任。他的专长是文学教学，曾领导编辑团队完成四册德语标准教科书，用于中国各大学。我感到不应该问起他在"文革"年间的遭遇，他也不曾提起这个话题。祝彦安静寡言，语调轻柔，和我们三十二年前分别时的记忆如出一辙。

　　我也记得我们 1948 年 11 月底最后一次见面的情景，我再过几晚就要离开南京回马来亚。夜晚时分，他向我道别，说自己打算回江阴老家，和朋友一起渡河到长江北岸，闻言我大感讶异。祝彦显然非常信任我，他的计划无异于加入解放军，解放军此际开始在北岸集结，准备最后进攻，拿下南京。章熊非常敬佩祝彦，他后来告诉我祝彦是孤儿，父亲是战争英雄，抗战期间和共产党游击队并肩作战，不幸阵亡。虽然祝彦始终是不涉足政治的德国文学学者，但他被视为爱国者，受到信任，深受教育部门敬重。

　　祝彦是我在南京中央大学的温柔导师，共处的那段岁月里待我如弟。返回家乡的那一夜，他将身边那本《草叶集》留给了我。

母亲回到怡保

【36】自祖国获胜后，同乡一见面即兴高采烈，畅谈回国计划，已有数位准备就绪，不日即将启程，如李荣端女士、吴中俊君、管绍芬女士全家，似均不拟再南来者。尚有不少乡友亦将成行，不及细述。我等俟汝会考成绩发表后始能决定，但回国各种手续已在进行中。周师母全家回归稍后，俟各位子女学业告一段落始成行。

四七年三月，汝之成绩公布，幸尚不错，决【37】送汝回国升大学。汝父本不愿久留南洋，因国乱家贫而不敢辞职，内心时感不乐，现在不如趁此回国，不作南来之想。先向政府请假，然后辞职。事已决定，请四舅爷爷在南京谋一教书职位，已向船公司定赴沪舱位。因战争结束不久，船只甚缺乏，延至六月中始能成行。

船甚宽大，风平浪静，无晕船之苦，颇为顺利。舟行五日即抵上海，大舅父、二姨、表姨、叔父均在码头候接。一见之下，多年所受之苦难不知从何说起，只有勉强欢笑而已。

【38】……我住上海计十余日。姑祖母素爱汝父，因爱屋及乌。汝父偕汝由南京来接我回泰叩谒祖父。老人虽经多年战争忧虑惊惧之生活，精神尚矍铄，诚难能可贵。我等离家已十一载，今能再见祖父，如同隔世，喜极而悲。其他大小亦均安善如常，颇为快慰。略事休息，即往各处拜谒其他长辈。在十余年中已谢世不少亲人，如祖母、伯祖母、七叔曾祖母、三叔曾祖母、七叔祖父、大舅爷爷、大姨祖母。尚有不少位不及细述。因郊外时有游击队活动，不能前往扫墓，颇为遗憾。两周后为祖父七十四岁生日。我等为祖父做寿，特嘱菜馆备数桌菜，请亲戚来家庆祝。大家恭祝祖父福寿康宁，老人颇感欣慰。大寿过后，汝父偕汝赴南京投考中央大学，因考生太多，不易被取。参加考试者有二万余人，只录取四百五十名。幸汝被取第六十名，学宿膳费均免，其数虽微，但有奖励性在焉。汝父因事留在南京，汝先回泰。有一日，祖父忽患病，恐系感冒。我不敢随便延医，特派绳武与汝前往姑母家报告情形，请来商请医生。幸医治见效，服药数剂即愈，不久身【39】体亦复元，合家欢慰。

泰县郊外虽时有游击队出入，但城市尚安静。东台则不同，被新四军占据，指挥一切征税纳粮，我家本有薄产，全家大小可无冻馁之虞，先经八年苦战，和平后受新四军支配，将产业、盐田、棉田分给穷人以示好感，家人恐被清算，不敢再留，因而四处外逃，无家可归，暂分住各亲戚家中，我就无法与兄妹畅叙别情。

我等在国内虽住有八个月，而与彼等会聚时间极短，至今思之犹觉悲伤。当时明知彼等处境困难，而我等又无力帮助，且又不愿再回南洋，虽略有存款，我等三人须添制寒衣被褥等，计算之下相当可观，决非一教师之收入可以应付，彼此所处之困境难以尽述。

九月间，各学校将要开学时，我等叩别祖父，前往南京。惟教师宿舍尚未完成，我等先赴扬州拜访张府并探视舅母。次日，汝父偕汝先赴南京，我留扬约三周，俟宿舍完成，汝来接我。一见所建之住宅，未至冬天已感寒冷，建筑之简陋似如难民营。计厅、房两间，并不算小，上盖茅草，下系泥地，后房仅开一小窗，无光线。房间空空，只一床、一桌、一椅而已。次日即往市场添置简单用具，因汝父已上课，只能在下午前往，连【40】买多次，将床帐、被褥、寒衣、桌椅、衣柜及厨房用具等始勉强应用，但已花费金钱与精力不少。

初来时，本在学校餐厅用膳，似感不便，一月后自办伙食。菜虽一二样，吃后反不须再补充，或大众伙食少油之故也。两月来生活已渐安定，汝于每周回来一次，偶约学友来家牙祭，并谈时局，不免隐忧。

天气渐冷，汝父身体不强，畏寒，虽勉强支持，恐难持久。惟汝父久欲回国服务，故不计一切，仍向马来亚政府辞职，后经吴、刘两位挚友来函详细分析，力劝打消辞意迅速南返。汝父一再斟酌，始改变初衷，接受友人善意，又再作南行。姨母得悉一切，赶来聚叙数日。惜我住处条件太差，不便多留，失去畅谈离别之机会，以后只靠书信往来而已。汝父教书仅一学期，又须辞职回马，本应回泰向祖父叩别远行，惟时间既迫促，又天寒地冻，路程虽不算远，但交通工具甚困难，勉强回家一行，徒使老人悲伤，不得已禀告祖父不能回归面辞之苦衷，请老人宽恕我等。再整行装，将数月前所购各物赠送一位表姑，而我等在购物时所耗之精神与金钱诚难以估计。

将一切东西办理清楚后，于二月底告别南京，乘火车赴上海候船。伯郊表叔【41】夫妇设宴送行，颇重亲情，礼节周到。

我等动身前夕，百感交集，国乱家贫，父老子幼，内战紧张，职业无保障，不得已汝父再作冯妇，只好一再嘱咐汝，如学校迁移，望汝随行，其内心之悲痛可知。当时邮船不多，且不能直达星洲，只有先乘船赴港，然后换船。临行前，表姨、二姨、叔父与汝均在码头送行，依依不舍，并摄影留念。

抵港后，住一中级旅馆候船。该馆非常嘈杂，麻将声终夜不绝，几不能入睡，令精神苦闷异常。有一日受中华书局总经理邀宴，相谈甚欢，因船无定期，不敢赴外地游，以致失去赴广州之机会。当有其他原由，内心既忧愁，旅费又不宽，无法引起游兴，初亦未料到候船须三周之久。且该船甚不理想，既贵且旧，因船少不敢放弃，只好搭船成行。和平已两年余，未料到邮船如此缺乏，令旅客颇感不便也。

船抵星洲时，承中华书局经理徐采明君夫妇来接船，并设宴招待，谈及汝仍留国内就读，徐君闻后甚为激动，并谓国内战争如此紧张，应速电南来。其夫人在旁谓其夫胆小，虽有子女六人，均不令往外国深造，以致难有成就。我等留汝在国内亦稍嫌冒险，只不过多读半年书而已。

当晚乘夜车，次晨抵吉隆坡，【42】吴君夫妇来接，住其家九日始乘火车回怡。承数位乡友来接，离别近十月，相见甚欢，暂住周师母旧居波士打律，迪先与阿云亦住其宅，借以保留住宅。但彼等经济情形并不宽裕，如我等能同住，房租、水电、女工薪金可不须彼等负担，乃一互助办法。惟住宅小而嘈杂，已使精神不宁，加之迪先正研究一种化学用品，其气味之难闻诚难忍受。汝父工作后回家，无处可以安身休息，只好于晚餐后我等步行刘一清街三江公会静坐数小时，至晚上十二时始回家休息，如是有半年之久。

汝在国内读书用功，对中文研读甚为努力，如继续数年可获益不浅。汝时有信来，谈及在校一切情形。同学伙食不欲厨子包办，恐饱私囊，由学生开会推选，轮流主持。当时办理伙食本不容易，各种物价甚为波动，月初与月底价目相差甚远，无法预算。汝年仅十七岁，被选为主持人。其时适在春假，外地学生来参观者须招待食宿，忽增人数近五百名，居然能应付。结束时未被贴墙报、受攻击，足见年轻、纯洁、肯吃苦、有办事能力，我喜而志之。我等虽居国外，时忧国内战事，常不能入眠。

和平虽数年，但游击队仍到处骚扰，杀人放火，无日无之，【43】霹雳尤甚，汝父外出视察时提心吊胆。当时之处境，内外夹击，其艰辛可知。又华巫种族交恶，大有一蹴即发之势。中国特在怡开设领事馆，派一位回民马天英为领事，借以调和华巫人之感情。马君为人谈话幽默而有风趣，其太太性情温良，贤妻良母之典型，均受人尊敬。

许先生为人乐观而热情，提议组织教育界少数乡友，愿意参加生日会计十二人，每月聚会一次，可稍解枯寂无聊之生活，又可增友谊，一举两得。每逢一位乡友生日时，即在工会举行，由一位工友办理肴馔，味颇适口，大有家乡风味，乃苦中作乐。每人只付三元，廉宜而实惠，并玩小牌数圈，谈笑风生，大有乐以忘忧之概，多年未间断。我等离怡赴吉后仍然举行，约在七十年始停，延长二十年，亦算有恒也。

十月间，国内战事颇为紧张，徐州一失，知大势已去，每阅报载人民逃难混乱之情形，令人惊心动魄。我一再写信促汝速回，而逃难者太多，无法买到船票，迁延至再，于十一月底始得一张吊床票，与迪先同舟回马，并谓不久周师母亦全家南来，因而我等亟需觅屋迁居。适遇费女士谈及所居刘一清街楼上有空房两间，正欲出租，当即前往，一谈即【44】成，每月租金五十元，且近三江公会，甚为方便。该屋虽有缺点，但较波士打律住宅已理想不少。搬定后，即欲为周师母谋工作，惟离开学时间甚近，培南已无教师余额，无法插进。

不获已，汝父向女中推荐，幸获应允。女中校长林伟为人本极不认情面者，今能不以教师已足而推辞，真算难得也。当时教师收入不多，全家生活难以维持，幸许先生在圣米高英校主持中文班，因而周师母与绍海同入该校教中文，每人六十元，又可增一百余元，不无小补。

其时星洲大学尚未成立，汝在安德申母校谋一职位，教五号班英文，月入一百五十元，并向校长提议开办中文班，自愿尽义务教八、九号两班。下午往圣米高教中文，工作亦相当繁重。两处收入计二百一十元，每月汝取二十五元作零用，余款存入银行，为入大学之需。汝颇知节省，在二十五元中尚省数元放入邮政局储蓄部，已积有数十元，惜存簿遗失，该款白送邮局。汝教书至七月底，准备赴星考大学，幸获录取，十月初入学……

第四部　怡　保

改变方向

1948 年 10 月我从上海回到南京，开始二年级的学业。同学和我在宿舍聚会，到教室上课，一如既往。大家小心翼翼，避谈北方省份进行中的激战，但大家都清楚局势不乐观。父母这几个月的来信表达他们对经济和战争忧心忡忡，但仍然相信政府军可以控制住国内其他地区。结果事与愿违，经过短短几周， 11 月初国民军在东北大败，北平的战斗拉开序幕，更令人担心的是战略重镇徐州（距离南京以北约 106 公里）也点燃战火。大学此际要求所有学生返家。

我们这些家在远方的学生继续留在学校。数学系有另一位来自马来亚的学生邝誉昌，比我更早入学，我和他不熟识，不过现在每天都会见到面，此外也会碰到几十个来自西边、南边遥远省份的学生，大家留在学校，希望过一阵子就可以复课。我和邝誉昌得知还有两个来自马来亚的新生，他们是马来人，分别叫阿卜杜勒·马基德（Abdul Majid）和拉惹龙吉（Raja Nong Chik），获得中国政府的奖学金来这所大学留学。他们住在另一间宿舍，等学生人数越来越少，我们才终于认识他们。后来听说两人都跟随政府撤退到台湾，在台湾完成学业。马基德学成归国后为马来亚政府工作，担任新闻官；拉惹龙吉在吉隆坡经商有成。邝誉昌的父亲要他留下来完成学业，因此他留在中国。数十年后，我在香港见到他，得知他无法回到槟城的家，因为曾经留学中华人民共和国的学生受到马来西亚政府的出入境限制。

父母要求我回马来亚和他们重聚，但我不愿意离开。我和邝誉昌一样认为应该等到战争结果分晓，只要大学还供应食宿就继续留在校园，但父母担忧南京恐怕沦为孤注一掷的战场，一再写信敦促我离开。他们要上海的叔叔对我说之以理，劝我身为父母膝下的独子，不应该以身涉险，置身极可能爆发的动乱中。叔叔非常坚决，买了船票要我搭上 12 月第一周出航的太古洋行（Butterfield and Swire）船只，我只好勉为其难同意。我心里常常思索自己之所以这么抗拒，是否因为知道现在一旦离开，往后或许再也不可能重回中国生活。

我在上海拜访了周家，父母目前在怡保的栖身之所属周家所有。周家 1947 年和我们差不多时间回到中国，我发现他们也在准备回马来亚。想不到我会和周家的表亲吴迪先搭同一艘船离开，迪先正好到上海探亲，照料生意上的事情。和他一起旅行比较不那么像是匆匆逃离中国。

我们的船停靠数个港埠，先到台湾的基隆，再到厦门，之后转经香港，香港这站停留时间较长。我因此得到三次机会，在离开前瞥一眼中国其他地区。我从基隆到台北游览一日，发现城市秩序井然，一片平静，后来才知道经过 1947 年初的残暴警力镇压后，全省现在受到严密治安控制，政府正在做准备，大陆一旦失守，台湾岛将成为国

即将在上海登船前往新加坡，与叔叔的合照

民党政府的避离地。到了厦门，印象中港口熙来攘往，大家忙着同菲律宾和马来群岛的同胞贸易，一切正常得不可思议。香港的气氛则略微不安，当地媒体报道许多企业正从上海迁来，不少家庭为了安全在香港有第二个家，也举家迁港。我们的船在香港停泊三晚，这期间就住在亲戚的所谓第二个家，是父亲的上海表弟徐伯郊的房子。拜此之赐，我们有机会逛逛市区的热闹街道，认为如果英国政府继续留在香港，香港或许能躲过内战的波及。

※

我们在船上住统舱，有咸鱼、蔬果等货物做伴，因此只要不下雨，我们就待在甲板上。坐在甲板上，呼吸新鲜空气，回想自己抛下的朋友和老师。记得自己想到政府即将垮台，中国将改旗易帜，但对此无动于衷。我跟许多同学一样认为国民党政权已丧失治理能力，领导者弄权腐败，认为中国换一批新统治者会更好。没有想到国民党会抛下大陆，凭借治术、运气、决心，试图在台湾东山再起。

我不烦恼中国身为国家的未来，预期中国统一后会再次强盛。比起中国，我更在意回马来亚的下一步，开始担心如何继续大学学业。记得自己把念头专注在和父母重聚，借此平息焦虑时刻。上海的叔叔说得对，我应该和父母团聚，和我相比，他们对中国的前途更加忧思难解，担心他们热爱的那个中国将在全面战争下崩毁。

随着船越来越接近新加坡，我也更常想到怡保，想到自己在怡保的未来，同时发现自己之前不太关注新成立的马来亚联合邦近来有什么动态。我知道马来亚现在处于"紧急状态"，实质上是对抗马来亚共产党的战争。在南京时只从父母的家书得悉相关消息，信上提到父亲几次前往访视乡间学校，马共在那一带十分活跃，但向我保证父亲平安无事。我知道父母负担不起送我到西方的大学留学，因此考虑新加坡的两所学院，一所是知名的医学院，另一所是培育中等学校教师的莱佛士学院（Raffles College）。就读安德申学校的最后一年，至少有两位老师毕业自莱佛士学院。我心想也许可以试试申请这个学院，走上教师之路。

在怡保再次见到父母，内心悲喜交加。这时是年末的最后一周，我们九个月来分隔两地。一年半前毅然决然离开怡保，如今怎能逆料竟会重回旧地？父亲母亲或许再也无法回中国生活，他们能否坦然接受？

　　他们之前暂时住在塑料工坊楼上的两个小房间，不过我回到怡保不久后，他们就搬到私人住宅里的两居室出租房。我很惊讶他们没有分配到宿舍，他们告诉我镇上宿舍严重短缺。霹雳州是对抗马来亚人民解放军的核心激战地带，战后经济尚未复苏，政府受到迫切压力，必须尽快为官员建造宿舍。

　　走在新街场熟悉的街道上，看见这里自我们1947年中离开以来变了不少。空气中弥漫的危机感和紧张感不太困扰我——在南京这样的氛围向来不陌生。迫使我重新思考的是置身于激烈冲突之中的现实处境，新国家即将建立在拥有庞大移民社群的马来诸州之上，大家对新国家的未来各有不同主张。父母对事态发展似乎逆来顺受，唯一的愿望是有我一起面对变局，此外别无所求。我平安归来似乎让他们相当安慰，决定和父母团圆显然是正确之举。

　　很奇妙地，我不久就觉得自在融入，回到和从小成长时差不多的生活。事实上，怡保的生活比起之前三年半的日占时期改善许多，我开始了解父母为何能淡定谈论对我在新马来亚的期望。我开始找工作，希望能补贴未来的教育费用，安德申学校的校长正好在找人为马来生特别班教英文，乐于雇用确实上过大学的安德申老毕业生。特别班的目的是帮念完马来小学的学生加强英语能力，衔接上英语授课的中学。我以前从来没有教过英文，回忆过去老师教我的方法，改造适用到学生身上。还记得我和学生玩单字游戏，学生很快就学会讲英文、写英文。我则发现自己喜欢教书，也越来越喜欢我这两班热心向学的马来学生。学校也要我帮忙教其他班级，我另外自愿教高年级学生中文，他们的剑桥毕业会考选试中文。

除此之外，我下午在圣米高学校兼职，教基础中文，圣米高是位于怡保旧街场的天主教学校，学生多半是华人，家长要求学校额外上中文课。教师极为短缺，我虽然不符资格，由于念过中国的大学，还是获得录用。教中文也很开心。工作上教这两门熟悉的语言，为我搭起桥梁，帮我适应本地生活，现在我已开始视此地为家乡。

我忙着工作，赚的钱还能存下几许，资助日后的学业。英国政府宣布将派出专家调查团，由亚历山大·卡尔桑德斯爵士（Sir Alexander Carr-Saunders）领导，对殖民地高等教育提出建议。有些以前同校的同学已经在新加坡的两所学院读书，他们返家参加公开辩论，支持将两所学院合并为一所大学。我密切关注辩论，非常雀跃有可能成为他们的一分子。我发现自己的心理正在准备，预备进入不同于国立中央大学的另一种大学。同学大部分都念医科，但我既缺乏读医科的学力，也对医科不感兴趣。

一如所料，卡尔桑德斯调查团建议成立马来亚大学，莱佛士学院将设立文学院和理学院。我申请文学院，顺利录取，和一些毕业考成绩优异的学弟一起上大学，念过大学的经历助我获得一席之地。父亲母亲松了一口气，向我保证如果我没有拿到奖学金，存款不够，他们会资助我念大学。我最后确实得到一小笔奖学金，豁免一切学费，还帮忙支付一部分的宿舍费用。

七月之后，我进入新大学，试着了解这所学校相较于我认识的那所中国大学有何异同。校方暗示大学的任务是培训学生投入国家建设，课程会考虑到未来马来亚国家的需求。我隐约知道英国政府亟欲确保毕业生学会如何依英国政治理想运作殖民国家，好奇他们期待学生学些什么，才能让他们的愿望在马来亚今日的复杂多元社会中顺利实现。就我而言，我只希望能完成学业，进一步了解现代世界。

父亲和我都在离开中国之际将藏书捐给南京的大学图书馆，现在家里完全无书可读。我就读的学校里图书馆馆藏以教科书为主，镇上的图书馆俱乐部则采购通俗英文小说。我的确找到一些书，认为能够帮助我决定重拾学业后该修什么课，但现在已经记不得当年到底读了什么。

几年前因缘巧合下找到一本破旧的笔记本，里头是那年在怡保的读书札记。上面唯一的日期是 1949 年 1 月，不过这二十页笔记可能是接下来几个月陆续写下来的，保险起见可以说这是我 1949 年初的想法。笔记里有一首我作的英文诗，尚未完成，标题是"长江颂"，透露对中国的感伤向往，不过没有标注日期。诗的旁边还有两则随手摘录的中文引言，一则论真正的诗的本质，另一则论传统中国文人如何判断何为上佳的画作。两则引言都不足为奇，但让我想起自己当时依然十分热衷于文学和美学的相关概念。

更直接相关的是从当时正在读的三本书里摘录的文字，或许是为了有朝一日重回大学预做准备。笔记没有提到我从哪里拿到这些书，从引文可以看出我试图想象现在预计接受的西方教育时，内心多么迷茫。三本书分别是 J. A. C. 布朗的《社会的演化》（*The Evolution of Society*）、卡伦·霍尼（Karen Horney）的《我们时代的神经症人格》（*The Neurotic Personality of Our Time*）、莫里斯·金斯伯格（Morris Ginsberg）的《社会心理学》（*The Psychology of Society*），这是我初次涉足前所未逢的知识领域：社会学、心理学，加上些许哲学。

下面的例子可以看到书中令我印象最深刻的地方：

◎ 摘自布朗："社会不过是成群的个人被配置在特定组织中，谋求自身利益"、"人建立国家以达成一己之目的"。

◎ 摘自霍尼："在团体中毫不批判地迷失自我所带来的愉悦是自由最致命的大敌。人们害怕自由可能代表孤立，为了躲避寂寞，就连最荒谬迂腐的教条也愿意接受。"我也摘录几则关于挫折以及如何控制侵略性的引言，加上一条笔记，似乎总结了我对此书的看法："作者列出渴望权力和过度欲求关爱是现代生活的两大典型精神官能症症状，认为两者皆源自社会不安全感。"

◎ 摘自金斯伯格：有几则短引言，论潜抑、压抑、表
　　达、升华、精神官能症，还有一则较长的引言如下：
　　"虽然国家及其他社群形式表现某种团结，但这种团
　　结只是人与人之间的关系，奠基于共通的目标和理
　　念，未必要称为一个人或一种意志。人们确实分享
　　共同的生活，贡献于集体成就，但是将这种生活视
　　为实体存在，认为这种生活造就了一种现实，凌驾
　　于个人和他人保持某种关系各自度日的现实，结果
　　只会带来混乱。"

我显然十分好奇自己的个体性，不知道是否已经开始察觉父母教
诲的矛盾。父亲对文学的关注鼓励我独立思考，念英文学校促使我继
续朝这个方向前进。另一方面，母亲灌输的是对家族的强烈责任心，
以及逐渐萌发的民族意识。我在中国经历的种种，从孙中山到国民
党、共产党都强调中国需要团结，需要国人一同努力，才可望繁荣
兴盛。

笔记本里还有另外两位作者的引言，但不清楚我是否读过他们的
书，或只是看到霍尼或金斯伯格引用他们。有几则引言讨论侵略性，
出自谢尔登（William H. Sheldon）的《心理学和勇于创新的意志》
（*Psychology and the Promethean Will*），或许出自霍尼的书。其中
一则引言提到禁止私人军队使封建时代的小型战争销声匿迹，补充说
明："低阶贵族当然一样富有侵略性，只是力量已被削除。我们必须

采取类似行动，剥夺国家发动国际战争的力量。"我当时是否认为这是可行之道？

　　其他引言出自卡尔·曼海姆（Karl Mannheim），没有记录摘自哪本书。我记得在新加坡念书时曾经找来曼海姆的《意识形态与乌托邦》（*Ideology and Utopia*），深为书中所言折服。我猜自己应该没有在怡保读过这本书，而是在金斯伯格的书里看到这几段引文，特别笔记下来。曼海姆提出的核心论点触及我日后持续关心好一阵子的议题。我把笔记放在这里，突显这几个月在怡保的过渡期中内心重视的想法。

1. 历史展现的是和睦相处之道步步扩散至更大的群体，于是氏族成为部落，部落成为民族，民族成为帝国。

2. 与此同时，个人和社群越来越分离。个体性一方面造就科学艺术的伟大进步，另一方面造成精神官能症和犯罪行为，后两者都是离群的征兆。

3. 今日国家正在摸索终结社会隔离之道，法西斯主义和共产主义都是试图解决问题的办法，表现了人希望在团体中迷失自我的欲望。问题在于能否建立一种社会，既能带来集体主义的好处，又不至于抹杀自由。

　　这里的引言单纯表现我当时对周遭世界的零碎想法，或许在考虑攻读心理学、社会学或政治哲学等科目，但皆杳无下文，因为后来发现马来亚大学的文学院完全没有这些科系。文学院只有四个系：英国文学、历史、地理、经济。学士学位要求我从四系里选择三者读三年，之后如果符合资格，可以从中择一再念一年取得荣誉学士学位。我最后选择历史，原委一言难尽。

　　我收起笔记本后，整整六十年不见其踪影，百思不解笔记本怎么能安然度过1949年以来的辗转迁徙。可以想见这些阅读最后并未开花结果，因此一到新加坡就没有理由再惦记这些书。找到笔记本帮助我了解当年决定荣誉学年不念文学之后，为什么会考虑改读经济。念经济带我认识社会科学的其他领域，我欣赏的著作包括马克思、弗洛伊德、韦伯，以及曼海姆、卡尔·雅斯贝尔斯（Karl Jaspers）、索罗金（Pitrin Sorokin）、伯特兰·罗素（Bertrand Russell）、哈罗德·拉斯基（Harold Laski）等，这些著作又引我回头阅读约翰·斯图亚特·密尔（John Stuart Mill）和赫伯特·斯宾塞（Herbert Spencer）。但荣誉学年课程的设计用意是培育经济学者，这条路不吸引我。上面的引言显示我的想法通向何方，也说明我接触的社会科学为何这么零碎无章，让我意识到选择念历史或许是因为我想要比较开放的学问。尽管我最后转向古代史，投入汉学和经典研究，但发现自己也不得不重新反省部分现代社会政治议题，后者蔚为东南亚新国家的主流。

重新开始

在怡保的九个月时光飞逝，因为身边和中国都发生了许多事。我对中国剧烈变化的局势渐渐抽身旁观，专心认识英国希望和马来领袖建立的新马来亚。1949 年上半年，心中的首要之务是了解"紧急状态"如何影响我所属的当地华人社群。

回想 1945 年到 1946 年间，抗日军走出丛林，马共支持者加入工会，组织罢工对抗雇主，相较于之前那段日子，如今我已多少世故一些。现在马来亚人民解放军受到中国人民解放军成功的启发，打起游击战。过去在南京的岁月中，我得知解放军采取游击战略，顺利壮大为强悍的军队，共产党成功说服许多工农阶级成员加入，对抗腐败无能政府的支持者。我也亲身经历失控通胀的沉重打击，以及 1948 年8 月的财政闹剧，当时新发行的货币一败涂地。

除此之外，那时上了讲解孙中山《三民主义》的必修课，尽管我对此书或许只是一知半解，仍因此认识了政治语汇，是过去父亲和学校教育精心回避的知识。这门课程结合身在中国的周遭见闻，让我意识到滥用理念可能会掏空呼吁社会进步的理想号召。我对政治宣传也更敏感。三民主义课提醒我民族、民权、民生等词语背后的力量，也警醒我政治激进分子愿意为了掌握权力采取非常手段，需索权力贪得无厌。

父母最早告诉我的其中一件事是全马来亚的华校都因为"紧急状态"而遭受政治压力。父亲身为华校视学官，有责任向学校保证只要谨守教育目标、维持教学质量，就会获得政府支持。父亲也非常关心提供教师培训，确保师资充足，以满足日益增加的需求。父亲定期视察州内各校，和校长、老师以及学校董事会的关键成员交流。霹雳州是马共总书记陈平的司令部所在，共产党在此地有许多支持者。华人社群领袖遭到杀害的消息时有所闻，父亲前往访视偏远乡间的小型小学时，母亲总是担心他的生命安全。父亲偶尔必须在邻近城镇过夜，这类差旅每每让母亲彻夜无眠。我提议和父亲同行，他们不同意，但在我再三坚持下确实有两次和父亲一起出差。

第一次是前往南边靠近美罗的三所学校，必须在打巴过夜。我记得经过了人迹罕至的小镇积莪营，被带去欣赏当地小学附近的美丽瀑布。当地有共产党活动的消息，我们必须穿越好几个英国军人和马来警察驻守的岗哨。父亲坚持旅行时不着武装、不带护卫，相信这样更安全。这次行程平安无事，父亲拜访了各所学校的负责人，我们从不觉得不安全。

几个月后，我们踏上第二次旅行，这次前往北边的玲珑和宜力。父亲计划访视数所学校，其中一所位于高乌镇（现在叫作彭加兰乌鲁），与吉打州和泰国接壤。我们抵达宜力之后听说再往下的路不安全，因此没有继续前进，留在宜力过夜。这一趟长路迢迢，沿路除了几座橡胶园之外几乎全是丛林。我很惊讶有这么多华人住在这里，华人社群主要来自中国广西省，在日占时期曾经反抗日军，但不是和共产党并肩作战，而是出于对国民党政府的支持。1949 年时，马来亚人民解放军已经将一些部队移驻泰国边界附近，宜力当地华人决定协助马来亚军队对抗人民解放军。父亲告诉我这是战后首度有华校视学官造访宜力，他相当赞许教师的敬业付出，也乐见社群大力支持学校。

两次旅行让我体会到霹雳州之大，更重要的是，过去从不觉得自己属于马来亚，如今这些经验带给我归属感。四处所见皆是民族混居之景，和我前往中国以前的儿时景象十分雷同。没有人觉得我来自异乡或格格不入，事实上，我唯一不寻常的一点是在中国念过大学，迫于情势才返回马来亚。他们知道我的状况后，清楚表示他们明白中国正处于历史变局的转折点，自己未来应该会以马来亚为家。

还有另一件事让我印象深刻。我们两次旅行都听到大家提起曾身受新成立的马来亚华人公会扶助。马华公会正式成立于 1949 年 2 月，就在我回来后不久，但我没有把这件事放在心上，原本以为公会成员主要是实业家，目的是协助政府保障生意利益。许多成员被视为国民党同情者。在这两次造访的几个镇上，我们碰到的马华公会成员是地方社群领袖，慷慨赞助当地学校，我因此开始多加关注马华公会的活动。

有一起事件我记得格外清楚：一天下午，父亲出席霹雳中华总商会接待马华公会总会长拿督陈祯禄（Tan Cheng Lock）的欢迎会。当时是 1949 年 4 月，马华公会刚成立两个月，马共特工在陈祯禄致词时向他丢手榴弹。陈祯禄身受重伤，但在攻击中保住一命。父亲幸运有加，尽管座位靠近爆炸处，却毫发无伤。经过这次事件，母亲对父亲离开怡保旅行更放不下心。在两次分往霹雳南北的旅行之后，我越来越意识到马华公会扮演的重要角色，他们大力游说让国内全民一体适用属地主义，为更多在地华人争取联合邦公民权。他们的政治利害不只是要打败马共，也要替希望以马来亚为家的华人争取未来，让我对新国度前方的艰难道路又有另一层体会。

❦

　　我回到马来亚之后，父亲寻思有什么办法能让我继续学业，看来除了在当地求学之外别无他法。父亲身在教育界，知道英国政府计划将新加坡的两所学院合并为新大学，也想到如果我成为新国家的联合邦公民，或许更有机会进入新大学。我有资格申请入籍，但这同时代表放弃中国公民身份。我很惊讶看到父亲对此深思熟虑，似乎已从心上抹去这样的中国，愿意让我离中国而去。他从来没有说明鼓励我迈出这一步的原因，也没有告诉我为什么会采取相当政治化的行动，这样的举止在他身上前所未见。我只能猜测，父亲体会到自己深切关心的霹雳州华校受马来亚人民解放军威胁，加上他对中国腐败的国民党政府的期待幻灭，促使他下定决心如此行动。

　　我顺利被马来亚大学录取，随后才终于获得联合邦公民权，那天是 9 月 16 日，再过三周就要动身前往新加坡，这时我已开始为进入新大学做准备。我去南京前学过一些基础法文，到南京念外文系时选修德文为第二外语。父亲认为要念英系大学，懂拉丁文会有好处，因此找人来教我拉丁文，鼓励我精进法文和德文。教书的工作之余忙着念书，无一刻得闲。

　　结果新加坡的大学预设在这个多元社会中，大部分学生至少都懂第二种语言，因此不要求学生修习第二语言。我于是放弃拉丁文，不过仍继续念了一阵子法文、德文，保持阅读能力。最后我发觉自己的集市马来语不够娴熟，专心精进这门官方语言，以便阅读马来语文学，尤其自印度尼西亚发端的"四五年派"的著作。

　　我在 1949 年 10 月前往新加坡，当时无从预见以后再也不会回怡保生活。有一年暑假回去住过一阵子，但父亲不久就调任吉隆坡。多年之后，直到 1960 年代，我才再次造访怡保，只停留一天。我发现几乎所有朋友都到了别处工作。那天散步在新街场的街道上，回忆起在这里成长时始终准备前往他方，因此内心十分困惑不安。怡保教会我没有恒常不变之事，变动随时可能降临，人们可能轻易就被从根切断。

　　1949 年，看到家里回国的计划全盘落空之后，我花九个月的时间重新打算未来，在从小被灌输的责任感和传承使命，与让心灵自由开放的渴望之间权衡。我和试图现代化的古老文明短暂相遇，并未因此获得对中国新面貌的信心，我也发现马来亚宣传的种族、民族口号难以打动我。我只知道自己拥有父母的爱，父母送给我此生最珍贵的财富：学习的动力。我想要交新朋友，希望不论注定前往何方，都能赢得信任和尊重。就这点而言，我知道秩序和谐才是上选，暴力战争绝非好事。

前往新加坡就学的前一周，1949 年 10 月 1 日，毛泽东宣布中华人民共和国正式成立。我乐见中国再次统一，新中国于焉诞生，遗憾自己没有成为新中国未来的一分子。我笃定心中永远会以华人自居，景仰父母和南京的师长同学教我喜爱的那个中国，也祝福新中国一片光明，这是中国人民过去半个世纪以来的夙愿。我在马来一州生活将近十七年，在中国度过十八个月，但有时候感觉我对两边的关心平分秋色。多元社会的牵引力强大，但中国各层面的文化魅力深不可挡。直到多年之后，我才终于体会两者并不冲突，双方的共存对我变得自然而然，尔后回想起 1949 年如何辛苦适应新马来亚和新中国，不知道我的人生是否确实以怡保那年为起点重新出发。

王赓武回忆录

（下卷）

[澳] 王赓武　林娉婷　著　夏沛然　译

上海译文出版社

心安即是家

王赓武，1930 年生，新加坡国立大学特级教授，中国台湾地区"中研院"院士。广泛涉猎东南亚史、海洋史、中国近现代史、海外华人史等领域的研究，著作等身。历任新加坡马来亚大学文学院院长、澳大利亚国立大学远东历史系主任、中国香港大学校长。自香港大学荣休后长居新加坡，对东南亚研究院、新加坡国立大学李光耀公共政策学院及东亚研究所等机构有推进之功。

林娉婷（Margaret Wang, 1933—2020），生于上海，在槟城和新加坡长大。新加坡马来亚大学英国文学荣誉学士、澳大利亚国立大学日本语言与文学学士，获得剑桥大学哈默顿学院教育学研究生证书。曾于新加坡、吉隆坡、堪培拉等多地教授英国语言与文学。在工作以外，她全力支持丈夫王赓武的事业，养育了三个孩子，热心公益，创办香港大学博物馆学会，并在中国香港与新加坡出任多个艺术学会会长。

● 译者 | 夏沛然，哥伦比亚大学东亚学院文学硕士，曾于联合国长期担任翻译工作，译有多部著作。

纪念在 2020 年 8 月 7 日离去的娉婷

怀念我们在新加坡和吉隆坡的马来亚大学二十年的生活

以及

帮助我们找到家园的所有朋友和同事

目 录

家园何处

在我的成长时期，心目中的家园就是中国，我的父母来自那里，我们最终也要回到那里去。父母在我十六岁时真的带着我回去了，可是他们自己没有定居下来，只让我留在南京的国立中央大学上学。一年之后，人民解放军即将攻入南京，他们叫我回到马来亚家里。我的上一本书《家园何处是》就写到这里为止。我父母回归家乡的美梦终究破灭了。梦中的故土即将发生巨变，那个梦还要继续吗？他们放弃了。

英国建立的马来亚联邦变成了由马来各州组成的马来亚联合邦，受英国保护。马来亚共产党（马共）为了对抗英国殖民统治，解放马来亚，组成了马来亚民族解放军，这促使联合邦宣布"紧急状态"。我的父亲自认有责任提高华人的教育水平，并认为当地的华人族裔应该置身中国政治之外。看起来他已经决定从此留在马来亚，并要求我开始自己的新生活。

1949年，我大半时间都在做准备。那是孤单寂寞的一段时期。我小时候的玩伴都去了吉隆坡，我学校里的好友去了新加坡，在莱佛士学院和爱德华七世医学院上学。我希望回大学继续读书，所以当爱德华七世医学院与莱佛士学院宣布将合并成为马来亚大学时，父亲认为我可以凭着我的剑桥毕业文凭入学。可是他又担心我因为不是本土出生的华人而遭到拒绝，于是安排我按照规定入籍成为马来亚本地公民。当时父亲和我都没有意识到这一点，但是我在走出这一步之后，就一直认为，家乡与国家是密切相关的，尽管那个国家当时还没有诞生。

写到这里，我想起内人林娉婷曾经把她的故事写出来给子女们看过。我于是问她，是否愿意把她的一部分回忆放进我的书里，使得书中我们共同生活的部分更为丰富多彩。我感谢她欣然表示同意。

第一部　入乡问俗

安全着陆

在我十九岁生日前的一天，我取得了两个新的身份，一个是后殖民地时期的大学生，另一个是马来亚联合邦的公民。在政府眼里，我现在不再是外国籍的华人，可以去大学上学了。在这两个身份中，马来亚公民的分量尤为重要。在随后二十年的生涯中，我一直在思索如何让马来亚成为我的国家。

我能够这样安全着陆，是我一生中的大幸。这首先要归功于我的父亲，他不想看到他的独子因为被他从南京召回，就无法继续接受高等教育。他没有钱供我去海外念书。当他听到正在筹建马来亚大学时，觉得这是让我继续上学的唯一机会。幸亏他在1945年到1947年间做了一个决定，就是在中日战争结束后推迟回中国的时间，一直等到我完成中学学业。这样的话，我到中国之后不必再读高中，就可以参加大学入学考试。因此他等到我取得剑桥毕业文凭之后，才带着我们离开马来亚。

他当时并不知道这个决定是多么重要。推迟到1947年中才回中国去的决定，在我出乎意外地回到马来亚之后，提供了两大帮助。第一，我的毕业证书使我有资格申请去新加坡新成立的大学上学；第二，我在马来亚多读了两年书，让我有资格根据新宪法申请马来亚公民身份。当"紧急状态"下的抗英战争正如火如荼，我身为非本土出生的华人，并无国籍身份，有可能因此丧失入学资格。到那个时候，我父亲已经打定主意要在马来亚定居。我父母虽然没有承认这一点，但我相信他们已经看到，当地拥护台湾当局的华人和为北京新中国欢欣鼓舞的华人都将会受到政治冲击，而他们不希望我选边站。我也开始感觉到，他们现在认为在马来亚生活比在东南亚其他地区要好一些。

马来亚大学的首要任务，是培植当地人来协助英国官员管理殖民地和受保护国。这所英式大学着手传播那些可以帮助在将来建立国家的思想和制度，最好当然是一个有利于维护英国利益的国家。殖民地官员一旦离开，会挑选年轻的马来亚人继任。大英帝国未雨绸缪，准备在帝国终结之后用新的英联邦取而代之，因此鼓励英国最好大学的毕业生到马来亚教书。而且还尽量设法让马来亚大学的学位获得承认，毕业生受到重用。

马来亚大学在 1949 年 10 月 8 日正式开学。东南亚地区总干事马尔科姆·麦克唐纳（Malcolm MacDonald）主持开学典礼。出席典礼的有各马来亚王室的君主或代表，以及来自马来亚联合邦各州和新加坡殖民地的政治领袖。该校于 1962 年改名为新加坡大学，1980 年再改名为新加坡国立大学。1999 年，在庆祝成立五十周年的大会上，我指出这所学校早已未雨绸缪，为后殖民时代的世界预作准备。在那时候，就马来亚的种种事态发展看来，前途并不乐观，我们必须为这个地区的重大转型做好准备。我认为，在开学典礼上，大家已期待着这个大学将在新国家的建国过程中发挥重要作用。

对学生来说，东南亚作为一个地区是个崭新的概念。他们都是殖民地教育的产物，所使用的教科书大致适用于大英帝国和英联邦的所有学校，学生入学必须先取得剑桥大学考试委员会文凭。这样的体制是为了建立一个以伦敦为中心的英联邦而设计的，它的确发挥了很好的作用。但是由于是标准化作业，我们这些进入大学的学生大多数对马来亚及其邻国所知甚少。我甚至还比不上我的大多数同学，因为我所受的教育一半是在以英国为中心的学校，另一半是在家里，着重的是古代中国的理想世界，而且我的学校教育在日本占领下也被缩短了。我们的英国讲师对马来亚的了解程度不比我们好多少，只有少数几位讲师例外，他们战前就在莱佛士学院执教，后来在日本战俘营被关了三年半。地理学家多比（E. H. G. Dobby）就是他们之中的佼佼者，他编著了第一本关于东南亚地区的地理书，其中强调东南亚对英国的战略重要性。还有些经济学方面的著作着重于马来亚经济，指出这是英国战后恢复的关键因素。特别是席尔柯（T. H. Silcock）的著作，介绍了关于马来亚锡矿和橡胶工业的最新研究成果。在历史学方面，哈里森（Brian Harrison）写出第一本关于东南亚历史的书，紧

接着前仰光大学的历史教授霍尔（D. G. E. Hall）出版了更为全面的
著作。

大多数教师和同学都承认，他们不清楚马来亚民族是怎样发展起
来的。在西方世界，"民族"通常是指具有相同语言和宗教并共有长
期历史的一群人。这个概念显然不适用于1948年以联合邦方式组织
起来的各种政体。当我遇到来自马来亚各地的新校友时，我马上就知
道我是最不具备马来亚人资格的那一个。我知道霹雳州一些地方，因
为曾经随着担任华校视学官的父亲去过那里，我的一些同学则向我介
绍过槟城和吉隆坡的情况。我不久前才读到关于半岛部分地区"紧急
状态"的历史，那时候英国军队与马来亚共产党领导的马来亚民族解
放军交战。我对于新加坡的了解更少，虽然我两次从新加坡港乘船去
中国，但只记得港口火车站的模样。

我不是唯一对新国家所知有限的人，但很少人知道我几乎要从零
开始认识关于新国家的一切。与我相比，那些在定居此地已久的家庭
中土生土长的同学知识要比我丰富得多。许多同学拜访过住在马来亚
各地的亲戚，或者跟随经商或任政府公务员的父亲居住过不同地方，
还有些同学在战争时期随着家庭四处躲避日军的暴行。有一些年龄较
大的同学在战争时期逃到国外，得以从国外的角度观察马来亚。两个
马来同学告诉我，他们如何被日本人派去日本受训，还有"英属印
度"同学参加了印度国民军到缅甸作战；这些都让我听得津津有味。

我的同学来自不同族裔和地区，对马来亚的未来想法各异。我在
怡保时对当地政治毫无兴趣，因为我一心只想到中国去。现在我想融

入本国，就必须知道如何才能成为新国家的一分子。有些人告诉我，当前的局势是广大反帝国主义运动的一部分，目的在争取成为一个独立国家。为此目的，我们必须为英国人最终撤离做好准备。"紧急状态"主要是在半岛的丛林中作战，对象不是共产党人（没有人知道他们到底要什么），更不是为自由马来亚奋斗的民族主义者，而是被称为"恐怖分子"和"匪徒"的武装分子。我的朋友大致分为两派，一派人担心英国人不想撤离，会想方设法地留下来，另一派人害怕如果英国人没有打败马共就撤离，局势会不可收拾。

我知道世界上其他地方出现了去殖民化运动。缅甸和斯里兰卡像印度一样实现了独立，菲律宾也独立了。有一个新的国家称作印度尼西亚，他们和缅甸一样，军队都是由日本人训练出来，当时也在驱逐荷兰人的战争中频传捷报。越南人的悲惨命运，则在于他们处在以苏联为代表的共产主义与美国资本主义巨大斗争的夹缝中。由于处于两个意识形态斗争的前线，越南已然是超级大国之间斗争的一部分，最终成为1945年以来亚洲最惨烈的战场之一。

马来亚是什么情况呢？马共武装力量真的如他们声称那样是争取马来亚独立的民族主义者吗？如果是这样，在可以用非暴力手段和平转移权力的情况下，有必要使用暴力吗？英国军队的目的是为了执行"紧急状态"行动，还是为了尽量延迟马来亚的独立？这些都是相关的问题，虽然许多人认为，只要马共继续存在，英国人就不应该撤离。我对这场斗争所涉及的各种利益一无所知。在我1947年去中国之前，我已经看到在英国人战后回到怡保后，劳工开始骚动。街上的示威不断，许多人被捕。我虽然好奇，但认为这些与我无关，因为我就要去中国了。我记得马来亚联邦成立时，马来人激烈反对，其他人也怀疑英国人别有用心。那时我正准备去南京，就没有追踪事态的发展。现在我已经是联合邦的公民，处于"紧急状态"之下，所言所行受到严格限制，我必须确定我的行动方向。

新来乍到

　　我在十九岁生日的前一天抵达马来亚大学。在我启程去中国的时候，一些同学已经考进了两个学院，现在这两个学院合并成为马来亚大学。所以我到新加坡入学时，他们变成了我的学长。与我同一年入学的学生都是才认识的新朋友。把马来亚大学设立在英属新加坡殖民地，这似乎有点奇怪。据说这样做有两个理由：首先，把两个现成的学院合并成一个大学既省时又省钱；其次，大家普遍认为新加坡不久就会成为联合邦的一员。

　　马来亚大学的规模很小。文理学院这一年共招收了一百个学生，理学院四十个（因为实验室有限），文学院六十个。之所以能够称为大学，因为还有个医学院。文学院六十个新生中，我记得超过四十个来自马来亚各州，其余的来自新加坡（包括新加坡在内的马来亚人口总数是 600 万）。我们这些来自联合邦的学生住在校园内或附近，男生住宿舍，女生住罗西山道的小公寓。只有少数几个拿奖学金的新加坡学生是住宿生，因此住在学生宿舍的学生与大多数新加坡学生没有深交。

我发现同学来自新国家的各个地区，感到十分欣喜，我从与他们的交谈中学到很多。无论是在教室外、宿舍、操场或社团聚会，或者是在餐厅或晚自习的时候，我逢人就问他们从哪里来。我除了霹雳州的几个市镇，什么地方都没去过。他们对所来自地方的不同描述，让我从不同的角度看到未来马来亚可能的面貌。我们并不相信独立后的马来亚就一定是英国人设想的模样，不过我们已经模糊地觉到，马来亚的未来还是个问号，答案要由我们那些积极参加工作的人来决定。不过我初到校园时，一心只想到如何把握好学习的机会。

我宿舍的室友详细介绍了他们的市镇和州的情况，这些都是教科书里没有的东西。在我的学长中，林必达（Beda Lim）讲述了霹雳州的古老家族，杰克·席尔瓦（Jack da Silva）和同学杨先生（Yeo Beng Poh，中文名字忘记了）告诉我为什么必须到新国家的首都吉隆坡一游。乔治（George）和詹姆斯·普图基里（James Puthucheary）强调，柔佛州对新加坡和未来的马来亚非常重要。我还记得多拉·马基德（Dollah Majid）很不高兴，因为大家都漠视他的家乡彭亨州。他告诉我他的祖先是从苏门答腊迁来的曼达灵人（Mandailing），他们如何千辛万苦地开发了彭亨州。还有来自不受重视的小州玻璃市的赛义德·马哈达（Syed Mahadzar），他告诉我他的家乡州如何与邻近比较大的吉打州一起，成功地避免了与暹罗国王的冲突。

这些与我同住宿舍的大一新生彼此成为好朋友。我最要好的朋友贾加拉詹（Thiagarajan）是个特别有趣的人。他的父母是华裔，把他送给了住在吉打州的切蒂亚尔（Chettiar）朋友，因此长大后成为泰米尔人（Tamil）。他在上课被点到名时站了起来，立刻引起全班瞩目。讲师叫他不要开玩笑，他却笑容满面地解释说，贾加拉詹的确就是他的名字。我的另外两个好朋友是扎卡里亚·哈吉·阿里（Zakaria Haji Ali）和马苏德·阿里（Masood Ali），他们高高兴兴地介绍了柔佛州水上人家的生活。来自森美兰州的哈姆扎·森度（Hamzah Sendut）自豪地介绍了那里的母系社会。他希望我们了解，那里的米南卡保（Minangkabau）传统影响到统治者会议的组成。最有趣的是一个华裔同学（我忘记了他的姓名），他来自吉兰丹州，喜欢用当地的马来土话说笑话，可是马来同学都听不懂。他只好把他的笑话翻译成英语。

我们在课堂上绝口不谈政治，也不同英国讲师谈我们的未来。他们教好书就行了，政治只在同学之间谈。恰好我对政治的兴趣并不大。有人提醒过我，一些活跃的同学已经引起殖民地警察特侦组的关注。不过，我不觉得他们所讨论的有什么问题，还常常附和他们关于英国殖民统治的意见。就在我参加他们辩论的那一年，我的好几个言论最激烈的朋友遭到拘留，令我大吃一惊。这证明我的确太天真了。最让我惊讶的是，我在怡保安德申学校的好友王清辉也被拘留，他当时是医学院三年级的学生。1946 年时，他是班上的第一名，对政治完全不感兴趣。日本人在占领期间杀了他的父亲，他谈到日本帝国主义的野心时总是深恶痛绝。他们兄弟二人被警察拘留了一个月，我相信他们是无辜的。结果他们变得更痛恨英属马来亚。我相信这个经历使得他决定毕业后不在马来亚行医而去了中国。这件事提醒我，殖民政府害怕任何异议分子。在遭到拘留的人中，政府当局对任何不是在马来亚出生的人都毫不手软，把他们驱逐到印度尼西亚、中国或印度去。这使得像我这样不是出生在马来亚的人格外谨慎小心，不参加政治活动，不发表反对帝国主义的言论。

与王清辉一起被捕的还有几个我在校园认识的新朋友，其中詹姆斯·普图基里和多拉·马基德被关了一年半。他们被控的罪名是参加了反英联盟，那是个同情马共的地下组织。据说在搜查他们的房间时发现了他们打算吸纳的人员名单，其中包括校园内其他几个学生。校园里传说，我也在几份反英联盟准备吸纳的名单上。大家都知道我是詹姆斯和多拉的朋友，但我无法确定该谣言的真假。对我来说，我知道他们两人公开反对殖民统治，但不相信他们是共产党。他们在1952年回校上课时，詹姆斯和我同住在杜宁道公寓（Dunearn Road）的一个房间里，并继续参加活动，争取在校园内讨论政治事务的权利。我们敦促学校当局像一般英国校园一样，允许学生成立政治社团，增加学生对民主程序的了解，以备在马来亚建国后发挥作用。1953年，学校当局终于同意，让我们成立了马来亚大学社会主义学会。

这些事我后面还会谈到，但由此可见，我对大学校园内的限制政治自由问题并不陌生。根据我以前在南京的大学读了一年半书的经验，任何政府对学生的活动都不放心。南京本地和附近一些主要大学的几十个学生领袖都被抓了起来，我 1947 年 6 月到南京时他们还在狱中。我在中央大学的同学都知道，不许有任何反对政府的行动。结果是校园内噤若寒蝉，因为谁也不信任谁。

在新加坡，受英语教育的学生可能以为，殖民地政府会尊重英国的自由主义传统，特别照顾他们。但在政府面对叛乱的严峻时刻，以为它会容忍公开反对帝国主义的情绪显然太幼稚了。我在南京时已经学会了，不要公开发表自己的政治观点，因此不相信政府会这样做。我出席了反殖民统治的辩论，参加了一些讨论，但是表明自己主要的兴趣是理论探讨，不会采取行动。同学都知道我喜欢写诗，这对我是否有帮助则不得而知。有人曾经对我的政治倾向不放心，后来似乎慢慢平息了。1953 年，我受聘为历史助教，并开始研读硕士学位。总之，我身为一个在外国出生的学生，而且去过后来由共产党执政的地方念书的这件事，总算过关了。我当时没有把这件事放在心上，因为我成长的家庭不曾受过殖民统治，我虽然参加了校园里反殖民主义的讨论，却没有想过必须拒绝殖民地遗产。反对帝国主义反而更像是在抽象地表示支持民族独立的想法。直到许多年之后，"后殖民"成为热门话题，大家都在谈论如何摆脱殖民的过去，我开始思索为什么那时候没有参与这个多面向的运动。后来我才意识到，那是因为我没有在殖民地生活过。我对科学的或空想的共产主义都没有兴趣，因为我是在王朝崩塌后长大的华人，悬浮在现代与传统之间。国安当局让我过关，也许是因为他们比我更了解我自己。

谁的文学？

我从怡保去马来亚大学上学时，并没有想到将从此告别怡保。我一心一意想的就是继续学业，从南京回来后，我只把怡保视为暂时歇脚的中途站。怡保是我父母居住的地方，父母所在的地方就是我的家乡。我父亲晋升为华文学校联合邦视学官而举家搬去吉隆坡之后，我就没有回去过怡保。许多年之后，我才意识到我是多么怀念近打河流域，意识到怡保是我早期诗作中展现的马来亚意识的来源。我那时才明白，怡保才是我唯一可以视为家乡的地方。

但在那时，单是恢复上学就令我兴奋异常，我首先想到要继续学习我比较熟悉的英国文学，这也是我在南京的主修学科。可是我在马来亚大学结识的一些朋友认为马来亚应该用共同的语言来书写自己的文学。有几位英国讲师也告诉我们，马来亚是一个多元社会，主要由马来人、华人和印度人的后裔组成，不妨把各自祖先的语文放在次要地位，支持我们学校使用的语文。实际情况是，同学中的马来人不多，对所谓的"马来亚化"英语或"英马中混合语"（Engmalchin）感兴趣的人更少。我在校园内认识的第一位朋友林必达是大学二年级生，他很想知道这样的文学会是什么样子。他发现我喜欢文学，就鼓励我写诗，并参加他和同班同学创立的莱佛士学会（Raffles Society）。我当时并不知道，我就这样跨越了马来亚认同的门坎。

大学开学的那一天一切如常。从北部各州来的学生大多数乘夜间火车，凌晨到达新加坡，然后去大学注册。大一的新生在夜车上见到高年级的学长，我第一个碰到的学长就是林必达。他告诉我他来自槟城，问我是否喜欢英语诗歌。我在中央大学时认识的同学祝彦，他熟读欧洲文学大师的著作，带着我阅读了艾略特和奥登，引领我认识当代英国文学。尽管我在怡保的安德申学校受的是英语教育，却对这些作家一无所知。祝彦高兴地为我介绍了诗人的其他最新创作，包括奥登的反战诗和艾略特的《四首四重奏》。对于林必达的问题，我冲口而出地说出这两位我崇拜的诗人的名字。林必达对我的回答似乎有些吃惊，当场就决定把我这个新生收为徒弟。火车在吉隆坡停站时又上来几位学长，林必达把我介绍给他的朋友，说我喜欢读诗。席尔瓦和杨先生两位学长立刻对我另眼相看，因为他们相信林必达的判断力。我们四人从此成为好朋友。

我从不曾想到，我对文学的兴趣为我开启了许多大门。不过马来亚大学与南京的大学不同，你不能只选文学一个学科。按照苏格兰教育制度，我们在大学首三年必须另外选两门学科，获得普通学位，之后才能选择一门学科作为专业。由于选择不多，我有点失望。除了文学，还有三个学科可以选择：历史学、经济学和地理学。我选了经济学，因为它比较实用。在剩下的两个学科中，历史学研究的是人，比较接近文学，于是我没有选地理学。

我们的讲师大多数是欧洲人。在我选择的三门学科中，只有两位经济学讲师不是从欧洲来的。一位是教货币和财政的林溪茂（Lim Tay Boh）讲师，后来晋升为经济学教授，再后来担任大学校长。另一位是游保生（You Poh Seng）讲师，后来成为统计学教授，并协助创立了新加坡管理学院。我原来在南京的中央大学时，所有正式教员，包括英国文学教员，都是中国人（德语教员是唯一例外）。现在几乎所有教员都是欧洲人，这令我不太习惯。经济学是我完全陌生的学科，历史学对我来说也差不多同样陌生，因为教的内容大部分是欧洲如何扩张到亚洲的历史，不教中国史或大英帝国史。所以在我来到大学之前，唯一稍有一点了解的学科就是英国文学。

我在中央大学外文系时，读过一些英国古典文学，所以以为我可以跟得上课程的进度。没有想到的是，我在新加坡要学的大部分是新东西。我需要学习的实在太多了，不过英国文学仍然是我的优先选项。我在南京时已经读过英国文学史，南京的同学也带领我阅读中文译本，让我对欧洲文学有一些了解。我还觉得自己的基础很好，因为我父亲具备英国文学的背景，为我订阅了各种英语周刊。但我不久就发现，这样的准备远远不够。

在大学认识林必达之后，我的信心大增。他带领我去参加同学在莱佛士学会的讨论，引起了我对马来亚文学这一概念的兴趣。我是头一次听到这个想法，而他们告诉我，一旦英国人最终离开，马来亚要成为真正国家，必须有自己的文学。我在学会遇到一些人，他们真的相信新加坡和马来亚将会合并成为一个新国家。对他们来说，问题在于新国家会有什么样的文学。

我对于举目所及比比皆是的新事物感到好奇，但又知道自己必须谨言慎行。只在马来亚大学成立前一个星期，我才从一个被称为"共产国家"的地方回来，当然会引起朋友和师长的注意。有些人认为我必然是因为反共才离开中国，但也有人认为，我对反殖民地统治的言论表示同情，是不是受到人民共和国反帝国主义的公开宣传的影响。我也知道，有些在辩论时主张马来亚文学的学长被认为是左派激进分子，特别是主持《马来亚兰花评论》（*Malayan Orchid*）的那批人。

马来亚不是英国，所以从政治角度考虑的人反对这样的想法：即使我们用英语书写，我们的作品只不过是英国文学的仿制品而已。我觉得这种角度的反向思考很值得探讨，这是个我从来没有想过的角度。我具有中国古典文学的底子，读过《诗经》以及唐宋散文和诗词，《三国演义》《西游记》和《水浒传》等通俗小说都很熟悉，但是从来没有想过创作中国的新文学能够摆脱这样丰厚的文化遗产。我读过郭沫若和徐志摩的一些新诗，鲁迅、茅盾和老舍的一些短篇小说，以及巴金著名的三卷长篇小说《家》《春》《秋》。我听朋友谈起曹禺的戏剧，可惜从来没有看过舞台演出。这些作品显然受到欧洲文学的启发，但都是用中文来表达。

因此，用英语书写的文学怎么可能不以这些深厚的文化遗产为基础？我的处境很微妙，研读英国文学就是为了不要写出追随英国文学传统的作品。我不知道能不能做到，但愿意和我的朋友一起在诗歌方面做一些尝试。

诗歌创作

我至今不清楚，是不是因为在林必达的督促下不理政治而埋头写诗，警察才没有继续监视我。林必达认为我是个值得交往的朋友，因为我学过中文，也稍有涉猎英国和欧洲文学。由于我读过课堂上不教的艾略特和奥登的诗，使他觉得我是个可以谈诗的朋友。课堂上教的是从乔叟、莎士比亚到十九世纪小说的文学大家，十九世纪以后的作品就让我们自己去阅读。有几位讲师对哈代、康拉德和劳伦斯等现代作家很有研究。我在南京的一位老师翻译了哈代的一些小说，我对《苔丝》《卡斯特桥市长》和《无名的裘德》都读得津津有味。康拉德的小说，除了《"水仙号"的黑水手》，我还喜欢《吉姆爷》和《黑暗的心》。至于劳伦斯，我父亲给我看过《儿子与情人》。我和我的同学都对《查泰莱夫人的情人》好奇不已，可是那时候根本读不到。

我也对林必达多了许多了解。在我认识的朋友中，他是个佼佼不群的人物。他的父亲是海南岛人，母亲是土生客家华人，用峇峇马来文（Baba Malay）给他写信。林必达不懂中文，但英语流畅，马来语能说能写。他的英语文学造诣很高。他的父亲是一个旅行乐队的小提琴手，仰光的英国旅客都喜欢他们乐队的演出。他自己具有很好的西洋古典音乐基础，特别是十九和二十世纪的音乐。他还有过目不忘的记忆力。

林必达鼓励我谈诗。几个同学已经在《马来亚兰花评论》和《大镬》（*The Cauldron*）等杂志上发表诗作，其中既有押韵的十四行诗，也有试验性的自由诗体。林必达认为最具有潜力的是 Richard Ong 的《伦巴舞》（"Rhumba"）。我不知道这些作者中有多少人自认可以成为诗人。我确信我的朋友詹姆斯·普图基里真的认为诗歌不过是用来表达反帝国主义情绪的另外一种方法。他的弟弟乔治反而可能对写作更有兴趣。其他几位在杂志上发表过作品的高年级生也喜欢写诗，有几位在毕业后继续写作，特别是阿鲁佐（Aroozoo）姊妹、玛丽·王（Marie Bong）和赫德维格·阿努阿尔（Hedwig Anuar）。还有 Lim Thean Soo 和吴信达（Augustine Goh Sin Tub）也写作不辍，成为长篇和短篇小说作家。

我问过林必达他自己为什么不写诗。他告诉我，他的记忆力太好，一提笔脑袋里都是记得的各种诗句，挥之不去。他说，你的记忆力跟普通人一样，所以应该多多创作。我的第一首诗是在一个失眠夜写成的。我坐在宿舍外面的台阶上，写下《月下静思》（"Moon Thoughts"），拿去给林必达看。他鼓励我继续写下去，用打字机打出我的十二首诗，编成小册子，以《脉动》（*Pulse*）为书名，于1950 年 4 月出版发行。没有想到的是，当地的报纸居然报道了消息，指出这是新加坡出版的第一本诗集。

　　我受到现代英国诗人普遍使用的自由诗体的影响，尝试抓住马来亚社会的华人、马来人、印度人和欧亚人混居的一些特色。我们不知道应该使用什么语言，就把马来和中文词汇放在英语句子里面。我们还认为不应该只使用英语的口语模式，还要设法使用本土的方言和口音。经过林必达的推荐，我成为一些讲师和同学心目中的诗人。

王赓武和林必达，《新加坡自由西报》第 3 页，　1951 年 5 月 13 日
（新加坡报业控股有限公司提供图片）

身为英国文学的一年级学生，我没有想过要成为诗人，课程的压力实在太重。我们的课程分为两个部分，一个部分是追溯语言的根源，使用奥托·叶斯柏森（Otto Jespersen）的大作《英语的成长和结构》（*Growth and Structure of the English Language*）。另一部分是研读埃米尔·勒古伊（Emile Legouis）和路易·卡扎米恩（Louis Cazamian）写的《英国文学史》（*A History of English Literature*）。埃利斯·埃文斯（Ellis Evans）给我们讲述叶斯柏森的著作，令我听得出神。他强调的不是语言的结构，而是语言作为传播观念和思想的工具怎样演变。他是个认真的老师，关心学生，热心地向我们介绍他深有研究的维特根斯坦的想法。我努力跟上他的课程，对我自己有两个新发现：第一，我不习惯抽象思维；第二，我对文法、语法和语音没有什么兴趣。我感到兴趣的是语言如何随着时间演变以及语言如何彼此影响。我最有兴趣的是使用语言的人以及他们如何处理非母语语言的问题。

至于英国文学史，从诺曼著作追溯盎格鲁-撒克逊和北欧的背景，找出乔叟《坎特伯雷故事集》的渊源，令人激动。我于是领会到，埃德蒙·斯宾塞和莎士比亚的新诗体都是从这里出来的。给我们上课的两位讲师是莫瑞尔（Roy Morrell）和巴克（Mary Barker），他们按照勒古伊和卡扎米恩的《英国文学史》逐章讲解，叙述一段冗

长的历史。可是还没等讲到十九世纪的浪漫主义，我已经被文艺复兴
的欧洲吸引，回头再去看但丁、彼特拉克和薄伽丘不再有兴趣。我就
此戛然打住，是因为突然领悟到，我虽然喜欢文学，但是对文学根源
的知识实在太不够了。举例来说，我没有学过希腊文和拉丁文，只会
一点基本法文，德文就是我在南京才开始学的那一点点。

　　我这才知道，我在南京读艾略特时，对于他诗中引述的欧洲古典
文学典故，只有皮毛的了解。即使去翻查解释，仍然不曾理解诗里面
的许多微妙含义。我当然可以阅读古典文学的翻译本，但那个书单太
长，令人望而生畏。在马来亚大学，英语讲师都博学多闻，可以助我
一臂之力，所以我希望以勤补拙。可是我读得越多，越发现差距太
大，觉得自己心有余而力不足。如果穷我毕生之力钻研欧洲文明的主
要部分，我相信自己可以做到，至少我当时是那样想的。不过两年之
后，我告诉自己，在周遭建国造史的激昂亢奋和跃跃欲试的氛围下，
即使我可以做到，又何必呢？

　　到大一结束时，我已经知道，我在英国文学方面要补的课太多
了。我需要填补知识上的许多漏洞，许多著名的作家都没有读过，还
有无数从来没有听过的小说、诗歌和戏剧。我那时候还不知道，我在
《脉动》发表的试验性新诗使得我疏离了古典英国文学。我在无意之
中推翻了自己的文学教育，因为我用艾略特、奥登和迪伦·托马斯的
现代写作方法作为"马来亚"文学的起跳点。我钦佩这些作家，但他
们没有给我什么帮助，只是鼓励我去试验我们大多数人也觉得陌生的
风格和形象。我不论用英语还是马来语创作的诗歌，是想表达什么？

什么人会喜欢这些缺乏乡土根源的作品？

　　我没有叛逆的性格，很愿意向我的讲师学习。我读了莎士比亚和浪漫主义大师的名著的文学批评，觉得他们的学术研究了不起，但不知道对于身为诗人或诗歌爱好者的我来说有什么用处。我很想丢开那些批注和解释，采用我所理解的新批评主义的办法，直接阅读诗歌本身，不必过分理会历史和批判的包袱。我还记得，越要我们阅读、分析和钦佩学术研究，我们读诗的乐趣就越少。

　　林必达告诉我，大二的格雷厄姆·赫夫（Graham Hough）教授讲课十分精彩，于是我尽量跟着林必达去听课。赫夫的课的确很有启发性，我尤其记得他对利维斯（F. R. Leavis）写的《英语诗歌的新方向》（*New Bearings in English Poetry*）的解释。我没有太大兴趣在重读艾略特时特别注意他在诗中使用的古典典故，但是赫夫告诉我们，在艾略特之前，还有一种玄学派诗人，这引起了我的注意。这一派诗歌使我的眼界大开。我十分佩服约翰·邓恩（John Donne），读了赫伯特·格瑞厄森（Herbert Grierson）在《十七世纪玄学派抒情诗》（*Metaphysical Lyrics & Poems of the Seventeenth Century*）中择选的所有约翰·邓恩的诗。那时我并不知道，我的理解是很肤浅的，因为我对这些诗人质疑或颂扬的信仰体系一无所知。引起我极大兴趣的是约翰·邓恩和他同代的诗人与我熟悉的浪漫主义诗歌（例如华兹华斯、济慈和柯勒律治）之间存在着的巨大差别。我现在的文学课程，除了上述三位的诗，还加上乔叟的《坎特伯雷故事集》和莎士比亚的十四行诗，已经让我耳目一新。赫夫带我们更向前一步，比较这些诗人与玄学派诗人，指出他们浓厚的宗教和哲学背景促使他们沉思人的本性以及人与神的关系。这对于我来说是个全新的挑战，使我认识到，我将被带入深一层的欧洲文化，而我还没有做好准备。诗歌很美，但诗歌的基本假设引起了我莫名的反感。

不过我仍然继续学习，又读了一些希腊经典作品，包括荷马和索福克勒斯的忒拜三联剧。我读的是翻译本，觉得就像是在读中文的古文，然后自己翻译成白话文。这是同样的心智锻炼。我喜欢这样读书，而且发现阅读增加了我对以后几个世代英语写作的了解。这就像知道了《诗经》、乐府诗和《古诗十九首》的典故之后，能够更好地欣赏唐宋诗词。

我还从赫夫的讲课学到别的东西。他教我们阅读许多讽刺作品，从希腊喜剧到斯威夫特。我那时正在读乔治·奥威尔的《动物农庄》，于是知道奥威尔的动物故事可以溯源到古希腊。特别是读了《格列佛游记》之后，我重读了丹尼尔·笛福的《鲁滨孙漂流记》，再次想象在那个航海冒险时代，欧洲人声称他们"发现"了新世界。那是在我大一的第三个学期，哈里森的历史课刚讲到亨利王子协助葡萄牙向南航行到西非洲海岸，哥伦布带着一批人正准备横渡大西洋航向中国和印度。

在中学的大英帝国和英联邦历史课上，我就曾读过这样的故事，里面的主角是英国探险家弗朗西斯·德雷克（Francis Drake）和沃尔特·雷利（Walter Raleigh）。故事的重点是德雷克，他与西班牙人作战，环球航行，在加利福尼亚登陆。现在我们读到《暴风雨》和《鲁滨孙漂流记》，觉得莎士比亚和笛福想象出来的海岛要有趣得多。尽管"原住民"换成了红蕃或黑奴，他们的话语令人更难忘怀。从西方人的角度看世界，加强了形而上的转换，把这个世界视为神的赐予，想象整个人类将以不同的方式适应自然。从这个角度，我们可以重访希腊和罗马的古典传统，或期待以浪漫主义的方式，响应欧洲人现在享有的新自由。我还发现自己生活在一个从现代诗歌的许多层次中挖掘出来的新世界，我觉得我可以借此跳脱英语文学的体系。

书山有路

赫夫教授从两个方面进一步扩大了我的视野。他要我阅读霍普金斯（Gerard Manley Hopkins），也鼓励我认真研究劳伦斯。我喜欢霍普金斯玩弄文字和意象的手法，试着阅读他的《德意志号遇难记》（*The Wreck of the Deutschland*）。我努力去了解诗歌和它内含的宗教本质，由此想起我曾经多次想接近宗教信仰，都没有成功。我觉得我很固执，是反宗教的。我记起我屡次拜访教堂、庙宇和清真寺，却仍然没有信仰。我由此确信，语言虽然柔软灵活，信仰背后的体制却是个陷坑。另一方面，对我来说，劳伦斯代表的是比较大的自由，我这才了解，为什么我父亲认为劳伦斯才是真正的现代作家。

大一结束后，我听到赫夫教授将回剑桥任教，再无法上他二年级的课，颇感遗憾。继任的莫瑞尔是关心学生的好老师，但文学兴趣平淡无奇。大二结束之后，我需要选择荣誉学位的论文题目。我就以赫夫教授离校为借口，放弃了英国文学。这当然不是好理由。我们的讲师就像教英国学生一样，毫无保留地传授知识给我们。他们也想告诉我们，文学可以是很有趣的事。他们鼓励我们创办文学杂志《新镤》

（*The New Cauldron*）。当我担任学生会报纸《马来亚本科生》（*The Malayan Undergrad*）的编辑时，增加了一个文艺版，一再试探出版限制的底线。

尽管我们不遗余力，但在别人眼里可能只是徒有虚名。我们写文章探讨马来亚文学的未来，想象它在教育我们的后代时可以发挥什么作用。有些人则展望华人、马来人和印度人可能使用一种逐渐形成的共同语言相互交流。我们那时都知道，国家未来的性质还不清楚。但是我们希望以促成文学认同的方式界定国家的性质。我们之中有些人因此转而关注当时的政治形势。这一点我将在后面谈到。

我没有放弃文学，但越来越觉得英国文学学得再好，也没有什么用处。现在回顾，我们的教育有不少缺失。我们对地中海欧洲的典籍所知太少，因此缺乏基础去了解后来的著作。我们的英语知识也不如最好英文学校的学生，所以无法体会英语诗歌的微妙之处。也许我们可以在比较文学方面取得一些成绩，即使只限于现代欧洲的其他作品。今天，我们很容易读到美国和英联邦的许多英语杰作。我就读南京的中央大学外文系的那一年，英文专业的学生与法文、德文和俄文学生同班，我看到他们在读什么书。我专攻中国现代文学的朋友都广泛阅读欧洲古典文学的翻译本。我觉得阅读丰富了他们的想象力，增加了他们对中国文学遗产的了解。

当然，我在怡保所受的教育不够完善，也是使我感到挫折的部分原因。我还记得如何跟我的朋友林必达学会欣赏西方交响乐，他教我辨识一个个乐器的声音，认识音乐怎样从这一段过渡到下一段。接着他带着我从早期的威尔第欣赏到西贝柳斯。我知道要弥补我对欧洲文学的无知，必须把这个过程再重复一遍。我也必须赶快浏览但丁、塞万提斯、莫里哀、伏尔泰、歌德、契诃夫和托尔斯泰的名著。我在知识上的差距真是太大了。当然我可以现在迎头赶上，我们的图书馆收藏丰富，讲师也都愿意帮助我。

可是我听到受英语教育的那些朋友谈论马来亚文学的未来，兴奋不已，竟然还没有学会游泳就走进了深水区。林必达热心地帮我出版了几首小诗，更使我忘其所以。接着我突然接到邀请，去马尼拉参加一个作家讲习班，与来自菲律宾和印度尼西亚的真正作家共聚一堂。我这才明白，深水区比我想象的要深得多。从马尼拉回来之后，我有点泄气，但仍然愿意继续学习西方文学，同时也交了一些马来和印度朋友。我也开始搜索更多的本土华文作品。关于马尼拉之行，我在后面还会谈到。

文学不是我在学校唯一的活动，我同时还修习经济学和历史学的课。但我仍然对文学保持兴趣，而且在我大二的时候，一位新来的讲师使我对文学兴味大增。帕特里克·安德森（Patrick Anderson）与别人不同，他不是教育工作者，而是个全职诗人。他曾经是牛津学生会的主席，是一个诗人，创办了加拿大文学杂志《预览》（Preview），又是左派的社会主义者。尤其重要的是，他的谈吐就像奥登和斯宾德那一代的人。他后来写了一本书《蛇酒》（Snake Wine），描述他在新加坡两年的生活，其中提到我们这些懵懂天真的一群人。我记得最清楚的是，他开拓了我的文学视野，教我读他喜欢的一些法国作家，特别是阿尔贝·加缪。我已经读过马塞尔·普鲁斯特，但并不喜欢他那一卷卷精雕细琢的作品。

⚜

　　安德森带我们读纪尧姆·阿波利奈尔的诗，我读得津津有味，又接着读了夏尔·波德莱尔、保尔·瓦勒里和阿蒂尔·兰波。他们的生活圈子里全是艺术家、音乐家和诗人，也使得我对巴黎的一切目眩神迷。我知道亨利·詹姆斯和海明威都在巴黎找到灵感。我以前的讲师告诉过我们，乔伊斯写的是都柏林，但《尤利西斯》是在巴黎完成的。安德森竭力向我推荐《一个青年艺术家的自画像》，这本书给我留下不可磨灭的印象。我第一次读到"我拒绝效力"（"I will not serve"）这句话时，并没有放在心上。几年后，我意识到这句话始终萦绕我心，可能使我就此放弃了公职生涯。这是我第一次没有仔细考虑就背弃了我父亲和我家祖祖辈辈灌输给我的儒家价值观。在我内心深处，这句话指引着我离开政治，去寻求更大的自由。

　　安德森还让我们看到，文学是有趣的事。我喜欢看电影，也一直对戏剧有兴趣。可是课堂上的戏剧大都是书本上冷冰冰的文字，比不上戏台上中国京剧和马来歌舞剧的热闹。一个外派人员的妻子在校园内找到一些人，演出霍奇（Merton Hodge）的《风雨》（*The Wind and the Rain*）。戏演得平淡无奇，大家觉得收获不大。可是有安德森在就不同了，我们系主任的妻子桃乐丝·莫瑞尔（Dorothy Morrell）说服了他与学生合作，认真演出一场戏——索福克勒斯的《安提戈涅》。桃乐丝饰演安提戈涅，安德森饰演她的舅父克瑞翁国王。我的几位朋友参加了合唱队，由林必达和席尔瓦带领。我饰演海蒙（Haemon），是准备同安提戈涅结婚的那个人。这是个无足轻重的角色，没有几句台词。不过我们都觉得那是一段美好的经验，而且影响到我一辈子喜爱戏剧。

　　我们读了王尔德和萧伯纳的剧本，可是从来没有看过舞台演出。我与他们的剧本最有联系的一次是在 1950 年夏天，那时我在马来亚广播电台打工，参加了几个广播剧演出。我至今记得，在奥威尔的《动物农庄》中，我的声音扮演老实的役马鲍克斯（Boxer）。奥威尔才去世不久，我们不少人认为他是个伟大的作家。我喜欢他的《缅甸岁月》，读了《向加泰罗尼亚致敬》之后才知道他参加过西班牙内战。

　　就这样，我在观察政治局势时认识了英国文学的另一个方面。我积极参加了学生运动，越来越倾向于反对殖民主义的论调，而且认为其中一些主张就等于是在反抗资本主义。我自己倾向于英国工党那样的社会主义，基本主张是拒绝暴力，采取促进自由的措施。就像"我拒绝效力"这句话，这是一种思维方式，以西方启蒙大师所主张的文学为基础。

　　安德森离开后，活跃的艾瑞克·莫特兰（Eric Mottram）接任讲师。安德森让我们深刻认识了北美洲的作品，而艾瑞克则要我们把北美文学视为认识现代英语文学的必要部分。我们跟随艾瑞克，从艾略特走向一个更大的圈子，其中包括一丝不苟的华莱士·史蒂文斯（Wallace Stevens）、艾伦·金斯伯格（Allen Ginsberg）和"垮掉的一代"（Beat Generation）。艾瑞克特别要我欣赏莱昂内尔·特里林（Lionel Trilling），尤其是他的《自由的想象》（*The Liberal Imagination*），让我明白我是多么同情那样的世界观。

1950 年为马来亚大学莱佛士学会主办展览，邀得中国艺术家张丹农（伸手者）示范中国画技法和书法

我在大二结束时决定，虽然我仍然喜欢文学，继续在写诗，但不想成为研究文学的学者。我除了不喜欢研究诗人、小说家和剧作家的

著作，对文学理论也不感兴趣，更不想以撰写文学评论为职业。这一点想清楚之后，我必须考虑在剩下的两个学科中选择哪一个作为继续研读荣誉学位的题目。那个时候，我已花了太多时间在学生会的活动上。下面我会谈到我对于马来亚的未来有什么想法。

马尼拉的警讯

林必达出版我的诗集时，我知道大多数同学并不觉得有什么了不起，甚至有人公开劝我不要浪费时间。没有想到的是，我的几位英语老师会认为应该鼓励我继续进行新诗的试验。更没有想到的是，1950年在《脉动》出版后几个月，我接到邀请去马尼拉参加青年作家的讲习班。我到现在还没有搞清楚为什么会邀请我。我猜想会议的组织者从报上看到我出诗集的新闻，觉得可以让我借此增长见识。我的朋友认为是因为一位老师的推荐，而我猜想可能就是埃文斯，因为他特别关心我在英语方面的努力。

发出邀请的是洛克菲勒基金会。基金会启动了一个东南亚青年作家的计划，邀请美国西部的小说家华莱士·斯特格纳（Wallace Stegner）讲授"远东作家"的课程。斯特格纳受聘于菲律宾大学，那里的著名短篇小说作家兼英国文学教授 N. V. M. 冈萨雷斯（N. V. M. Gonzalez）刚刚为学生和青年作家开设了一个菲律宾大学作家讲习班。他们两人的任务是安排一个研讨会，邀请该地区的其他作家与会。我很希望与别的作家见面，尽管研讨会的主题是小说而不是诗歌。我谈起这个研讨会，不仅是因为这是我第一次接触另一个东南亚国家，也因为它让我知道什么是民族文学。

我对菲律宾所知有限，只记得看过一部美国电影，其中麦克阿瑟将军在 1942 年被日军驱逐时的豪言壮语"我将再返"，而且后来做到了。我还记得在 1945 年太平洋战争的最后几个月收听美国和英国的新闻广播，听到在日本投降前马尼拉的激战。我从图书馆找到一些书，知道菲律宾用英语写作的作家已经有一个世代，用西班牙语写作的已经有好几个世代。我听说过十九世纪末的菲律宾革命，但没有读过荷西·黎萨（Jose Rizal）的作品。我从图书馆读了他的《不许犯我》（*Noli de Tangere*）和绝命诗《永别了，我的祖国》（*Mi Ultimo Adios*）的翻译本，让我认识到菲律宾这个新国家如何看待它的起源。洛克菲勒基金会愿意鼓励英语写作的用意是好的，但时机不对，英语在这个地区还没有普及。只有缅甸和英属马来亚的大学用英语教学。1950 年，缅甸在独立后离开了英联邦，马来亚的大学才开办一年，这两个地方都没有用英语写作的著名诗人或小说家。印度尼西亚正在脱离荷兰，派学生去美国和澳大利亚留学，还没有英语作家。他们具有潜力的作家认为，他们的民族文学应该用印度尼西亚语来写作。

现在回顾，我这个刚刚开始用英语写诗的人，恰恰就是需要得到讲习班帮助的少数几个人中的一个。另外两个受邀的是印度尼西亚的罗西汉·安华（Rosihan Anwar）和乌斯玛·伊斯梅（Usmar Ismail）。两人都是用马来语写作，显然不需要学习如何写作。罗西汉是个记者，创办了自己的杂志《指南针报》（*Pedoman*）。他会说流利的荷兰语，英语也很好，但完全不想用英语写作。他曾经把黎萨的绝命诗从英语翻译成印度尼西亚语，激励着年轻的印度尼西亚民族主义者向荷兰争取独立。乌斯玛·伊斯梅用印度尼西亚语执导的电影早已有了许多影迷。

我不知道他们对讲习班如何评价。在上了两节创作课之后，他们谈到印度尼西亚的"四五年派"（Generation'45）的作家（在日本占领时期兴起），特别是凯里尔·安华（Chairil Anwar）的诗。他的诗早已在马来亚的马来人中流传。他知道我居然对所谓的"五十年代派"（Generation'50）的一些马来作家一无所知，大不以为然。他看得出来我不是一个长期定居在马来亚的华人。他可能以为我努力用英语写作，跟那些不喜欢荷兰帝国垮台的印度尼西亚华人是一丘之貉。

来上课的大多数是菲律宾大学的学生。斯特格纳态度诚恳，介绍了他自己的写作经验。他不是诗人，完全没有谈诗。冈萨雷斯热爱短篇小说，给我留下很深的印象。他钦佩凯瑟琳·安·波特（Katherine Anne Porter），要我们以她为榜样，稿子要一遍又一遍地修改。从此之后，我更加欣赏莫泊桑、毛姆、爱伦·坡、欧·亨利和凯瑟琳·曼斯菲尔德等这些我喜欢的作家的才华。

在剩下的几天我与冈萨雷斯的同事弗吉尼亚·莫雷诺（Virginia Moreno）聊天。她喜欢写诗，也鼓励青年诗人用英语写诗。她具有马来人、西班牙人和华人的血统，她的身世提醒了我，许多东南亚的族裔都具有多层面的文化背景。这让我更加注意到本土特色与世界性特色之间的互动，如何塑造了地区人民的特质。我与她的学生成为朋友，多年来保持联络。这些学生都没有成为作家，我自己也不再写诗。他们中有三个人成为学者，一个人担任公职。只有一个在菲律宾大学教日本研究的，继续在业余写作，短篇小说曾经得奖。还有两个人成为历史学家：一个人研究经济史，后来担任一所著名大学的校长，另一个人是印度学专家，发现了马拉瑙语（Maranao）的印度经典史诗《罗摩衍那》。知道他们后来也回归学术之后，我觉得自己没有成为诗人也不是坏事。

可是我在这些朋友中看到的跃跃欲试的民族觉醒，比我们这些在马来亚受英语教育的人早了好几年。我听他们讨论他们国家的未来，才知道雷纳托·康斯坦丁诺（Renato Constantino）和提奥多罗·亚冈西利欧（Teodoro Agoncillo）的著作，两人都是在驳斥那些为西班牙和美国统治辩护的说法。他们也同情与菲律宾共产党结盟的胡克军（Hukbalahap）。这使我想到，有人认为马来亚共产党包括了民族主义者，因此不应该把他们视为敌人。

我离开马尼拉时心情忧喜参半。我遇到的这些人都没有立志用英语写作。一些年纪大一点的菲律宾作家开始时是用西班牙语写作，等到有机会去美国读书之后才尝试使用英语。一些年纪较轻又在美国居留较久的作家后来的确成为短篇小说作家和诗人，可是那些回到菲律宾的人却很难用菲律宾民族的他加禄语（Tagalog）写作。

我在马尼拉还有一些意想不到的收获。我居住的基督教青年会靠近黎萨公园，我可以看到还没有完全清除的爆炸现场。我的朋友告诉我，最近有一个青年诗人荷马·钟·维洛索（Homero Chung Veloso）在青年会自杀了。因为知道我是华人，他们告诉我荷马·钟·维洛索具有中国血统，是个用英语写作的诗人。他们说，在我们周围具有部分中国血统的人已经存在好几百年了。六十年后，我为朱兆（Richard T. Chu）的《更是华裔菲人》（*More Tsinoy Than We Admit*）撰写前言，对这件事记忆犹新：

> 这是我第一次听到，有些人所说的民族认同是基于他的祖先还具有一点点中国血统。这让我预先体验后来将要发生的事。多年之后，自称有中国血统的印度尼西亚人和马来西亚人多了起来，于是中国人之间出现了"华裔"一词……

在我研究海外华人史的时候，那个具有部分中国血统的诗人的故事始终萦绕我心。

在讲习班期间，还有人给我介绍了两位具有中国姓名的菲律宾大学学生。他们很好奇，为什么我在去中国念过书之后，还要用英语写作。我解释说，我只是为了学习写作。事情过去之后我才理解到，我没有解释清楚，是因为我已经开始怀疑，使用外国语言来表达一个新的民族认同真是缘木求鱼。我的菲律宾朋友也很怀疑。其中一个人说，丢弃一门用了三百年的殖民地语言西班牙语，却换上只用了五十年的英语来取代，实在荒唐可笑。

我于是想起了另外一个问题。身处以原住民为基础立国的骚动中，这个地区的华人当如何自处？身为英国文学的学生，我认为这不应该是个问题。我的任务是学好英语，用它来欣赏文学的宝藏名篇，也用它来表达自己的意见。我后来才体会到，对于千百万海外华人的未来，这是个核心问题，他们希望自己能够改变和适应，拒绝成为第二故乡的二等公民。

我为什么是马来亚人？

马尼拉讲习班让我认识到，自二十世纪开始以来，已经有几个世代的人在书写他们的民族文学。这些作家正在帮助一个新国家认识自己，这样的想法吸引了我。我接受了罗西汉的建议，提高我的马来语程度和阅读印度尼西亚语文学。他告诉我从凯里尔·安华和"四五年派"开始。这使我想起影响南洋华侨文学的中国五四运动文学。在马来亚，许多这样的作家都是在中国出生和受教育，比如郁达夫是已经成名之后才来到新加坡。许多人喜欢的小说家老舍曾经在新加坡短暂教书，他的中篇小说《小坡的生日》讲的就是殖民地儿童的故事。

我在 1947 年去中国之前，很少注意本地华人的作品，我只知道这些作品是受到白话文运动的启发。我读的作品不多，就认为它们过于东施效颦。等到 1949 年我来到新加坡，听到同学们关于英语的马来亚文学是否可能的辩论，我仍然不认为中文文学是属于马来亚的。我对马来语作品的看法也是一样：我认为它们是印度尼西亚文学的一支，不是真正的"马来亚"文学。

我们以为马来亚将会是一个非常不一样的国家，但并不真的知道到底怎么不一样。显然印度尼西亚人已经相信他们国家的民族认同。苏加诺（Sukarno）总统激昂慷慨的演讲宣布了这种认同，大多数印度尼西亚人认为他是高瞻远瞩的领袖。耐人寻味的是，他们没有把大多数人使用的爪哇语作为民族语，而是像荷兰人那样，把马来语作为群岛的共同语言。他们承认马来语已经是所有港口城市的共同语言，是大家都觉得有用的商务语言。他们有一个大家一致同意可以作为民族语言的共同语言，实在难得。

菲律宾人有几十种本土方言，面对的问题很不一样。他们熟悉从帝国到西方民族国家的权力转移，在美国占领之后又从西班牙语转换成英语。美国人在他们的殖民地引进公立学校制度，敦促当地大学换用英语，少数像荷西·加西亚·维拉（José García Villa）那样的作家也用新语言出版。不过用他加禄语书写民族文学的问题还没有解决，我可以看到，菲律宾正在鼓励另一个世代用英语写作，但我觉得这会为国家认同带来更多问题。我回到新加坡后，检讨了我们认为的"马来亚语"。我写的诗歌可以看作是一种回答。如果马来亚文学将以英语为基础，我就继续写下去。但时事变化很快，我不久发现自己面临两个问题。

我为什么是马来亚人？短短几个月前，我还是一个在寻找自己位置的华人。我刚刚离开马来亚，是否回去要看我父亲在某个马来州的工作如何才能决定。学习印度尼西亚语，以及承认他加禄语为官方语言的呼声，都使我想起我与我祖先语言的关系。不是只有我一个人处于这种情况。不管是在我熟悉的怡保，还是在新到的新加坡，数千所华文学校的学生现在唯一的家就是马来亚。我们该如何让他们接受，使英语在创造民族语言的过程中占一席之地？

还有，哪一种英语可以为国家服务？英语可以继续是法律和管治使用的语言，并可以用来掌握现代社会所需的商务和技术能力。但是英语不能成为民族语言。几十年之后，新加坡脱离了马来亚/马来西亚，情况颠倒了过来。很少人想得到，许多年轻的新加坡人现在以英语为母语。在一个以马来亚为国名的国家，人口占多数的马来人自然期待马来语会成为国家的基石。英国人最终离开时，由哪一个党派接掌权力引起了激烈争论，可是英国人明白表示，承认马来统治者的基本权利，希望由马来领导人来决定新国家的核心结构。

总而言之，我们不是在谈马来亚文学，而是希望使用英语的作家能够找出叙述本地情感的新方法。我们当然可以找出新的表达方式，只看你是否真的想成为作家。在我们自己的英语中使用一些马来语、广东话和闽南语，称之为"英马中混合语"，这是合理的，但是单单这样并不能产生马来亚文学。我们当时都知道我国只有少数人会说英语，我那本诗歌小册子出版时几乎没有同学注意到。当然，那本小册子不是文学。我写诗的目的是要表明，我们不必像英国人那样写作。只有我的英语老师注意到那本小册子，但我始终不知道他们的真正想法是什么。

有人问过我，为什么不用中文写作。如果我是写给华人看的，自然要用中文。但是我学的是英国文学，正在思索能不能用英语发出自己的声音。我后来的确尝试写过一些中文诗。大学的马来研究系在1953年成立时，我也开始努力学习马来语，去听了著名马来学者再纳阿比丁（Zainal Abidin bin Ahmad）的课。不过，那时候我已经改学历史，学马来语主要是为了阅读文献，而不是为了读五十年代派的最新作品。如果民族语言必须以国家的本土语言为基础，学会用英马中混合语写作其实毫无意义。我继续写了一些诗，但心中的疑惑也日益增加。最后我了解自己志不在此，就放下了笔。我有时候不禁反思，不再写诗是不是从我的马尼拉之行开始的。我后来到伦敦时又恢复了写诗的兴趣，并特别喜欢艾德温·图巴（Edwin Nadason Thumboo）和余长丰（Ee Tiang Hong）的诗。我多年来一直在读他们的诗，很高兴看到他们没有像我一样走上歧途。我还看到新世代的诗人如何找到了我们曾经向往的声音。许多年之后，我在回答关于自己早年经历的问题时，写了一篇《马来亚诗歌的尝试与错误》，劝告大家不要重蹈我们的覆辙。后来到1980年代，我在接受杨清河（Robert Yeo）采访时，回顾了新的趋势。2008年，我在菲利普·霍登（Philip Holden）组织的论坛发言，才终于宣称，我们新加坡的诗人可以用他们的母语英语写作，而且与英语世界的大多数作品相比毫不逊色。

　　我一直关注一些作家的作品，他们认为使用马来语和中文等别的母语，可以写出更好的马来亚文学。我读了一些他们 1950 年代以来的诗集和短篇小说集，都是由青年书局出版的。我也一直关注"五十年代派"的作家，他们的作品集结在阿斯拉夫（Asraf）选编的《盛开又新鲜：繁花，新一代的短篇小说》（*Mekar dan Segar: Bunga Ramai，Cherita2 Pendek，Angkatan Baru*，1959）一书中。到那时候，除了艾德温和余长丰，我还喜欢诗坛的另外一颗新星。他的名字是黄佩南（Wong Phui Nam），诗作清逸高远。他在维多利亚学院的同学 T. 威格森（Wignesan）在编写《金花：马来西亚当代文学》（*Bunga Emas: Contemporary Malaysian Literature*，1964）时，要我用中文介绍一些作家。我翻译了几首诗，简单介绍了一些作品。那时候，方修编写了三卷的《马华新文学史稿》，其中指出马华文学远在第二次世界大战之前已经开始。连同其后数十年的文学作品，确立了一个马来亚创作框架，不同世代的作家在这个框架中使用不同的语言，展现出他们独有的新加坡和马来西亚特色。

第二部　我的新思维

什么是民族国家？

　　我到马来亚大学几个月后，开始思考，是否可以从文学的角度考虑建立民族国家的问题。首先，我必须想到，民族国家在亚洲是个新的概念。马来亚的未来，显然既不同于被中国共产党打败的国民党，也不像印度尼西亚那样，允许印度尼西亚共产党成为合法的政党并参加民主选举。未来的马来亚也不会是即将退回到原有版图的大英帝国。在马尼拉见到那些菲律宾和印度尼西亚的年轻作者，促使我想象到另外一些可能情况：这两个国家都由无数个岛屿组成，每个岛屿各有自己的历史，由此可能在殖民时期之后建立许多不同的国家。这使我警惕，不要用英语来书写民族文学，但是我仍然说不清马来亚民族国家会是个什么样子。我对霹雳州的情况略有了解，那里有我从小一起长大的朋友。我读过关于"紧急状态"的报道，近打河流域的怡保一带就经历过战火。我从小自认是中国人，受的是中国教育，现在有意识地试着避开从这个角度来想象，我希望的马来亚是什么样子。这个问题不是很容易回答。根据大多数书本的记载，马来亚是一个英国殖民地，由两类马来邦组成，其中五个是受保护邦，四个是有英国顾问的属邦。最近的一些官方文献才提到涵盖比较广的联邦或联合邦。需要建立什么样的国家来满足多种利益，还有待大家一起来想象。

我自己只记得大致的情况如下。民族发展的几个主要人物认为，非马来人占马来半岛人口的 40%，在新加坡则超过 80%。如果马来亚包括新加坡在内，非马来人就占了大多数。这就是为什么新加坡必须离开战后时期的马来亚的原因。在马来亚联合邦，马来统治者把权力交给吉隆坡的国家政府，但保留宪法赋予的剩余权利。马来亚元首（the Yang di-Pertuan Agong）由马来统治者会议遴选产生，每五年轮换一次。

马来领导人明白宣布，联合邦是马来人的国家，但允许亚洲其他地区的人民成为马来亚的公民。他们尤其担心受到中国和其他地区革命影响的华人所领导的马来亚共产党。英国人也不愿意共产党在意识形态斗争的冷战之中取得胜利。来自中国和英属印度的居民不愿意接受英国把不同族裔联合起来的计划，但无法阻止随即缔结的英马协议。从来没有一个国家的名称叫马来亚，各州的人民，不论是马来人或非马来人，彼此都不熟悉。马来人主要的效忠对象是各自的苏丹。譬如，在我成长的霹雳州，马来人是苏丹的臣民，他们眼中的华人和印度人都是来做生意或在英国和中国企业工作的人。还有些马来人定居在英属海峡殖民地，他们不需要效忠马来统治者。这些人包括来自马来群岛的不同岛屿——特别是苏门答腊的米南卡保人和从西里伯斯（Celebes，又称苏拉威西岛〔Sulawesi〕）来的海上武吉士（maritime Bugis，又称布吉人）——他们比较倾向于泛马来民族主义的想法。还有些人的穆斯林祖先来自印度和阿拉伯世界，他们认同原住民族群。有些人拥抱新的身份认同，认为自己是大印度尼西亚的一部分。在日本占领时期，日本人倡导的大亚细亚主义鼓励这样的观点。马来亚联合邦协议在谈判时，我还在中国，所以我在回到马来亚之后才知道这个协议的重要性。我发现我可以成为新国家的公民时，并不明白这意味着什么。直到我进了马来亚大学，才开始思索这个马来亚可能会是什么样子。不过，我在新加坡的所见所闻，使我认识到建立新国家的工作非常复杂。大家都以为新加坡有一天将会成为马来亚的一部分，而且希望新加坡人的想法与全国各地的人民大致相同。我们从马来半岛来的这批人大多数不曾仔细想过，如何把新加坡纳入联合邦。我们以为到时候自然水到渠成。现在，不妨由联合邦的十一个州来决定新的民族国家的性质。我希望多了解这个国家当前的问题，特别是经济发展。马来亚对英国人很重要，是因为它是战略物资橡胶的世界最大出口国。此外，它的锡矿业也被认为是世界上最有效率的。两项物资的利润极厚，许多人认为英国将会抓住马来亚不放，尽可能推迟马来亚的独立。朝鲜战争开始后，马来亚的经济受到关注，更证实了这一点。

至于政治，我对本地华人族群的需要毫无了解。我的父母来自江苏省，而马来亚的华人多半来自福建和广东两省。我父亲从事教育工作，颇受尊重，但不属于任何参与本地和华人政治的同胞会、同乡会、行会或商会。定居已久的华人称为峇峇或土生华人（Baba or peranakan），他们有自己的重要组织。我父亲从来不参加也不谈论政治。我母亲关心政治，但主要是关心中国的局势。所以我们这一家一直处于族群生活的边缘。

有些本地华人心系中国，希望有一天落叶归根。不过，大多数华人认为马来亚是他们的家园，并承认在苏丹统治下的马来人一开始应该享有特殊地位。可是，这些华人同那些准备成为马来亚人的印度人一样，希望获得平等待遇，拒绝成为二等公民。华人最担心的是他们的语言和文化在未来的地位，特别是华文教育的地位。我父亲对这件事是坚持己见的。1954 年，他不再相信政府关于华文学校的计划，就提早退休了。

我也了解到还有一个阶级问题。当时，工厂和种植园的工人大多数是华人和印度人，农村的农民是马来人。这两个族群并不总是认为他们是具有共同利益的工人阶级。为了保护工人不受剥削，也有工会运动。但是，政府害怕共产党渗透到工会，不信任工会的领导人。有些人来自中国，与左翼分子有联系或同情左翼分子。早些时候曾经有一个中国共产党南洋分支会，后来被马来亚共产党（马共）取代，其目的是从英国殖民统治下争取独立，但协助英国人抵抗日本人。

日本战败后，英国人解散了马来亚人民抗日军。但是，抗日军的士兵曾经与英国特别行动执行处的 136 部队并肩作战，觉得他们应该对马来亚的未来具有发言权。他们走进工人群体，在工会内积极活动。这显然不符合英国人的利益；英国人认为，这个共产党与中国、印度、斯里兰卡、印度尼西亚和越南的共产党是一气的。

与此同时，马来人与华人之间的种族关系日趋紧张。马来人担心，武装的华人会占领马来人一部分土地。共产党人大多数是华人，马来人和印度人是少数；而全是马来人的步兵，则支持英国和马来宪法赋予的权利。马共被禁止，政府宣布进入"紧急状态"。这样一来，城市里的共产党人，包括新加坡的共产党人在内，不是被迫转入地下活动，就是遁入丛林。

大多数华人支持弥漫在当时民众间的反殖民主义情绪，要求人人权利平等，但反对使用暴力。特别是商人，不论经营规模大小，都希望维持和平与秩序，以期抓住商业的契机。很少人了解或在意共产主义在本地区意味着什么。虽然有少数几个受英语教育的人向往社会主义的反帝国主义号召，但参加马共的人大多数是本地华文学校毕业的学生。

这就是我所记得的刚进马来亚大学的情况，对于我理解要怎样做才可以使得马来亚成为民族国家来说，毫无帮助。把英国人即将留给我们的这个地方称为国家，好像只是随口说说而已。因此，我们必须听听领导人怎么说。在我回到怡保时，已经听到一些领导人的名字。最著名的马来人是拿督翁惹化（Dato' Onn bin Jaafar），他创立了马来民族统一机构（巫统，United Malay National Organisation，UMNO）。华人还没有共识谁是领袖，但是在受英语教育中最活跃的一位是陈祯禄，他创立了马来亚华人公会（马华公会，Malayan Chinese Association，MCA）。共产党人显然不接受他的领导地位，在他当选马华公会主席时企图在怡保暗杀他。我在上一卷《家园何处是》里提到这件事，因为我父亲是在现场的客人，目睹炸弹爆炸，陈祯禄重伤。我父亲极为震撼，他向我描述的现场情况，我在几个月后去新加坡时仍难以忘怀。

新加坡殖民地

1949 年是巨大转变的一年。在随后的二十年间，马来亚和马来西亚的想法笼罩着我的所作所为：联合邦、大学、在校园初次听到马来亚文学的想法，以及向我介绍马来亚不同地方的许多同学。这一切让我应接不暇。过了好几个月，我才意识到，我实际上完全不了解新加坡。我很难理解，新加坡为什么不能成为新马来亚的一部分，那就像一幅美丽图画上出现了大黑点。

当然，有人向我解释是什么原因。尽管新加坡自二十世纪初以来实际上就是英属马来亚的中心，但这个殖民地却没有被纳入已废除的马来亚联邦或随后的马来亚联合邦。别人告诉我，海峡殖民地的另外两个部分槟城和马六甲与新加坡分开，人民感到痛苦。但是，总有人保证说，只是时机不对而已。新加坡是马来亚的必要组成部分，等到马来亚真正独立，新加坡很快就不再是殖民地。可是，新加坡现在只好忍气吞声，离群独居。我很难接受这样的说法。多少年来，有各种矛盾的声音要求给予新加坡不同的地位，而我始终不了解问题的症结在哪里。

现在该是我认识新加坡的时候了。新加坡人民与我们这些从北方来读书的人有什么差别？他们对于自己的殖民地身份有什么想法？不幸的是，我认识新加坡的起点不很恰当。我们校园四周是郁郁葱葱的植物园以及高官和企业高管的住宅。从校园靠近植物园的一边走去新加坡城内，会经过林荫大道两边的豪华别墅，再到达安静整齐的果园路上的公车站。即使从武吉知马路上的校门口搭乘公交车沿着罗克运河路去皇后街，沿途也没有多少人，但宽敞的房屋却很多。这两条路不能代表新加坡大多数人的生活。

不过，我大学第一年没有在这条路上走过几次。首先，我没有多少钱，而到校园外面主要是为了找东西吃。其次，校园里除了上课和各种会议之外，要做的事很多。我们住在宿舍里的人数不是很多（这宿舍现在由新加坡国立大学的法学院和公共政策学院使用），我参加了许多校园活动，认识新朋友，学习新知识。我知道如果只从书本上去认识新加坡，那就像是隔靴搔痒。

不过，的确有两本书帮助我认识到新加坡是怎样成为大英帝国在东方的枢纽的：梅克皮斯、布鲁克和布拉德尔（Makepeace, Brooke, and Braddell）的《百年新加坡》（*One Hundred Years of Singapore*）和宋旺相（Song Ong Siang）的《新加坡华人百年史》（*One Hundred Years' History of the Chinese in Singapore*）。我承认自己从来没有完全消化两本书中提供的资料，但我由此稍微看到新加坡与马来半岛上各州的差别。这让我不免思忖，新加坡在马来亚形成的时候是否应该加入。两本书也为我每天阅读的新闻提供了历史背景，所以我不久就认识了新加坡现在的领导人和他们的立场。这些人主要是华人和印度人，他们是未来的领袖，将来等英国人离开后要争取加入马来亚的精英阶层。

写到这里，正逢新加坡庆祝开埠二百周年。说起来你们不会相信，在我做学生的时候，很少人提起斯坦福·莱佛士（Stamford Raffles）。校园里有莱佛士学会，还有些地点和机构也挂上他的名字，但对我们来说，不过就是个名字而已。多年之后，我听说我的系主任约翰·巴斯汀（John Bastin）决定穷毕生之力研究莱佛士，仍然感到惊讶。我的确想结交一些新加坡朋友。徐籍光（Hsu Tse Kwang）和沈基文（Sim Kee Boon）是两个获得奖学金的大一新生，和我们同宿舍，后来都成为新加坡管理层的中坚分子。他们给我介绍了中国城和东岸海滩，哪里有好吃的，哪里不要去。但是，他们往往下课就回家，周末很少留在校园里，所以我跟他们没有那么熟。还有些人是高年级生，他们活跃在文学和其他社团活动。我很喜欢他们的诗，特别是赫德维格·阿鲁佐（Hedwig Aroozoo）、Lim Thean Soo 和吴信达。但是，他们在校园的时间不多，很少有机会同我说话。

我担任学生会主席时，钱德拉（K. R. Chandra）和拉姆达斯（S. Ramdas）是执行委员会成员，他们教会我许多事。我们一起去参加了一个国际学生会议，从此成为好朋友。他们教我认识了新加坡城里丰富多彩的特性和社会习俗。多年之后，他们都成为资深公务员，我可以想象他们如何帮助同僚度过新加坡早年的艰难处境。

大一那一年学到的东西，完全无助于帮我面对在 1950 年发生的玛丽亚·赫托（Maria Hertogh）暴动。这场暴动已经有人详细研究，关于玛丽亚回到荷兰后的生活也拍了一系列的电视纪录片。我只想说一下，根据我的了解，暴动是怎样开始的。对我而言，这个故事有很多层面，说明我对新加坡殖民地的复杂传统只有浅薄的了解。后殖民主义和跨国主义、种族和宗教、关于法律和司法的想法以及媒体的角色，各种特有成分都突然被摊开。不到一个星期，所有这些殖民地生活的特色都尖锐地呈现出来，以至于几十年之后，仍然影响着我对新加坡多元社会的看法。

玛丽亚·赫托的父亲是荷兰天主教徒，在荷属东印度群岛工作。

1942 年，日本人占据爪哇，把他关进战俘营。他的欧亚混血妻子带着子女回到母亲家里，但后来也被拘禁，就把玛丽亚留给一个马来妇人。这个妇人后来收养玛丽亚为女儿，带着她回到丁加奴（Trengganu，今登嘉楼州）老家。战争结束后，玛丽亚的父亲想尽办法去找回女儿。玛丽亚的马来养母把她带到新加坡，把事情交给法院解决。英国法官裁决，玛丽亚应该归还给荷兰父亲。玛丽亚的养母上诉成功，把玛丽亚嫁给了一个马来男子。玛丽亚的父亲再上诉，结果法官判决归荷兰父亲抚养。

我读到这些新闻，了解到这个案子引起了好几个国家的穆斯林的激烈反应。法官还命令玛丽亚在终审判决前住在女修道院里。报纸上关于让玛丽亚学习做天主教徒的故事十分煽情。穆斯林群体愤愤不平，判决宣布那一天，在法院前聚集了大批人。在听到玛丽亚要跟随父亲回荷兰的判决后，暴动开始。我后来听说，暴动持续了三天，造成十八人死亡，大约一百七十人受伤。

愤怒的暴民看到欧洲人就打，气愤的激烈程度令我们都很吃惊。虽然没有涉及华人，但我的朋友都在想，如果马来人和华人族群遇到同样情况，会不会也有这样的暴动。我们的英国老师告诉我们，他们对处理这件事的方式感到震惊，对政府的缺乏判断力表示遗憾。马来亚广播电台的一名英国职员曾经与我共事，他告诉我他乘坐的出租汽车被群众拦住，司机拒绝开门，慢慢开车驶离人群，救了他的命。

一夜之间，在我心目中那个已经准备好自治和去殖民化的井然有序的新加坡被蒙上阴影。这样的事情在一个"多元社会"难道是不可避免的吗？我从 J. S. 弗尼瓦尔（Furnivall）关于荷属东印度群岛的著作里学到"多元社会"的概念，开始想到这个概念很可以适用于未来的马来亚。我们读到美国是移民的大熔炉，我们医学院的同学无忧无虑地把他们的杂志命名为《大镬》，意思是要把杂七杂八的我们丢到一个大火锅里，煮成一个国家。

我问自己，如果是在一个马来人的国家，赫托暴动会不会发生。我胡思乱想地提出一个问题：如果是华人父母把女儿留给马来人抚养，长大后成为穆斯林，结果会怎样？他们会向英国法官上诉吗？以基督教义为基础的法律适用于华人和马来人吗？如果一个穆斯林女孩在等待判决之前被送去佛庙或道观，会有人质疑吗？这里涉及的文化和宗教变数太多，我对现代化表面之下埋藏的紧张关系的确所知有限。我乐观地希望，赫托暴动是独一无二的事件，可是我从这里学到了关于多元社会的第一个教训。

暴动帮助我摆脱了关于新加坡社会的天真想法。我由此意识到从帝国殖民地过渡到国家将会困难重重。要对抗共产主义对民族主义造成的意识形态威胁，就必须考虑到，一旦本地领导人接管殖民地政体，试图建立新的民族国家，要采取什么样的制度。我相信大家已经知道，小小几件不知轻重的决定就会点燃新加坡的大火。新加坡突然让我想明白，民族主义的种族基础必须时时予以检视，不仅是因为加入马来亚的其他部分会使得政治因素变得更不稳定。

在校园里，我们感觉到，英国人正在对每一件可能帮助或破坏未来国家的事加强控制。在丛林里的战争导致"布里格斯计划"（Briggs Plan）的制订，其中要求把农村的所有华人集中起来，住进类似集中营的"新村"。这样做的目的是阻止马共从大约五十万华人中招募新成员，也使其武装部队无法获得粮食、药物和其他物资的供应。这些农村华人大多是开垦空地而后就地定居，不满于无法取得所耕种土地的所有权，但是他们并不了解共产主义，也不支持马共使用的暴力方法。因此，他们不排斥能改善他们生活条件的其他办法。马华公会为了取得他们的信任，协助他们成为联合邦公民，帮助他们提出诉求。到1951年，政府已经看到"布里格斯计划"卓有成效。

其后几个月，也是在1951年，马来亚联合邦高级专员亨利·葛

尼（Henry Gurney）在去弗雷泽山（Fraser's Hill）时遭到伏击身
亡，这提醒我们马共仍然强大。多年之后，马共领导人陈平解释说，
刺杀并不在计划之中。游击队本来是要伏击任何英国高官，并不知道
葛尼和妻子在被攻击的汽车中。不过，刺杀在当时使得本地族群担心
英国无法再掌控局势。英国人也知道，虽然他们仍然控制着全局，他
们的军队并无法阻止游击队扩散到全国。葛尼死后，英国任命最高军
事将领杰拉尔德·坦普尔（Gerald Templer）继任，率领更多精锐部
队，尽快赢得胜利。

　　葛尼的死亡告诉我们，新国家面临的危险来自马来半岛，我询问
从马来各州来的同学，什么是关键问题。我在大一时被选入学生会理
事会，因此认识一些高年级生。有几个人是年纪比较大的医学院学
生，思想成熟，立志服务公众，其中包括：马哈蒂尔·穆罕默德
（Mahathir Mohamed）、陈志勤（Tan Chee Khoon）、林基仁（Lim
Kee Jin）和马基德·"可可"·伊斯梅尔（Majid "Coco"
Ismail）。马哈蒂尔对我们学生会的活动不屑一顾，认为我们只是在
玩游戏，真正的政治是在校园外的人民中间。当时我不知道他已经是
巫统的活跃分子，更没想到他会成为总理。陈志勤教会我如何无私地
帮助穷人，后来成为吉隆坡巴图区受欢迎的反对党议员。他在担任马
来亚大学理事会理事时也帮助了我的学术生涯。林基仁和"可可"·
马基德分别在柔佛州和雪兰莪州成为名医，在各自的领域发挥重要作
用。他们那时都认为，新加坡对独立的马来亚至关重要，不久就会成
为联合邦的一部分。他们也让我第一次对新国家充满信心。

政治教育

我作为马来亚人接受教育，最重要的部分可能就是认识新朋友。林必达带我认识了一批文学朋友，也给我介绍了詹姆斯·普图基里，他是第一届学生理事会的名誉秘书长。詹姆斯曾经参加印度国民军，为印度的自由而战。在我去中国念书之前，已经知道我在怡保的一些印度朋友支持印度国民军。我的老师的一个女儿就像詹姆斯那样参加了印度国民军，去了缅甸；另一个女儿嫁给一个印度军官，他们希望尽快把英国人赶回去。我们对他们曾经经历战火考验都敬畏有加。

詹姆斯听说我在 1949 年前夕曾经在中国念书，很好奇我对国民党和共产党的看法。我告诉他我保持中立。两个政府都在争取华侨的支持和汇款，因此造成华人群体间的混乱，更引起马来领导人的怀疑。我相信马来亚的华人不论是支持别国的民族主义者，还是支持马共及其后台，都不符合自己的长期利益。

我模棱两可的回答，似乎引起了詹姆斯的兴趣。怎么可能？他不相信我在说老实话，追问我真正的想法。如果我真是对政治无知，他会教育我认识当前世界的伟大斗争，纠正我的错误。他好像从我写的诗里看出我的政治潜力，认为我本质上是改革派。詹姆斯不久在一次特别大会上竞选失败，被迫离开学生会理事会，而我作为新生代表进入理事会部分是依靠詹姆斯支持的。詹姆斯继续在校园内外积极活动，一再强调帝国主义的邪恶和资本主义剥削的残酷现实。1951年初，他因为支持反英联盟而被英国人拘留。

这使得他成为更为坚决的激进分子。1952年，他获释回校念书，我们觉得他变得更加英勇了。我们在杜宁道公寓住同一房间，他成了我的好朋友。他告诉我，在1948年曾经与我的另外两个朋友成立了马来亚学生党：一个是我在安德申学校的同班同学阿米努丁·巴基，他是半岛马来学生联合会（Gabungan Pelajar-pelajar Melayu Semenanjong）的创始人之一，后来成为马来西亚教育之父（*bapa pendidikan Malaysia*）；另一个是陈志勤，后来成为马来亚历史上最受爱戴的议员。那时"紧急状态"刚刚开始实施，学校当局并不赞成成立马来亚学生党，但詹姆斯毫不退让，还要求我参加他的行动。我们指出，大学没有政治系，也没有关于政治思想的课程，我们在这方面学不到任何东西，借以增加我们的信心，讨论我们的未来。虽然有些人阅读关于殖民主义和帝国主义的最新文章和评论，大多数人只是在彼此辩论时学到别人的想法。我们也请我们的经济学讲师讲解，是否必须采取政治措施来解决社会和经济问题。大学可能与殖民地当局达成了协议，终于允许我们成立了社会主义学会。我深信政治权力决定了生活中的大多数事情，包括采取什么经济政策使社会更公平。我因此觉得我也算是个社会主义者。我看到殖民地政府如何利用行政权力攫取财富，对资本主义经济是否具有能够纠正不公的无形之手深感怀疑。我们学到的凯恩斯经济学也证实了我的观点。不过，我还是学习了古典经济学，从亚当·史密斯（Adam Smith）到阿尔弗雷德·马歇尔（Alfred Marshall），很佩服约翰·希克斯（John Hicks）的《社会框架》（*The Social Framework*）。此外，我发现埃里克·罗尔（Eric Roll）的《经济思想史》（*History of Economic Thought*）很具启发性，可以帮助我了解伯特兰·罗素（Bertrand Russell）的《西方哲学史》（*History of Western Philosophy*）。我并不喜欢哲学，但我在不知不觉中受到了罗素进步观点的影响。

我以为我可能用经济学做我的荣誉学位专题，因为经济学与我喜欢的政治学和社会学相关。我受到反帝国主义著作的影响，讨厌像丘吉尔那样的保守派领导人，他们想维持英国对帝国的控制，越久越好。尽管美国人愿意支持欧洲各个帝国的解散，但随着冷战开展，共产主义思想在后殖民国家传播，美国人不再那么热衷，他们转而积极维护资本主义。这是一场意识形态的争论，我深信最先是资本主义导致帝国主义扩张。

我的经济学老师劝告我们要有批判性思考，不要混淆冷战争论和学术研究。我相信前殖民地不应该继续受到剥削，并支持容许工会监察资本主义企业放肆行为的政策。与此同时，我对使用暴力取得变革的方法犹豫不决：民族主义者为独立而战似乎是正当的，但我不赞成在阶级斗争中使用暴力。詹姆斯和另外一些朋友受到"紧急状态"严厉法规的限制，但看到他们的理想主义精神，我由衷地钦佩那些立志为国牺牲的自由斗士。

❦

　　由于我在学生会的经验，我深信应该鼓励学生支持民族主义事业，学习如何建立国家。我由于担任学生会主席，曾去国外开会。1951 年出国两次，分别去了锡兰（现在的斯里兰卡）和印度，都是我钦佩的新独立国家。我对斯里兰卡很感兴趣，因为我的好几个小学老师来自那里。我知道一些僧伽罗多数族裔（Sinhalese majority）和泰米尔少数族裔（Tamil minority）之间的分裂，但到了科伦坡之后，才有人向我解释在建国过程中出现的紧张关系。我参加的校园会议，其实是个让来自英联邦各地的学生领袖见面认识的会议。大部分时间花在聆听关于当地社会和历史的介绍，参观美术馆和博物馆。接待我的是个僧伽罗法律系学生，他很热心，告诉我马来亚和斯里兰卡具有同样的法律体制，如果独立后继续维持体制就不会有问题。他的家在大学南边，往前走就是拉维尼亚山，紧邻玛丽娜海滩，可以远眺辽阔的印度洋，附近是加勒菲斯酒店。那是个安静美丽的郊区，完全看不出四周埋藏着爆炸性的紧张关系。

　　我仍然关心文学活动，觉得当地学生的英文程度很高。我听说斯里兰卡最有名的诗人坦比穆图（Tambimuttu）在城里。他是《伦敦诗歌》双月刊的创办人，艾略特的崇拜者，出版过奥登的一些诗歌。我的接待人安排我与他见面，带我去了科伦坡港口的尼尔逊饭店。坦比穆图给我尝了他喜欢的亚力酒，我也很喜欢，因为我在日军占领时的怡保已经尝过棕榈酒。他要我写一首诗，由于他是《锡兰时报》的文学编辑，诗几天后就登载在报纸上。

他把我介绍给他的好朋友德·萨拉姆（de Saram）。德·萨拉姆十二岁的儿子罗汉（Rohan）为我们表演了大提琴。坦比穆图告诉我，罗汉将会是一个优秀的大提琴手。几年之后，我真的在伦敦听到罗汉的室内乐独奏，评论称赞他是乐坛新秀。在德·萨拉姆家的晚宴让我认识到，斯里兰卡的精英分子具有多么深厚的欧洲文化底蕴，我们这些在马来亚高谈阔论文学和政治的人，对这些深受西方教育熏陶的殖民地居民着实太少了解。

我这才理解到，英语不仅使得我们具有共同的反殖民经验，也使得我们共同欣赏英国文学，乃至欣赏全球的英语文学。情感有许多不同的层面，但欣赏英语文学与政治上争取发展马来亚文学无关。与坦比穆图见面，让我记起我在马尼拉的感觉，那是我第一次看到人民使用的语言与民族文学这个想法之间存在着鸿沟。事实上，之后不久，僧伽罗语变成了斯里兰卡的民族语言，那些英语流畅的贾夫纳泰米尔人（Jaffna Tamils）失去了在斯里兰卡的任何优势。

我们这些学生会代表开会的目的是展望我们的政治前景，我于是赶快摆脱了我的沉思。这次会议其实是为了筹备 1951 年 12 月将要在德里召开的会议。那是由印度联合国学生协会（United Nations Student Association of India）组织的会议，我们学生会的执行委员会有四名成员参加，但我们必须从校外找到经费。因为是第一次，我们四个人都获得足够的支持。这次会议其实是受到我们对联合国满怀憧憬的启发。印度政府提供了会议场地和官方住宿。

我们住在梅特卡夫大厦的一间大公寓里，那里原来是印度行政服务学员的住所，由于正好是圣诞节和新年假期，才让我们这些来参加会议的人入住。我们得到的其实是印度行政服务官员的待遇。譬如说，每天早上六点有一个裹着头巾的普什图人（Pathan）叫醒我们，替我们刮胡子。我们都敬谢不敏。一个钟头之后，两个人送来早茶。我们敬领如仪。梅特卡夫大厦虽然不是五星级大饭店，这可是皇家待遇。我们的房间俯瞰亚穆纳河（Jumna River），中间隔着一个打理得当的花园。那时是冬季，河水很低。每天早晨，一行行妇女走到河边洗衣，是令人难忘的风景。

与科伦坡的会议不同，这次会议公开地谈论政治。联合国的代表史蒂芬·施韦贝尔（Stephen Schwebel）是个年轻的美国律师，他是联合国学生协会（UN Student Association）的创始人之一（后来任海牙国际法院院长）。他的理想主义感染了我们，许多人公开承诺，支持联合国作为世界治理的主要手段。我们都相信，这是和平的最大希望。令我们印象深刻的是，尼赫鲁（Jawarharlal Nehru）总理有一天晚上来给我们讲话。他热情洋溢地谈到他对年轻人的期望，我们深为感动，一个世界领袖肯花时间来对来自三十个国家的学生讲话。我新认识的两个朋友尤其兴奋。其中一个是从旁遮普（Punjab）来的巴基斯坦女孩，她被总理包容性的态度打动，含着泪告诉我她的家庭迁移到拉合尔（Lahore）的痛苦经历，以及她对那些朝着相反方向迁移的人的同情。我到印度前读过一些关于印度-巴基斯坦分治时的悲惨情况，但这是第一次听到一个巴基斯坦女孩亲口讲述的故事。另一个是以色列人，他认为尼赫鲁是一个伟大的领袖。他告诉我他出生在埃及，移民到巴勒斯坦与哈加纳（Haganah）并肩作战。他自称参加了伊尔根（Irgun）小队，炸毁了戴维王饭店。他说，炸药损害了他的肺部，使他不得不放弃军旅生涯，转到学术界。他会说流利的阿拉伯语，读过《古兰经》，因此被派去德里与一些杰出的穆斯林学者合作。我读过阿瑟·库斯勒（Arthur Koestler）的小说《中午的黑暗》，以及他关于以色列国建立的故事《承诺与实现》（*Promise and Fulfilment*）。置身反殖民主义和二战后关于大屠杀描述的氛围下，我的以色列朋友的故事使得我相当同情以色列。

可是，给我留下最深刻印象的还是作为东道主的印度联合国学生协会的秘书罗米拉·塔帕（Romila Thapar）。她是历史系的学生，告诉我她立志要重新撰写印度古代史，纠正英国历史学者对莫卧儿帝国（Mughal Empire）以前历史的鄙视态度。我对这个题目所知甚少，只知道佛教把灿烂的印度艺术和思想从印度次大陆传播去了中国和东南亚。她是我遇到的第一个对历史研究有如此信心的本科生。听了她的谈话不仅使我知道自己在知识上的巨大不足，也使我希望学习更多历史。几年后，我们同时在伦敦的东方与非洲研究学院（亚非学院，the School of Oriental and African Studies）攻读博士学位，她的导师是巴沙姆（A. L. Basham），是为数不多的研究印度古代史的英国历史学家之一。

1950 年意料之外的马尼拉之行令我思索马来亚文学的可行性，而德里之行虽然表面上是认识国际事务，实际的效果却是令我拒绝当前的政治，决心专门研究历史。当我发现在马来亚大学无法研究中国现代史，是罗米拉对古代史的热情给了我勇气，使我去探索中国两千多年前的历史。

斯里兰卡和德里的旅行教会了我，要经常审视自己对这个地区的政治发展情况了解多少。我在科伦坡时已经看出佛教的僧伽罗人与印度教的泰米尔人之间剑拔弩张的关系，却完全没有想到会发展到毫不留情地互相残杀的程度。新加坡的玛丽亚·赫托暴动之后，我已经警觉到种族间的关系异常脆弱，很容易就会转变成种族和宗教战争。在德里见到尼赫鲁总理后，我读了他的名著《印度的发现》，深为佩服。可是，在抵达德里机场后，乘车经过长达好几英里的难民营，令我极为不安。大概五年前，印度和巴基斯坦分离后，旁遮普暴动的受害者就住在这些难民营里。我对这些难民营了解越多，就越害怕宗教狂热。从此之后，我越来越反对种族式的民族主义和任何排外主义，它们会纵容愤怒与残暴，使普通人变成杀人狂。

两次南亚之旅使我深有体会。一方面，殖民统治的后果彰彰在目。另一方面，前殖民地创建国家的艰巨任务才刚刚开始，前途困难重重。我更加意识到，我出生在印度尼西亚，作为一个华人长大，把遥远的中国视为祖国。我可以努力变成马来亚人，但如果种族被视为对国家忠诚的标准，单靠努力就够了吗？

不过，我也有一些正面的收获。我的僧伽罗东道主强调，未来会有希望，因为我们都信任法治，坦比穆图的一生指出，英语的文学传统可以消除我们之间的分歧。史蒂芬·施韦贝尔对四海一家的信心令人振奋，参加联合国学生会议的人都满怀希望地踏上归途。罗米拉·塔帕坚信了解我们的历史根源至关重要，使我深刻和持续地尊重古代历史。

回到学校后，我减少了担任学生领袖的工作，开始考虑荣誉学位的事。我放弃了创作马来亚诗歌的尝试，专心准备文科学士最后一年的考试。我仍然必须在经济学和历史学之间做出选择。我曾经想过，专攻经济学可以使我成为有用的公民。可是，我对政治和社会变迁的兴趣远大于分析经济现象或经济政策。我认识的人来自不同地方、具有不同背景，这使我确信，研究历史可以不受限制地探讨人类在时间长河中的发展情况。不过，还有一件事使我又回到学生事务。前面提到，我们曾经希望大学当局允许我们成立讨论政治的学会，为新国家未来的民主政治做好准备。出乎我们意料之外，大学当局在1953年同意了。于是我们成立了社会主义学会，但避免像詹姆斯·普图基里那样因为左倾活动而被拘留，我当选为第一任主席。

我那时已经在撰写硕士论文，准备从事学术工作，不再参与政治活动。我相信学生应该有权公开讨论政治，这将有助于他们确立新国家的目标。我担任学会主席，使学会开始运作，但不久就让给年轻的朋友们去主持。我很高兴，许多成员同我一样，促进社会主义，但没有投身政治。不过，学会的确吸引了一些人，他们在时机成熟时就进入政治领域。

可是，在 1954 年，学会刊物《黎明》（*Fajar*）的编辑被政府粗暴地逮捕，结果造成反效果，促使好几个编辑在毕业后积极参与政治。有一个同情学会的年轻律师向他们伸出援手，他的名字叫李光耀（Lee Kuan Yew）。学会成员对警察的行动愤愤不平，他们得到李光耀的积极支持，好几个人于是加入了随后成立的人民行动党（People's Action Party）。我在 1954 年中写完论文，前往伦敦，很高兴听到学会声誉卓著，集结了一批具有政治抱负的人才。

第三部　喜结良缘

初识娉婷

回想起来，我在马来亚大学的头三年充满了期待和欢笑。我不觉得有什么犹豫彷徨。我读了相当多的英国文学，欣赏古典音乐，写了一些诗，结交了许多朋友。我开始认识马来亚，参加了学生活动。我关注别人提出的关于主权民族国家的一些实际问题。

我仍然与英国文学系维持着密切的联系。这个联系就是林娉婷，我正在追求的对象。我不久就认为，认识娉婷将会改变我的一生。认识她之后使我更多思考自己的人生前途。虽然我知道从事公职的重要性，但我知道我不适合那样的工作。我喜欢的生活是学习和教书，娉婷也鼓励我向学术界发展。

我们是在我大二那一年相识的。文学给了我想不到的帮助。有几个大一的新生想了解浪漫主义，请我去主持讨论。讨论的主题是华兹华斯的诗。以下是娉婷给我们子女讲的故事：

———◦◦◦———

我第一次注意到赓武，是看到他在华兹华斯讨论会布告牌上的名字。这个"赓"字我从来没有在任何人的名字里见过。我去听讲，是出于好奇，想看一看是什么人取了这么奇怪的名字。那是一个帅气的年轻人，谈起诗来颇为自信，也很有深度。这当然给我不错的印象，但什么事都没有发生，因为我只不过是大一新生，不会引起他的注意。他那时候已经出版了一本诗歌小册子，是学生会报纸的编辑，又积极参加学生活动。那一年的后几个月，我们才开始见面和聊天。1951—1952 年，我被选入学生理事会，他是学生会的主席。

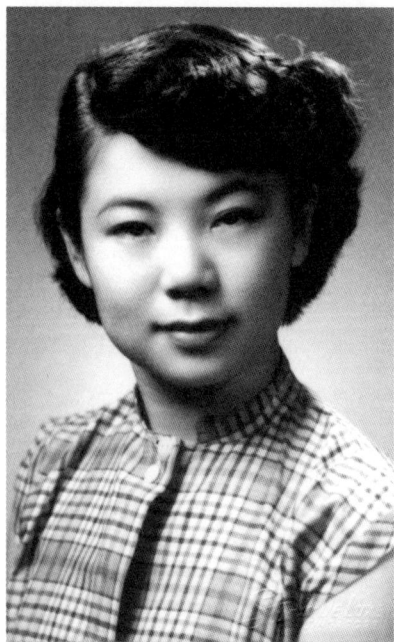

马来亚大学时的林娉婷

　　其实我一开始就注意到听众中那个可爱的姑娘。我们再次相遇是在她帮忙组织的一个晚餐舞会上，接着又在一些社交场合见了面。我记得她说话快速，词锋尖锐。有一次，听到她对叶芝的诗的意见之后，我回去又重新读了一遍。我比娉婷高一年级。我被林必达捧成诗坛新秀之后，在校园里小有文名，但对自己今后的方向仍然茫茫然。娉婷热爱英国文学，驾驭英语的能力比我强得多。她小我三岁，低一年级，所以觉得只能帮我加油。她知道我的中国背景，很好奇我怎么会重新搬回就要独立的新马来亚。

　　林必达又帮了我一个大忙，尽管当时我们两人都不知道。他决定教我欣赏西方的交响乐。1949 年，我回到怡保后的几个月，学会了拉小提琴，但自觉笨手笨脚。我知道林必达收藏了一些交响乐的唱片，便请他放给我听。他选的第一张唱片是西贝柳斯的《芬兰》，告诉我这是关于民族复兴的音乐。他知道我是交响乐的门外汉，便教我如何欣赏。一开始，他就像交响乐队指挥，教我辨识音节中不同乐器的声音。他把《芬兰》重放了好几次，让我欣赏和音与旋律。我就这样开始欣赏别的音乐。

　　我们花了几个星期的时间，一再重放柴可夫斯基的《第六交响曲》（《悲怆》）和贝多芬的《第五交响曲》。林必达对音乐非常熟悉，我问他是否将来要做乐队指挥。他告诉我，他只不过是听力很好，又有极好的记忆力。听完他的唱片，我从此浸淫在西方音乐之中，终身受益。

　　林必达不知道的是，他还帮助我接近了娉婷。我对音乐是个可怜

的乐盲。我的父母亲不懂音乐，我学校里的朋友不玩任何乐器，安德
申学校没有任何音乐活动。我只在爱国募款集会上学会了一些中国流
行歌曲。在日本占领期间，我听过一些日本军歌，还会哼一下军歌的
调子。1948 年，我在中央大学的第二年，我每天经过大学的音乐学
院，听到学生们弹奏钢琴或小提琴，或练习歌剧的咏叹调，但从没有
看过他们的演出。

　　林必达把我的音乐欣赏能力提高到另外一个层次，使得林娉婷小
姐在下一年对我有了好印象；娉婷那时是大一新生，是大学管弦乐团
的首席小提琴手。我衷心感激林必达在音乐方面给我的教育。有了他
的帮助，当我开始追求娉婷时，我们就至少是文学和音乐方面的同
好。有一天，娉婷同意跟我一起去看电影《麦克白》。那是个莎士比

诗人肖像，　1950 年

亚的悲剧，奥逊·威尔斯自导自演，古典作曲家雅克·伊贝尔配乐。我至今认为这是我们从此成为正式校园情侣的时刻。

以下是娉婷关于这件事的回忆：

我大二那年的十月，在一次学生理事会结束后，赓武邀请我去看正在电影院上映的《麦克白》。那次约会蛮有趣的。首先，那是个悲剧电影，充满着黑暗和死亡。电影由奥逊·威尔斯自己改编、导演和扮演麦克白。看完电影，我们都觉得有点沮丧，于是去了电影院对面的咖啡馆。新加坡那时还没有大型购物中心，大家只能去坐咖啡馆。赓武那时候留着络腮胡子。你们知道，大多数华人都没有胡子，但赓武例外。他总是开玩笑地说，他的祖先中一定有一些是古代入侵中原的突厥人或匈奴人，年轻的华人中很少有蓄胡子的，所以他往往引人注目。

留胡子的原因其实很简单，因为他在刮胡子时常常割伤自己，所以决定不刮了。那时候没有现在的双刃安全刀片，单刃的刮胡刀一不小心就会割破皮肤。我们正在喝咖啡，一个高大的锡克人（Sikh）突然气势汹汹地质问赓武，留胡子是不是要嘲笑锡克人。我那时太不懂事，看不出这个锡克人是喝醉了。幸亏赓武处理得当，平静地回答他，甚至请他坐下来说话。我十分害怕，担心他会打我们。第一次约会竟然

有这样惊人的结局。赓武后来告诉我，他担心我从此不肯与
他约会了！

———◦◦◦———

娉婷始终热爱文学，但她也理解为什么我会转向历史。我们发
现，我们具有共同背景，尽管我们在初遇时并不知道。她在女学生中
是个引人注目的美丽女孩，喜欢讨论简·奥斯丁及其同时代的英国诗
人。她还是小提琴手，是著名音乐老师吴顺畴（Goh Soon Tioe）的
学生，新加坡青年管弦乐团成员。马来亚大学成立自己的管弦乐团
时，她是首席小提琴手，坐在新任化学讲师黄丽松（Rayson
Huang）旁边；黄丽松一生热爱小提琴，与我们两人成了好朋友。我
们都没有想到，有一天我会继他之后担任香港大学的校长。管弦乐团
的指挥保罗·阿比斯加格纳登（Paul Abisheganaden）热衷音乐教
育，我们很钦佩他。我十分关注古典音乐这种严肃音乐。

娉婷在暑假时大病一场，得了美尼尔氏综合征，导致左耳完全失
聪。以下是她的自述：

———◦◦◦———

第二年就要开学时，我生病了。这病来得突然，耳朵里
面嗡嗡作响，过了几天，左耳失去了听觉。医生找不到病

因，而我觉得快要死了。我只能平躺在床上，头都不能转，一转就头昏想吐。我什么都吃不下，连水都不能喝。最后我被送进医院，服用了大量的新药盘尼西林。幸亏我对这个药没有过敏反应，而那时候对盘尼西林的副作用并不清楚。我后来知道，我的病叫作美尼尔氏综合征，这种病毒通常只侵袭年纪比较大的人。本地的医生对这种病一无所知，耳鼻喉的专科医生甚至不相信我说左耳听不见了。他以为是我的幻觉！

我在服用盘尼西林时可能已经在康复中，因为这种药对病毒性疾病是无效的。不过，盘尼西林可能使我在身体虚弱时避免了其他疾病。我在医院住了一个星期，回家大约三个星期后才复原。我发现左耳真的听不见了，内耳平衡系统受损，有好几个月我不能直线行走，下楼梯会摔倒，过门道会撞在墙上。总之，我无法平衡，不能打羽毛球，也不能拉琴，因为我不能分辨声音从哪个方向来。

我大一的时候爱好运动，特别是羽毛球，与同学邱先生（Loporte Khoo）合作拿过混双冠军。刚病好的时候，我连球都打不到。不过，我继续打球，打得相当不错，代表马来亚大学参加了1953年夏天与香港大学两年一次的比赛。可是，由于听力受损，我不再能领导管弦乐团，声音会在我的脑袋里嗡嗡叫。我花了好多年才慢慢复原，用右耳调整适应，让别人看不出我一只耳朵是聋的。由于耳朵神经坏了，助听器不管用，我逐渐习惯了转过右耳与别人说话。如果有人对我左耳讲话，我什么都听不见。幸好我不太在乎这一点，在餐桌上总会告诉坐在我左边的人，跟我说话前先碰我一下。大多数人都会有一些身体障碍，我很惊奇地发现，在我说出我的听力问题时，竟然有那么多人告诉我他们也有同样问题。有时候我居然发现，坐在我左边的人右耳听不见，我们只好转身面对面地说话。我现在已经安之若素，不把它当回事了。

娉婷和她的母亲

妈妈童懿和

娉婷是个多才多艺的人，病好之后，开始向别的方面发展，很快恢复了她快乐的天性。那时候我已见过她的母亲童懿和，听到她很不寻常却与我们家相似的故事。童妈妈说起，她年纪轻轻就从上海到新加坡教成年班华人说国语。那大约是 1930 年，比我父亲去泗水的时间稍晚一些。她然后回上海与圣约翰大学的青年学者林德翰结婚，娉婷就是在大学的医院出生的。中日战争爆发前夕，林德翰带着一家离开上海，到槟城钟灵中学任科学老师。他们的女儿娉婷就是这样来到马来半岛，就如同我的家庭从爪哇岛来到怡保，也正如我在 1948 年从南京回到家里，都是身不由己的。

娉婷叙述她母亲的故事非常动人：

---◆◇◆---

我母亲童懿和是福建邵武人。她说的邵武话很奇怪，与东南亚流行的南方方言如广东话、闽南话、潮州话、客家话

等很不一样。她只跟我的姑妈说家乡话，平常很少说，所以我没有学会。她是个很不寻常的女人，与同时代的中国妇女的生活很不同。她十八岁的时候，父亲不准她去上海上大学，她就绝食抗议。她要去上海读书，是因为她的哥哥在那里学医。她在1910年6月3日出生，是辛亥革命前的一年。她没有裹小脚，在自己父亲的学校里念书。这可能是她与同时代的许多其他妇女不同的原因。她很有冒险精神，显然与她成功争取上大学有关。我的外祖父是基督教徒，是邵武公理会（Congregationalist）女子学校的校长。

她的祖先来自北方，童这个姓氏在南方很少见。我的外祖父是个读书人，但我不知道他在担任校长以前的事迹。他可能是个老师。据说我的外祖母依照当时的习俗年纪轻轻就嫁了过来，生了许多男孩，但大多数在婴儿时夭折。我的外祖父那时被传教士劝说改信基督教，于是说如果妻子生下一个女孩就同意改变信仰。等到我的母亲出生，他就真的成为基督徒了。我的外祖母一共生了十六个子女，有五个存活。那时候的公共卫生和个人保健都不如现在，婴儿早夭是常事。外祖父改信基督教之后，外祖母接着又生了两个女孩和一个男孩。可能是已经有了经验，三个婴儿都活了下来。据说女婴比男婴强健，所以三个女婴都活得很好。我母亲因此有两个兄弟、两个妹妹。

我母亲去上海进了美国浸信会办的沪江大学。她进学校

时不会说英语，但没有因此就退缩。她告诉我，头六个月她
一团混乱，茫无头绪，直到有一天突然就听懂了。从此之
后，她英语说得很流利，尽管说话和写作有时候不合文法。
我认为那是有点破碎的英语，但完全可以听懂。我母亲在大
学能够维持生活，靠的是把中国的桌布、餐巾和绣花衬衫寄
给一个住在加利福尼亚州的美国朋友。

母亲在大学时开始教海外华人说普通话（国语）；她是
胡适的崇拜者，而胡适是中国当时最有名的学者和思想家，
正在推动使普通话成为民族语言。

在 1920 年代，普通话还没有在中国普遍使用。面对外
国威胁，民族主义的情绪高涨，大家觉得中国人应该有一个
共同的口语。中国已经具有一个传承两千年的书面语，中国
人不管说什么方言，只要受过教育就能认字。现在该是有一
个共同口语的时候，于是就选择了北京朝廷使用的官话。不
难想象，年轻人会多么兴奋要建立这样一个国家，全国不分
东西南北都说同样的话。我母亲由此得到启发。她相信所有
中国人将来都要说普通话，于是在毕业后去了新加坡，在一
个华文成人学校教普通话，那些成人原来只会说广东、闽南
等地的南方方言。

我不知道她是怎样会想到去南洋的。也许这是她敢于冒
险的另外一种表现方式。她在那时加入了大批老师、记者和
知识分子离开中国去东南亚的潮流。早些时候去东南亚的劳

工和商人已经比较富裕，人数也够多，希望为子女设立华文学校。统治这个地区大部分地方的殖民国家没有花多少钱办教育。例如，英国通常只在每个城市设立男校和女校各一所。学校用英语教学。政府的办公室需要办事员和低级别行政人员来协助管理殖民地，这样的学校已经足以应付需要。高等教育方面，文理科有莱佛士学院，另有一所爱德华七世医学院，可是学生人数极为有限。一些杰出或富裕的学生可以设法去英国上大学，但也是寥寥可数。传教士和各种慈善组织也做出努力，设立更多的英语小学和中学。值得称赞的是，既有男校，也有女校。

华人社区希望保持自己的语言文化和注重学习的传统，也开始设立私校，用普通话教学。这就是赓武的父母和我的父母来到马来亚的原因。赓武的父亲先是到马来亚教书，后来在1920年代末到印度尼西亚的泗水担任第一所华文高中的校长。稍后在1937年，我父亲应聘到槟城的钟灵高中（男校），是第一位教科学的老师。钟灵高中那时是该地区最好的学校，现在依然如此。对那时的大多数华人来说，海外的工作只是暂时性质，等到中国局势好转就会回去。他们不承想到，历史的大潮浇熄了他们的梦想，东南亚的大多数华人从此没有再回去中国。

回头说我的母亲，她去新加坡时正逢全球经济大萧条，但她从来不谈这对她有什么影响。她帮助建立的学校名叫国语讲习学校（后来又在槟城设立了一所同名的学校），招生好像并不困难。学校的职员很多，有一百多个努力学习普通话的学生。他们大多数是成人，所以都在夜间上课，小孩班则是在白天上课。我母亲与其他职员不一样，会说英语，所以可以与受英语教育但只会说方言的华人交谈。她遇到很多当时的著名华人，例如林汉河爵士（Sir Han Ho Lim）。他们都努力学普通话，我母亲与他们保持友谊，所以我们一家1942年去新加坡时不会完全没有朋友。

日本军队1941年打到东南亚。娉婷一家受到的影响比我们家大。日军到槟城前，她们一家乘最后一班火车去了新加坡，没有预计到的是日军不到两个月就横扫马来亚的英国军队。在新加坡，娉婷的母亲认识几个有名的土生华人，是她以前教过的学生。她从小是基督徒，与卫理公会有联系，所以得到教会人士很大的帮助。她在当时情况下不能再教普通话，为了维持家庭生计，开始发展她的经商才能。娉婷依然记得那段时间的辛苦和快乐，与她一起长大的小孩都定居在新加坡，在英文学校上学。她的父母虽然从事华文教育，但能说能写英语。事实上，娉婷发现她父亲有一堆十九世纪的英国小说，于是在日军占领时期就钻进了书堆里。大约同一时期我在怡保，在图书馆读到的大都是通俗小说，在文学的层级上比娉婷读的小说要低好几个级

别。我们的经历还有一些共同之处。娉婷与我一样，在日军占领时期
没有上学。战争结束后，她进了卫理公会女子学校，因为英语作文优
秀，很快就上了高级班。她还遇到一个非常好的数学老师王惠卿
（Ruth Wong，后来是马来亚大学教育教授），在王老师帮助下轻松
取得剑桥毕业文凭。至于我，早她几年在安德申学校也同样得到洪老
师（Ung Khek Cheow）的帮助，可是我的数学肯定比娉婷差很多。
不过，我们有一件事是完全不同的。娉婷的父母虽然可能是两相情愿
结婚的，可是婚后并不快乐。由于性格冲突，导致双方离异；娉婷的
父亲决定回台湾老家，那时台湾在战后已经回归中国。娉婷、她的妹
妹和三个弟弟留在了新加坡，全靠她的母亲赚钱养家。我见到童妈妈
时，她已经是非常受人尊敬的华文老师，利用维多利亚学校的校舍设
立了一个私立的下午学校。希望入学的人很多，因为许多家庭把子女
送去英文学校，但仍希望子女能够学习华文，用华文通过毕业考试。
童妈妈十分辛苦，因为学校几乎全靠她一个人，可是她靠着这份收入
来养活五个小孩。

　　娉婷是长女，她分担母亲的工作，帮助学生欣赏中国的艺术、音
乐和戏曲。她进了大学之后仍然继续这样做。我仍然记得她扮演花木
兰，至今珍藏着两张她在舞台上的剧照。

　　可是，娉婷和我的友谊基础与中国事物没有什么关系。马来亚大
学的目的是：尽最后努力教育一代学生感恩，让他们知道他们是一
个全球帝国的一部分。这个任务的起点，对娉婷和我来说，就是学习
英国语言和文学。既然我们喜欢文学，就没有理由拒绝。但是我们也

了解，我们必须知道，我们的同学来自"英属马来亚"的不同部分。娉婷认识本地的同班同学和别的新加坡朋友，但她很想认识那些来自马来半岛各州的人。至于我自己，除了霹雳州以外对别的州并不了解。而且，我对新加坡也非常无知。在认识娉婷之前，我同别的来自马来各州的人也去城里逛过，但是娉婷和她的朋友带我去看了一些我不可能自己发现的新加坡的偏僻角落。

娉婷大学时在舞台上扮演花木兰

爸爸林德翰

移民的故事通常都很精彩。我以为我的故事已经够奇怪了，但是娉婷的故事还要有趣得多。我钦佩她的母亲，能够从容应对生命中的突发事故，而认识她的父亲，是在她去台湾看望父亲回来之后。她回来后告诉我的故事给我留下很深的印象。她讲的故事不仅使我对她的家庭更好奇，至今仍然着迷，而且涉及中国大陆与台湾当前的复杂关系。以下是娉婷讲她父亲的故事：

------◆◇◆------

我父亲来自台湾/厦门的一个著名商业家族。我对这个家族所知不多，只在 1953 年去台湾探望父亲时见过大伯（后来他当选为基隆的第一位非国民党籍的市长）。这件事后面再谈。我父亲在厦门鼓浪屿的英华学校上学，同班同学中有一些是我后来知道的著名人物，其中有世界闻名的考古学家郑德坤，是剑桥大学的教授。另一个是他的大学同学林春

献教授（Robert Lin，与我父亲一样是生理学家，是我父亲在北京结婚时的伴郎），后来到 1950 年代在马来亚大学教书。由此可见，人与人之间的关系真是靠缘分。认识我父亲的人告诉我，父亲非常聪明，我自己也这样觉得，但他一生没有能施展抱负。母亲告诉我，父亲在北京燕京大学的时候，曾经获得洛克菲勒奖学金去美国读博士学位，但他对学院或研究工作没兴趣，认为是"无用而落伍"的职业。却不知教育工作在二十世纪的后五十年有了爆炸性发展。也许是因为家族的经商背景，他崇拜亨利·福特那样的企业家（福特的名言是："历史是一堆废话。"）换句话说，他希望成为企业家。可是，他是我见过的最不适合经商的人，却完全没有自知之明。举例来说，他太容易相信别人，总是上商业伙伴的当。明知已经受骗，仍然不会怀疑。他完全没有商人一心一意要赚钱的冲动，也缺乏商业才干。讽刺的是，这可能也是他家族的遗传。

我的祖父有一妻二妾，每个妻妾都生了个儿子。我父亲年纪最小，是第三房生的。他从小受到母亲中国传统家庭式的宠爱，不知道成功必须靠专心致志和努力工作。他总把失败归咎于被别人算计，却看不到是他自己太容易上当。他的大哥很早就参加家族的经营，而我父亲从来没有在任何家族企业中做事。他从小很会读书，十一岁被送进厦门的英华男子学校，因此脱离了家族企业的环境。

所以说，来自企业或商人家庭并不能保证你就能经商。家族也要足够明智，知道哪一个儿子可以继承家业，不能把家产托付给只会读书、不会赚钱的儿子。即使你继承了家产，仍然必须知道如何守成，不然就会败家。我母亲与我父亲完全相反，很早就知道一分一毫来之不易。一个是脚踏实地、奋斗进取，一个是不切实际、脾气暴躁，可以想见这样的婚姻很早就难以维持下去。两个人肯定是一对怨偶！

这段婚姻不和谐还有个重要原因，就是我母亲赚的钱总是比我父亲多。他一向娇生惯养，受人侍奉，因为足够聪明，读书毫不费力。她却是不断进取，勤奋工作。我问过她，既然经济上已能自立，为什么还维持婚姻。她的回答是，在那个时候，离婚的事很难启齿，很少人做得到。这段不快乐的婚姻维持了十三年，直到时局变化，才使她与那个有志难伸的男人分手。

———◦◦◦———

她的父母离婚八年之后，娉娉在 1953 年去台湾看望父亲，我此前已经知道了一些情况。当时以为不过就是一个家庭被不幸拆散的故事。她回新加坡后给我讲的却扩大了故事的意义，让我七十年来陷入沉思。

———◆———

我与父亲断断续续地保持通信。没有想到，他邀请我去台北看他，还说要付钱购买香港去台北的来回机票，母亲则给我买了新加坡去香港的机票，作为我的毕业礼物。我很兴奋，因为这是我第一次去香港和更远的地方旅行。

那时候，台湾还处于交战状态，国民党到台湾才八年。台湾人被日本殖民统治了大约五十年。日本1895年在甲午战争打败中国之后取得台湾作为战利品。台湾人并不是不喜欢回归中国，而是国民党跟日本人一样，把本地人视为殖民地子民，台湾人对自己的事务毫无发言权。大约有一百万大陆人（大都是官员和士兵）占据了最好的职位。

香港使我的眼界大开。竟然会有这么多人！我很不习惯，特别是一群小孩跟着我要钱，使我尤其苦恼。从广东去香港的人格外多，他们没有地方住，都住在山坡上的临时棚屋里。台风一来，往往屋毁人亡。香港努力为他们提供住房和粮食，但1953年的香港政府还不完备，无法做到这一点。而且，冷战刚刚开始，香港成为几个大国的情报活动中心，都在设法刺探中国的意图。因此，安全措施严格，人人小心翼翼。

我终于取得签证，乘飞机去台北看望我的父亲。台北是个单调乏味的城市，街上挂满了横幅标语。

我与父亲八年没有见面，觉得他变化不大。他告诉我已经再婚，现在有一个五岁的女儿。我很是吃惊，要是他先告诉我，我也许就不去台北了。我那时年轻气盛，不像现在这样宽容。那个女孩长大后，我偶尔与她通信，发现她既善良又漂亮。她是个医生，实现了我父亲的愿望。

回头说我访问台北的事。这次探访不算成功，因为我到达之后，父亲立刻带着我去办理出境证。我被问到为什么来台湾，为什么我作为中国公民要离开台湾。我很吃惊，因为从来没有想到，政府会把我视为中国公民。这是因为根据1909年制定的法律，只要父亲是中国人，子女不论在哪里出生都被视为中国人。所以我才会被问到，为什么不留在台湾与父亲同住。我真的吓了一大跳。

我回新加坡后母亲告诉我，如果我是男孩，就不会让我去看望父亲。因为我如果是中国人，必须留在台湾服兵役！不过，我还是拿到了出境证，顺利回到家里。台湾现在已经废除了这个政策，因为许多华人看到这个政策就不会去台湾。我的几个弟弟几年后去看望父亲都没有遇到麻烦。赓武和我有三十多年没有去台湾，直到台湾当局不再把访问台湾的海外华人都视为反对中华人民共和国的人。

总之，这次旅行让我害怕，不愿再去台湾！而且，我在台湾也不快乐，因为又得每天听父亲批评母亲。我为母亲辩

娉婷和她的父亲

护，还发了脾气，弄得我父亲也不高兴。不过，到离开的时候，我还是感到悲伤，因为我觉得我们可能从此不能见面了。那的确也是我们的最后一次见面。我继续给他写信，很高兴听到他的女儿（我的同父异母妹妹）令他快乐。妹妹的丈夫也是医生，颇有声誉，但是突然悲剧降临。她在首次怀孕时得了癌症，生产后不久就去世了。虽然我对父亲没有什么感情，但也为他难过。他终身失意，生活不宽裕，一事无成。他最大的成就可能就是他在台湾的女儿，却年纪轻轻就走了。这是他晚年最大的悲哀。

　　过了几十年，毛泽东和蒋介石都去世了，我们觉得可以自在地访问台湾了。娉婷与她父亲一家已经失去联系，但我们很想了解林家的家族历史。娉婷在1953年见过她的大伯林番王，那时他在基隆经营一家照相馆。林家的祖先在十九世纪初从厦门搬去宜兰，以后又搬到基隆。娉婷的祖父是很成功的商人，把大儿子林番王送去福州最好的学校念书，把娉婷的父亲送去厦门的英华学校。林家还有许多子弟到日本读书，好几个在台湾医学界卓有声誉，所以娉婷的父亲希望自己的女儿学医。

　　我们知道了林番王在1960年当选为基隆市长。虽然他在私生活方面声名狼藉，仍然在1964年竞选连任成功。他在基隆颇有政绩，修建许多学校和道路，改善了港口设施。他在1965年去世，下葬于基隆中正公园旁。我们2010年去祭奠时，见到墓园整齐干净，而且是公园内唯一的墓地。当地的反国民党情绪使墓地保存下来，但经过2014年的激烈选战，据说国民党支持者毁坏了墓碑。我们的家属2018年再去墓地时，发现只是草率地修补了一下。可是，过了几个月，基隆市长重新整修墓园，还把相片放上网站。这个墓园成了台湾1945年以来复杂政治斗争的一个象征。

重新认识

娉婷看得出来，我对马来亚文学的兴趣以及断断续续地写诗，导致我没有认真研究英国文学。我仍然在阅读诗歌和小说，也喜欢法国和俄国文学，但也对社会科学有兴趣，因为社会科学与马来亚的未来关系更为密切。我保持着对文学的兴趣，完全因为娉婷，我也在阅读R. K. 纳拉扬（Narayan）的《英语教师》（*The English Teacher*）和《马尔古迪的日子》（*Malgudi Days*），尽管当时没有意识到，但这些作品后来被称为英联邦文学。我认为他的作品可以与E. M. 福斯特（Forster）的《印度之行》（*A Passage to India*）、奥威尔的《缅甸岁月》和伦纳德·伍尔夫（Leonard Woolf）的《密林中的村庄》（*A Village in the Jungle*）比肩。几年后，又出现了V. S. 奈保尔（Naipaul）的《毕斯沃斯先生的房子》（*A House for Mr. Biswas*）和钦努阿·阿契贝（Chinua Achebe）的《分崩离析》（*Things Fall Apart*）。我开始注意南非和澳大利亚的作家，领会到殖民地白人对大英帝国统治的看法。有点讽刺的是，在大英帝国开始衰落之后，我们才开始欣赏大英帝国的一些文学作品。这样一来，我们越是读到别人写的东西，就越能看到英国人在殖民地所做的事情有哪些共同之处。

在这样阅读学习的过程中，我开始意识到自己遇到了一种称为"爱"的东西，这是我过去从未考虑过的。我和许多同龄人一样，知道很多关于爱的歌曲，肆无忌惮地把爱挂在嘴上。我从来不知道如何使用它，不知道使用它的含义。遇到娉婷之后，我知道了可以用爱这个字来描述我的感受。这件事是怎样发生的，我始终没有弄明白。我想，爱这样的事是悄无声息地发生的，我的脑袋是否了解并不重要。我只知道爱与时间、家庭和自由有着密不可分的关系。

我感到困难的是英语里的"love"这个字。我在家里说中国话，学习阅读古文，"爱"这个字在儒家思想里指的是母亲对孩子的感情。我的父母亲从不用爱来表示彼此之间的关怀。我在华文学校的朋友常常用这个字来表示对国家的热爱。在为中国抗日战争募捐的集会上，我会听到有人大声疾呼要爱国华侨捐款或自愿回国参战。大多数人都自愿做出响应。我如果上的是华文学校，熟读现代小说和诗歌，我就会知道爱的观念如何改变了五四运动之后的一代中国年轻人。从1910年代到1930年代，数以千计的文章和诗歌都在歌颂爱如何从古老的习俗中解放出来。此外，还有人呐喊要反抗残酷腐败的大家庭制度，希望建立核心家庭。1947年至1948年，我先后在南京和上海看到许多失败的婚姻试验，使得爱这个字有些黯然失色。

我在中国生活了一年半，觉得家庭和政治生活中都很少提到爱。即使在学生经常歌唱的歌曲中一再使用爱这个字，却缺乏感情，完全没有它在二十世纪初第一次使用时那样的炽热情怀。在国立中央大学的课堂上，我只在英语浪漫诗歌和小说里看到"love"这个字，发觉把它翻译成中文的爱多么苍白无力。

我在学校里从来没有用过这个字，在日军占领时期从来不说英语。我可能是在阅读我父亲的藏书帕尔格雷夫（Palgrave）的《英诗集锦》（*Golden Treasury*）里面的浪漫诗歌时，第一次读到这个字。我在战争结束前读的通俗小说当然也常常碰到这个字，但完全没有留下印象。除了母亲对我的爱，我完全没有这样的经验。

这个字给我留下两个印象。我在中学的最后一年，莎士比亚的《皆大欢喜》（*As You Like It*）是剑桥毕业考试使用的课本之一。我们的老师丹普西先生（Mr. Dempsey）让我们看到这个字多么有意思。我的确欣赏这个字多彩多姿的喜剧效果。在学校以外，我想到英国电影《相见恨晚》（*Brief Encounter*）。这个故事告诉我们爱如何在不同层面影响两个偶尔邂逅的成年人。他们在激情之后如何回到各自的伴侣身旁，在我脑海中萦绕了好多年。我一直记得电影中两个人的痛苦和疑惑，但是我不以为他们的那种复杂感情可以用一个爱字来表达。

我以后看了许多小说和电影，爱似乎无处不在，什么事都可以用爱来表示。爱似乎成了所有西方创作的核心。难道这是我"爱"文学的原因？当然，丹普西先生带领我们欣赏莎士比亚伟大的十四行诗《能否把你比作夏日清晖？》（"Shall I Compare Thee to a Summer's Day?"），是希望我们弄清楚，那种肤浅的爱与真正的爱是不一样的。

我刚到马来亚大学时，告诉林必达我爱文学，历史学家哈里森问我为什么首先选择英国文学时，我也是用这个字来回答。他们两人都点头表示同意。"爱"这个字我用得很随便，只是表示我喜欢诗歌和小说。不久之后我就发现，这个字有它严肃的一面，我必须弄清楚这个字在日常语言中的多变含义。一直到我大三那年认识了娉婷，我才真正注意，不再轻易使用。我几乎不再使用爱这个字，只偶尔用它来替代"欣赏"两个字。我不曾注意到，这种改变是在认识娉婷之后发生的。直到很久以后，我才知道，认识娉婷开始了我人生经历的重大转变。我们在1951年初相识，1955年底结婚，爱这个字多年以来在我们的生活中越来越显著。我毫不犹豫地告诉别人，我曾经爱过，也被人爱过。但我也承认，这个字仍然不时在我的生活中激起涟漪。我现在知道，在新加坡的大学里认识娉婷，为我开展了一段漫长的旅程，把一个文学里的陈腔滥调变成了我历久弥新的个人经历。

我们相处愉快。我们的感受不太为人所知。以下是娉婷眼中的我：

———◈———

　　我和赓武都不能算是"好"学生，就是说我们没有经常上课和用功读书。因为大二没有期末考，大多数人都在鬼混度日，参加各种社团，演出戏剧和音乐会，享受大学生活。很可惜现在没法这样做了。现在似乎是高分至上，竞争非常激烈。赓武是出名的逃课大王，作业总是迟交。他的精力花在学生政治上，在校园参加了许多活动。他为别的学生补习赚了很多钱，特别是补习英语。他那时候已经表现出很会教书。关于这个不守常规的学生，流传着许多故事。我们的一个华裔朋友贾加拉詹（他在印度家庭中长大）曾向我投诉，因为赓武总不上经济学课，所以他要跟贾加拉詹要跷了的课的简短摘要。第二天考试，赓武得了60分，他只得了40分！贾加拉詹当然很不舒服，但把这当作笑话讲了出来。另一个是关于文学考试的故事，赓武只得了7分。为什么是7分？每个人都不相信他只得了7分，毕竟他可以向其他同学讲解文学！讲师解释说，赓武没有回答问题，只写了一首诗，所以他决定不给赓武零分，以免他成为殉道者。7分是表示他没有考好！我想赓武学到了教训，从此没有再犯这样的错。所以你们可以看到，我们在大学真是在享受人生。赓武与很多朋友在晚上讨论马来亚独立后的未来，要使用哪一种民族语言，创作哪一种文学，以及年轻一代如何掌控自己国家的梦想。

———◦◦◦———

娉婷希望告诉子女我们在马来亚大学读书的情况。以下是她的叙述：

———◦◦◦———

　　赓武别的一些朋友对政治的兴趣更高。他们有些人可能
真是共产党员。你要知道，那个时候的共产党受到很多同情
和支持。英国有一些剑桥大学的毕业生同情俄国，替俄国人
做间谍。英国外交官伯吉斯（Burgess）和麦克林（McLean）
替俄国人做间谍好多年，一直没有暴露。负责监视颠覆分子
的情报组织马来亚特别科（Special Branch in Malaya）注意
到马来亚大学的左翼学生。中国民族主义往往被视为就是在
支持共产主义。华文学校的学生非常激进。毛泽东在天安门
城楼上宣告"中国人民站起来了"，这是个意义重大的宣告，
因为中国人民一百多年来受尽了西方的欺负，到处受到歧
视。中国终于有了一个不向西方磕头的政府，中国人感到极
大的自豪，不管那个政府的政治信仰是什么。

　　1950 年代，新加坡特别科的科长是英国情报官科里丹
（Richard Corridan）。可能是因为共同爱好英国现代诗，科里
丹对赓武有好感，知道他不是共产党员，虽然他的许多朋友
是。这些朋友经常与赓武来往，讨论政治，一起喝啤酒。不
过，赓武从来没有参加他们的秘密活动。科里丹借书给赓武
看，一起讨论文学，知道他只是这些共产党员的朋友，不是
同谋。如果他跟他的朋友在我入学前一起被抓，他的人生将

完全变样。我大三那一年，又有一批人被捕。他们是社会主义学会的成员，而赓武是学会的创始主席。学会出版的刊物叫《黎明》，被认为具有颠覆性。赓武那个时候已经决定转而攻读历史，不再积极参加学生活动。

———◦○◦———

我将在第四部分提到，在我决定成为历史学者之后发生了什么事。在这里我先简单说一下，我的决定如何帮助我更加了解娉婷。

我不记得是否问过娉婷，她对我去从事学术研究有什么想法。我们两人都知道，从殖民地大学毕业后要攻读更高学位，最好能取得英国大学的奖学金。我的教授坦率地告诉我，选什么学科做研究不重要。只要是一所英国大学的学位，就是能够在马来亚大学教书最好的保证。

娉婷不同寻常的背景，让我看到这个女孩最初没有展示的一面。我越认识她，越觉得我们在新加坡相遇是个奇迹。在我决定拿到荣誉学位后不去做事、继续读书时，娉婷表示完全支持。几乎就这样决定之后，她的母亲与我父母见了面，一切问题都顺利得到解决。大家同意，如果我拿到奖学金去伦敦读博士学位，我们应该先订婚。

以下应该让娉婷说一下，她对于去欧洲是什么感觉，我们这一代殖民地子民如何看待战后英国逐渐放下帝国的负担，我们在英国的生活如何让我们尝到一直向往的自由滋味，并从此牢牢抓住不放手。

————◆◇◆————

　　我们为什么去英国？部分原因是美国的学位不值钱，另一部分原因是英国或不列颠是我们的"母国"。读英文学校的学生才有这样的态度。在中国的中国人大都希望去美国，因为他们比较熟悉美国教会在中国设立的机构。这些中国人把美国视为麦加圣地。但是马来亚和新加坡的学生自然地想去英国读书。

　　那个时候，还没有很多人移民英国，所以不至于引起英国人的警惕。凡是英国子民，都可以去英国居住。只要持有英国子民或受英国保护人士的护照就可以了，无须签证，没有任何限制。学校的课程让我们对英国每一个郡的了解，比对马来亚的了解更多。我们对东南亚邻国一无所知。受英语教育的学生尤其如此。当讨论独立的时候，甚至有些槟城的社会领袖向伊丽莎白女王请愿，要求英国继续统治，不要让马来亚独立。受华文教育的人眼睛里只有中国，对东南亚和世界其他地区一样无知。所以我们要继续求学，自然是想去牛津、剑桥和伦敦大学。有些人去了更北方的曼彻斯特和爱丁堡，不过去前面三所学校的人更多些。要进这些学校并不容易，但马来亚大学的学位是得到承认的，而我们大都成绩不错，入学不难。

赓武决定成为一名学者，虽然没有钱，仍然多用了几年时间勤奋学习。那个时候，大多数学生甚至不要荣誉学位，三年毕业后就去找事。赓武多用一年时间读了硕士学位，然后又去英国读了三年，才真正开始赚钱。

———◦◦———

以下是娉婷叙述我们的分离和重聚，她的文笔比我好。

———◦◦———

我们的恋爱谈了四年。我们没有想到在完成大学学业和找到工作之前结婚。我们决定在他去读博士学位前订婚，选定我二十一岁生日那天。我要先储够钱，过一年才去伦敦。我的弟弟快要中学毕业，要去上大学了。我不能指望母亲继续资助我。

赓武拿到历史硕士之后，计划到亚非学院读博士，研究东南亚或中国历史。他与本地学生不同，可以用中文做研究，英语能说能写。他二十三岁时已经出版了一本诗集，写了一篇关于孙中山的论文（后来成为他写作和讲授孙中山的基础）和一篇关于南海贸易的论文。这些都是他自己研究的成果，因为马来亚大学的历史系里没有人懂中文、可以给他指导！

———◦○◦———

　　我生命中遇到的其中一个难题，是要在马来亚找新居，还是选择研究中国和中国历史，并且随时准备搬到可以让我有效地研究的地方。这就像是选择究竟要像土生热带英国人那样写作，还是要找到本地声音来描述我们的见闻和体会一样。正如我的朋友当时说的，"多写些兰花，不再写水仙花"。可是，另类声音总是难以抗拒，我继续学业的决定把我带回了水仙花的故乡。

　　娉婷觉得这很讽刺，很有趣。但是，她总是实事求是地看待我的生活，既给我鼓励，又督促我做得更好。现在回顾，这正是那种说不清的爱的最佳基础。

大学毕业，与娉婷合影，1953 年

第四部　双重视野

学海无涯

回过头来说 1949 年，以及我在马来亚大学的头三年，那时候我不知道将来要干什么。我一度想过要用英语写作马来亚文学，随即加入反殖民主义者行列，与社会主义者一起反对作为帝国主义侵略后台的资本主义。我参加了学生活动，学到很多，知道要仔细考虑周遭的一切事物。不过，我真正的兴趣是要了解那些支配人民生活的条件，以及随着时间迁移而发生的变动。从抵达校园的第一天起，我就不断就历史背景提问，因为我发现对自己愿意认同的国家毫无所知。我向新认识的朋友提出问题，他们从哪里来？自认是什么身份？他们希望未来的马来亚是什么样子？问题一个接着一个，我有学不完的东西。许多答案都追溯到过去，大都关系到英国和荷兰对马来各邦、印度、中国以及本地区其他地方的所作所为。

我忘不了的是，我不是在本地出生，而且刚从中国回来。本地正在实施"紧急状态"，报纸上每天都是中国与苏联结盟、加入朝鲜战争的新闻，显然我应该知道要避开政治活动。为了了解时局，我搜寻一些关于马来亚及其历史的书籍。我们的历史课本只谈一些大问题，例如西方的崛起和如何成功地主宰亚洲。关于马来半岛各州以及海峡三个殖民地的事偶尔才会提到。

直到我大三那一年，我才发现普遍存在于大英帝国的这种态度其实为我提供了宝贵的背景，帮助我了解本地的时事发展。例如，马六甲王国和柔佛王国为什么终结？弗朗西斯·莱特（Francis Light）的槟城与吉打苏丹王朝（Sultan of Kedah）之间是什么关系？英国与荷兰的竞争如何导致新加坡崛起？霹雳州在《邦咯条约》（*Treaty of Pangkor*）前后是什么状况？我读到的历史只不过是梗概，可是从欧洲长途贸易和扩张的角度观察这些事件有它的优点。我由此看到，远方来的武力以雷霆万钧之势打倒了本地最强大的势力。我从这些外国侵略的故事第一次了解到东南亚各国在强大的敌国海军面前的脆弱无力。我不禁要问，这些帝国缔造者的动机是什么？本地人民如何回应？为什么他们的传统使得他们无法成功应对突发巨变？

我必须承认，这些故事并不是我决定要研究历史的唯一原因。我很喜欢哈里森的世界史课程，从伊恩·麦格雷戈（Ian MacGregor）关于葡萄牙先驱者与荷兰人争夺的讲课学到很多。埃里克·斯托克斯（Eric Stokes）详尽地说明英国进入印度次大陆的理由，并没有说服我，但他介绍杰里米·边沁（Jeremy Bentham）和约翰·斯图亚特·密尔的思想如何影响英国在印度的政策，对我很有启发。我学到了不要忽视政治思想对历史的影响，也为我荣誉学位那一年帕金森（Cyril Northcote Parkinson）讲授的历史课做好准备。帕金森教授的几次公开演讲对我起了决定性作用。他说明个人在事件过程中的关键作用，引起我的兴趣。令我最信服的是，他指出杰出的领导人可以塑造思想和制度，从而改变历史进程。他经常说起过去的历史如何影响当代事务，也给我深刻的印象。我虽然知道他是个彻头彻尾的帝国主义者，但他思想开明，这从他对我荣誉学位论文中的一些挑衅观点的评论中可以看出。

回想起来，我选择历史有两个原因，一是我自己喜欢历史，二是我在认识新马来亚环境时学到的经验。2004 年，我在为吴明兰（Goh Beng Lan）写的一篇文章中谈到这个问题，其中指出，人文学科一度曾包含"帝国前知识"和"社会科学前"两类。对我来说，历史也囊括这两个面向。历史是一个通向宽广视野的窗口，与现实有关的所有过去的事物都包括在内。我在学习成为历史学者时，一直关注的是与现实相关和互动的各种人物和事件的渊源。

我可能也是在大二那一年开始向往学术生涯。那年暑假，我留在新加坡，找到一份马来亚广播电台的兼职工作，从年轻的英国同事身上学到许多关于通讯、时事和人文方面的知识。那份工资足以让我住在大学附近，去图书馆看书。那个暑假的两个多月，以及以后每年的每个假期，我都尽量利用校园及其资源。这使我想到，像我这样一个缺乏背景的人，却又想归属于一个曾经各不相同的多元社会，大学校园可能是能够让我得到想要的自由的理想地方。

决定研究历史之后，也使我认识到过去的事物如何影响到我不同时期的生活。我在《家园何处是》中谈到母亲关于她自己和家族来源的故事，使得我父亲更加坚决地要求我一开始就学习中国古典文学。

散文或诗歌里面的英雄传奇、明君贤相以及田园生活的优美闲逸，成为我生活的一部分。学校里的老师，无论是来自贾夫纳、卡林加、胡格里或拉合尔，都暗中抵抗英国的统治，尽管本地老师都是新加坡莱佛士学院的早期毕业生，他们用 J. A. 威廉姆森（Williamson）教科书教我们大英帝国历史，让我们几乎从此厌恶这门课程。我从英国文学中读到的英国历史要有趣得多。

我在第一年历史课程读到埃及和巴比伦、摩亨佐-达罗（Mohenjo-daro）、耶路撒冷、雅典和罗马、长安、喀喇昆仑和撒马尔罕（Samarkand）。第二年的全球历史叙述葡萄牙和西班牙水手如何把现代的西方带到我们东南亚地区。令我耳目一新的是年表按先后顺序排列的逻辑凸显了事件发展的因果关系。虽然年表也是人为的，但与我熟悉的周期性中国历史很不一样。大三读到十九和二十世纪历史时，工业革命的影响和资本主义经济学帮助我了解到，基于英国对进步的信念，印度的变革恐怕是不可避免的。

总之，这些课程打好了我们听帕金森讲课的基础。他教我们班上的十个同学在撰写一万字的"论文练习"时如何运用一手数据。他鼓励我们利用档案文献撰写本地历史，用二手和口述资料作为补充。莱佛士博物馆和大学图书馆藏有殖民地办公室的文件和大部分官方报告的微缩胶卷。本地出版的杂志和报纸几乎全部收藏，我们都知道要用批判的眼光阅读二手材料。

我曾经读过二十世纪初中国的改良派和革命党在海峡殖民地活动的报道，于是开始搜寻殖民地文件中关于这些人活动的报告。在南洋和别的地方已经出版了许多关于孙中山及其追随者的材料。我提出这个题目，写出了研究大纲。帕金森十分鼓励我，表示愿意出钱让我去香港搜寻更多资料。我感激地接受了他的帮助。我觉得这就是我一生学术生涯的起点。

帕金森关于文献的课程是根据他自己使用殖民地档案的经验，他当时正在撰写他的《1867—1877 年英国对马来亚的干预》。我们饶有兴趣地看他教我们如何判别他正在使用的文献真假，告诉我们在文件中撰写意见和评论的殖民地官员是怎样的人。前面说过，他还教一门政治思想课程。他毫不掩饰他是个保守主义者，以大英帝国为荣，但是他用诙谐的语气宣扬帝国的贡献，也推崇洛克和密尔的自由主义。我至今记得他怎样挑剔我的一篇关于平等和自由的文章，企图说服我其实我没有自己想象的那么社会主义，因为我所用的论据仍然像个自由主义者。他对我的确是十分宽容慷慨，不但资助我去香港，还帮助我获得英国文化协会奖学金，去伦敦攻读博士学位。

我在香港的四个星期获益很多，也学到一点中国最近的革命历史。香港是中国政治活动的中心，国民党和共产党都在这里活动。这是一种不一样的殖民主义，吸引了许多在两岸之处有所选择的中国著名学者。这个城市的历史丰富，也正在创造着历史，我忙着阅读材料，也设法联系一些认识康有为和孙中山的人士。

　　我尤其想了解康有为，因为关于他的书籍不多，我想了解一些他在 1898 年出亡后的事。幸好他的一个学生伍宪子愿意见我。革命党人嘲笑康有为是个极端保守的保皇党，不像他们那个富有魅力的领袖孙中山。关于孙中山的材料汗牛充栋，而康有为几乎无人注意。我与伍宪子见面的收获特别大，因为他答应给我写下康有为在新加坡和槟城的活动情况，使我得到以前不知道的关于他 1900 年至 1911 年的活动状况。我这篇原始报告翻译成英文，作为论文的一个附录。

　　孙中山与他早期的年轻战友一共四个人被称为"四大寇"，我想找到他们的后人，特别是尤列曾经与孙中山一起住在新加坡，而且多年来积极参加秘密会社的活动。但是我没有找到任何人。（多年之后，尤列的后人寄给我一本简短的自传，确认尤列是孙中山与秘密会社的主要联络人）。不过，我见到谢缵泰的儿子。谢缵泰在澳大利亚出生，是《南华早报》的创办人之一，著有《中华民国革命秘史》（1924）。他的儿子给我看了这本书，让我知道孙中山早年在香港作为革命领袖的另一方面。谢缵泰的后人认为，孙中山的追随者一心要维护孙中山的"国父"形象，拒绝承认兴中会第一任会长杨衢云有任何贡献（杨衢云 1901 年在香港遭清政府派人刺杀）。虽然我知道不同的叙述是出于派系成见，但由此也可以看出革命团体之间的激烈对立。这让我警惕不要过于相信对孙中山的赞誉推崇。

　　除了搜寻旧文献，我还有别的收获。最令我难忘的是见到了史学家钱穆，他的巨著《国史大纲》是我极为钦佩的。这本书比我 1947 年在南京读的缪凤林的历史教科书要高明得多。我刚刚读了钱穆关于中国历代政治得失的新著，很高兴在见到时问起，为什么对宋朝以后的皇帝如此严厉批评。我去他刚刚创立的新亚书院拜访。他在书院有一个办公室，里面有客厅、卧室和小厨房。我勉强可以听懂他带着无锡口音的普通话。他评述中国历史，指出过去和当代的治理得失。虽然我不是中国历史学者，但他热心地鼓励我从外面的角度研究中国历史。这是我第一次看到一个传统的历史学者如何应对现代西方学术界，也看到像他这样的中国学者为了逃避政治和意识形态控制而选择移居海外意味着什么样的生活。

我还有幸住进香港大学梅堂宿舍，见到历史学家颜德固教授（安德葛〔G. B. Endacott〕）。新到香港大学任职的哈里森教授把我介绍给颜德固，同时帕金森教授也请他给我提供协助。颜教授向我描述了一个不一样的香港，那里的大多数居民自认是中国人，积极参与中国的政治。住在香港大学不仅方便，而且使我非常羡慕图书馆里丰富的中国藏书。山坡上的校园也异常美丽。我此后多次回访，最后在1986 年担任了香港大学的校长。

与我此前去菲律宾、斯里兰卡和印度一样，香港之行对我的思想和职业生涯产生了长期影响。我在前三次旅行看到天主教对菲律宾本土文化有着深刻的影响，而美国的混杂文化处境困窘。我也知道了佛教从印度外传到斯里兰卡后的幸存状态。我在德里的朋友大力向我推荐他们令人振奋的"印度的发现"，打造印度的未来。至于香港，这次旅行让我再次进入中国人的生活，他们没有国境的束缚，总是把中国视为尊敬和批评的对象。我在香港只有短短的四个星期，但遇到形形色色的人，他们以香港为基地在中国从事各种活动；这给我留下难忘的经验。这个经验使我回过头来研究造就这些人的"文明国家"（civilization-state）。除此之外，还有那种置身全球意识形态冷战前线的感觉，这不仅使得政治耐人寻味，而且残忍凶险。

我有两位叔伯在解放后移居香港，他们也有同样的经验。我父亲的大表弟徐伯郊放弃了上海的股票生意，现在在香港鉴定来自中国内地的古玩，同时又帮助大陆有关方面收购最好的古玩。他能够发挥所长，因为他的父亲徐森玉是个艺术史专家，也是上海博物馆馆长。

我父亲的弟弟王琥文在一家进出口公司工作，公司在台湾和香港有分公司，但名义上总公司仍然在上海。就我所知，这三家公司依然有往来，从事各种贸易。这种情况在1954年仍然继续，尽管台湾和大陆都限制所有自由，在冷战的大环境下继续对峙。

新中国在地区事务上愈加活跃。朝鲜战争打了快两年，谈判一直在进行。新中国在东北亚的军事行动减轻了台湾和香港的压力，让他们有机会在政治和心理上得以调整。同时，香港同马来亚（包括新加坡）一样，经济上由于朝鲜战争的物资需要而大幅增长。我仍然清楚记得1947年内战正酣时我在上海和南京看到的一片狼狈彷徨的情景，可是现在看到大批涌入香港的面孔似乎充满了希望和期待。两种不同的形象让我更加关注如何把过去的历史联系到当前的局势。我自然觉得回顾历史有助于我了解现状。

回到新加坡之后，我设法寻找一些过去认识孙中山的人，包括孙中山从1900年到1911年在新加坡时曾经协助过他的人的后裔。他至少来过新加坡七次。我尤其希望找到陈楚楠和张永福，他们是孙中山在新加坡时的坚定支持者，那时候才二十多岁。我没有找到他们，但后来才知道是我不够努力。关于张永福，我那时感觉有人不太愿意谈起他，但不知道原因何在。很久之后我才知道，那是因为他曾经支持汪精卫，而汪精卫是反对蒋介石的国民党左派，后来在中日战争时期又与日本人合作。这两个人非常了解孙中山，可惜我没有机会同他们谈话。幸亏张永福写了一本《南洋与创立民国》，帮助我完成了我的论文。

遥远的历史

　　我的朋友和同事很难理解，我 1953 年的硕士论文，为什么会从二十世纪头十年转变到撰写大约在两千年前开始中国在南海与日俱增的贸易利益。而且，为什么我写的论文涵盖了一千多年的历史？

　　我受聘为历史系的助教之后，就开始思考我的论文题目。如果我要研究近代史，就只能大部分依靠西方和日本的原始资料。这看起来行不通；我不想主要依靠非中国来源的资料。不过，我仍然希望研究中国历史，于是开始搜寻具有丰富中国源数据的近古史题目。

　　我阅读了许多古今中国历史学家的著作，也读了一些欧洲期刊，知道现代学者如何从早期的中国记录找到材料，帮助他们重建早期东南亚历史的关键部分。同时，欧洲学者利用考古、建筑和碑文材料，阐明了那些深受古印度思想影响地区的文化。来自印度洋的美学遗迹与中国贸易带来的产品交汇混合，尤其令人着迷。我觉得这样不仅能使我整理各种历史文献，而且可以学到更多以马来半岛为中心的地区知识。由于这个题目能够让我进一步了解这个将成为我家乡的国家，使得我更加乐于钻研深究。

我在父亲教我的典籍中、在南京的中国文学和历史课程阅读中，已经读到一些关于早期南海贸易的中国历史记载。其中大部分是经过选择的出版文献，与我从帕金森那里学会使用的现代史的原始数据很不一样。我读到的关于早期东南亚的学术文章告诉我，需要对这些近古数据用不同的方法进行文本验证，而我缺乏这方面的训练。但是我从欧洲、中国和日本学者处理这些材料的方法得到启发。我相信我可以从仔细阅读他们的著作来向他们学习。我细心研究他们如何利用在别处难以找到的孤证来解释中国与南海四周政体的关系。有时候，找出那些去中国贸易的印度和东南亚商人得以赢利的一些货物清单和几个地名，就很有帮助，学者可以据而整理出可信的记载。

我在阅读贸易史时，忽然茅塞顿开，因为我发现了另一类南海故事。我读了法显的《佛国记》，知道他早在五世纪就周游印度和斯里兰卡，是了不起的壮举。在斯里兰卡两年后，他乘商船前往苏门答腊或爪哇；从那里换乘另一艘船回广州，被暴风吹到青岛附近上岸。我由此读了别的僧侣求法取经的故事，包括玄奘在大约 250 年后前往印度，然后从中亚回国；还有义净记叙的从海路往返印度和中国的众多僧侣。特别引人注意的是他们经常中途停留在室利佛逝（Sri Vijaya，苏门答腊），在那里的佛教中心学会梵文和巴利文，然后去印度的那烂陀（Nalanda）和其他圣地学习佛经。这些来自中国、朝鲜和越南的僧侣好几百年来航行海上的行程，虽然不是直接与贸易有关，但证实了商业航行对于联系东南亚国家与南中国的重要性。我也由此能够一窥冒险犯难从事长途海上贸易所需要的那种精神和知识。

我兴奋不已，立刻告诉了我的论文导师帕金森，要用南海贸易做我的题目。我打算用一年的时间写论文，从故事的源头开始，深入进行探讨。他眼都没有眨一下，似乎认为这个题目可以由我独力完成。他对这个题目毫无所知，但认为我应该知道自己在做什么。他只提醒我，必须及时写完，才能赶上1954年10月伦敦新学年的开学期限。那年8月我完成论文时，他正在休假，留下话表示，不需他过目就可以把论文送交了。那个年代的事就是那么简单。我的论文送审通过时，没有赶上1954年的评议会，所以我的学位是在1955年缺席授予的。

我从来没有想到，十九世纪在欧洲发展起来的汉学，会跟我的工作有什么关系。对帕金森来说，我将是研究中国古代史的学者，题目是中国与其南方邻国的海上贸易。我将在本章的后面写出，我进入亚非学院之后，才知道汉学是什么，而且邂逅到东方主义思潮。在这里我只想说一下，我如何依靠阅读学术著作，跨进了汉学的门坎。我很快认识到，要写出古代贸易的故事，单靠我研读历史所学到的，还远远不够。

中国的南海贸易可以追溯到公元前三世纪秦始皇派军队去征服骆越酋邦（今广西南部和越南北部）。秦军占领了重要港口，再向南逼近林邑国（Linyi）和占婆（Champa）王国的边境。另一支秦军沿着西江南下，占领南越王国的京城（今广州），控制珠江三角洲。秦帝国瓦解后，留在南方港口的秦军将领恢复了南越王国，这是第一个因鼓励海上贸易而得以繁荣兴盛的中国政体。一个世纪后，汉武帝征服南越，控制了与南海和印度洋各国进行贸易的所有港口。南海贸易继续扩大，几百年来时兴时衰，一直延续到今天，成为现代中国经济继续增长的必要条件。

南方沿海各地的汉族人口增加是促使早年南海贸易增长的最主要原因。北方战乱连绵造成许多汉人家庭向南迁移，后来又由于不同的原因，自汉朝灭亡以后，许多人口继续流向南方。我原来不曾注意古代中国的边界在哪里，说来惭愧，到后来才知道秦朝和汉朝已经扩展了长江以南的边界。而且，由于北方草原的游牧民族王朝在三世纪后入主中原，迫使汉人一批又一批移居南方。随着时间的推移，移民家族与原住民越人同化，有经营才能的人学会了航海技能，开始与南中国海对岸来的商人竞争。就这样，这些南方的中国人终于成为东南亚经济发展不可或缺的一部分。

我必须发掘出更多关于战争、贸易、宗教和迁徙的历史。这些事牵涉到南方独立王朝的兴起，从吴、东晋，到在三世纪北方游牧民族入侵后避难到南方的汉人门阀氏族建立的宋、齐、梁、陈王朝。南方各国都关注南中国海的政体，好几次派人南航以评估其经济重要性。这些航行的记录特别重要，提供了一些缺乏自身记录的古代地方的数据。

马来亚大学的图书馆收藏了一些非常重要的期刊，包括《法国远东学院学报》（*Bulletin d'École française de l'Extrême-Orient*），《通报》（*T'oung Pao*），《亚洲学报》（*Journal asiatique*），《泰东》（*Asia Major*），《美国东方学会会刊》（*Journal of the American Oriental Society*），以及皇家亚洲学会各分会的会刊。幸运的是，图书馆藏有张星烺和冯承钧的中文翻译，以及好几个研究中国与东南亚关系的日本学者的著作中译，特别是桑原隲藏（Kuwabara Jitsuro）、藤田丰八（Fujita Toyohachi）和石田干之助（Ishida Mikinosuke）的著作。这些著作让我了解到这方面的深厚学术基础。我也因此明白，我还不能从事这方面的研究，因为这需要阅读东南亚当地的几种语言，还需要知道一些古典语言，例如希腊文、拉丁文、梵文、巴利文、波斯文和阿拉伯文。我只能阅读中文、英文、法文和少许基本日文。我当然不可能像我阅读的那些作者那样从事原创性的研究，但我仍然可以写出中国从三世纪到十世纪的南海贸易故事。

现在回顾，给我最多启发的是两位学者：伯希和（Paul Pelliot）和冯承钧。伯希和是河内的法国远东学院的汉学家。他的那份知识渊博的研究论文《交广印度两道考》（"Deux itinéraires de Chine en Inde à la fin du VIIIe siècle"）发表在学院的学报（1904）上。这篇文章令我大开眼界，让我知道如何详细阐述 1200 年前的文本。这样子的学问是我从来不曾见过的。冯承钧是伯希和在索邦大学（Sorbonne）的学生，他追随老师的研究，翻译了大批欧洲关于中国周边民族和地区的研究文章。冯承钧自己的《中国南洋交通史》（1937）非常有趣，对我大有助益。我根据这本书安排了我的阅读大纲，包括大量正史、杜佑开创的"十通"、"会要"以及司马光的《资治通鉴》。我还穿插进去法显、义净和许多别的人的故事，因为他们会去印度游历与中国日益喜欢进口印度盛产的檀香木有关。

在新加坡，两个本地学者给了我很大帮助，他们是《皇家亚洲学会马来亚分会学报》的编辑卡尔·吉布森-希尔（Carl Gibson-Hill）和《南洋学报》的编辑许云樵。两个人都给了我宝贵的建议，告诉我如何处理各种古代印刷数据。另一个帮助我的人是陈育崧，他是个出版家，又是个中文书籍的收藏家。他让我使用他的私人收藏，直到大学设立了中文系，首任系主任贺光中迅速建立了极好的典籍图书馆，让我能及时加以利用。

在这个时期，我都是从历史学者的角度来处理这些材料，但是我很快发现，我进入了一个不同的领域。那是所谓的汉学领域，使用的研究方法结合了中国和日本古籍学习的传统，再加上从欧洲古典研究和《圣经》研究学到的方法。汉学也可以追溯到耶稣会士十六世纪末到十八世纪的工作。随着伏尔泰和莱布尼兹等十八世纪启蒙时期的学者越来越关注中国，法国和德国的学者开始扩大汉学初期的文献学研究，把文学和历史包括在内。到了二十世纪，汉学的范围又逐步扩展到一些社会科学领域。

在中国，王国维等一些学者很快就发现汉学研究的价值，告诉一代中国人欧洲和日本学者的研究成果，可以对中国古代史提出新的见解。陈垣和陈寅恪是非常杰出的学者。1953 年，我刚刚入行，对他们著作的深厚学术底蕴还不甚理解。不过，我知道他们的研究技巧有助于提高我的历史写作能力，是我应该追随学习的楷模。

我还发现上海暨南大学对东南亚极感兴趣。那里的一些学者在战前到了新加坡，特别是张礼千和姚楠。他们两人创立了南洋学会，在日军占领前出版了《南洋学报》。该学报在战后恢复出版，由许云樵担任编辑。这些学者与厦门大学的南洋研究所也有密切联系。这些先驱人物的著作让我更有信心研究从秦汉到唐朝和五代十国的历史。

我仍然觉得自己缺乏汉学背景。我父亲教我中国古文和诗词只是出于他自己爱好中国语言文学，但是没有给我这方面的训练。我跟他学到的，以及我1947年至1948年在南京学到的，主要是文学，偶尔有一些历史。我知道的一点史学方法是我的英国老师教的，他们主要教现代史，很少涉及中国历史知识。所以，我现在是把我学到的西欧历史方法用于中国古籍，却对所使用的古籍的起源、文献的选择和整理方式不甚了了。

不过，我自学的"学徒过程"就这样开始了。几乎一切都是从头学起，尽管那是令人激动的一年，但是极为辛苦，我好多次怀疑是否能够准时完成论文。我在下文还会说到婷婷对我的鼓励，以及她如何帮助我做好准备去伦敦学习。我还要说服她和她的母亲我是值得信赖的，希望大家同意让我们在我1954年8月去伦敦前订婚。

幸运的是，帕金森觉得我是个可造之才，相信我有能力克服我在学术方面的不足之处。他鼓励我继续去英国求学。我的父母无法负担这笔费用，所以他大力支持我申请两年的英国文化协会奖学金。博士学位至少需要三年才能完成，但他认为，到了伦敦之后，总有别的延长奖学金的机会。英国大学没有关于课程的要求，取得硕士学位就应该学会了怎样做研究，因此足以独立写出博士论文。就这样，帕金森给我找到了奖学金，我已准备好启程去伦敦。

为什么是十世纪

我申请亚非学院时，以为自己会继续研究中国人在南中国海的活动。我那篇关于南海贸易的论文快写完时，听说地理系的历史地理学家保罗·惠特利（Paul Wheatley）已经在研究宋代中国与东南亚贸易的商品问题。他的研究重点是《宋会要辑稿》尚存文本中载列的许多商品交易列表。我觉得我应该转向研究之后一段时期，就是在元朝征服南宋之后海上贸易大增的时期。明朝初期，永乐皇帝派郑和率领舰队七次远征印度洋，导致马六甲帝国兴起。由于这几次远征，中国与该地区沿海几个王国的关系达到新的高点。

我发现奥托·范德·斯普伦克（Otto van der Sprenkel）在亚非学院教书。他曾经在天津南开大学教经济学多年，专攻明代经济史。我听说他曾经与几个最优秀的中国学者合作研究明史，因此很想跟着他学习。不幸的是，等我到了学校，才知道他即将离开，前往澳大利亚国立大学。

我在亚非学院的历史系注册，系主任是西里尔·菲利普斯（Cyril Philips），以研究东印度公司历史著称。我拿的是马来亚奖学金，因此由东南亚历史教授 D. G. E. 霍尔（Hall）指导。霍尔表示，他很愿意担任我的导师，如果我在中国材料方面需要帮助，可以找学院里别的专家。图书馆收藏的中国书籍和期刊极为丰富，中文系的系主任是著名的西门华德（Walter Simon），他专研中国尤其是西藏文献学，是欧洲汉学界的典范人物。

我在伦敦认识的第一个朋友是陈志让，他已经写完关于清朝十九世纪经济政策的博士论文。论文已经交给斯普伦克审查，等待期间他在英国广播公司的中文部找了一份工作。他告诉我，论文稿送交斯普伦克后，他已经等了一年。斯普伦克直到快要去堪培拉时才告诉志让，可以提交论文了。志让觉得应该把他的经验告诉我，提醒我英国研究生指导制度存在的问题。

他接着告诉我，他正在研究袁世凯，在袁世凯担任中华民国总统期间（1912—1916）开始了军阀混战时代。我对二十世纪的中国仍然有兴趣，特别是共和国初期军阀割据这一段。我在 1947 年至 1948 年目睹中国内战的悲剧，很想弄清楚中国为何如此分裂，为什么每个军阀都声称一本爱国初衷，要为中国统一而战。我尤其想知道，为什么中国总是一再为了统一而使得人民做出极大的牺牲。而且，任何人如果统一了中国就会被认为是个伟大人物，不管他如何作为。我羡慕陈志让要研究袁世凯的勇气，这个人从孙中山手里抢走了共和国，还倒行逆施要恢复帝制。

那个时候，我已经决心继续研究中国的断代史。我刚刚写完南海贸易论文的最后一章，结束在 960 年，那是中国历史上分裂最严重的五代十国（907—960）的最后一年。总之，我以前的论文研究止于中国部分地区重新统一的前夕。我知道中国从 870 年代到 970 年代分裂的严重程度，这种分裂与二十世纪初的情况十分相似。军阀的问题令我想到，正好可以乘机脱离像南海贸易这样的边缘题目，回到比较靠近中国史主流的题目。

《三国演义》开篇的那句话"分久必合，合久必分"一直在我脑中萦绕。这句话总结的历史可以回溯到几百年前汉朝灭亡，被三国瓜分了五十多年。三国的每一个统治者都致力于重新统一帝国，最后只有西晋几乎成功。不过，部分统一的时期不长。到 318 年，立国在北方的晋朝被大批从北方、西北和西方入侵的游牧民族灭亡。入侵的军队来自后来称为满洲、蒙古、"土耳其斯坦"和西藏的地方。接着的三百年，争夺持续不断，往往都是打着统一全国的旗号。直到隋朝和唐朝的开国者分别在 589 年和 618 年才真正达成统一，所有觊觎皇位的人必须以统一全国为职志的想法已经深入人心。如果这是中国政治文化的重要传统，我觉得研究十世纪"军阀"的想法应该有助于了解中国历史的核心问题。

我那时喜欢这个题目还有两个原因。我在新加坡的所有研究都是关于中国与其南方邻国的关系，所写的内容都只涉及三世纪到十世纪迁移到中国南方的汉人。因此，我觉得我对北方政治权力的中心地带了解得不够。其次，我注意到在中国南北方的冲突中，几乎总是北方得胜，包括共产党 1949 年的胜利。尽管所有军事领袖都声称希望结束分裂、统一中国，但成功的总是北方的领袖。为什么？为什么三国被北方的西晋统一，而在南方重建政权的东晋无法终止五胡乱华带来的分裂和乱局？历史上极端分裂的时期长达 120 年，至少有十六个不稳定的王朝。最终，秩序得到恢复是因为北方统一，接着出现南北分立的局面（420—581）。最后统一中国的是隋朝和唐朝两个北方王朝的开国皇帝。

从此以后，中国人民得到的教训是：分裂是悲剧，统一是每个人应该努力实现和维护的理想。顺着这条思路，我决定如果不能研究二十世纪的军阀，就研究十世纪的军阀。我要设法了解，唐帝国如何被一群藩镇分割，他们拥兵自重，无视朝廷，相互攻击。藩镇自行其是是造成唐朝灭亡的原因，使得汉族和非汉族竞争者逐鹿中原，分裂唐朝一百多年。我尤其希望了解，是什么因素使得宋朝的开国者能够在公元 960 年率领中国北方的武力完成统一。

在那个时候的伦敦没有人熟悉这个题目，也没有人感兴趣。我发现西方的文学完全不提五代。只有一个西方学者专门就这个问题写了一本书，他是艾伯华（Wolfram Eberhard），一个德国汉学家和社会学家，在加州大学伯克利分校教书。《征服者与统治者》（*Conquerors and Rulers*）这本书在 1952 年出版。我觉得这本书很有趣，但全书比较偏重在五个王朝中建立了三个王朝的沙陀征服者，没有回答我关注的重新统一问题。他对突厥王朝产生兴趣是因为他曾经在安卡拉任中国史教授十年。这样的角度虽然重要，但无助于解答为什么大多数政治领导者对于分裂和统一的传统始终念念不忘。因此这里有一个重要但被忽视的问题，我现在很希望找出答案。

与汉学半途相会

我在亚非学院的头几个月都在考虑，如果放弃研究明朝与东南亚关系的原有计划，我要写什么题目。陈志让的实例告诉我，我可以研究中国近代史，但如果要继续研究近古中国，必须知道在欧洲研究中国历史的全都是汉学家。

我在新加坡阅读伯希和的著作时就知道了其中的差别。相较而言，钱穆和陈寅恪这样的学者是具备深厚中国古典文献学底蕴的历史学家。专攻中国历史的日本学者也受过良好的古典文献学训练。我希望成为现代学者，但我正在一间英国大学钻研十世纪中国，而那里的中国历史学家都是汉学家。我的处境有点古怪，我准备攻读中国史的博士学位，却没有任何汉学或中国史的训练。读了艾伯华的书之后，我知道一个汉学家可以成为著名的民俗学者和民族学学者，可以在安卡拉教历史，也可以在伯克利教社会学。但我不知道是否有哪一个历史学者也是被公认的著名汉学家。

幸运的是，英国有两个学者在这个关键时刻帮助我完成了不可能的任务。蒲立本（Edwin〔Ted〕Pulleyblank）和杜希德（Denis

Twitchett）都是在战时入伍学习日语研究，破译日本无线电通信的密码，战后接着研究中国古籍和汉学。蒲立本还有良好的欧洲古典研究背景，导致他回头研究文献学和语言学，尽管他在亚非学院是在汉学家西门华德指导下写了关于唐朝历史的博士论文。我在亚非学院图书馆里找到他关于安禄山叛乱的论文，很受启发。这篇论文介绍了安史之乱以后的割据情况，是唐朝终于灭亡的主要原因。我由此知道，虽然缺乏正式的汉学训练，也可以写唐朝以后的历史。遗憾的是我未能直接受教于他。我到达伦敦时，他已经转任剑桥大学中文讲座教授。

　　幸好杜希德还留在亚非学院。他刚从日本回来，霍尔教授请他对我从旁指导。他曾在剑桥接受东方学研究的训练，导师是捷克汉学家古斯塔夫·哈隆（Gustav Haloun），然后与日本研究唐朝历史的学者合作好多年。他建议我阅读仁井田陞（Niida Noboru）、加藤繁（Kato Shigeshi）和周藤吉之（Sudo Yoshiyuki）的著作，这些人对唐、宋史都提出了独到的见解。我最关心的问题是：是什么原因使得宋朝能够重新统一中国？虽然这些学者的研究重点不在这里，但他们的著作对于我了解这段分裂的时期大有帮助。他们是从传统中国学术研究演变出来的"现代日本汉学"，但也吸收了欧洲东方学研究的精华。我按照杜希德的建议，开始磨炼我阅读日文的能力。这样我就能够好好利用许多日本学者的著作，从而增加了我使用主要中文材料的信心。我开始觉得，我或者可以掌握一点相关的汉学知识，成为历史学者。

一次幸运的机会更增加了我的信心。我以研究生的身份应邀参加 1956 年 9 月在巴黎举行的青年汉学家会议。我在会议上见到了许多欧洲的汉学家，都是耳熟能详的名字，我也曾读过他们的一些著作。我得以有机会亲耳听到他们提出论文，与一些人见面交谈。这次会议比较特别之处，是中华人民共和国政府接受邀请，派出四位资深历史学家，就他们最近的一些工作提出报告。代表团由翦伯赞率领，他是北京大学历史系主任兼大学副校长。大家认为他是中国史学界的官方代表。我很有兴趣地听到几个欧洲学者提出质疑，挑战他的马克思主义中国古代史史观，指出他把夏商周三代的社会分类成奴隶社会和封建社会的说法没有说服力。另外三位代表是：夏鼐，他曾在伦敦学习埃及学，现在是中国的首席考古学家。大家十分注意他关于中国北方的最新发掘报告。第二位是周一良，他曾在哈佛大学多年，以研究从汉到唐之间的历史著称。第三位是张芝联，他曾在耶鲁和牛津学习，专研欧洲史，成为中国的法国史专家。我对周一良尤其感兴趣，因为他的工作与我要研究九世纪和十世纪有关。

会议结束后我才想到，对这些中国学者来说这是极不寻常的时刻。就在四位学者去巴黎的前夕，毛泽东发表了"百花齐放、百家争鸣"的讲话。不到几个月，开展了"反右"运动，许多学者不得不停止研究和写作。

　　在巴黎会议上，还有三位香港学者介绍他们的研究情况。他们是香港大学的罗香林，新加坡马来亚大学新成立的中文系的贺光中和饶宗颐。他们为传统的中国学术研究说话，以钱穆在香港创立的新亚书院为代表（我两年前曾经在那里见过钱穆）。然而，中国大陆的四位代表大出风头，大家忽视了香港代表的存在，因为欧洲人更关心中国大陆学者的遭遇。我能够感受香港代表的挫折失望，但也理解为什么大家密切关注毛派对马克思之前各种形式的中国研究成果的攻击。

　　来自法国、德国和荷兰的几个研究中心的欧洲汉学家参加了会议，他们代表着汉学的悠久传统。我意外地遇到哈佛大学的美国学者史华慈（Benjamin Schwartz）。我读过他的名著《中国的共产主义和毛泽东的崛起》（*Chinese Communism and the Rise of Mao*），但是不明白为什么他是个汉学家。其实，他对中国古代哲学深有研究，对我现在关于唐朝和五代的研究很有兴趣，因为他认为这个时期是儒家思想的转折点。看到他之后让我确信，条条道路通汉学，处于边缘地位的我不会全无希望。

　　我深感荣幸自己是唯一参加会议的华裔研究生，会议的精彩讨论既令我自惭，又感到振奋。同时，我记得当即察觉到就自己要研究的题目来说，准备太不够了，不知道自己的学术专长会是什么。我第一次体会到好的学术研究是没有国界的，并从此终身奉为圭臬。

　　霍尔教授还有另一个学生迈克尔·布莱克摩尔（Michael Blackmore）在使用中文材料研究早期东南亚历史，他希望我能与迈克尔合作。迈克尔是我在新加坡就认识的朋友，曾经在剑桥受汉学训

练。跟我不一样的是，他受到的是传统训练，要把历史学和人类学的
方法运用于研究关于云南与东南亚之间的陆地边界的一个具有争议性
的问题，就是要找出南诏王国的统治精英是西藏-缅甸人还是泰国人
血统。我们是好朋友，我与娉婷结婚时他是伴郎。霍尔希望我与迈克
尔一起研究，保持我对东南亚的兴趣。对于我从东南亚转去研究中
国，他有点失望，但仍然担任我的导师。他也请杜希德帮助我，但杜
希德新任中文系的讲师，快要完成他的博士论文，无法正式担任我的
导师。杜希德在伦敦时，我刚好在 1955 年至 1956 年有八个月住在剑
桥，1956 年至 1957 年回到伦敦时，他又去了剑桥与蒲立本会合。
无论如何，他对我非常照顾，给了我极好的建议，让我能够在没有完
整汉学训练的情况下仍然写出中国史的论文。

　　在历史系，远东史的教授是威廉·比斯利（William Beasley），
专研日本近代史。他也是我宿舍的舍监，很愿意帮我忙。因为我想提
高自己的日语，他给我介绍了罗纳德·多尔（Ronald Dore）；多尔靠
着他的语言能力成为研究近代日本的杰出社会学家。我在多尔指导的
班上认识了孔飞力（又名孔复礼，Philip Kuhn）。我们一起学日
语，成为最要好的朋友。他的学术生涯让我们看到，具有社会科学背
景的近代史学家可以用汉学来深化对古典传统的了解。我开始领会到
汉学的另外一个方面。

　　系主任西里尔·菲利普斯很希望我继续以历史作为我的主要领
域。他是南亚史教授，南亚史与远东史不一样，有著名的印度学学者
A. L. 巴沙姆（Arthur Llewellyn Basham）担任教授。巴沙姆有几

个学生专研古代史，其中罗米拉·塔帕是我在德里的联合国会议上认识的。可是塔帕跟我不一样，她受过印度学训练，然后专研历史。她毫无疑问将成为印度学学者和历史学者。我羡慕她能够在印度学和历史学之间转换自如。

菲利普斯知道帕金森的著作，鼓励我即使要继续研究中国古代史，也要保持与近代历史学的联系。我告诉他我钦佩的历史学家是R. H. 托尼（Tawney）、爱德华·霍列特·卡尔（E. H. Carr）、彼得·盖尔（Pieter Geyl）、亨利·皮雷纳（Henri Pirenne）和斯蒂文·朗西曼（Steven Runciman）。我最近还读了 A. J. P. 泰勒（Taylor）的《1848—1918 年欧洲争霸战》（*The Struggle for Mastery in Europe，1848 – 1918*）和刘易斯·纳米尔（Lewis Bernstein Namier）的《乔治三世登基时的政治结构》（*The Structure of Politics at the Accession of George III*）。他很高兴看到我在继续追踪欧洲一些最好的历史学家，接着劝我再多读些中世纪史。我那时候并不明白他的意思。直到我 1957 年提交论文时才知道，因为我是历史系的学生，学校不能给我汉学的学位，但由于我是在研究十世纪中国，却可以给我中世纪史的博士学位。到那个时候，这其实已经无关紧要。中国根本没有过自己的中世纪。我也从来不认为我是个中世纪史学者，我只是个中国史学者。

英国文学中的英国

我在伦敦的第一年，发现自己仍然喜欢文学。伦敦的街道意想不到地令人感到熟悉。我住在大学评议院大楼附近，从布卢姆斯伯里（Bloomsbury）到大英博物馆，从苏豪（Soho）到皮卡迪利广场（Piccadilly Circus），到托特纳姆法院路（Tottenham Court Road）上的旧书店，全在步行范围之内。英国文化协会让来自帝国各地的学者有充分机会满足他们的文学和音乐爱好。这对我来说真是太诱人了，特别是因为我可以与远在新加坡的娉婷一起分享我们共同喜欢的事物。

每个周末，文化协会补贴我们去伦敦城内城外旅行，我从不放弃去拜访文学场所、历史上著名的教堂和博物馆以及主要音乐节日的机会。这是在愉快地接受文化教育，从哈代的"威塞克斯"（Wessex）、巨石阵（Stonehenge）、湖区（Lake District）和埃文河畔斯特拉特福（Stratford-upon-Avon），到漫步伦敦街头。我向娉婷描述我的旅行时，她能感觉到我对这些地方和人物的兴奋之情，而这些都是她在阅读中耳熟能详的。她不曾抱怨，但心里一定在想，等她明年到伦敦后，还剩下多少可以让我们一起共享。

我热爱皇家节日厅（Royal Festival Hall），希望可以看那里所有的演出。我去过的音乐会寥寥可数，都坐在最高的顶层座位。对于其他演出，我只能读一些关于管弦乐队、指挥和天才独奏家的演出消息。文化协会给了我一次难得的款待，送我戏票去看威廉姆·沃尔顿（William Walton）的歌剧《特鲁伊鲁斯和克雷西达》（*Troilus and Cressida*）的首演。我很欣赏沃尔顿在劳伦斯·奥利弗的电影《亨利五世》和《哈姆雷特》里面的配乐，在怡保和新加坡看电影时觉得音乐很好听。所以我非常荣幸能够观看他首次歌剧演出。这是我第一次看歌剧，老实说完全没有看懂。后来我花了好几年去欣赏莫扎特、威尔第和普契尼最好的歌剧，才学会欣赏歌剧的美妙音乐。即使这样，我最喜欢的还是伟大的交响乐。

我别的运气也不错。从亚非学院旁边的康诺特厅（Connaught Hall）出发，我经常去大英博物馆。我从展出的器物的数量和类别，可以看出大英帝国的觊觎眼光：世界上哪些地方可以贸易，哪些地方该伸手控制。料想不到的是，由于涉猎了英国文学史，使我对帝国主义减少了几分嫌恶。把诗歌和小说联系到人物和地点，让我看到英国文化温柔的一面。我特别想起了里顿·斯特拉奇（Lytton Strachey）的《维多利亚时代名人传》（*Eminent Victorians*），那是我在南京的中国籍英语教授楼光来十分喜欢的书。我从这本书知道了布卢姆斯伯里文化圈（Bloomsbury Group）。我在新加坡读了这个圈子里其他人的小说，比如弗吉尼亚·伍尔夫和 E. M. 福斯特。我学了经济学之后，变成了凯恩斯（John Maynard Keynes）的信徒，并主张自由社会主义，这才发现凯恩斯也是这个圈子的一员。

两年前，布卢姆斯伯里变成活生生的人物出现在我眼前，那是娉婷和我遇到的一个在新加坡服国民役的英国人。他在看守谦福路（Kheam Hock Road）上的旗杆大楼（Flagsta House），距离娉婷家几百码远。我不记得怎么遇见的，但我们变成了好朋友。这个年轻男子阿德里安·古德曼（Adrian Goodman）竟然是奥托琳·莫雷尔夫人（Lady Ottoline Morrell）的孙子，凯恩斯、斯特拉奇、伍尔夫和福斯特在第一次世界大战前后固定在她布卢姆斯伯里的家里聚会。位于罗素广场（Russell Square）的康诺特厅距离莫雷尔夫人的房子和花园只有几条街。阿德里安做了安排，让我到伦敦后去拜访他的母亲，就是莫雷尔夫人的女儿。他的母亲请我去喝茶，让我参观了几百本初版书，上面都有那个年代最有名作家的签名。

我在那些初版书里发现亚瑟·韦利（Arthur Waley）也是那个圈子的一员。我始终不明白为什么在新加坡时没有发现他是这个圈子的人。我读过他翻译的中国诗英译，包括《诗经》在内，很惊讶于有些译作竟然可以被当成英国诗来欣赏。我很欣赏他的《中国古代的三种思维方式》（*Three Ways of Thought in Ancient China*），他对儒家思想的批评简洁有力，并认为法家与法律无关，他们只是一些脚踏实地的现实主义者而已。我尤其喜欢他翻译的《西游记》。

尽管艾略特和庞德不是这个圈子里的人，但艾略特跟这个圈子很熟悉，他的办公室就在附近，而庞德翻译过一些中国诗和日本诗，还批评了韦利的译文。由此可见，英国文学圈子内彼此的关系何等亲近。不用说，这种英国文学和音乐文化的确对我研究中国史的工作构成压力。娉婷注意到，我似乎更喜欢这些不急之务，以至于迟迟未能决定我的论文题目。我无法向她解释，我是进退维谷，一方面是英国所谓的"中世纪史"，而我完全缺乏训练，另一方面是欧洲人所谓的"汉学"，范围几乎涵盖了中国在十九世纪以前的所有研究。如果她知道实情，可能会大吃一惊。或许这就是为什么我在不知不觉之中只告诉她我的文学探险之旅，却只字不提在题目上的挣扎苦恼。其实，我在英国文化方面的纵情享受，并没有影响我对汉学的探究工作。我发现亚瑟·韦利没有受过训练，却成为这个领域的标杆人物。我没有这样的野心，但也许我可以在缺乏汉学训练的情况下对历史学做出贡献。我的导师杜希德对我寄予厚望。我有这样的感觉，是因为我1961 年出席他在亚非学院就任汉学讲座教授的典礼，听到他赞扬韦利，认为韦利在汉学领域独辟蹊径。这会不会就是杜希德让我径自决定我未来的学术道路的原因？

我没有迷失在伦敦的声色诱惑之中。我经常去大英博物馆，让我熟悉了附近的书店，包括共产党的出版社"劳伦斯和威莎"（Lawrence & Wishart），在那里可以找到中华人民共和国最近的期刊和杂志。大约在我到达伦敦的时候，第一本《毛泽东选集》英译本出版了，成为亚非学院里非洲和亚洲学生的话题。我有几个周末去马来亚厅看新闻，遇到一些熟读毛泽东著作的马来亚人。我后来知道他们有些人曾经去东欧旅行，极少数几个人还去了中华人民共和国。

　　我因此好奇中国如何开始彻底改造社会结构和文化价值，可是我更关心的是马来亚的政治发展。我的朋友提供给我的新消息说，马共被赶进丛林深处，他们的叛乱显然失败了。不过，新加坡抵抗殖民政府的公民运动方兴未艾，工会和学生加紧上街游行。与此同时，各种打着劳工或社会主义旗号的政党，在李光耀和大卫·马歇尔（David Marshall）等人的领导下重新组合。我不清楚工会是怎样分裂的，但听说李光耀领导的小党人民行动党取得左翼工会的支持。我注意到我大学的朋友普图基里、杰米特·辛格（Jamit Singh）和悉尼·伍德霍尔（Sydney Woodhull），以及社会主义学会一些别的成员，都在积极帮助人民行动党。

　　我不断向娉婷描述我拜访的文学场所，答应她会留几个重要地方等她来时一起去。娉婷写信告诉我，她喜欢在圣安德鲁中学（St. Andrew's Secondary School）担任六年级的英语老师。她顺便提到工会和一些华文高中的动荡情况。特别是，她及时告诉我新加坡和联合邦的华人族群都热心支持新成立的南洋大学。带头支持的陈六使经营橡胶致富，一直希望效法他的亲戚陈嘉庚在厦门的做法，建立一所伟大的大学。福建协会在裕廊捐出一大块土地，把大学注册为私人机构。娉婷告诉我，大学聘请了著名作家林语堂担任首任校长，主要的教授职位都已经聘好。我认识一些参与其事的人，很关心事情的发展。为那些不能去中国上学的学生另外建立一所大学的确很有必要。我十分希望回去之后能够加入。完全没有想到，有一天我会卷入围绕着大学的"神圣"使命发生的爆炸性政治风暴中。

娉婷终于知道了，我决定把研究题目从中国与东南亚的关系改为研究五代史。她无法理解，问我是否知道在做什么。我向她解释后，她表示仍然相信我。在我们的共同生活中，常常会发生一些我声称自己知道在做什么的事情，使得她对我的信心受到考验。我很幸运，在我们结婚的头十二年里搬了七次家之后，她依然对我保持信心。

第五部　成　家

伦敦皇家植物园（Kew Gardens），1955 年

重聚和结婚

英国文化协会的奖学金为期两年，仅够我去伦敦的旅费和生活费，对配偶没有资助，所以娉婷不能同行。这意味着在我接受学术研究训练时，要与娉婷分开几年。不过，娉婷很有办法。她知道只要去工作存够旅费，就能到英国与我见面。现在回想，我很懊恼自己既没有办法也没有能力，才让娉婷备尝辛苦。我们一年多后就重聚，全是娉婷坚持努力的结果。下面就请她来讲这个故事。

———◦◦◦———

我在 1955 年 9 月与赓武团聚。到现在都还记得能够去英国是多么兴奋。我和我的朋友苏小姐（Ivy Soh）同行。我们买了意大利邮船的船票，在那不勒斯下船，转乘火车经过巴黎去伦敦。赓武也是走同样的路线，他觉得横贯欧洲大陆的旅程很不错。

赓武在维多利亚火车站迎接我们。我们已经分离了一年，久别重逢真是高兴。就在他到处观光、会见新朋友的时候，我却蜗居在一个地方，动弹不得。不过，终于见面的确太好了，我们把我要留在伦敦的时间安排得满满的。他那时住在亚非学院的宿舍康诺特厅。他把我安排在附近的女生宿舍两个星期，然后我再去剑桥大学哈默顿学院（Homerton College, Cambridge）。

为什么赓武在伦敦，我却要去剑桥？一部分原因是赓武，另一部分原因是英国讲师约翰·科普利（John Copley）和他的妻子凯特（Kate）。这对夫妻听说我打算去读教育学的研究所，就鼓励苏小姐和我去哈默顿学院。我写信告诉赓武后，他也鼓励我去，因为他那段时期要去剑桥收集一些论文资料。他告诉我，他可以留在剑桥，跟我在一起。

可是赓武没有弄清楚情况。伦敦大学规定，学位候选人在九个学期中至少有六个要住在伦敦。由于赓武已经在剑桥住了一个学期，我们必须重新安排计划。

不过，我们至少已经在同一个国家，所以就尽情享受在伦敦的时光。赓武和我快乐地度过了那两个星期，看了戏，听了音乐会，还看了一场歌剧。那是场瓦格纳（Wagner）的歌剧，我只记得一个高头大马的女人（可能是个著名的歌唱家，我那时对歌剧毫无兴趣）穿着盔甲在台上横冲直撞！我们还去拜访了 R. E. 霍尔特姆（Richard Eric Holttum）

教授，他曾是新加坡植物园的总监，最近从植物学教授的职位退休，在英国皇家植物园（Kew Gardens）有一个办公室。他很高兴看到来自新加坡的访客，陪我们参观了植物园。

康诺特厅的位置非常方便，可是那里的食物实在令人不敢恭维。我在那里吃了几餐，从此不愿再去！那里的膳食，用你读到的关于英国公共食堂伙食的任何老生常谈来批评都不算过分。结果，赓武学会了烹调几道简单的菜。他知道怎样煮饭（至少比我那时强），还会做他喜欢的红烧猪肉。宿舍每一层有一个小厨房和几个炉头，大多数学生都有几个烧饭菜的锅。没有冰箱，赓武就把他的饭锅和菜锅放在卧室外面的窗台上。一年的大部分时间都很冷，食物可以冷冻保鲜。我在伦敦的两个星期，赓武做了几次饭。

两个星期之后，赓武陪着苏小姐和我去了剑桥。我们是乘火车的，这一段路我以后走了许多次。

哈默顿学院那时候不属于剑桥大学，但我的学位是由剑桥大学颁给。它后来成为剑桥的学院之一，授予大学部以及研究所学位。该校当时其实是师范学院。凯特·科普利认识该学院的校长，觉得那是个好学校。该学院有一个高中毕业后的两年制课程。可是学院在 1955 年决定增设一个给大学毕业生的教育学研究生证书课程，研究生证书等同于剑桥大学资格，由该大学监督。我原来申请伦敦大学教育学院，但在获得批准后改了主意，因为我觉得剑桥的生活会比较愉快。不过后来我觉得后悔了，因为这里的课程过于轻松，能够学到的东西比伦敦的少。

　　我在哈默顿学院第一次体验到学院生活，很难想象那时候对学生有那么多限制。剑桥的所有学院都对学生夜间外出设限，我班上的十个同学都是大学毕业生，觉得这种限制很可笑。我们必须晚上十点回宿舍，特殊情况下可以到十一点！这是个女子学院，固定的英国式膳食：香肠和土豆泥，煮得稀烂的蔬菜，甜点是重奶油布丁。我在第一个学期几乎没有吃过亚洲食物，剑桥没有任何值得一提的中国餐馆，而伦敦的中国餐馆则太贵。尤其恼人的是，一小碗饭他们要价六便士或一个先令。这在那个时候算是高价，因为通常去餐馆吃一顿全餐顶多才十个先令。我们发现印度餐馆比较划算，因为他们用大碗装饭。剑桥很冷，我们年轻，胃口都很好。

　　赓武和我经常通信。那个时候邮差每天送两次信，我有时候一天可以收到赓武两封信。别的女孩对我羡慕不已！我们每两个周末见一次面。不是我去伦敦，就是赓武来剑桥。我们会搭周六的早班车，星期天晚上回来。多半是我去伦敦，因为那里可以逛的地方多。我们买不起戏院的好座位，只好买最高层的便宜座位，与剧院穹顶的"众神"一起鸟瞰演出。我们毫不在意，因为我们可以听到伦敦一些最好的音乐家的作品，看到最好的演员。

我们最后终于受不了这样的奔波，赓武建议我们结婚住在一起。他发现他如果到剑桥多住两个学期，导师会装作没看见，第一个学期就快结束，而这个学年还有两个学期。直到那个时候，我从来没有想过要在英国结婚。我母亲要我等到回新加坡才结婚，这样她就可以给她的长女办一个隆重的婚礼。可是，赓武的父母亲这时候恰好退休到伦敦来度假，可以正式主持婚礼。

我写信给母亲，请她同意我们的婚事。她点头同意着实让我放下心头大石，唯一条件是婚礼必须在卫理公会的教堂举行。赓武的母亲负责去选一个结婚的黄道吉日。我们决定选在第一个学期结束后的年底。赓武的母亲尽管没有宗教信仰也不迷信，但她拿着我们的生辰八字，遍查《易经》一类的中文书籍，选定了12月21日。我猜想她真的选对了好日子，因为我们自打结婚已经快乐地生活了六十四年，还希望能够白首偕老！

———◦◦◦———

我们从没打算在英国结婚，分开的一年里也没有谈过。可是一旦做了决定，这回又是娉婷轻而易举地把事情办好。我请她来说一下操办的情况。

———◦◦◦———

　　我同班同学听到我要结婚都兴奋异常。我请苏小姐做伴娘，结婚礼服就穿一件长衫。我在学院借了一台缝纫机，自己做长衫。Ivy也缝了一件淡蓝色的长衫，刚好匹配我的乳白色礼服。她的服装和头饰自然由我付费，但我很高兴她能自己做长衫。那时候我们大多数人都要学会用缝纫机，因为现成的衣服不像今天那么常见。我们开列了一份在伦敦的新加坡人/马来亚人名单，也邀请了一些英国朋友。

　　我必须说一下在婚礼上牵着我的手把我交给新郎的人。赓武的父母亲到伦敦后，见到一位泰州的老同学钱存典先生，他是中餐馆的老板。他曾经是国民政府的资深外交官，新中国成立后，他决定留在英国，接着娶了一位经营餐馆的中国女子。他的餐馆生意很好，所以我们请他为婚礼提供午餐。我们邀请了大约三十位客人。

　　我这样粗枝大叶地描述婚礼，你们一定觉得我太轻忽了。我能找到的借口，就是我们搬了太多次家，文件乱成一团。我没有一本婚礼相册。我是从剑桥远距离安排在伦敦的婚礼，所以许多事只能交给赓武。他负责找教堂，印发请帖等等。我们没有钱，所以没办法找摄影师来拍照。我们在前

娉婷的婚服照在牛津街的照相馆橱窗里展示了好几个月。礼服是她自己缝制的

往喜宴的路上，顺便在一家照相馆照了几张相片。这些相片我们至今保存着。我个人的婚服照拍得很受好评，照片在牛津街的照相馆橱窗里展示了好几个月，我们的许多朋友都看到了。

我们在欣德街卫理公会教堂举行的婚礼仪式十分动人，那里是伦敦大学许多学生和教职员做礼拜的地方。婚礼之后招待朋友的午餐十分美味。多年之后，在1975年，赓武和我带着三个小孩在路过时进去教堂，跟牧师提起，他居然在教堂记录上找到我们婚礼的日期和记载！

<hr/>

对于这个可能是我们人生中最重大的决定，我必须多说几句，谈一下我对欣德街伦敦大学卫理公会教堂牧师的尊敬之意。我去拜访了他，告诉他我没有宗教信仰，但是对基督教略知一二；是我的未婚妻希望我们能够在教堂举行婚礼。他请我到里面的房间说话，用温和体贴的语气跟我解释了基督教婚姻的基本教义。我向他保证，我尊重基督教的信仰，我也认为婚姻是一辈子的事。他于是请娉婷和我一起去见他。他很高兴看到娉婷熟悉教会的事务，对于娉婷解释的为什么与非信徒结婚也感到满意。我一生从来没有这样亲切地同任何宗教领袖谈过话，非常感激他这样友好地待我。

　　赓武多年来一直取笑我，不记得我们在托基（Torquay）度过一个星期蜜月的旅馆的名字。可是，他自己也不记得！好多年之后，在 1990 年代，我们开车去托基度假找那个旅馆，但是沧海桑田，我们还是没有找到。

　　让你们了解一下 1955 年的物价是多少：我们在旅馆一个星期的租金是 7 英镑，包括早餐和晚餐，午餐自理。而且，因为那个星期正逢圣诞节，租金还包括需要盛装出席的圣诞大餐和舞会。我们白天到处闲逛，坐公共汽车去附近的市镇购物和逛古董店。

　　赓武和我发现，许多家庭每逢圣诞节日都到这家旅馆，与同样一批人见面。也许我们太年轻，无法想象每年都去同样的地方。这世界实在太大了，托基去一次也就够了！不过，大家不难猜到我们是在度蜜月，对我们十分热情亲切。他们可能是第一次遇到一对中国夫妇！

　　我们日常遇到的普通英国人，对他们国家的殖民地毫无所知。经常有人问我们，才来英国不久怎么会把英语学得这么好，或者问我们来自印度哪一个地方。几个月后，在从法国横渡英吉利海峡的渡轮上，一个住在牙买加的英国妇人用洋泾浜英语跟我说话，她是以为"原住民"听不懂标准英

语。我在那时候已经不再奇怪，因为在这个日不落帝国，英
国人对我们的了解，比不上我们对他们的了解。

———— ◦◦◦ ————

在托基度蜜月出席舞会，1955 年 12 月 26 日

剑桥和伦敦

剑桥是我们的第一个家，虽然只住了不到七个月，却是我们开始婚姻生活的一个可爱的地方。我们终于住进了自己的公寓，不再有在火车站匆匆道别的情景！

我们可以有计划地在剑桥寻幽探胜，品味学院的古老庭院和有历史意义的博物馆。我们现在过着日常的家居生活：娉婷骑车去哈默顿学院或切斯特顿实用男中（Chesterton Boys' School），我每天早晨步行去大学图书馆。亚非学院图书馆的馆藏分散在伦敦好几处书库，我们借书平均要等候三天；剑桥大学的图书馆不一样，我在一个地方就可以全找到。碰巧的是，负责这里东亚书籍的图书馆员多萝西娅·斯科特（Dorothea Scott）1948年曾是南京英国文化协会的图书馆负责人，是我的旧识。她乐意跟我分享在中国的往事，对我分外照顾，让我能够充分利用图书馆。

图书馆的两个常客是伯蒂·戴维斯（Bertie Davis）和他的学生傅乐山（John Frodsham）。两个人都是研究文学的：伯蒂研究六朝和唐代的诗，傅乐山研究谢灵运的诗。我读过他们的翻译，钦佩他们解释诗的学术功力。我不久发现，汉学家的圈子很小。伯蒂不久就要赴任悉尼大学东方学研究系主任；傅乐山后来到马来亚大学的历史系与我会合。再后来，我去了澳大利亚国立大学，傅乐山也来了，我们三个人的共同兴趣相当接近。

那个时候，娉婷和我对李约瑟（Joseph Needham）十分敬畏。他刚刚出版了《中国科学技术史》两卷本的第一卷，还宣布在写好几本别的书，涵盖了整个中国科学技术领域。李约瑟凭着他的想象力和科学知识，从浩瀚的中国古籍中发掘出这样的宝藏，令我倾倒万分。我们在校园的一两次社交场合见过面，我后来去他的学院拜访。他问我在忙什么，我告诉他关于我南海贸易的研究，他当即展示他对热带中草药的丰富知识。我记得当他建议我把研究出版时，我是多么的洋洋得意。这样的鼓励是任何学术界的后辈梦寐以求的。

以下是娉婷对我们婚姻生活头几个月的生动描述：

———◦◦◦———

　　去伦敦举行婚礼之前，我们已经在剑桥找到一个公寓。那是在果园街一幢两层楼排屋的地下，在基督公园（Christ's Pieces）旁边。我们这排房子的对街，是一排可爱的茅草屋。可惜的是，茅草屋顶现在已经铺上瓷砖。当然，这样做有其道理，因为现在很少人会铺茅草屋顶，而且茅草容易失火也使得保险费高涨。我们的女房东把地下的两个房间和厨房改成一间公寓，原来的客厅变成了卧房，餐厅变成客厅和厨房，还有一间扩建而来的冰冷浴室。我们一周的租金是 4 英镑，是当时的市场价格。

除了适应婚姻生活，我记得那一年的事情主要包括：学会购买食物、烹饪和享受做家务的"乐趣"，在切斯特顿男校实习教书，以及观看第一流的板球比赛。我按照蒋彝（以笔名"哑行者"为人所熟知）作插画的食谱学着做菜。我们后来在堪培拉又见到蒋彝，再次证明这个世界实在很小。

所有正在受训的老师都必须实习教书一段时间，这是让他们获得课堂的实际经验。年轻的老师一次面对四十个学生可能会受到极大的震撼。你必须了解每一张面孔和背后的性格，记得他们的名字，在四十五分钟内让他们学到一些知识。你还必须知道，他们大多数人不喜欢坐在那里，也没有兴趣学习莎士比亚或亚历山大从马其顿打到印度的事迹！

在英国实用中学（secondary modern schools）读书的都是不希望继续升学的学生。他们会多学一些实用学科，然后就去学一些可以在社会上找工作的技能。许多年来，英国的升中考试是大家最痛恨的考试。这个考试在小学结束时举行，成绩好的去文法学校，成绩差的就去实用中学。一般认为，后者都是些不够聪明的学生。所以实用中学的老师和学生都自觉低人一等。

我第一次踏足切斯特顿实用男中时，很诧异这些男孩竟然这样不重视教育。他们大多数都期盼着离开学校去赚钱谋生。学校在每堂课结束时都要每班学生换教室，于是走廊堵塞，大家在一团混乱中找寻教室再安顿下来。六英尺高的男孩冲到教室去抢座位。课桌和椅子有时候被弄坏，至少十分钟才能安顿下来。我束手无策，眼看教书的时间被浪费掉了。课本和练习簿是免费的，所以男孩们毫不珍惜，四处乱扔。课本的封面很少完整无损的。在亚洲，上学被视为特权，大家高度重视教育；我完全无法理解这些男孩的心态。

我深感失望，几乎就此放弃了教书生涯！学生不喜欢老师，大多数老师似乎也不喜欢学生。正是这个原因，当课程结束后，赓武和我搬去伦敦，我却没有积极去找教书的工作。幸运的是，我是学校里面男孩们见过的第一个中国女子，大家觉得好奇。为了引起男孩们的兴趣，我给他们介绍新加坡和马来亚，解释中国人的习俗。我甚至穿上长衫，带了筷子和饭碗去课堂，展示中国人怎样吃饭。我总算结束了实习，回学院时大大松了口气。

我们婚姻生活的头六个月非常愉快。赓武白天在图书馆做研究，晚上回公寓写论文。剑桥非常冷，从欧洲大陆俄罗斯那边吹来的寒流横扫过东英格兰。可是到了春天，空气清新，学生开始在河上撑船。我们有时候也撑船去格兰切斯特（Grantchester）喝茶。大学后面沿着康河（River Cam）的一段河岸称为后院（e Backs），是剑桥最幽美的地方。我们

沿河漫步，拜访不同学院的小教堂，欣赏男童唱诗班的天籁
之声，享受着剑桥的学生生活。我们交了些朋友，在家里款
待他们，开始觉得像是夫妻了！偶尔我们去伦敦看赓武的父
母，也看了一些戏，听了一些音乐会。

　　我们去伦敦时，通常整天陪着我的父母，如果有时候去看戏或去
音乐会，就乘晚班火车回剑桥。我了解到父亲大多数时间都在大英博
物馆的图书馆里阅读关于文献学的最新学术著作。母亲就辛苦了，因
为她不会说英语，只能一个人留在公寓里。几个马来亚朋友有时候会
来看她，经常来访的一位名叫黄逸梵。介绍黄逸梵给母亲认识的是母
亲在吉隆坡的一位好朋友邢广生，她与黄逸梵曾经是同事。黄逸梵比
母亲大十岁。母亲告诉我，黄家是有名的富裕家庭，黄逸梵离开抽鸦
片烟的丈夫，在欧洲住了几十年。中日战争结束后，黄逸梵失掉在中
国的大部分财富，生活难以为继。我同黄逸梵见过几次面，在我们
1957 年 8 月离开伦敦前，母亲叫我给她送去几件礼物。我匆忙地见
了她，却不知道她患了重病。我不久就把这件事忘记了。我那时不知
道，她的女儿就是小说家张爱玲。我几年之后才开始读爱玲的小说。
黄逸梵写给邢广生的信在 2019 年初发表，我才知道那次跟黄逸梵见
面两个月后她就去世了。我这才明白，黄逸梵的一生很不平凡，她想
做一个现代女性，却不见容于中国社会。母亲在她的回忆录中悲伤地

指出，许多富裕家庭的后代都毁于战争和革命。她是在提醒我们，不要把美好幸运的生活视为理所当然。

我们去伦敦探望父母时，都会打听一下在中国的家人的消息。关于王家和丁家亲戚的消息不多，但母亲谈起她听到有关中国的情况，她显然永远不会回国了。她又告诉我们，父亲受聘到沃尔夫汉普顿（Wolverhampton）理工学院的马来亚师范学院（Malayan Teachers' College）教书，位于布尔斯福德宿舍区（Brinsford Lodge），不过父亲的健康不佳，所以他们准备暑假时回马来亚。她知道娉婷即将完成哈默顿学院的课程，我们不久会搬去伦敦，但他们在冬天到来前一定会离开。可是，苏伊士运河危机推迟了他们的行程，他们的船必须绕过好望角。我们送他们离开后，去巴黎参加了我的第一次汉学家会议（详情我已在前面提到）。接下来由娉婷讲她的故事。

———— ◆ ————

我们快要离开剑桥时，有一次去伦敦在西区哈默史密斯（Hammersmith）找到一间公寓。我们离开剑桥会先去巴黎开会，然后从巴黎回到伦敦就会搬进这个公寓。这个公寓也是改装的，房子三层高，屋主住地下，有一间房，一楼和二楼的公寓各有一大间客厅/餐厅、卧室和厨房。房东和他的妻子很友善。他是波兰来的难民，来英国后跟英国女子结婚。他名叫卡明斯基（Kaminsky），同他的妻子都在工作，只留下一楼前面的一间房和后面的厨房自己用。

　　那个暑假，赓武和我去巴黎参加青年汉学家会议。这是我第一次去巴黎，因为上一次从意大利去英国时只是路过，没有停留。这是我们第一次一起参加会议，以后还有许多次，不过这一次有些特别。中国派了几位代表出席会议，大家都很兴奋。法国人全力以赴，要把会议办好。会议也的确很成功。我们虽然住在比较俭朴的学生宿舍，但每天的法国食物很可口。会议很有趣，出席会议的许多年轻学者后来都成为名家。我们还被带去卢瓦尔河谷（Loire Valley）旅游，在博雷加德城堡（Chateau de Beauregard）晚餐。在进入宏伟的餐厅时，有一队喇叭手吹号欢迎。餐点非常精致，为这次成功的会议画下完美的句点。

　　可是，在巴黎的地铁上我开始感到很不舒服，不时会头晕。我以为自己得了感冒，或者不适应法国的水土。回到伦敦后，我才知道怀孕了！我们不曾特别要避孕。那时候避孕药还不普遍，大多数年轻夫妇都很早生孩子。这在新加坡/马来亚很正常，因为可以找用人帮忙，我的女性朋友都在分娩后继续工作。我们没有基于职业考虑推迟生育，因为没有这个必要。事实上，我们大多数人从不曾想过不要生孩子！何况还有婆婆盯着在后面催促，希望早点抱孙子！

　　我很幸运，四次怀孕都没有害喜，只会有几天不舒服。我成了哈默史密斯医院的病人，在那里接受产前护理。我这才体会到国民医疗体制的缺点，就是要排长队。我们跟医生约好下午两点，但要等三个钟头才见到医生。我询问为什么不能准时看病，医生回答我的脸色好像在说：怎么会问这样的问题。

总的来说，我对这个体制没有怨言，特别是在我住院十天后抱着婴儿新明回家时，发现不需付一分钱。

我怀孕期间，赓武正在努力写论文。他想出一个办法，用来解释中国在九世纪和十世纪的混乱情况。杜希德来伦敦时，他们约好在酒吧见面，讨论他的论文。我觉得杜希德实际上没有看过全部论文！那段期间，赓武每天早晨开始写作前就会咳嗽、打喷嚏。有时候，喷嚏一打就是连续二十次。那时候没有计算机，每个字都要手写。有时候喷嚏打得太累，完全无法工作。我觉得他得了心理因素造成的疾病，由于论文写不出来，就用喷嚏为借口。不过，我们不久就怀疑，他很可能是对使用的纸张过敏。我们去找专家查明过敏的原因。经过各种测试之后，确定他患了花粉热，而不是对别的东西过敏。抗组胺药在那个时候还不多见，而且会使人困倦，所以赓武不能在白天服用。虽然辛苦，他坚持写下去。

婴儿诞生

我们在 1950 年代的婚姻生活都是顺其自然。我们原本完全没有结婚生子的计划，尤其是我还在读书，两个人都没有工作。当娉婷告诉我她怀孕了，而且预定 1957 年 4 月分娩，我大吃一惊，完全没有做父亲的准备。她却很是笃定，告诉我她将学会处理所有必要的事。其实我知道她毫无头绪，在外国土地上，身边没有亲人，如何做好母亲的工作。她的准备工作就是买一本养育婴儿的书。她的冷静态度和学习速度总是让我吃惊。我们搬到伦敦，她就在附近搜索有哪些店铺和设施。那段时期，我急着想在那年 8 月奖学金结束前把论文写完，然后去找一份工作。

❦

这是我们生命中的大事，我们却浑浑噩噩地度过。赓武的父母在 1956 年 7 月回了新加坡，而我对伦敦有哪些社会服务提供给像我这样的孕妇却一无所知。赓武和我都不懂如何养育婴儿，而我在怀孕期间相当健康，体重也没有增加，所以什么都没有做，只顾研读一本育儿的书。因为再过几个月就要回新加坡，我们买了一个手提婴儿床，还买了一辆大型英国婴儿车。

1957年4月9日早晨我开始阵痛。我们叫了救护车去哈默史密斯医院。这是那时的做法，赓武陪着我去医院，但在我准备分娩时就不得不离开病房，整天都见不到我。他与一些朋友在一起，等待婴儿出生的佳音。他只能在下午五点的探视时间来看我，但婴儿还没有出生。我没有太不舒服，就是等的时间太长。一直等到凌晨三点，新明诞生了。

我的折磨还没有结束。那个时候根本不知道什么是病人权利。我们必须遵守严厉刻板的护士的规定，遵照吩咐行动。除了探视时间，父亲们不得进入病房；赓武完全不知道我的情况，因为医院的政策没有规定婴儿出生时要告诉父亲。新明在出生后几乎立刻被带走。他的皮肤是蓝色的，因为在出生时被脐带缠着颈子。护士把他带去保育室观察。凌晨四点，我被推进一间有二十四张病床的病房，每张床尾有一个小床，里面睡着一个婴儿。只有我一个人没有婴儿！

我已经精疲力尽，需要睡眠，但整个病房在凌晨五点半起床，我完全没有睡好。所有母亲醒来后开始哺乳，只有我例外。我感觉糟透了，每个母亲用怜悯的眼光看着我，以为我的宝宝已经死了，因为我的床尾没有婴儿床。护士也拒绝告诉我宝宝的情况，只是说医生会告诉我。医生到午餐时匆匆过来巡视，只说宝宝还需要观察。我问他能不能看一眼宝宝，他说不行。这叫人不放心，但我不愿小题大做，就不再坚持。换到今天，大概大多数母亲不会善罢干休。

我是病房里唯一的华人，但护士不应该会以为我不懂英语，因为我已经跟她们说过话，说的英语不会比她们差。赓武那天要到下午五点才获准来看我，他看见我泪流满面，也禁不住哭出来，因为他没有看见宝宝。我们都以为新明的情况很不好。赓武离开后，到了晚上八点左右，她们把新明抱来给我。第一次抱着他在怀里，看着他一切安好，真是太满足了！他是相当大个头的头胎，7磅6盎司，也是特别难得的宝贝，因为我们后来才知道，脐带绕颈有可能损伤他的脑部。新明诞生时的这种精神创伤到今天还深深影响着我。

今天的医院已经大有进步，不会把病人当作傻瓜和白痴。丈夫可以陪着妻子，即使婴儿被送去保育室，母亲也可以去探看婴儿，不会一片茫然，担心受怕。

我们的宝宝新明带给我们极大的快乐。他是个标准的育婴书宝宝，完全按照书上的进度成长。我们把他的小床放在窗户旁边，清风吹拂，头上有床单挡着，他在客厅中在音乐陪伴下入梦，赓武写着论文，我替他打字。论文找人打字要25英镑，所以我决定自己打字，省下这笔费用。我记得我一边打字一边担心，不知道他的论文题目有没有选对，内容

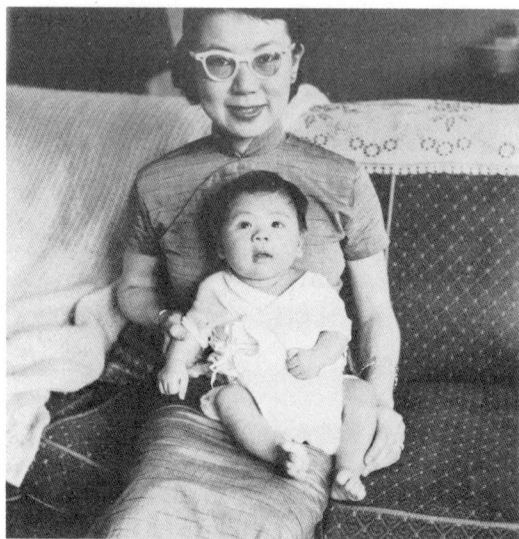

娉婷和新明

是否合适。现在要改换论文也来不及了，我们只剩下 200 英镑，他必须完成论文，才能回新加坡去找工作。

我们也不是不停地工作。我们推着新明去散步，如果想去看电影或看戏，可以找朋友照顾婴儿。我们在伦敦交了不少朋友。伦敦与剑桥不一样，有许多亚裔。我不知道从马来亚来的到底有多少人，但至少有好几百。学生通常在马来亚厅聚会，那是政府在布赖恩斯顿广场（Bryanston Square）买的两栋排屋，专供海外学生使用。那里偶尔会供应东南亚风味的饭菜。那个时候，家常味道的饭菜可遇而不可求，最大的享受就是受邀去人家家里尝亚洲美食。

我现在回顾在伦敦的那些岁月，很震惊于英国制度对研究生如此缺乏照顾。如果你的导师愿意读你的论文，算是你有福气。他们的想法就是，你应该知道做什么，知道怎么做。导师只是在你需要时给予指导。美国的制度过去和现在都很不一样。大学安排了帮助你做研究的适当课程，导师在每个阶段给予指导。在这种情况下，不太容易失败。我们知道有些学生的英国博士没有过关，就是因为建议或指导不足。这种情况太可怕，浪费了学生的时间，又毁了他的前程。那时获得博士学位的人仍然不多。有人认为这是美国病，许多英国的著名教授都只有荣誉学位。不过，到 1960年代，攻读博士学位的人越来越多，竞争也日益激烈。

赓武大约在 1957 年 6 月交出论文之后，打喷嚏的毛病不药而愈。我们开始准备回新加坡去。他申请去马来亚大学的历史系教书，获得助理讲师的职位。我们雀跃不已，因为回去有事可做了。赓武在亚非学院也找到一份教中文的工作，年薪是 700 英镑，但是我们根本不予考虑，一心要回新加坡。杜希德知道赓武的论文要尽快审查完毕，因为我们的钱就快花完了，于是很快做了安排。赓武的口试在 8 月举行，口试回家后觉得颇为乐观。

第二天早晨，一个包裹寄来，上面写着王赓武博士，里面是主考蒲立本的一篇论文，他是剑桥大学的汉学教授。这是个非常温馨的举动。他是要尽快告诉赓武，博士学位已经通过了，而正式的结果还需要等一段时间才通知。我永远不能忘记这个温馨的举动，也理解到身居高位的人的一个小小动作，可以带给那些需要帮助的人多少快乐。我们两人以后都经常帮助同事、学生和有需要的人。善行确实会流传下去，结果会让我们更加快乐。

我们的钱所剩无几，8月底必须启程回家。赓武的旅费由英国文化协会支付，我的旅费只好向他的父亲借。我们借了1700新币买船票回新加坡。回家的旅程非常快乐，我们交了许多朋友，大快朵颐，沿途四处游览，从南安普敦到新加坡的三个半星期的旅程愉快地度过。

第六部　理想的工作场所

近乡情怯

　　1957 年 8 月 31 日，我们还在海上，马来亚联合邦独立了。我现在是国际大家庭中一个主权国家的公民了。在我留学英国的时候，英属马来亚发生了巨大变化。两年以来，我努力完成论文，也学习做丈夫和父亲，但我关心着马来亚走向独立的进程。我注意到巴林（Baling）谈判失败，马共拒绝了东古·阿卜杜勒·拉赫曼（Tunku Abdul Rahman）的大赦提议，也拒绝投降。那个时候，马来亚已经准备要独立了。我们记得东古在 1956 年访问剑桥，很有信心地告诉那里的学生，要准备好为国家服务。我们在新加坡下船时，东古带领的马来民族统一机构（巫统）、马来亚华人公会（马华公会）和马来亚印度国民大会党（国大党）所组成的联盟已经欢欣度过新国旗升起、英国国旗降下的时刻。我有一种难以言喻的自豪感，尽管说不清是为什么。新加坡政治的色彩很不一样。大卫·马歇尔领导的劳工阵线政府寻求独立，但在安全事务由英国、马来亚还是新加坡做主的问题上无法达成共识，马歇尔只好辞职。我们听说，马歇尔的继任林有福（Lim Yew Hock）愿意接受殖民地政府的命令，逮捕左翼工会领袖，未经审判即羁押他们。这批人中有些是我在大学社会主义学会的朋友，包括普图基里和伍德霍尔，他们也是人民行动党的成员。我也看到，我在马来亚大学的大部分校友都已经在马来亚联合邦或新加坡成为公务员或教师。少数人成为政治活跃分子，还有些人（特别是医生和科学家）选择在马来亚大学做学术研究工作。新加坡现在是一个充满政治变革呼声的城市，殷殷期盼着独立。

我没有像密切关注马来亚那样地注意新加坡的政治发展，现在好几个活跃的朋友遭到拘留，我只好找别人去了解情况。我找到两个原来就认识的政治领袖。吴庆瑞（Goh Keng Swee）与我同时在伦敦攻读博士，我们讨论过新加坡在马来亚的未来。他现在不厌其烦地给我解释，新加坡的自治可能是加入联合邦前的一个阶段。拉惹勒南（S. Rajaratnam）是在他当记者时就认识的，他给我讲解了那年即将举行的市议会选举。可是，我没有完全听懂他们的解释，为什么将在1959 年全民直选的立法会至关重要。

可是，大学里似乎也是同样情况。在历史系，帕金森教授已经因为他的帕金森定理而闻名于世，开始带着管理大师和公共知识分子的光环走向国际社会。我以前的老师斯托克斯和麦格雷戈已经离开；前者去罗德西亚新成立的索尔兹伯里大学任历史系主任，后者去西非任教，但不幸很快就在那里去世。我的新同事里面有特雷贡宁（Ken Tregonning），他是在我去伦敦留学前加入历史系的。我很遗憾没有见到艾米丽·萨德卡（Emily Sadka），她去了澳大利亚。接任的尤尼斯·提奥（Eunice Thio）是我熟悉的学长。他们三人都专研马来亚历史，为帕金森开启的研究项目注入新血。还有两位在我回来之前加入：一位是杨国伦（Leonard Young），他刚完成一本英国在华的外交的巨著；另一位是阿拉斯泰尔·兰姆（Alastair Lamb），他的志向最为远大，研究范围从英属印度关于中亚和西藏的计划跨过沙漠和草原直达北京。他的兴趣集中在十九世纪后半叶。只有我与众不同，研究的是古代（中世纪？）历史。

帕金森要我教的课程是 1500 年至 1800 年的所谓"近代早期"，聚焦于"远东"史。这段时期比我刚刚写完论文的中国十世纪要晚几百年，但是鸦片战争以前的中国历史要如何分期一直是个问题。一般认为中华帝国自秦始皇统一六国以来两千年大致没有改变。近代的中国历史学者不同意这种看法，可是传统史学，包括各朝代的正史以及宋、明、清三朝编撰的几部编年体通史，显然都支持"不变的中国"的想法。因此，在许多人眼中，十世纪的唐—宋过渡时期与十六世纪的明代中期不会有太大差别。

我认为不然，而且一开始就知道我要学习很多东西才得为人师。帕金森给了我充分的准备时间，我接着两个月在图书馆里搜索，把有关这三百年的中国和日本历史，以及随后葡萄牙人和西班牙人东来，接着是荷兰人和英国东印度公司的历史，看了个遍。事实证明，我对欧洲冒险家已经颇有了解。我还记得麦格雷戈的讲课，只可惜当时没有做详细的笔记，也没有好好阅读他开列的书单。至于十七世纪明-清过渡期以及德川幕府兴起令日本战国时代戏剧性地结束，我清楚知道我这方面的知识有个大缺口。关于中国，我可以读原始材料和现代学者的中文著作。可是对于日本，我大部分只能靠英文书。我把这种情况告诉了学生，承认我使用的日文书籍和论文有限。无论如何，阅读给了我很大的满足。学习这三百年的历史扩大了我对中国北方以至韩国和日本的了解，并令我进一步认识到东亚与现在称为东南亚的地区之间的基本差别。

　　幸运的是，我不是唯一对古代有兴趣的人。我发现阿拉斯泰尔·兰姆有着永不满足的好奇心。他很想知道印度教和佛教对马来半岛的影响程度，就带着一队学生去吉打州挖掘古迹。我要求跟他们同行，因为我也想到我关于南海早期贸易的研究，那时的贸易已经从马六甲海峡延伸到孟加拉湾。所以回新加坡后不到几个月，我就第一次出发去吉打州的布秧区（Bujang district）挖掘古迹。我在下面还会谈到这件事。娉婷又回去圣安德鲁中学教书，很喜欢那些非常聪明的学生专注地跟着她学习。下面请听娉婷自己怎么说：

———— ❧ ————

　　我还在伦敦的时候，圣安德鲁中学就写信给我，请我回去教英语。我将负责六年级英语。我答应应聘，因为我们两个人都需要工作，才能维持在新加坡的新生活。

　　我以前教过的学生中，有些人现在升到六年级，所以又成了我的学生。我在学校教书很快乐。想不到的是，不到两年我就要离开了。

　　虽然我们在新加坡的头几个月有一大堆东西要买，但我们在三个月内就把钱还给了赓武的父亲，从此不再欠债，直到 1963 年为了在八打灵再也（Petaling Jaya）盖房子，才因房贷而又负债。总的来说，我们的收入相当好，逐步增加，花钱大手大脚，因为我们还年轻，不觉得要为钱伤脑筋。

　　马来亚独立之后，东古总理开始质疑，为什么这个与国家同名的大学要设立在新加坡。我并不知道在我回来之前谈判已经在进行，但是，事情显然很清楚，在吉隆坡应该有一个马来亚大学的校园，而且大家同意， 1958 年入学的大一学生就应该开始在那里上课，直到吉隆坡校园招收自己的第一批学生。阿拉斯泰尔·兰姆自愿去吉隆坡教第一批学生，因此，我回来没有几个月，就被要求去帮助兰姆，在第一学期时每两个星期飞去吉隆坡两天，课堂设在向理工学院借来的大楼里。这个任务相当辛苦，我经常不在家，使得娉婷的家务负担更加沉重。她从来没有埋怨过。她看得出来，对于建立一个新的校园我非常兴奋，所以毫不犹豫地支持我；1958 年底，我必须决定是否愿意搬去吉隆坡，加入我们憧憬的未来的马来亚国立大学，她立即就同

意了。

　　不过，1957 年 9 月，我们的主要挑战是如何在我们新加坡的第一个家安顿下来。我们在剑桥的那几个月，我开始欣赏娉婷的能干，把我们的生活安排得舒舒服服，尤其佩服她把伦敦的公寓整理得有条不紊来准备第一个小孩诞生（她在前一章已经娓娓道来）。更严重的挑战接续而来，大学安排我们住在中巴鲁（Tiong Bahru）医学院的房子（现在的新加坡综合医院内）。那里离娉婷的学校和我在武吉知马的办公室有好几里路。我们每天辛苦跋涉，不久娉婷就觉得难以忍受。以下是娉婷向我们的子女描述在新加坡第一年的生活。

——◦◦——

　　　我们被安排住进麦卡利斯特路（Macalister Road）医学院的两房公寓。这一片公寓大楼都是三层楼高，没有电梯。我们的公寓在三楼，所以每天要抬着婴儿车和购物袋在长长的楼梯上爬上爬下。抱着婴儿，实在太不方便。公寓相当宽敞，但是没有书房。并排的两个卧室外面有个大阳台。我们把第二个卧室改为书房，把新明的小床放在阳台上，用竹子编的帘子挡住风雨，暂时安顿下来。

　　　我觉得回到新加坡安置新家的事很辛苦。我不仅回来不到几天就开始工作，而且要训练新的女佣照顾婴儿。女佣就是常见的那种黑长裤、白上衣、以操持家务为业的女子，她很快就不用我操心了。新明非常讨人喜欢，脾气好，又健康，真是人见人爱。

找到女佣之后，我开始布置新家。我们样样都缺，锅碗瓢盆都要买，只有一套床单，还是别人送的结婚礼物。我们是在英国结婚，所以没有收到什么礼物。由于没有在新加坡办喜事，因此没有礼俗上的红包，一切都要我们自己付钱。钱真的不够，我们必须精打细算。我只能在工作余暇去买东西。我们在星期三抵达新加坡，紧接着我在星期一开始工作。我其实应该先请假一个星期，但学校不能等，我们也的确需要钱，所以必须在头几个星期把所有事情办好。

我们总算买够了初步需要的东西。我们也缺乏体面的衣着，因为要准备些热带衣服。赓武比较简单，只需要多买几件衬衫，找裁缝做几条裤子。我买了一台缝纫机，开始缝制许多衣服，因为那时候还没流行买现成的衣服。而且，我对服装很挑剔，宁愿自己做。

我们还必须买汽车。大学提供免利息的汽车贷款，但赓武只是个助理讲师，只能贷 4000 元买一辆小汽车。就着那个价钱，我们买了一辆雷诺小车，可是那不是辆好车，多年来给我们添了许多麻烦。不仅如此，我的学校距离很远，在大学的相反方向。那段路程通常要花我 30 分钟的时间。我必须早上 7 点出门，因为学校 7：30 开始上课。我大约下午1：30 上完课，才跟大家一样回家吃午餐。我是个尽责的母亲，上完课以后，回到家大约 1：45，与赓武一起午餐，下午陪新明玩，让女佣小睡一会儿。我晚上还要改卷子，所以非常忙碌。我们也在家里招待朋友，社交生活很活跃。我为赓武的学生准备茶和蛋糕，邀请朋友来家晚餐。所有这些工作，加上楼梯上上下下，使我的体重下降到 98 磅。我还急着想再生一个小孩，因为两个孩子之间差大概两岁比较好。

新明在一岁那天开始走路，可是他患了腹泻，从胖宝宝变成了瘦宝宝。这也可能是因为他在长牙。腹泻无法停止，让我非常担心，因为害怕他会脱水。医生们不太帮忙，他们嫌母亲们太烦人，为孩子的事大惊小怪。但我认为，如果小孩腹泻了六个月，当然是件大事！新明的体重再也没有恢复，直到现在都是个瘦子。当然，瘦总比痴肥要好些。

我不出预料地又怀孕了，但不幸三个月就流产。我觉得这是生活紧张、工作忙碌和担心新明的健康造成的结果。我身体复原后不久，再次准备受孕。赓武向大学交涉，要求给我们一套底层的公寓。由于我曾经流产，大学同意在校园对面的杜宁道上给我们一间公寓。公寓所在的一批建筑物有一部分是给学生和教职员住的。这个地址使赓武方便了许多，也更靠近我母亲，她就住在同一条街上。

我们在杜宁道住下来之后，又准备生第二胎。这一次我怀了新玫（琳昌）。不过，新玫到 1959 年 7 月才出生，而我

们在同年 5 月搬去了吉隆坡。这就是为什么，在我们结婚的
头几年，我总是把搬家与婴儿联想在一起！

———◦◦◦———

我们回新加坡不到几个月，人民行动党控制了市议会，王永元
（Ong Eng Guan）当选为市长。他开始对市政实施激进的改革，并
将在 1959 年选举中取得引人注目的成果。我不曾注意新加坡市的政
治变化，只参加了一些学生集会，在那里听到不同政党领袖应邀来说
明他们的政纲。在两个城市教书，换了两个新加坡的地址，准备搬家
去吉隆坡，让我们忙个不停。除此之外，由于我研究过孙中山和康有
为，那些可以说得上是国民党在马来亚的"史前时期"，我应邀公开
演讲，并编辑《南洋学报》，把这本期刊变成双语。

完全没有想到的是，沙捞越电台（Radio Sarawak）请我去讲了
八次南洋华人的历史，这也成为我未来研究的另外一个范畴。我对这
个题目并无研究，不知道为什么会找到我，但我决定接下这个任务，
因为我可以借此多了解一些在这个地区已经发展了好几百年的华人族
群。我与一些中国商人和工人一起长大，知道大批中国旅居者定居下
来，形成了当地相当大的族群。而我在无心插柳下，毕竟已经成为这
些马来亚华人族群的一分子。

我也知道，东南亚新独立国家的政府越来越关注中国大陆和台湾
正在争夺南洋华侨的人心，吸引他们的汇款来支持发展计划，使他们

卷入美国和苏联集团之间的冷战漩涡。特别是，华人在印尼公开对立，介入苏加诺总统及其印度尼西亚共产党支持者与右派民族主义者对手之间的政治斗争。马来亚也有同样的争论，但英国人控制住了亲中和亲台的势力。我在这个时候想起了 1950 年去马尼拉时了解的菲律宾华人的情况，同时又阅读关于泰国、印度支那和缅甸华人的研究。我正好借此机会进一步了解情况，尤其想了解本地区华人的关系和迁移的历史背景。

我关注这个问题还有一个原因。就在我去伦敦前，我读到毛泽东特别提出的口号："百花齐放，百家争鸣"。中国派出四位一流学者参加青年汉学家巴黎会议也与此有关。但是这段"自由"的时刻极为短暂。到 1957 年中，"反右"运动开始了。我很想知道，海外华人对于许多著名的知识分子和艺术家的遭遇有何反应。如果了解更多华侨历史会有帮助吗？

我开始准备讲稿后，发现这是个很艰难的学习过程。我必须在白天教完中国史和日本史之后，晚上阅读到次日凌晨，我搜寻所有能找到的海外华人历史，特别是二战前日文著作的中译本，做了一大堆笔记，然后写成八次讲稿。这是个重大的决定，因为讲课很受欢迎，不久就出版为《南洋华人简史》。这一本小书引起了很大的注意。我由此受到鼓励，开始研究东南亚各地在后殖民时期建立民族国家的情况下，海外华人族群面临的困境。

我还应该提到，我同意去电台讲课，是因为遇见斐利民（Maurice Freedman），受到他关于南洋中国社会研究的极大启发。

他曾经实地调查新加坡的华人，写了两份著名的报告，其中关于华人家庭和婚姻的报告刚刚出版。他告诉我他的新作是关于中国东南部的宗族组织，令我印象深刻的是他只使用现成的出版材料，主要是在福建和广东生活过的外国官员、旅行者和传教士的著作，竟然就能完成这样的研究。斐利民的老师是伦敦政治经济学院人类学教授雷蒙德·弗思（Raymond Firth），他关于东海岸马来渔民的研究已经成为经典。

他告诉我，从中国来的田汝康也是伦敦政经学院的学生，出版过关于沙捞越华人的书籍。他还介绍我认识弗思的另一位学生玛乔丽·托普利（Marjorie Topley），她在研究新加坡华人的宗教体制。当我开始阅读关于华侨的史料，才体会到斐利民的著作显示人类学的方法有助于历史学者的工作。这些方法帮助好几个学者写出关于东南亚华人的研究报告，补充了维克多·珀塞尔（Victor Purcell）的开拓性工作。我去吉隆坡教书之后，发现这些书籍从新的角度研究华侨和他们目前的困境，对我极有帮助。多年之后，斐利民担任牛津大学人类学教授，组织了一次关于中国社会的研讨会，他邀请我去万灵学院（All Souls College）为任期一年的访问学者。我发现其他与会者都是人类学家和社会学家，但我同他们密切合作，毫无障碍。

不过，准备这一系列沙捞越电台的课程，意味着我与汉学的距离越来越远。我知道我没有继续在亚非学院的研究。我希望把书教好，我需要抽出时间把我的论文整理出版，但我也觉得有义务在校园外公开讲课，服务族群。朋友和家人、同事和学生轮番让我觉得每天都有新鲜事发生。建国的活动照亮了地平线的天空，引人神往。不久我就看到，马来亚平息了叛乱，吸引了冷战两大阵营的目光，一边是美国及其盟友，另一边是苏联及其国际主义伙伴。

特别引起我注意的新事物是，在欧洲强权解体后，美国人承担起领导本地区事务的责任。美国学者和新闻记者经常到学院访问。他们主要分为两类：一类人是中国学者，现在离开中国到本地区从事有关中国的研究，另一类人的兴趣是建国问题，特别是那些来自面临共产党挑战的国家的人。关于第一类人，斐利民给我介绍了施坚雅（G. William Skinner），他刚刚出版了关于泰国华人的书；另一位是研究印尼华人的唐纳德·威尔默特（Donald Earl Willmott）。这两个人都是人类学家，我对他们的研究方法很感兴趣。至于第二类人，最有名的是加州大学伯克利分校的施乐伯（Robert Scalapino），他专研冷战扩大后造成的威胁。许多人到新加坡和马来亚观察英国人如何打败共产党。不过，也有人关心东南亚华人其他倾向的问题，比如艾力耕（Robert Elegant）的《龙种：北京与海外华人》（*The Dragon's Seed: Peking and the Overseas Chinese*）。艾力耕不久就放弃记者生涯，改行写小说。那的确是他的专长。

还有一些人不属于任何一类。其中一位就是历史学家史培德（Stanley Spector），他研究十九世纪中叶清朝的高级官员，特别是满清末年朝廷依靠其挽救王朝的最后一位汉人重臣李鸿章。史培德与别人不同，他先是到新加坡华语中学教书。我遇见他的时候，他是社会科学研究委员会研究员，研究在英国殖民统治结束后华人的处境。

他专研海外华人的民族主义。他引起我的兴趣是因为他说认识庄竹林，后者是中正中学的校长，曾在美国受教育，在我从伦敦回来前不久曾被特别科短暂拘留。庄竹林是个杰出的教育家，后来担任南洋大学校长。史培德告诉我，他非常佩服庄竹林献身教育的精神，这令我十分感动。史培德成为我的好朋友。两年后我第一次访问美国，到圣路易斯华盛顿大学拜访他，应邀到他家里小住。我将在另一章讲述那段行程。

迁居吉隆坡

我们在新加坡总共住了二十个月，娉婷布置了两个家，分别都住不满一年。也许这就是我们四处游历生活的预警。可是娉婷从容应对。她很能干，可以身兼数职，既是妻子、母亲、家庭主妇、孝顺的女儿和媳妇，又是六年级男孩的专职老师，还请学生来喝茶，请朋友来晚餐。

我们回新加坡的时候，没有想到会搬去吉隆坡。新加坡从1941年12月开始就是娉婷的家乡，她也期盼着我们在那里定居。虽然我对新加坡的认同感比不上娉婷，但我越来越认为新加坡是马来亚的重要部分，而我期盼成为马来亚的国民。如果新加坡加入马来亚联合邦只是时间问题，现在何必搬去吉隆坡呢？

如何选择要由我决定：最主要的理由是吉隆坡是国家首都，还可以帮助建立一个塑造新国家的新校园，有别于海港城市新加坡的校园，而且吉隆坡方便进入广大的内陆地区，这些都是令人无法拒绝的诱惑。这与我早年在怡保的生活经验有关，我觉得吉隆坡有点像怡保，只是规模大一些，位置重要一些。还有一个帮助我决定迁居的原因是，身为历史学家，似乎恰好可以协助新的国家塑造新的历史身份。虽然我准备教的是中国史，但我还有两种经验，让我能够在吉隆坡从事其他领域的研究。

第一个经验是我 1954 年关于南海贸易的研究。我担任历史助教时，带着马来亚大学的学生去做义工，帮助吉隆坡国家博物馆馆长盖尔·西维金（Gale Sieveking）到巴图市（Kota Batu）挖掘，那里原来是柔佛王国首都老柔佛所在地。那是我第一次从事考古研究，认识到可以由此发掘中国与本地区的古代贸易历史。看到在马六甲陷落之后，马来人对葡萄牙的反抗大约持续了二百年，使我恍然需要知道的东西太多了。我于是撰写了第一篇关于马来亚历史的文章《老柔佛》，在我去伦敦留学前发表在马来亚大学历史学会的《马来亚历史学刊》上。

第二个经验是在 1958 年，如前面所说，帮助阿拉斯泰尔·兰姆带领一批马来亚大学学生去吉打州的布秧区挖掘古迹，夸里奇-威尔士（H. G. Quaritch-Wales）曾经在战前就此做过报道，但他还没有机会发掘。国家博物馆在 1955 年请大学历史系协助一连串的挖掘。可是吉打州的地点太多，我们必须先找出哪些地点最有助于了解古代印度影响的故事。而且，我们发现了一些陶瓷碎片，也希望找出更多从东方来的海上活动的证据。我额外获得的报酬就是，我的第一篇发掘简报发表在皇家亚洲学会马来亚分会那一年的学报上。

那两次发掘刺激了我对历史上的内陆地区的兴趣，它们联系上了我先前研究的古代中国贸易问题。我还觉得，这种发掘让我不再完全依赖文字证据，不再依赖文献和断简残篇，脚踏在历史发生的土地上，增加了我对这个我认同的国家的了解。

我现在记不清楚，什么是促使我再次搬家的最主要因素。关键在于娉婷对于离开新加坡是什么态度。她很喜欢圣安德鲁中学，喜欢学生提出问题，询问她这个地区的新国家如何才能摆脱殖民时期的枷锁。后殖民时期的新加坡给她很多新的就业机会。而且，我们在杜宁道的新家离她的学校比较近，她的母亲就住在附近，我的父母也距离不远。如果她不愿意搬家，我要怎么办？

她没有一点犹豫。对于她来说，我的职业选择是优先考虑。如果搬去吉隆坡有利于我的工作，她就跟着我走。我那时没有想到，这次搬迁只是开了个头。我以为这一生都会留在马来亚，她也表示会与我在一起。谁也没想到，这只是将来许多迁徙中的第一次，她为了让我能追求事业，一再放弃自己的职业生涯。不仅如此，她总对我们的未来保持积极的态度，从来不曾后悔。以下是她描述这次搬家对我们的子女和生活的影响。

❦

赓武希望搬去八打灵再也，参加建立新大学的工作。这是令人激动的前景，尽管我已经习惯了我的工作，而且还有一个新的机会去主持新加坡文化中心，但我仍然觉得应该搬去吉隆坡。我已经怀孕七个月，但身体健康，于是开始收拾行李，准备再次搬家。这一次我们多了些书和家居用品。大学愿意付我们的搬家费和旅费，所以我们除了生活上添些麻烦，不用花什么钱。这一次我们有两部汽车。我们买了我们的英国朋友约翰·巴顿斯（John Bottoms）的标致汽车（车牌是 BB1），他即将去亚非学院担任讲师职位。于是我开雷诺，新明放在后座，赓武开着标致，里面塞满了家居用品，启程前往吉隆坡。我们后面跟着一辆货车，装着家具、书籍和文件。这是我们第五次搬家。头几天我们住在吉隆坡的火车站饭店，那是个漂亮的巴洛克式建筑，房间宽敞，但装潢老式。

我们在吉隆坡的社交生活很忙碌。每一个人都欢迎新大学的到来。各国外交官都在吉隆坡，他们有些人告诉我，在大学教职员到达之前，他们找不到什么人聊天！我们应邀出席了各种外交活动，结识了大使、其他外交人员、外国商人和地方显要。

我们去了太多次鸡尾酒会，我开始感到厌烦。我不会喝酒，拿着一杯温热的橘子水走来走去，觉得无聊，腿也开始酸痛。赓武和我于是决定只参加几个有趣的朋友办的酒会。参加外交酒会的麻烦在于，刚刚认识一对外交官夫妇，他们就被调走了，你又必须重新开始交朋友。

❧

娉婷的笔调很轻松，讲的却是我们生活方式的巨大改变。我们都年轻，精力充沛，周遭事物变化太快，我们都来不及思考这一切对我们的长期生活有什么影响。

在要移居吉隆坡之前，我们以为只不过是搬去同一国家的另外一个城市。我们那时看到，新加坡即将摆脱殖民统治，向全国各地展示，一个有效率的现代政府是什么样子。一个完全民选的议会的竞选活动非常激烈。我们在 1959 年 5 月中旬去吉隆坡时，大多数人认为李光耀的人民行动党将赢得选举。我们还听到许多商界的外国侨民都怕人民行动党，准备一旦该党获胜就离开新加坡。两个星期后，该党赢得压倒性胜利。我的朋友兴奋异常，特别是当选总理的李光耀拒绝就任，除非其人民行动党的主要同志获得释放。这就是我们期待看到的新领袖的独立姿态。我们期盼着国家统一的那一天，期盼着国立大学有两个校园。

我们到吉隆坡时，正在举行州的选举，随即举行马来亚第一届议会的全国选举。大家都认为联盟党（由巫统、马华公会和国大党组成）会赢得选举，而我注意到社会主义反对党（工党和人民党）在一些城市选区有不少人拥护。我对国家政治来说是个新手，所以咨询那些积极参与政治的朋友的意见。我要安排入住新居，又要帮助建立新的校园，没有时间去搞清楚全国第一次实施民主将会是什么情况。令人感到高兴的是，过程很顺利，联盟党和反对党的领袖都彬彬有礼。有理由相信，马来亚开了个好头，我离家乡更近了。

哪一个阵营？

马来亚独立了。新加坡即将取得自治地位。在我留学英国的三年期间，发生了一连串事件：在伦敦的马来亚宪法谈判；英法苏伊士惨败；关于印度支那命运的日内瓦会议；印度尼西亚万隆会议；以及中国的标志着某种幻想终结的"百花齐放、百家争鸣"运动。我意识到所谓的东南亚地区正在初具规模。

还不清楚的是，马来亚在东南亚地区如何自处；英国仍然努力使这个地区变成比较容易管理的"远东"，而作为第二次世界大战胜利者的美国正在重新界定太平洋。我以前访问南京、香港和马尼拉的经验提醒了我，对于东南亚地区要变成什么样子，很少有人理解。显然美国最有发言权。我访问科伦坡和德里之后，看到英国在本地区的影响力现在只限于马来亚和北婆罗洲的殖民地。泰国的军事政权显然要看美国的脸色，而苏加诺的印度尼西亚是想团结亚洲和非洲的反帝国主义国家，共同对抗美国霸权。

那么，马来亚所属的东南亚地区是什么情况？我现在要花些时间来了解发生了什么事。1954 年以来发生的最大变化，就是美国这个大国要在欧洲对抗苏联，在"远东"对抗苏联的中国伙伴。美国在西欧取得成功，组织了北大西洋公约组织（北约），也组成了类似的东南亚条约组织，总部设在曼谷。东南亚条约组织的成员只有菲律宾和泰国位于东南亚地区。法属印度支那不在其中，而印度尼西亚和缅甸公开怀疑该组织的"新殖民主义"性质。我现在认识到，几乎所有把东南亚视为中国和印度以外的重要地区的书籍和学术论文，作者都是欧洲人、美国人和日本人。东南亚地区内的学者都在忙着研究各自国家的发展情况，历史学家尤其是这样。这就是为什么，1967 年成立的东南亚国家联盟（东盟）在东南亚地区很少引起注意，只有地区外的学者在认真研究东南亚地区的历史。

我在伦敦的时候，读到一些关于美国的共产党同路人"失去中国"的辩论。我的朋友孔飞力生动地给我描述了麦卡锡听证会如何试图搜查出国务院里面的共产党同情者。我还读到法国在奠边府的惨败和巴黎会议，又从专研印度支那和泰国事务的亚非学院老师那里学到很多知识。我不知道马来亚是要采取独立立场，还是要加入两个超级大国各自划分的势力范围。可以清楚看到的是，马来亚现在在大英帝国的亚洲剩余版图中占据关键地位，也是与澳大利亚的重要联系枢纽。英国人和共产主义中国在马来半岛各自施加压力，使这里的和平局势更显脆弱。对马来亚联合邦的九个州以及两三个英属殖民地来说，似乎无可避免地需要依靠英联邦武装力量相当长的时期。

我在马来亚大学学习了五年，在英国大学三年，学到了学术客观性的价值。我也因此对想赢得政权的政党持怀疑态度，不是因为那有什么不对，而是因为我个人不喜欢政治里面的党派斗争。我已经说明，为什么选择去吉隆坡。马来亚需要一个新大学，为我国的高等教育做一些事是我心向往之的。除此之外，还有另外一个相关理由。我现在经常在电台评论时事，身处吉隆坡有助于我从全国角度看问题。我还有一系列关于南洋华人历史的讲演；这使我关注本地区数百万选择成为新国家公民的华人的命运。我身处首都，可以更好地了解他们在这个国家的未来。

我重新学习马来语文；吉打州的发掘之行也让我进一步了解霹雳和雪兰莪等其他河流州的兴起历史。我在牛津大学出版社的朋友阿斯拉夫不厌其烦地告诉我要去阅读哪些马来文学和当地的马来文出版物。他也鼓励我学习爪夷文（Jawi），以便阅读马来亚领袖发行的报纸《马来西亚先锋报》（*Utusan Melayu*）。阅读马来文使我能够了解同事中经常以马来文写作的人的文章。苏丹·达迪尔·阿里夏巴纳（Sutan Takdir Alisjahbana）担任马来研究系系主任之后，他和我的两个朋友赛义德·侯赛因·阿拉塔斯（Syed Hussein Alatas）和赛义德·侯赛因·阿里（Syed Hussein Ali）鼓励我从内部了解马来社会，以纠正西方著作的偏见。这样的教育过程使得我摆脱了我以前阅读的一些激进著作，包括伊萨·哈吉·穆罕默德（Ishak Haji Muhammad）、布哈努丁·阿尔贺尔米（Burhanuddin Al-Helmy）和艾哈迈德·博斯达曼（Ahmad Boestamam）等人的著作。在一个多族群（基于种族）的马来亚，我对君主政体的戒心少了，也越来越欣赏东古·阿卜杜勒·拉赫曼总理对族群差异的开放态度。

关于马来亚政治在两大意识形态集团的冷战中的未来出路是什么，仍然没有答案。这个被别人称为东南亚的地区显然是分裂的。在我去吉隆坡之前，应邀与美国副总统尼克松见面，他正在环游这个地区，宣示美国不会重犯"慕尼黑的错误"，让北越占领南越。事实上，他表示美国将接过法国在印度支那的帝国主义重负，一场热战即将发生。

父亲于 1952 年至 1955 年担任华文学校联合邦视学官时，我曾经短暂访问过吉隆坡，但对这个城市并不熟悉。1958 年我去吉隆坡讲课，但很少有时间去逛一下以前没有去过的地方。现在，我们的新家就在新校园旁边的八打灵再也，几步路就走到我在文学院的办公室。新的大楼林立，但开设课程有许多事要做，我什么地方都没有去。娉婷要多走些路才到她位于城中心的学校，还要采购家里需要的东西。

以下由娉婷写给我们的子女：

大学在大学路上新建了几栋房子给教职员居住。我们住的是一栋全新的两层楼房子，有三个卧室和一个女佣房间。我们雇了两个女佣，一个马来人看小孩，让小孩可以学马来语，另一个是华人，负责管家和烹饪。

八打灵再也那时候居民不多，新的建筑主要都在联邦公路的一边。校园大都是红土，大家意气风发地参加新校园的建设工作。新的大楼一栋栋建起来后，校园初具雏形。

我又一次要赶快安置新家，然后回去工作。我一直在想，为什么总是匆匆忙忙！我们还在新加坡的时候，一个朋友告诉我，吉隆坡有一所男校圣约翰中学（St. John's Institution）在找老师。我写信给校长，他立刻把工作给了我，也是教六年级的英语。那是喇沙修士会（La Salle Brothers）主办的一所天主教学校。他们知道我有孕在身，到学校不久就要请产假，但是仍然聘请了我，因为他们急着在找英语老师。

吉隆坡跟这个地区的其他城市一样，大部分街道上都是热带店屋。不过，这里的一些政府大楼的建筑很不一样。火车站最为宏伟，阿拉伯式的巴洛克风格，具有穹顶和其他建筑特色，是一个非常古怪而迷人的火车站。高等法院和秘书处等其他建筑物也都坚固雄伟，是殖民地建筑的典型代表。

马来亚政府也开始建造新议会大楼和国家清真寺，当作一个独立国家的象征。火车站附近还有个传统的运动场，是英国的每一个殖民地城市都具备的。这样的运动场新加坡也有，用处很多。运动场的一端通常是俱乐部会所，或者两端都是，一个是板球队的，另一个是社交或其他用途。因此，运动场是英国人户外社交生活的中心。好比雪兰莪俱乐部（Selangor Club）就使用吉隆坡运动场一端的空间。星期日的活动是观看板球比赛，然后在俱乐部午餐。在二战前，本地人是不准加入俱乐部的。二战后，少数几个本地人可以经过选举加入。英国人离开后，俱乐部不得不邀请本地人加入，否则就要倒闭。雪兰莪俱乐部和湖泊俱乐部是外籍人士的两个主要娱乐场所。

———◦○◦———

娉婷从来没有在马来属邦生活过，所以我大多数周末都开车带着她去小镇和村庄游玩，逛一下与新加坡郊区不一样的风光。我感到宽慰的是，她很快就适应了当地的情况，准备好生产我们的第二个小孩，也是我们的第一个女儿。这一次就不再是伦敦那样冷漠无情的情况了。在吉隆坡，她住进最好的医院，由著名的产科医生德里克·莱韦林-琼斯（Derek Llewellyn-Jones）亲自照顾。

1959 年，吉隆坡有几十个高级专员公署和大使馆。有几个国家表示愿意协助建设校园。我忘记了细节，但是记得新西兰派遣了专家来农学院，澳大利亚协助建立了工学院。英国文化协会和美国新闻处有很好的图书馆，在大学自己的藏书还没有建好前很有用。我们历史系获得一个富布赖特（Fulbright）年度访问教授的资格，以支持系内美国研究的教学。第一位来访的教授是索尔·帕多弗（Saul Padover），他以撰写托马斯·杰斐逊（Thomas Jefferson）的传记著称。他着手介绍自由主义理想，认为这是美国如此杰出的原因。另一方面，他的到来给我们开启了一个新的窗口，让我们可以获得远比英国慷慨的美国资源。

诚然，我很早就获得了这种慷慨的援助。我以前见过亚洲基金会的约翰·萨特（John Sutter）。他刚刚在康奈尔大学写完关于印度尼西亚的博士论文，很想让我们的新大学与基金会的东南亚计划合作。他去过上海，那时候我正在南京。我们交谈过对国民党政府最后时日的想法。他注意到我是研究中国的历史学家，但从没有去过美国，于是想到请我为基金会写一份报告，谈一谈美国的几个主要亚洲研究中心。还在"东方主义的"英国学习时，我曾经读过美国社会科学学者关于近代和当代中国的研究文章，于是答应他可以试一试，因为我自己也很想了解美国关于亚洲的研究情况。

出乎意料的是，几个星期之后，他提议我去美国旅行四个月，并问我想去哪几个中心访问。我征求系主任约翰·巴斯汀的意见。我在1959年5月才上任，经常飞回新加坡给大二的学生上课，明年也要为吉隆坡的大二学生上课，于是他请副校长给了我1960年头四个月的特别假。我十分感谢他的支持。

在我报告这次旅行之前，先请娉婷说一下，她对我刚带着她来到一个新地方，接着就外出四个月的想法。她现在带着两个小孩，在吉隆坡只有她的一个弟弟可以求助。

———◇———

从 1960 年 1 月到 5 月，我必须单独照顾两个小孩四个月。赓武获得亚洲基金会的补助金，去美国访问四个月。我们没有钱可以同行。即使钱有了，还有两个小孩的问题。我知道这次旅行对他的职业生涯很重要，他将访问许多大学，发表一些演讲。我们才离开新加坡，在吉隆坡不认识几个人。我的一个弟弟在这里，但他有自己的工作和事情，我无法依靠他。我又一次陷入没有亲人可以帮忙的处境，我们的父母亲都在新加坡。我只能硬着头皮顶住！

那个时候冷战已经如火如荼。美国人必须重新思考外交政策，因为中国共产党政府已经获胜。越南分裂为二，美国人已经到了南越，帮助法国人抵挡他们认为的共产主义洪流。美国人也活跃在东南亚其他地方，试图影响年轻人，防止其他骨牌倒下。所以才会设立奖学金和补助金，邀请具有潜力的年轻人访问美国。赓武就是这样获得邀请的。

———◇———

这次旅行的确扩大了我对现代学术研究的视野，对我的职业生涯有很大帮助。我是来自东南亚的青年学者，对美国学者的研究工作了解不多，但就如约翰·萨特所说，我可以对美国学者提出一些关于东南亚地区民族主义和意识形态斗争的有用看法。幸好我家里有位贤妻同意我去旅行。她具有令人难以置信的能力和决心，尤其是对我有信心。我在那四个月不断给她写一些轻松的信，报告我的行踪，她也叫我放心，家里一切如常。这让我能够尽量把握住学习的机会，也让别人知道我的研究工作。

第七部　全球化？

进入冷战

关于这次美国之行，我很犹豫该说多少。对我来说，那主要就是一趟学习之旅，熟悉一下美国大学的工作。这样的旅行在今天是稀松平常的事。美国的高等院校声誉卓著，大多数学生知道到那里学习的潜在优势。可是，我翻看了我去美国前关于美国大学的笔记以及那次旅行的记录之后，决定在此写出一个比较全面的记述。我看到的是一次跨太平洋的权力转移，可以从我观察到的知识创造的发展过程看到转移的轨迹。还有一个要详细分享的原因是，我以后才认识到，这是美国接管英国从十八世纪末开始的全球海洋强权计划的最后阶段。在那个时候，正好可以看到哪些是美国研究亚洲问题的比较活跃的学者，包括从英国、欧洲和亚洲来的学者。他们在多大程度上代表了战后英美或英语世界的融合？

我始终没有弄清楚为什么亚洲基金会的约翰·萨特要我写一份关于美国的亚洲研究现状的报告，为什么他认为我是拿补助金的适当人选，让我能够接触到美国最好的一些大学。我不相信我的报告中有什么是基金会还不知道的；也许基金会希望知道的是我对所见所闻的反应，以及我在报告中显示的政治倾向。萨特很容易就可以发现，我有好几个大学时的好朋友是政治犯，他们最近才被新加坡新成立的人民行动党政府释放。我只能猜测，他虽然了解我有如此背景，仍然觉得值得一试，于是就很快让我成行。

我在启程之前，回顾了我对美国的了解，发现在我以前的生活里，对英国和美国的态度完全是两回事。在安德申学校，美国很少被提到，那只不过是勇敢的英国殖民者在充满敌意的印第安人中定居的地方。那些使十三州脱离大英帝国的反叛者很少人提到。可是在我自己的华人家庭里，我知道的关于美国人的事就要多很多。例如，华文小学的课本告诉我，美国的国父华盛顿从不说谎，林肯解放了黑奴。太平洋战争时，美国人是好人，站在中国人一边，我的母亲对飞虎队很有好感，谈到从滇缅公路运来的美国援助使中国得以坚持抗战。战争结束后，罗斯福总统支持中国成为联合国安全理事会的五个常任理事国之一。

在南京时，这些正面形象被政治化了。我的许多同学不喜欢美国插手中国政治。他们认为美国军队支持腐败的蒋介石政府，压制人民比较拥护的反对党。我在马来亚大学学习时，课程里很少提到美国。我读了美国学者鲁珀特·埃默森（Rupert Emerson）的《马来西亚：直接和间接统治研究》（*Malaysia: A Study in Direct and Indirect Rule*，1937），但是他所说的"马来西亚"是荷兰人和英国人控制的大马来亚世界。我还记得许多英国老师傲慢地批评美国外交政策过于天真；英国工党的支持者公开批评美国领导人自吹自擂的资本主义意识形态。喜欢美国的反殖民主义立场的人，看到美国在越南战争中支持法国殖民势力，也开始动摇。当然，有更多人主张中立，反对新建立的民族国家迫于美国压力在冷战中选边站。

我个人接触到美国事物都来自英国正规教育之外。我记得流行电影，例如那些由童星秀兰·邓波儿参演的影片、《汤姆·索亚历险记》和《乱世佳人》，此外还有描述美国在欧洲和太平洋胜利的战争片，以及快枪对决的西部片。有两部展现美国戏剧魅力的电影：根据阿瑟·米勒原著改编的《推销员之死》和田纳西·威廉姆斯的《欲望号街车》。至于美国文学，我们的课外读物包括以下作家：沃尔特·惠特曼、爱伦·坡和罗伯特·弗罗斯特，还有在欧洲成名的艾略特、埃兹拉·庞德、亨利·詹姆斯和欧内斯特·海明威。我见到的第一位美国作家是 1950 年在马尼拉作家工作坊遇见的小说家华莱士·斯特格纳。

在见到萨特之前，我在新加坡和伦敦见过哪些美国人？马来亚大学和亚非学院除了有几个好奇冒险的学生，没有专业学者。我在德里见过史蒂芬·施韦贝尔，他是联合国学生协会（UN Students Associations）的代表；我在伦敦与孔飞力一起上日语课。不过，我见过的研究亚洲的唯一知名学者是哈佛大学的史华慈，他是我在巴黎的一个会议上认识的。我 1957 年回到新加坡之后，才发现更多的美国学者来过，其中有两位关于马来亚的研究很重要：吉恩·哈纳罕（Gene Hanrahan）的《马来亚的共产主义斗争》（*The Communist Struggle in Malaya*，1954）和白鲁恂（Lucian Pye）的《马来亚游击共产主义的社会政治意义》（*Guerilla Communism in Malaya: Its Social and Political Meaning*，1956）。马来亚独立之后，对这个问题感兴趣的人更多了。

我搬去吉隆坡之后，来校园访问的美国学者和官员有几十个人。那个时候，我已经在阅读关于本地区邻国的书籍，理解美国人早已从菲律宾向外扩张，尤其在越南、泰国和苏加诺领导的越来越敌对的印尼展开活动。缅甸独立但没有加入英联邦之后，美国人也在那里插了一脚。相对来说，美国人觉得英国人可以控制马来亚和新加坡，所以没有在这里明显地插手。英国国旗在马来亚降下后，美国人似乎才大批进入。至少，这是我看到的情况。这是我第一次认识到，对于如何管理战后的海洋世界秩序，英国和美国有一个共同的纲领。

关于新世界的报告

1960 年的头四个月，我访问了十四所美国大学。我因此得以比较每所大学如何应对战后亚洲的变动。我也得以更好地了解，美国在与东亚和东南亚的关系中关注哪些方面。我最重要的结论是，虽然少数几个学者对亚洲极感兴趣，但大多数美国大学并不重视亚洲研究。他们都是在模仿著名的欧洲大学，以推广欧洲的学术自豪，但也希望自己能够青出于蓝。对他们来说，虽然亚洲在太平洋的西边，从欧洲的角度来看仍然是"远东"。是在对日作战以及"失去中国"之后，他们才看到，冷战从多个方面威胁到后帝国主义时代的美国利益。就算是这样，正如亚洲基金会所察觉的，美国也丝毫不了解那些因为欧洲帝国主义而肇建的东南亚新兴小国，都必须自谋生路以免再次受人控制。

约翰·萨特同我商量，问我希望访问哪些大学和会见哪些人士，建议我在哪个地方停留多少天。他知道亚洲研究协会（Association for Asian Studies） 4 月初将在纽约开会，仔细地安排了我去纽约之前在西部和中西部停留的时间。他考虑周到，让我有几个周末在不同城市观察美国的政治制度、文化和社会。我看了他替我安排的行程表之后，才体会到他是多么细致认真，而且效率极高。

我于1960年1月启程，5月中结束行程。我搭乘泛美航空公司的飞机（现在已经停业），首站停在夏威夷。这段航程几乎花了两天时间，沿途短暂经过马尼拉、威克岛和中途岛。当今的旅客或已不复记忆，不过后面那两个岛让我想起了不久前的太平洋战争。我1945年在怡保求学时，看过一部《中途岛之战》的纪录片，描述美国人在珍珠港事变后如何打退日本海军的攻击。我当时震惊于太平洋如此广阔，美国人竟然跨越重洋，使他们的国家成为本地区的重要角色。美国人使太平洋成为"美国的内湖"，有北大西洋的几倍大。对我来说，这次航程是衡量美国实力扩充的一把尺，它取代了殖民地学校深植在我脑海中以红色标识的英属殖民地地图的形象。这是我接受再教育的强有力开始。

我在美国的行程排得很满。我不打算描述在美国看到的每一件事，主要只谈两个方面。第一，亚洲研究的状况，以及对这个领域可能产生的影响。第二，我遇到的杰出人物，其中有些人改变了我对过去和现在的理解。

在夏威夷只是短暂停留。那里的大学很希望成为东西方之间的桥梁，准备成立一个由中央资助的机构，从亚洲和太平洋找来学者和学生，使他们了解美国。可是，我两个月后到了华盛顿才知道，国会即将提供资金给东西中心（East-West Center），以拉近东方人民与美国的距离。那里的大学有一些日本研究项目，我遇到的主要学者是一个研究日俄战争的历史学家。我没有遇到任何教东南亚课程的人。

西雅图的华盛顿大学在亚洲研究方面要强得多，远东和俄罗斯研究所的研究重心是中国。我在新加坡见过史培德，他是华盛顿大学早年毕业的中国史博士，所以我对那里的情况略有了解。我记得询问过他的导师梅谷（Franz Michael）的情况，我在教明清鼎革之际的课程时使用的主要课本就是梅谷关于中国满族统治起源的研究。史培德还告诉我，梅谷有一个关于太平天国之乱的宏大计划，史培德在该计划中研究促使太平天国灭亡的一个重要人物。

远东和俄罗斯研究所的主任是英国人戴德华（George E. Taylor），他殷勤接待我，请我去他家里晚餐。他知道我曾在伦敦读书，请他的夫人特别为我准备了约克夏布丁。戴德华曾在美国和中国学历史，对太平天国之乱尤感兴趣。他因此提议太平天国之乱的研究计划，请梅谷率领一批学者进行研究，在我到西雅图之前已经出版了好几本好书。我很感激戴德华的款待，他的中国研究计划内的高质量出版物，尤其是计划中的研究生，给我留下深刻的印象。尽管那时不久前有两位顶尖学者离开：一位是返回中国的张仲礼（经典著作《中国绅士》〔The Chinese Gentry〕的作者），另一位是去了哥伦比亚大学的魏特夫（Karl August Wittfogel，契丹辽朝权威研究的合著者，也是《东方专制主义》〔Oriental Despotism〕的作者），那里的研究团队仍然很强大。美国之行结束时，我知道华盛顿大学和哈佛大学是西方世界研究近代中国的两个经费最充足的中心。

远东和俄罗斯研究所关于十九世纪的一项杰出研究成果是萧公权

的《中国乡村：论十九世纪的帝国控制》（*Rural China: Imperial Control in the 19th Century*）。萧公权也论述康有为的儒学，指出康有为对近代思想的贡献，这使我很着迷。另一方面，康有为的外孙罗荣邦（后来成为研究中国早期海军史的先驱）正在那里编写康有为的传记。罗荣邦听说我在香港见过康有为忠诚的追随者伍宪子，跟我长谈了几个小时，阐述他如何看待他外祖父的历史地位。

这是我第一次访问一个西方大学，看到那里集结了那么多知名的中国学者。我认为很特别的是，除了萧公权、罗荣邦、张仲礼、施友忠（研究太平天国的思想）和语言学家李方桂之外，其他人都来自欧洲，比如戴德华来自英国，梅谷和卫德明（Hellmut Wilhelm，他的《易经》八讲已经是经典）来自德国，大多数人都研究近代史。欧洲的院校没有一个在研究中国时结合社会科学和汉学方法。我的第一个想法是，西雅图的这个研究所给创新的"区域研究"方法开了个好头。

我接着去了加州的湾区，在那里停留了大约三个星期，第一个星期在旧金山，其余两个星期在加州大学伯克利分校。我先去拜会了亚洲基金会的办公室，然后去了斯坦福大学，被胡佛图书馆收藏的了不得的当代中国文献所震撼，包括关于中国共产党和马来亚共产党如何打游击战的文献。我那时突然想到，如果我是到加州而不是到伦敦读书，就可以研究二十世纪中国的军阀时期，而不必研究古代史。我对英属马来亚的严重偏见，我在 1948 年离开南京的经验，加上我自己的无知，让我忽视了美国。我翻看胡佛图书馆收藏的文献目录，心中颇感遗憾。我不禁想到，即使在中国也很难在哪一个图书馆内找到这样特殊的收藏。我那时刚刚开始研究海外华人，对那里关于东南亚华人小区的收藏也感到震撼。这是我第一次看到这种收藏。

因此，研究当代中国的学者被吸引到斯坦福来就不足为奇了。我在伦敦的时候，跟踪了解过麦卡锡对美国学者的一些攻击，读过罗伯特·诺斯（Robert C. North）关于俄罗斯和中国共产党的书。我从他的书中得到很多启发，很高兴在这里与他见面。我问他，东南亚的共产主义比较接近苏式还是中国式。他说，胡佛图书馆关于这个问题的收藏比较弱，他正在收集更多文献进行研究，但觉得中国的影响力可能会大些。

我到历史系见到了克劳德·巴斯（Claude Buss）。到那时为止，他是我见到的唯一对东南亚有兴趣的学者。巴斯曾在菲律宾服务，参与了美国在该地区的规划工作。他请我给他的学生讲一讲东南亚。我谈到马来亚是个新国家和多元族群的含义，以及马来亚与我所知道的印尼的比较。之后，巴斯问我是否愿意到斯坦福任教。我告诉他，我已经承诺在马来亚开展历史研究。不过，他在冷战期间对东南亚的兴趣给我留下了深刻的印象。

我继续在伯克利的国际学舍住了一段时间。第一天早餐的时候，我居然看到我以前的教授帕金森，他告诉我，他正在美国就他发现的帕金森定律进行巡回演讲。当天晚些时候，我遇见另一位以前马来亚大学的教授保罗·惠特利，他最近才到伯克利的地理系任教，邀请我去他家晚餐。我们相识是因为对中国的古代海上贸易有共同的兴趣。

他关于宋史记载的商品买卖清单的研究和我的南海贸易研究都发表在皇家亚洲学会马来亚分会学报上。我很感欣慰，马来亚大学与伯克利的距离没有那么遥远。

我在伯克利图书馆还发现了大量世纪之交以来的地方华文报纸，其中除了当地新闻之外，还有许多关于康有为的保皇会和孙中山的同盟会的报道，这些足以印证我在新加坡和香港看到的资料。报纸上还记载了加州《排华法案》的后果以及旧金山地震摧毁唐人街大部分地区的情况。这使我更能体会唐人街和北美华人的经历，促使我在研究南洋华人时要扩大视野。

伯克利大学的研究领域要比华盛顿大学和斯坦福大学平衡一些。它在中国古代史和近代史方面都有知名的学者，对东南亚也越来越感兴趣。甚至有一个学生的硕士论文是研究中国共产党对东南亚华侨的政策。我在伯克利遇到的第一位汉学家是薛爱华（Edward H. Schafer），他对唐朝的物质文化和商品贸易几乎是了如指掌。我在撰写硕士论文时，忽略了他写的《闽国》（ The Empire of Min， 1954），其中提到闽人如何历史性地开展了在东海和南中国海的贸易关系。我也不知道，他 1947 年的博士论文是详细研究广州的南汉末代皇帝刘鋹（958—971 年在位），那是南海贸易的另一个主要参与者。他告诉我，他读过我关于南海贸易的论文，给我看了他的卡片索引，上面都是唐朝和五代期间（公元七至十世纪）与外交有关的各种资料，令我感到非常惭愧。他谈到即将完成的关于唐朝舶来品的研究，接着要写的唐代的南方意象，包括南中国海对岸的世界。此外，我听说他率领同事，拒绝参议员麦卡锡的委员会提出的要求，不在学者忠诚誓言书上签字，因而广受尊敬。

我希望见到艾伯华，他对五代时期北方突厥皇帝的著作对我的研究很有帮助，可惜他出城去了。不过，我见到两位年轻学者，他们的工作我觉得非常了不起。一位是艾伯华的同事弗朗茨·舒尔曼（Franz Schurmann），他以研究蒙元史成名，而他的语言能力使他能够研究成吉思汗的蒙古大军在现代阿富汗的后裔。令我惊讶不已的，是他现在正在撰写关于当代中国政治和毛泽东的意识形态研究的书。另一位是约瑟夫·列文森（Joseph R. Levenson），他关于梁启超的研究促使他撰写下一本关于儒教中国及其现代命运的书，我刚刚买了他的第一本书并开始阅读。他听说我从马来亚来，就请我与他的妻子一起午餐，因为他的妻舅是英国军队的高级军官，正在马来亚"紧急状态"下作战。这是英美两国在东南亚地区分享权力最好的说明。我遇到的一些学者的多才多艺令人叹为观止。

伯克利与西雅图不同，对东南亚的叛乱活动有一些兴趣，但只把它当作对抗中国和苏联的一个战场。我记得拜访了政治系的施乐伯（Robert A. Scalapino）和盖伊·鲍克（Guy Pauker），他们在鼓励研究生研究印度尼西亚。不过，伯克利似乎不像康奈尔大学，并不打算建立一个主要的东南亚中心。

我并不是只顾工作，没有玩乐。我在旧金山有两个周末被人带去看湾区的美丽风景，北到红木公园和纳帕谷的葡萄园，南至太平洋沿岸，从圣克鲁斯（Santa Cruz）到蒙特利（Monterey）。还有人带着我晚上去参加年轻人喜欢的爵士乐和文学聚会。

❧

经约翰·萨特建议，我随后特意选择了三个地点，都是新近开始认真研究亚洲问题的院校：亚利桑那大学图森分校（University of Arizona in Tucson）、科罗拉多大学博尔德分校（University of Colorado in Boulder）和圣路易斯华盛顿大学（Washington University in St. Louis）。前面两所大学是我阅读了一些新出版的书知道的。我知道研究明史的著名历史学家贺凯（Charles Hucker）从芝加哥大学转去亚利桑那大学设立了亚洲研究计划。我在教明朝历史时用了他的书，很希望能见到他。至于科罗拉多，我熟悉史麟书（Earl Swisher）的《中国对美国野蛮人的管理》（*China's Management of the American Barbarians*），这是供美国学生使用的第一本中文文献集。我很想跟他聊天，谈谈他战前在广州岭南大学教书的情况。至于圣路易，我希望再见到史培德，他是我在新加坡的老朋友，现在主持一个新的亚洲研究中心。他也对马来亚华侨面临的问题有所了解。这所大学在他到来之前与亚洲毫无联系，我很想知道现在新中心的进展如何。

这三所大学的亚洲计划不算强，三所都要我给他们的学生演讲。我在每一个地方都按照萨特的建议，谈了东南亚的历史和政治。我演讲的重点是马来人民如何重塑岛屿世界，特别是如何用不同的人口建立国家。凑巧的是，我到达亚利桑那时，一个当地法官判决该州禁止异族通婚的规定违宪。这条违宪的条款规定："白种人与黑人、蒙古人、马来人或印度教徒的婚姻是无效的。"因此，马来亚的两大族群马来人和华人，都不得与白种人结婚。

我的演讲算是适逢其会。学生提出的问题包括：菲律宾与印度尼西亚和马来亚两个新国家之间的差别；在这些国家中活跃的华人是些什么人。在科罗拉多，异族通婚法在几年前已经失效，所以我可以没有顾忌地谈到马来亚的欧亚混血者和其他异族通婚情况，其中许多人已经迁移去了英国、澳大利亚和荷兰。在圣路易华盛顿大学，有人提醒我，就像所有南方州一样，异族通婚在这里可能是个禁忌问题，所以我回避了这个话题。这也提醒了我，美国是个多么复杂的国家。

我虽然在三个星期内演讲了六场，但在这三个城市休息得很愉快，然后就启程前往芝加哥和东北部的主要亚洲研究中心。在亚利桑那，贺凯带我去诺加莱斯（Nogales）玩了一天，不需签证走到市镇的墨西哥那一边，让我可以吹嘘一下到过墨西哥。他也带我去了墓碑镇（Tombstone），让我想起几年前看过的两部与墓碑镇有关的电影，《侠骨柔情》（My Darling Clementine）和《龙虎双侠》（Gunfight at the O. K. Corral）。我去拜谒了当地的墓地，那里埋葬着一些华人，包括镇内无数枪战中一个被意外枪杀的厨师。让我感到惊讶的，是中国在十九世纪开放之后，中国人的足迹遍及世界各地。

我乘坐先锋航空公司（Pioneer Airlines）的飞机，花了一整天时间从图桑经过阿尔伯克基（Albuquerque）到博尔德，加深了我对狂野西部的印象。这片土地干燥而崎岖不平，低空飞行的飞机一路盘旋在群山之间。在海拔一英里高的博尔德市，稍一劳累就常常气喘吁吁，但还是无阻我在讲课时说一些马来亚笑话。

我在圣路易与史培德一家相聚时觉得更为轻松。他们住在犹太社区，史培德虽然不再是犹太教信徒，但给我介绍了正统犹太教的食物和习俗，他们的鱼饼冻味道不错。每天晚上，他会在夜色中用小提琴演奏赞美诗般的犹太音乐。那音乐令我十分感动。他在参加太平洋战争前，原来想成为小提琴演奏家，后来却转行研究中国史。他的小提琴仍然拉得非常出色。他在圣路易交响乐团有朋友，带我去听了两次音乐会。我在他家不仅休息得很好，而且使我对美国移民的过去有了新的认识。

芝加哥之行就比较紧张。我拜访了顾立雅（H. G. Creel）和柯睿格（Edward A. Kracke）领导的"东方主义学者"。顾立雅坚信，没有对古典思想和制度的正确认识，就无法了解中国。柯睿格听说我曾跟随杜希德学习，询问我哪些事对晚唐五代儒学来说至关重要。两个人都鼓励我在教学和研究方面坚持汉学。

可是，我在西雅图和湾区以及在芝加哥看到的美国关于近代中国的新学术研究，给我留下了深刻的印象。我见到邹谠（他的父亲是孙中山的忠实拥护者邹鲁），听他解释正在中国开展的大跃进运动。他的深刻见解令我大开眼界；他也告诉我，要了解中国的局势，光靠汉学是不够的。对我来说，必须回答社会科学提出的新问题，才能了解两次革命如何改造中国以及将会带来什么改变。我还注意到芝加哥大学有几位研究南亚和东南亚的学者，而社会学家爱德华·希尔斯（Edward Shils）和历史学家博纳德·科恩（Bernard S. Cohn）关于印度次大陆的工作给研究传统社会带来新的视角，这是东方学做不到的。

　　我还很高兴有时间拜访了两个人，他们的研究不至于让我想起困难的方法论问题。一个人是唐纳德·拉赫（Donald F. Lach），研究十六至十八世纪的历史学家（正是我在马来亚大学教的课程的时期），他致力于探讨亚洲思想和制度对现代欧洲发展的影响。我们交谈之后，我决心把他提出的问题纳入我教的课程，此后二十年都不断追踪他的文章。另一个人是研究古代中国的优秀学者、芝加哥东亚图书馆的馆长钱存训。他的哥哥钱存典是我父亲的同学，曾任外交官，在我伦敦的婚礼上牵着娉婷的手交给我。我原来只是礼貌性拜访，不料变成一场关于纸张和印刷术发明之前中文书籍历史的讨论会，是我前所未闻的。在我们道别前，他告诉我，他的妻子姓许，许家与我们王家有亲戚关系，因为他妻子的姑姑嫁给了我的叔祖父。

东岸研究中心

两个月后，我到了美国的东海岸。令人不解的是，华盛顿没有关于中国和东南亚历史的主要研究中心。我根据建议参观了约翰·霍普金斯大学高级国际研究学院（SAIS），见到一位世界事务专家马基德·哈杜里（Majid Khadduri）。我听说他通过吉隆坡的马来西亚社会研究所（Malaysian Social Research Institute）支持关于马来世界的研究。他很客气，告诉我高级学院研究全球事务，东南亚应该是一个值得关注的地区。我还被带去霍华德大学（Howard University）见了伯纳德·法尔（Bernard B. Fall）。他是知名的越南问题专家，给我介绍了他对当前越南战争的见解，但是霍华德大学并没有计划要研究东南亚。

亚洲基金会希望我能够了解一些美国的主要机构，安排我参观了最高法院，在访问国会大厦时听到英国首相哈罗德·麦克米伦（Harold Macmillan）在参议院就民权问题发表演讲。接着是去乔治·华盛顿的故居弗农山致意。我放弃了参观史密森尼博物馆的机会，希望多花一些时间参观国会图书馆。这里的中文藏书是世界上最好的之一。我集中看了历史部分，心里期盼有一天能够到这里来做研究。我也是林肯的崇拜者，不愿意错过参观一些美国内战遗迹的机会。我在周末租了一部汽车，开车去了盖茨堡（Gettysburg）和哈珀斯费里（Harper's Ferry），第二天去了弗雷德里克斯堡（Fredericksburg）。

我抽空联系了马来亚大使馆的朋友，拜访了拿督尼克·卡米尔（Datuk Nik Kamil）大使和他的副手东古纳·穆罕默德（Tungku Ngah Mohammad），了解马来亚与美国关系的最新消息。他们很乐观，告诉我美国即将提供更多资源，使东南亚免受共产主义影响。他们特别提醒我，城里的黑人很多，使我不免好奇他们在这里的生活情况。我有一次难忘的经验，一天晚上，我从大使馆区的街上走进一家戏院，看了一个南方白人巡回乐队的表演。出乎意料的是，那是几个年轻的白人男子模仿珀尔·贝利（Pearl Bailey）和埃拉·菲茨杰拉德（Ella Fitzgerald）等黑人女歌手。听众全是黑人，却似乎很欣赏表演，觉得模仿得好。这样的表演是我从来没有听说或看过的。我猜想这种表演后来被认为是不正确的，于是不再演出。

我的下一站是纽约。我知道美国东北部有许多名校，这将是我这次旅行最有意思的部分。在这次旅行的前几个星期，遇到的学者也给我介绍了许多，他们很多人都是从这些学校出来的。我知道在哥伦比亚这样的大学可以看到什么人，但是以纽约为基地，我必须选择还要去看哪些人。在亚洲基金会东道主的建议下，我选择了普林斯顿、耶鲁、哈佛和康奈尔。后来回想，我其实还应该去宾夕法尼亚大学。但是，我必须在宾大和普大之间二选一，我选了后者，是因为胡适担任

过葛斯德图书馆（Gest Library）馆长，也因为我知道牟复礼
（Frederick W. Mote），他与我同一时间在南京读大学。而且，牟复
礼已经开始筹划成立一个专门研究明史的中心，时间涵盖 1500 年至
1800 年的前半期，正好是我在马来亚大学要教的那段时期。

　　接下来的四个星期，我不断吸收新知识，其中大部分都令我耳目
一新。这四个大学的确是实至名归。它们趁着美国作为超级大国四处
插手的大潮，成为学术活动的枢纽，决定建立其范围覆盖后帝国时代
亚洲的卓越中心。我在西雅图和伯克利就听说，福特基金会为当代中
国研究提供的新资金正在激励新一代的研究生。我在每一个院校，特
别是在哥伦比亚和哈佛，都看到这方面的证据。

　　这次旅行的主要目的是了解中国和东南亚研究的现况，所以我尽
量避免被其他事务分散注意力，包括纽约的其他大学院校的情况。我
到纽约时，亚洲基金会的东道主安排我见了福特基金会和洛克菲勒基
金会的重要官员，鼓励我告诉他们此次旅行的所见所闻，包括我对小
型院校的印象以及这些院校可以做些什么。我向他们说明我原来希望
在哪些方面多些了解，以及在这次横跨美国大陆的旅程中学到了什
么。我假设他们比我更了解每个院校的细节，只是想知道在一个从新
独立国家的新大学来的年轻人眼中，美国的亚洲研究是什么情况。不
管怎样，我在离开纽约前把我的旅行初步报告交给了亚洲基金会的
代表。

　　实际上，总的来说没有什么神秘可言。现在回顾，每个院校都有
关于这一段历史的记录，而且几十个直接当事人都写了报告和回忆

录。我在这方面没有什么可以补充的。因此，我只说一下我个人遇到的一些难以忘怀的事情。我将分别评述中国研究和东南亚研究。

就中国来说，我的访问正逢学术研究的主要过渡时期，从以汉学研究为主转变到区域研究方法，用社会科学来帮助研究近代和当代中国。哈佛显然在中国研究的各个方面引领风气，它在费正清（John King Fairbank）的领导下起步很早。但是，哥伦比亚和耶鲁都朝着同一方向在后面紧追。相较来说，令我惊讶的是，西雅图的华盛顿大学也很快走上现代平台，使用社会科学方法。加州大学伯克利分校也是一样，在施乐伯的政策咨询下，积极响应美国在西太平洋的新承诺，更加关注东南亚。我也感觉芝加哥已准备好加紧进行社会科学领域的研究，就像对印度的历史和社会方面进行的研究。克利福德·格尔茨（Clifford Geertz）到芝加哥任教清楚地证明了这一点，他是研究印度尼西亚的著名文化人类学家。普林斯顿比较谨慎，我到那里访问两次，每次回来都认为，牟复礼到那里任教，显然表示普林斯顿不会比别的学校落后太远。

我也访问了耶鲁两次。耶鲁决定从斯坦福聘请芮沃寿（Arthur F. Wright）和芮玛丽（Mary Wright）前来任教的确是件大事。芮沃寿着重汉学传统，将确保继续以汉学为主，芮玛丽将领导近代史研究。他们两人联手，将开启从整体的观点研究中国。我在访问斯坦福时已经听说他们转校的事，大家都在感叹他们去了耶鲁。我觉得耶鲁比较特殊，原因是它仍然希望成为研究东南亚的另外一个主要中心，任命了哈里·本达（Harry Benda）进行筹划。我在新加坡和马来亚大学见过本达好几次，觉得他是把耶鲁带入新领域的最佳人选。看到他为完成这项艰巨的任务而努力不懈，令人感到鼓舞。

康奈尔同耶鲁一样，很早就开始为中国提供教育机会，它的许多中国校友成为中国政府和学术界的领军人物。它从来没有欧洲汉学传统的负担，那里的社会科学家比其他大学更早开始研究近代中国。我见到了那里主要的历史学者毕乃德（Knight Biggerstaff），他的著作是我熟悉的。他对当代中国有丰富的个人经验。据我所知，在麦卡锡参议员的委员会指控他亲共之后，他努力为自己洗刷污名。我不知道这件事对康奈尔大学校园的中国研究是否有影响。我 1954 年在伦敦亚非学院读书的时候，康奈尔已经被认为是美国研究近代东南亚的领头学校，但其中国研究的声誉已经落于人后。我在康奈尔见了乔治·卡欣（George Kahin）和劳里斯顿·夏普（Lauriston Sharp），听他们谈到研究东南亚的计划。我确信他们的研究中心将是我们这一代人无法比拟的。

对我来说，由于我来自东南亚又研究中国史，我相信同时学习东亚和东南亚是有优势的。根据我研究南中国海早期贸易的经验，我知道中国占了南中国海海岸线的三分之一，其余部分都在东南亚。这就不断提醒我们，中国政府忽视东南亚地区的政治变动，会给中国带来很大的麻烦。因此，我对康奈尔取得的成就以及耶鲁和伯克利大学正在努力的事情表示钦佩。密歇根大学后来显然也朝着同一方向发展，很遗憾没有将之列入我的访问名单。

我必须说，与美国对东亚（主要是中国和日本）的兴趣相比，东南亚研究只是在整个屏幕上的一个光点。当我参加 4 月中旬在纽约举行的亚洲研究协会会议时，这一点十分明显。关于东南亚的专题讨论会很少，但是我趁机见到一些活跃的学者，例如本达、施坚雅、约翰·卡迪（John Cady）、诺曼·帕默（Norman Parmer）和罗伯特·范尼尔（Robert van Niel），以及他们后来在该领域出人头地的一些研究生。当我听说施坚雅即将离开哥伦比亚返回康奈尔时，这就证实了我的看法，在东南亚研究方面康奈尔显然是不二之选。因此，我非常期待一个星期后到伊萨卡（Ithaca）访问。

　　这是我第一次参加亚洲研究协会的会议，觉得它很有价值，不仅可以发现正在开展的新研究，还可以了解从"东方主义"转变到社会科学的过程中正在发生的事情。尤其重要的是，我得以结识一些来自这个大国不同地方的学者，那些地方我可能永远不会去访问。事实证明，这也为我访问哈佛打下了基础。例如，我遇到了两个哈佛大学的研究生：孔飞力，他是我在亚非学院跟着罗纳德·多尔学习日语时就认得的；芮效卫（David Roy），他和牟复礼与我都是同一年在南京读书。这两个人在南京时我们未曾见面，因为他们在金陵大学，我在国立中央大学，不过，见到这三位之后，让我感觉在这个新的亚洲研究领域，我并不完全是个局外人。

　　参加会议的另一个好处是见到了太平洋国际学会（Institute of Pacific Relations，IPR）的比尔·霍兰（Bill Holland），他是新西兰人，我一直钦佩他为促进跨太平洋知识所做的努力。我读到麦卡伦参议员的委员会攻击太平洋国际学会为亲共组织，很是震惊；又很高兴得知，霍兰、该学会和《太平洋事务》期刊即将在英属哥伦比亚大学找到新家。无巧不成书，我在剑桥大学的博士审查委员蒲立本也去了那里。这一迁移再次提醒我，尽管英美两国之间存在明显的历史差异，但在后帝国时代的世界事务上，两者具有一个广泛的共同视角；随着冷战的进展，这种视角将变得更加强大。

我在哈佛的朋友可能会说，把哈佛放在最后是为了使我的美国之行以高潮结束。哈佛之行当然是难忘的。我很遗憾没有见到出行在外的费正清，但看到了史华慈。四年前我还是研究生时，史华慈在巴黎会议上鼓励我从事五代史的研究，尽管他是以研究中国共产主义闻名的著名学者。他告诉我，他正在撰写有关严复的书，严复向传统儒家介绍现代欧洲的主要思想，而史华慈很想知道清末儒家对严复的著作有哪些不同的想法。在我主持关于十世纪早期虔诚的儒家人物冯道的研讨会时，史华慈提出一些问题，有助于我重新思考我的一些假设。周策纵的《五四运动》刚刚出版，他不但来了研讨会，还在会后给我讲述了上一代儒家应对五四运动的各种方式。这两个人都使我感到后悔，当初决定研究古代而不是近代历史，错过了多么好的指导。在我与研究近代中国的最优秀学者白鲁恂、瞿同祖和刘广京交谈时，这种想法就更为强烈了。

在哈佛的两周收获丰富。其他值得提出的重点还包括杨联陞的课程，钱穆的演讲，以及我在哈佛燕京图书馆的珍善本收藏中度过的时间。最有意思的是，我遇到了即将成为下一代领导者的一批杰出研究生：孔飞力、芮效卫（后来在芝加哥）、余英时（在耶鲁和普林斯顿）、易劳逸（Lloyd E. Eastman，在伊利诺伊）和杨格（Ernest Young，在密歇根）。他们兴高采烈地带我逛校园，在波士顿到处寻找便宜但健康的中国美食。我与孔飞力、芮效卫和易劳逸相处的最后一个晚上，让我真正觉得这是哈佛对中国研究的最大贡献。

我还要重申，哈佛之行不只是拜访研究中国的学者。研究日本的也有好几位学者，赖肖尔（Edwin O. Reischauer）对唐代中日的早期关系以及对了解近代日本做出了非凡的贡献。关于东南亚的研究，有人告诉我哈佛没有任何发展计划。可是，我敬佩鲁珀特·埃默森对我们理解东南亚地区殖民主义所做的贡献，敬佩他关于英属马来亚和荷属东印度群岛的著作。我听说过他的最新著作《从帝国到民族国家》（*From Empire to Nation*），并很高兴有机会请他坦率地评论马来亚民族国家的未来。他是谨慎地乐观。我还有一个额外的收获，就是见到了史蒂芬·施韦贝尔，那个在德里主持联合国学生大会的美国学生领袖，现在在哈佛法学院教书。我们在一起度过了一天，他强调国际法对于保护后殖民时代较小的国家的重要性，以及为什么对东南亚政治的研究不能忽视这一点。他坚决相信遵守法律是确保新世界秩序和平的最好手段，这令我很感动。多年后，我得知他成为国际法院的一名法官，并最终成为该法院的院长，并不感到惊讶。

我最后要说的是，我虽然尽责地在每一站询问关于亚洲研究的情况，却对美国的政治体制越来越好奇。约翰·肯尼迪刚刚开始了总统竞选活动。他不仅是年轻的天主教徒和战争英雄，也是哈佛校友。当我在旧金山时，有人拿他与加州的尼克松比较（尼克松曾在新加坡与我们谈话，说美国准备与越南共产党作战）。我不相信一场热战是不可避免的，想知道肯尼迪会说些什么。我那时太天真，以为民主党人不会那么好战。

在回顾我四个月旅行的收获时，我意识到，当我到达美国东海岸时，我有时会忘了关注美国的亚洲研究情况，转而追踪一种特殊的民主政治公开显示的奥秘。我对民主的了解来自英国的议会制以及从书本上读到的起源于古希腊的民主。几个月前，我在新加坡和马来亚都看到了这种形式的民主。但我完全没有想到民主会是我1960年代初在美国连续好几周看到的样子。当我离开美国时，我发现这种民主是唇枪舌剑加上戏剧表演和足球决赛的混合体，令人上瘾。回到吉隆坡，我继续关注美国的竞选活动，当白修德（Theodore White）出版他的第一本《总统的产生》（*Making of the President*）时，我从头到尾把它看完。这可能不是亚洲基金会提供给我补助金的目的，但是这次旅行无疑使我在接下来的五十年里看清楚了，美国的最高理想是一回事，煽风点火的政治言论往往又是另外一回事。

多年之后，1967年，在参加芝加哥和安娜堡的会议之间，我看到报道说，美国中央情报局（CIA）为了应付共产主义宣传，资助了全世界许多文化和教育组织。到那时，冷战的性质已经变得清晰起来，我在政治上不再那么天真。我已经知道中央情报局在欧洲、古巴及拉丁美洲其他几个国家的活动。我们的邻居中国香港和中国台湾是明显的目标，我们还了解了中央情报局在老挝、越南和中国的西藏的活动，以及它最近在印度尼西亚的成功举动。读到中央情报局是亚洲基金会的后台，我并不太惊讶。亚洲基金会成立于 1954 年，表面上是由私人资助的基金会。从 1960 年的旅行回来之后，我与它再也没有什么关系。基金会对我不再有兴趣；它已经完成了任务，让我了解美国的大学在研究中国和东南亚方面做了些什么。但是，令我感到惊讶的是，文化自由大会（Congress for Cultural Freedom）也是由中央情报局建立，许多我敬佩的作家和思想家都支持该组织，包括卡尔·雅斯贝尔斯、伯特兰·罗素、贝内代托·克罗齐和阿瑟·库斯勒。我曾经是文化自由大会《邂逅》（Encounter）期刊的定期读者，竟然从未想到它是中央情报局的幌子，很感不安。尽管这并没有使我完全愤世嫉俗，但无疑证实了我们在政治上是很容易受骗的。

娉婷眼中的美国

几年后，娉婷应邀就美国的一些英语教学中心提出一份报告。她也想多了解一下美国是如何教授英语的。她在以英语作为第二语言的老师职涯中很有晋升的机会。她只去美国三个星期，所以我不必像她在 1960 年那样要处理家务四个月。她的兴趣比我的实际一些。她看到了美国的另一面，比我更接近基层生活。两年后的 1967 年，哥伦比亚大学的富路特（Luther Carrington Goodrich）问我是否愿意去纽约，同时菲利普斯请我去亚非学院任教，而杰克·克劳福德（Jack Crawford）又邀请我担任澳大利亚国立大学远东历史系系主任，令我感到惊讶的是，这个时候娉婷强烈地反对去美国或英国安家。但是她愿意和我一起去堪培拉。1965 年她从美国回来时，就暗示过对美国社会的某些方面有所保留，但总的来说，她喜欢在美国学习英语教学，并发现她的专业关系网对她的工作很有帮助。几年前，她写下关于那次旅行的文章给孩子们看。

1965 年 3 月，我突然接到邀请为夏威夷大学撰写一份报告。约翰尼·亨德里克森（Johnny Hendrikson）曾在吉隆坡的马来亚大学担任动物学教授，专门研究吉兰丹（Kelantan）和丁加奴大海龟的迁徙模式，他后来到夏威夷大学担任教务长（Vice-Chancellor）。在夏威夷大学，Vice-Chancellor 的意思不是校长，而是教务长。因此，他实际上相当于英国体制下的学术院长。

亨德里克森对英语作为外语或第二语言的教学很感兴趣，因为夏威夷到处都是亚裔美国人，这一学科于是变得重要起来。许多外国学生去美国深造时需要英语强化课程，而美国在该学科的发展方面领导潮流。语言学家开始撰写有关英语的性质之类的文章，我自己也花了很多时间研究和教授该学科。

有人向我提起，是否可以在参观美国各大学及其设计的英语教学课程之后，为夏威夷大学写一份报告，建议夏威夷大学可以做些什么来改善英语教学。碰巧的是，我 3 月有三周的假期，所以同意为亨德里克森做这份工作。我自然很高兴受到邀请，就花了不少时间安排住处和联系人，充分做好准备。我最后列出了一些大学，包括加州大学洛杉矶分校

（UCLA）、加州大学伯克利分校、密歇根大学、哈佛大学和拉德克利夫（Radcliffe）学院以及哥伦比亚大学。我只有两周时间，不能做太多事情，因为我需要在每个地方至少停留两天，找人谈话和考察课程。夏威夷大学每天给我 20 美元。这在那个时候是绰绰有余的，因为旅馆每天大约 8 美元，一杯咖啡只要 25 美分。我从来没有想过要人出钱，因为我把这次旅行视为学习之旅！

我在美国大陆的第一站是洛杉矶。我拜访了加州大学洛杉矶分校的英语系，与很多人交谈。我也旁听了一些课程。我发现许多人都想学习英语，因为英语已经开始成为世界通用语言。这将是商业和技术以及娱乐使用的语言。

我发现了一些很有意思的事。在从美国西岸到东岸的旅程中，我遇到的是同一批人，他们都参加了有关语言教学及其问题的各种会议。许多会议都是大型会议。语言教学成为一个行业，学者们从一个会议到另一个会议，彼此之间学到的东西可能不多，而是建立关系网（这个词在 1965 年并不存在！）并互相联系。我到达纽约后，在各种活动中仍然遇到相同的一批人，我已经与他们成为朋友，参加这些会议感觉十分自在。我发现他们大多数是妇女，许多人处于学术界边缘，都在努力寻找工作，特别是终身职位。妇女可以进入的领域仍然受到限制，那个时候从事商业和金融活动的人很少。教学是成千上万妇女的传统职业。即使在美洲和欧洲也是如此，更不用说亚洲了。

　　我回到吉隆坡，为夏威夷大学写了报告。夏威夷好像落实了我的一些建议。后来，亨德里克森因为不喜欢行政管理工作，就去了亚利桑那大学，回到他的初恋，去研究大海龟的迁徙模式。

马来西亚

娉婷相信我的美国之行有助于我的学术生涯，她的判断是对的，但是我们俩人都没有想到这将很快扩大我的活动范围，占用我更多的时间。我回到家开始新的学年。现在，我们在吉隆坡有自己的一批大二学生，我开始教授1500年至1800年的东亚这门课程，同时继续在新加坡教同样的课，每两周去新加坡校园两天。从美国回来后几个星期，我收到了耶鲁大学芮沃寿邀请，去参加当年晚些时候在纽约举行的关于儒家人物的会议，因为他听说我在哈佛做了关于冯道的演讲。冯道是一位异于常人的传统儒者，他身处动荡混乱的时代，却忠心侍奉好几个靠武力篡位的君王。几百年以来，儒家的哲学家和历史学家认为他毫无节操，不知廉耻，这让我感到震惊，也想了解为什么他自认是个有操守的儒者，为什么他的同时代人也这样称赞他，以及为什么在他死后一个世纪，他的批评者开始认为他是违反儒家规范的奸臣之尤。

我记得我们十四个人在会议上花了五天时间，共同剖析五世纪至二十世纪十一个儒者的生活。提交的论文和随后的讨论使我认识到，要理解儒学在中国历史上的作用，是个很复杂的问题。这次会议令人难忘，不仅是因为我的汉学同事承认我是他们中的一员，还因为我惊讶地发现，与他们一起工作竟然如此自在。

大约在同一时间，我收到邀请，在 1961 年以洛克菲勒研究员的身份到亚非学院工作一年。这笔补助金提供给来自东南亚的三名历史学家，让他们可以利用伦敦的资源进行东南亚地区的研究。另外两位是菲律宾大学的奥诺弗雷·科尔普斯（Onofre Corpuz）和印度尼西亚大学的努格罗霍·诺托萨桑托（Nugroho Notosusanto）。我在马尼拉见过科尔普斯，在新加坡见过诺托萨桑托，并期待再次见到他们。但是，我们到达的时间不一样，所以在伦敦见面的时间不长。我是第一个接受该奖学金的人，在这一年中致力于研究明朝早期与东南亚的关系。诺托萨桑托没有住多久，就回到雅加达钻研印度尼西亚军队的历史，而写了一篇关于菲律宾官僚机构的出色论文的科尔普斯在我就要返回吉隆坡之前才抵达伦敦。

我们三个人都由霍尔接待，因此我被确定为研究东南亚的历史学家。那一年，我遇到无数来自马来亚和新加坡的朋友，觉得伦敦是研究这两个地方的枢纽。但是，当我访问欧洲的大学时，却发现几个主要研究中心的重点集中在中国和日本，关于东南亚的研究极少，我在那里被视为汉学家。当时我没有意识到这一点，但是这种模糊的身份跟着我回到马来亚。我发现自己被视为历史学家还是汉学家，取决于在与谁说话。往往历史学家视我为汉学家，而许多汉学家却认为我只是一个历史学家。甚至有时候，有人以为我是某种社会科学家。这给了我一种介于两者之间的奇怪感觉，这种感觉一直伴随着我多年。

我花了一年的时间来研究卷帙浩繁的《明实录》，尤其是明太祖朱元璋（洪武帝）和明成祖朱棣（永乐帝）。郑和到西洋（印度洋）的七次探险使我着迷，并特别注意到中国皇帝与郑和所访问国家的统治者之间建立的关系的性质。这导致我写了几篇文章探讨那个时期朝贡的惯例和含义，并且出于我对马来亚的兴趣，探讨永乐皇帝及后续皇帝与马六甲苏丹建立的特殊关系。这是成果丰硕的一年，加深了我对欧洲人到来之前中国与东南亚关系如何演变的理解。

也正是我在伦敦的那一年，我对马来亚民族主义的含义有了更清晰的认识。当我应邀在皇家中亚学会讲话时，我谈到"马来亚民族主义"，并发表在该学会的学报上。我在其中指出：

> 如果我们在这一阶段制定一个定义，那么可以说"马来亚民族主义"有两个组成部分：马来民族主义是核心，外围是马来人-华人-印度人团结一致的理念。这也许不是许多马来和非马来政治人物希望看到的方式。有一些马来领导人将马来亚民族主义与马来民族主义等量齐观，只要可能就使用"马来人"而不是"马来亚人"。许多自称"马来亚人"的华人和印度领导人认为这是一种全新的政治身份，在任何情况下拒绝承认它类似于"马来人"。但是不能否认的是，现在的马来执政集团给马来亚民族主义带来强大的活力、专心致志和领导地位。这些马来人得到了华人和印度人的支持，但

他们从来没有放弃对领导权的主张或权利。

我知道这个定义是在五十多年前提出的，目的是描述在东古宣布"大马来西亚"之前的马来亚。我对沙捞越州和沙巴州的原住民（伊班族，Iban）、马兰诺族（Melanau）、穆鲁特族（Murut）、卡达扎恩族（Kadazhan）、苏禄族（Suluk）、巴瑶族（Bajau）等将扮演的角色并不完全了解，当然也不认为新加坡会离开新的联邦。但是，回想起来，我对马来国家领导层的关键看法仍然是正确的。马来领导层现在其实更为强大，可以控制最终可能出现的任何两党联盟。

娉婷对伦敦之行记得最清楚的就是她再次怀孕了。我的母亲听说娉婷想跟我一起去伦敦，就劝我们把女儿新攻留下来由她照顾一年。我们认为这是个好主意。她喜欢新攻到溺爱的程度，所以毫无疑问，新攻会受到宠爱。儿子新明跟着我们，因为他已经到了可以去上预备学校学前班的年龄。以下是娉婷关于这次访问的回忆：

—◦◦◦—

　　我们在 1961 年 1 月去了伦敦，因为赓武获得了一年的洛克菲勒奖学金。这个奖学金授予亚洲有前途的年轻学者。那时我大约怀孕六个月，尽管这是我们再次乘船前往英格兰，但身体感觉很好。这次我们乘坐的是丹麦货船 *Selandia*，这是一艘客货船，只有约八十名乘客。因此，在到达南安普敦之前，我们几乎有四个星期在一起玩耍、聊天、吃饭，彼此变得非常熟悉。我们那一桌坐了很多谈得来的人，所以过得很开心。我和新明的船票是我们自己支付，因为基金会只支付赓武的船票钱。我记不清楚我们的船票钱是怎么来的，可能马来亚大学提供了一些补助。

我原本打算去伦敦大学教育学院学习英语作为第二语言的课程，准备在1960年9月自己去伦敦，把孩子留给赓武和用人，但在发现我又怀孕后把计划取消了。因为婴儿会在4月出生，那时课才上了一半，所以我不可能把课上完。尽管这个女儿不在我们计划之内，但新兰的出生给我们带来了极大的快乐。我并不后悔没有去上课，因为我后来不得不在班太山（Pantai Hill）马来亚师范学院（MTC）解决这个课题，自己通过实践学到了同样的知识。

我在伦敦读书的妹妹玉婷（Dorothy）到南安普敦的码头来接我们。最初，我们住在罗素广场的一家酒店，然后通过伦敦大学的住房部门在伦敦北部的马斯韦尔山（Muswell Hill）找了一间公寓。房东是一位从捷克斯洛伐克来的犹太人，他在希特勒大屠杀犹太人期间逃往中国。战争结束后，他到了英国。因为当时只有中国人接纳犹太人，所以他对中国人心存感激。他不在乎我即将生产，很高兴把公寓租给我们。

我们的公寓包括一间大客厅/饭厅、两间卧室（一间位于公寓的后面）、一间厨房和一间浴室。玉婷在这一年与我们共住，住在后面卧室，大小刚好住一个人。她以前一直和朋友们合租公寓，所以很高兴能和我们在一起。

新明睡在客厅的沙发床上。白天这就是我们的沙发！这间公寓比较狭窄，但是我们没有太多行李，只有几箱衣服。公寓应该是配备家具的。在英国，这意味着没有冰箱（在亚洲，冰箱是必须有的），但玉婷带来了一个小冰箱，而且居然是可以使用的！衣服可以到附近的洗衣店洗。厨房不大，但足以放一张小桌子吃饭。无论如何，商店就在楼下面向大街，所以我就将就过活了。

赓武撰写了关于明朝与东南亚关系的一系列文章。这对他来说是一个新领域，却是他因研究海外华人问题而闻名的开始。说到底，他几乎是偶然地掉入这个研究领域。他原来的论文是关于中国九世纪和十世纪的五代史。

✦

1962 年初，我回到马来亚大学时，当选为文学院院长。我同意就职，因为我知道我很幸运，在两年内两次离校远行（先后去了美国和英国），现在该是我分担管理职责的时候了。历史系招收了大批学生，系主任约翰·巴斯汀支持我担任院长，只要我能够按照计划继续教学。这是非常艰巨的任务，我需要全力以赴。但是，无论是教书还是为同事提供行政服务，我都不断学到新的东西，令人兴奋。我必须承认我干得很起劲。现在回顾，我回校后在两件事上花费了大部分时间。首先是大学决定在马来研究系和印度研究系之外增加一个中文系。另一件事是由一系列事件引发的，导致日趋衰微的大英帝国同意让治下的五个不同政体合并成为一个新的马来西亚联邦。

马来亚大学原来希望聘请剑桥大学的郑德坤来领导新的中文系，但他只同意担任客座教授一年。身为院长，我被要求担任负责人，直到找到适当人选为止。我具有一些汉学背景，因此我负责招募新的教职员，为1963年的学生入学做准备。在郑德坤的帮助下，我们编写了新课程表，聘请了第一批教师。在郑德坤离开之前，我们从新加坡找到已经成为中国数学和科学史学家的物理学家何丙郁来担任中文系的教授和系主任。然后，我成功地说服了来自汉堡的另一位客座教授傅吾康（Wolfgang Franke），他既是汉学家又是历史学家，接替我担任代理系主任。何丙郁第二年到任。中文系有了个好的开端。就我自己来说，我这次学到的汉学知识，比在伦敦亚非学院第一次接触汉学时要多得多。

至于第二件事，我们更加关注的是如何巩固我们关于马来亚民族国家的观念，而不仅仅是关注一个摆脱了英国控制的政体。我在马来亚独立后居住在吉隆坡，这提醒了我，关于公民身份的不同期望仍然有待解决。这些期望与个别领导人所采取的极端立场不同。例如，一方面，马来民族主义与代表印度尼西亚政界理想的"伟大的印度尼西亚"（Indonesia Raya）关系密切，所以伊斯兰国家的想法就被搁置了；另一方面，马来亚共产党的解放思想未得实现。在这两种极端想法之间，政治领导人仍有很大的谈判空间，以决定哪一种公民身份最适合那些选择将马来亚当作自己国家的人。长期以来存在着的两种立场，一方面有人认为由马来人领导的与华人和印度人结成伙伴关系是在马来西亚分享权力的唯一途径，另一方面有人认为应该尽可能缩小种族差异。对于后者来说，我们的领导人越早注意民生利益，缩小贫富差距，对未来的发展就越好。但是大多数人认识到，种族差异将是难以避免的。

现在需要决定的是如何处理一个殖民地国家留下来的架构，那是由各种官僚机构和封建特权组成的独特联合体，首先需要强大的中央控制力量。尽管当时人们对联合体了解甚少，但它的核心是民主权利的理想，要确保人民最终能够决定自己的命运。

我对民主的体会是肤浅的。我只在 1955 年的英国看到工党在欧内斯特·贝文（Ernest Bevan）的支持者和休·盖特斯凯（Hugh Gaitskell）的支持者之间分裂。回到新加坡后，我在离开前看到人民行动党的作为。我及时赶到吉隆坡校园，看到三个月后举行的马来亚大选。尽管每次选举都顺利举行，但哪一个党会获胜并无悬念，因此我很少关注那些将会决定选举胜负的细节。直到 1960 年我访问美国，在我访问的每座城市看到肯尼迪和尼克松的竞选活动时，我才知道民主可以产生持续的兴奋和真正的悬念。现在回顾，我显然认为独立必然会带来民主。我只是没有预见到，民主是一个非常难以管理的制度，必须对自由做出坚决的承诺，才能真正代表人民的意愿。

　　我在吉隆坡的朋友热心地带我四处观看竞选活动，尤其是我在伦敦马来亚厅认识的老朋友萨尔马林加姆（Tharmalingam）或穆罕默德·塔米兹·阿卜杜拉（Mohd Tarmizi Abdullah）。我跟着他们乱逛，很快意识到我对于种族本位的族群政党有一种天生的抗拒感。我觉得它们的排他性无助于培养民族意识。正如预期的那样，三个小区联盟政党赢得了胜利。但是，令我感到鼓舞的是，它们仅以微弱多数赢得了普选。不是基于种族的政党虽然表现不佳，但它们的表现让我充满希望，希望它们能够不断改进。泛马来亚回教党（PMIP）的表现比在以前的选举中好，这使我迟疑了一下，但当时我感到它将永远是一个地方和地区性政党，对那些试图建立新国家的人来说不会有吸引力。我对民主的信念没有削弱。我仍然对政治发展有兴趣，但我主要的兴趣是教授我的新课程以及帮助新大学起步。我感到乐观，认为假以时日人民将学会建立一个民主的、不以族群为基础的马来亚国家，我也乐于为这个国家在教育方面贡献自己的力量。

调查报告

1961 年 5 月 27 日，东古·阿卜杜勒·拉赫曼提出了"大马来西亚"的构想。娉婷和我当时在伦敦，他对新加坡改变了主意令我惊讶。现在新加坡要与沙捞越、文莱和沙巴并排而立，不知道人民行动党领导人会怎样考虑成为马来亚人的问题。新加坡与那三个州有什么共同点？我还不够了解，不知道问题的关键在哪里。另外，我正在努力完成关于中国明朝与东南亚关系的研究，只能花部分时间去了解发展情况。但是，在接下来的几个月中，我看到吉隆坡和新加坡的一些领导人正在规划建立一个更大联邦的轮廓。到 1962 年初，在我们返回吉隆坡的前夕，我惊讶地发现婆罗洲北部的三个州已经表示愿意加入。看起来"大马来西亚"即将成立。

这不是学术问题，而是了解什么是"马来西亚"的问题。我发现我的同事跟我一样感到困惑，不知道这个新的国家如何呈现。许多人会同意我新加坡国立大学的同事陈大荣（Tan Tai Yong）后来所说的："矫揉造作的复杂演习……人为的政治创作"。当我被选为院长时，我认为文学院是介绍这个新国家的最佳场所，于是提议组织一批论文，说明这个国家所具备的基本状况。我发现地理系的特里·麦基（Terry McGee）特别热心，于是我们在两个校区分别找人。我们最后一共找到二十七个人，同意调查所涉各州的现况，从而帮助我们重新想象一个不一样的马来亚。吉隆坡有十七人，新加坡的姊妹校区有三人，还有七人正在访问我们大学或以其他身份联系到我们。在最后一组人中，英联邦历史学家罗宾·温克斯（Robin Winks）正从耶鲁大学到我校客座，还帮助我们找到了国际出版商。我们给自己定了一年的期限，这是一个雄心勃勃的截止时间，因为我们想配合官方计划，到 1963 年 8 月 31 日（国庆节）成立大联邦时出版。

作为这本书的编辑，我对婆罗洲的三个州除了从书上读过一点之外，了解甚少，自己觉得说不过去。我征询一位撰稿人、沙捞越博物馆的汤姆·哈里森（Tom Harrisson）的意见，请他协助我去婆罗洲走一趟，让我更好地了解新国家的东部情况。我在新闻报道中读到一些消息，包括马来人和华人领袖的严重质疑，马来西亚团结咨询委员会（Malaysia Solidarity Consultative Committee）的声明，以及科博尔德委员会（Cobbold Commission）的报告。

可是就在我出发前，1962 年 12 月发生了文莱起义（Brunei Revolt）。几周后，苏加诺总统宣布了他反对马来西亚成立的"对抗运动"（*Konfrontasi*）。我按原来计划于 1963 年 2 月出发，在沙捞越旅行了三个星期，在文莱一个星期，在沙巴两个星期。在沙捞越，新闻办公室的阿拉斯泰尔·莫里森（Alastair Morrison）带着我拜访了该州第一、第二和第三省的当地领导人。他还安排我长途开车去文莱。在那个高度警戒的城市，文莱博物馆的工作人员带我到各处参观，然后带我去了塞里亚（Seria）石油城。一切都很平静，我们的对话仅限于生活方式和文化。在沙巴，我的时间只够去访问东海岸的山打根（Sandakan）或去内陆旅行。我选择了后者，沿着帕达斯河（Padas River）到达丹南（Tenom），然后去建宁欧（Keningau）。

整个旅程令人振奋。我之所以计划这次旅行，并不单纯是为了政治，而是想直接见面聊天了解情况。事实证明，只有在沙捞越，才有人公开地对马来西亚的辩论表示有兴趣，当地的共产党在印度尼西亚共产党同僚的支持下，反对英国的殖民统治。文莱还没有从动乱中恢复过来，没有人愿意谈论任何政治话题。在沙巴州，我未能见到卡达山杜顺族（Dusun〔Kadazan〕）的领导人唐纳德·斯蒂芬斯（Donald Stephens）（他不在哲斯顿〔Jesselton〕）。我只见到无精打采地表示支持的州官员。总的来说，我的印象是，大多数人感到满意，因为科博尔德委员会已经知道了他们的关切，如果州的权利得到某种保证，并且各州以平等地位加入马来亚，他们就愿意接受联邦。我很高兴知道这一点。我一路看到太多新的东西，使我无法完全搞清楚情况。除古晋以外，我特别感兴趣的是原住民的土地利用，以及对于布鲁克王公（Raja Brooke）家族、文莱王室和北婆罗洲公司所带来的马来人和华人的独特混合，原住民如何看待他们自己与这种混合之间的关系。

在古晋，阿拉斯泰尔·莫里森特别给我帮助，把我介绍给马来人和达雅人（Dayak）等族群领袖。不过，最愿意与我交谈的是沙捞越人民联合党（Sarawak United Peoples' Party）的领导人，他们公开反对东古的计划。王其辉（Ong Kee Hui）和杨国斯（Stephen Yong）批评该计划的某些方面，认为它似乎要将沙捞越置于马来亚的控制之下。他们说，他们已经向委员会提出他们关切的事项，并希望最后的协议能够反映出他们的担心。他们得知我们正在编辑一本书，准备将新马来西亚介绍给更多读者，便要求我清楚地说明这一点。我还遇到了一位朋友黄顺开（Wong Soon Kai），他是我新加坡马来亚大学医学院的学长。他冷静地分析了民众分裂的情况，并认为整个计划在他们还没有考虑是否独立之前就突然丢给他们。因此，他们只能指望英国人会给他们公正的待遇。

　　现在回顾，我想做的事情太多了。我以后又去过东马来西亚和文莱好几次，每次访问后，我都意识到我的第一次访问，对于三个州的人民怎样考虑加入马来西亚的问题，几乎一无所知。比如说，我对文莱的访问并没有让我预见到文莱苏丹会退出联邦。退出的决定给我的大多数撰稿人造成麻烦。我不得不请他们收回论文，修改所有提到文莱的地方，包括重新绘制几张表格和图表。我们的出版商很能体谅，但该书的出版因此推迟了将近一年。我在这本书上花费了十五个月的痛苦时光，自己发誓说从此不要再参与当代事务。

　　我等到 1963 年 9 月新的联邦成立后才写导言，于是被当时的欢庆气氛冲昏了头。结果，我写的导言比第一次从婆罗洲回来时的实际感觉要乐观得多。例如：

　　总而言之，我们希望本书中的研究将对东南亚这个充满希望的新国家提供足够全面的了解……在这个多种族民族主义的发展过程中，加入马来西亚的新州也将发挥重要作用。新加坡已经显示出足够的成熟，可以在一个以华人为主的城市培养出多种族的忠诚感情。它当前的任务是证明这种忠诚感情在马来西亚其他地方的重要性。沙捞越和沙巴州尚需面对考验，但是有迹象表明，它们都将培养自己的多种族忠诚感情。这些忠诚感情是否能够与大陆发展的忠诚感情融合无间，在很大程度上取决于新的国家领导层的智慧。

　　苏加诺总统的对抗运动不久就变成暴力行动。马来西亚迅速采取行动，向联合国求援，以获得国际承认。关于新国家的报道无处不在，使得这本书受到广泛关注。联邦庆祝活动之后，新加坡选举中的政治斗争，以及1964年的马来西亚选举，更加引起了人们的注意。此后，新加坡发生了致命的种族骚乱，破坏了联盟和人民行动党领导人之间的信任。除了其他一些行动加剧了人们对种族间紧张关系的担忧，吉隆坡和新加坡的正式谈判也未能解决一系列敏感的经济和行政分歧。尽管出现了上述情况，加上有些评论者也对这本书提出质疑，但我记得仍然为自己的结论辩护：

　　　　严格而言，马来西亚的概念是一个政治决定，目的是为东南亚的民主制度找到比较长久的位置。人们预料到，这一

概念已经遭到国际共产主义的反对。实行议会民主失败了的
印度尼西亚也反对。马来西亚仍然必须解决多国体制和多元
社会产生的问题，也不能否认这些问题确实很严重。但是，
全世界的民主国家都在祝福马来西亚，并确认马来西亚在东
南亚可以发挥历史性作用。我们现在预期马来西亚将秉承现
代历史上最美好的一些理想：自由、民主代表制以及法律之
前人人平等。这些价值观应该永远传承下去。

现在回顾，我意识到自 1949 年以来自己一直渴望成为马来亚的
公民，我 1963 年写的文章就是在确认我对新成立的马来西亚的信
念。我知道，关于新加坡州与国家中心关系的细节仍在谈判中。但
是，我毫不犹豫地发表了如此一厢情愿的声明。当时，经过多年辩论
和对抗之后，我越来越希望，最好的结果就是马来西亚能够把新加坡
包括在内。因此，我们的书才出版一年，马来西亚领导人在 1965 年
8 月 9 日宣布，同意与新加坡分离，令我异常震惊。根据我在沙捞越
和沙巴与人交谈的了解，我也认为，这同样令他们震惊，因为他们指
望着与新加坡一起加入大马来西亚联邦。

第八部　家庭根源

祖孙三代

　　许多年前，一位英国朋友被人问到他七十多岁时的健康状况，他苦笑着回答说，一个人应该仔细挑选父母。如果真能这样，我挑选的是最好的父母。我在前一本书里谈到我的童年，提到我的父亲和他出生的世代书香之家，还包括母亲对我父亲及其家族的描述。我在前一部分谈到对于英语"love"这个词的疑问，认为英语的"love"翻译为中文的"爱"字并不完全恰当，而且可能引起误解。我们通常用"爱"来形容母子之间的关系，它既是责任，又是关心。父子之间的关系是用"严"来形容。这暗示着一定程度的距离，强调父亲的权威以及儿子应该服从父亲。另一方面，儿子应该对父亲尽"孝"。

　　在我成长时期，母亲的爱温润无声却显而易见，父亲沉默寡言，但从来不严厉，他只在说起自己的父母时才使用"孝"这个字。我不知道是怎么回事，但我和父母之间从来没有提到"孝"。回想起来，似乎"爱"这个字已经笼罩一切，父亲和母亲对我都是既尽责又关心，只不过母亲的爱表现得比较亲切，父亲的比较含蓄。多年之后，我了解到"爱"的确就是尽责和关心的"love"，我的父母亲之间就是这样的爱。

我在《家园何处是》里所说的童年情况在后来的岁月里没有改变。从来没有人告诉过我该如何生活。我的父母只要求我做到两点：读好书，做好人。在母亲眼里，父亲就是个典型的好人。他教我读古文，使我能够与中国人的过去联系起来。有了这两点，我应该能够找到自己的生活方式。这不是实际的指导，但是尽管他们有时候会有疑虑，担心我会偏离轨道，但他们还是对我充满信心，让我决定什么事该做、什么事不该做。他们不动声色地让我做好准备，去面对一个他们越来越陌生的世界。他们明智地感觉到，世界将继续变化，我将不得不自己学习如何找到自己的位置。我们这样的三口之家在中国人里算是新奇。他们意识到这一现实，设法适应现代生活，一如许多居住在城市和国外的一代人已经开始接受的那样。

我离开家到新加坡读书后，再也没有和他们住在一起了。我在大学放假时去怡保和吉隆坡探望他们，通常要住两周左右。当我父亲提早退休并在大英博物馆从事研究后，他们到英国待了一年，我和他们至少在同一个城市住了两个月，直到娉婷到了伦敦，然后与我一道搬去剑桥。我们搬回伦敦的时候，他们正准备启程回马来亚。1957年我们返回新加坡时，我们很高兴他们选择在新加坡生活和工作。我们大多数周末都相聚在一起。不到两年，我们搬去了吉隆坡。我的父母也有搬到吉隆坡的计划，但是我父亲当年被任命为柔佛州新山宽柔中学的校长，这意味着我们再次分开。我们在八打灵再也盖新房子时，娉婷计划加建一个套房，以便我父亲退休后和我们一起住。但是没有等到他们来，我接受了澳大利亚国立大学的聘请，搬去了堪培拉。

　　我在这里暂时结束我们家无法三代同堂生活的故事，先说一下我们 1968 年以后在澳大利亚的情况。我的父母认为，我先后搬去吉隆坡和堪培拉对我的职业生涯有好处，毫不犹豫表示赞成。他们觉得等我父亲退休后，我们自然会生活在一起。奈何事与愿违。在我们去堪培拉之后， 1969 年 5 月 13 日吉隆坡发生骚乱，国家政策紧急转变，使我不想再回马来亚大学。到 1971 年，我和娉婷决定留在澳大利亚国立大学工作。那时我父亲已经退休，父母到堪培拉来看我们，一方面参加在那里举行的东方主义学者会议（Congress of Orientalists），另一方面也了解住在那儿的感觉。不幸的是，我父亲得了重感冒，最后几天都躺在床上。我母亲认为堪培拉的生活不适合他们，于是他们打算留在柔佛。第二年，我们要去英国三个月，安排孩子们和他们在一起，到父亲的宽柔中学上学。我的父母非常高兴，但是令大家悲痛不已的是，就在孩子们在那里的时候，父亲因心脏病发作弃世。他被安葬在柔佛，母亲希望继续留在柔佛一段时间，四年后才来和我们同住。

　　娉婷和我很少有长远计划，但我们所做的少数计划之一，就是准备等父亲退休后父母来与我们同住。这样，我们就是三代同堂。多年后，娉婷写下我们在新加坡和吉隆坡的生活，她希望让孩子们了解我的父母。

———◆———

　　爷爷和奶奶（赓武的父母）经历了什么？他们从伦敦返回新加坡，住在华文学校教师招待所的宿舍里。像在中国为员工提供住房一样，新加坡的华文学校也这样做。房子不是很好，但是如果需要找地方住，可以在这类招待所租一两个房间。爷爷和奶奶定居在这样的招待所里。他们有一个女佣，也住在同一招待所，在公用厨房为他们做饭。爷爷没有在伦敦大学获得硕士学位，因为他从未真正注册过。他可能认为这不值得花时间或太麻烦。赓武从没问过父亲为什么在伦敦没有完成计划。在传统的中国父子之间，交流总是很尴尬。母亲在父子之间传话，像今天这样的儿子与父亲公开讨论问题，在当时并不普遍。实际上，现在的父子之间仍然存在着这样的问题。女儿觉得比较容易与父亲交谈。

　　奶奶和爷爷有一个想法，他们退休后将经营一家书店。爷爷的钱很少，而且这些年没有多少积蓄，所以在我看来这不太可行。他也是最不会做生意的人。如果客户是他的朋友，他很可能就不收钱，只能蚀本赔钱。奶奶对经商也是一无所知，所以这似乎是一个不可能的梦想。

　　1958年底，柔佛州新山市宽柔中学董事会想聘请爷爷担任校长。当时，大家都知道这个学校的学生思想激进，老师士气低落，财务状况很糟。这当然不是一份很有吸引力的工作。奶奶认为爷爷应该去试试，但爷爷觉得学校的问题太多，他可能做不好。经过深思熟虑之后，他决定还是去柔佛。这将是他做出的最佳决定。

爷爷重新改造学校。首先，他以身作则，将自己的工资从800元削减到700元。然后他拒绝涉身钱财事务，把财务完全交给有关行政部门处理。王氏家族向来不经营商业，他们在钱财方面十分诚实。他把课本招标这类事务都交给财务主管，没有人可以说他经手过钱的事。一所学校会有很多钱。如果你要腐败，仅仅学校用品的回扣就可以让你发财。试想一下，每种教科书都需要订购数百本，回扣的机会非常诱人。但是爷爷给学校建立了诚实和正直的文化，所以他十年后离开时，学校不仅为新增加的学生建造了更多教室，还存下250000元的结余，这在那个时候是一笔很大的款项。

爷爷还改善了课程，设法招聘更好的老师。华人老师的薪水低于政府学校的老师。他们没有终身任期，通常都是一年制合同。不难想象他们因此士气低落。究其原因，是因为学校不知道学生人数是否会保持稳定。学校是私人机构，运营资金依靠学费，除非学生留下来并付清学费，否则第二年可能发不出教师的工资。爷爷不仅稳定了学生人数，还把入学人数翻了一番，从而使学校蓬勃发展。今天，学生人数已达数千，学校搬到了新校址。

到爷爷 1969 年退休时，他的确可以为自己的成就感到自豪。尽管他当过华文学校的视学官，非常受人尊敬，但大家觉得他不过就是个公务员。换句话说，他只是个执行英国政策的人。那些政策不是他制定的。但是作为一所独立学校的校长，他可以建立自己理想的学校，而他成功地做到了。

1972 年 2 月在为他守灵时，我永远不会忘记他以前的一位学生对我说的话。他说，爷爷把他从"流氓"（相当于帮派成员）变成受人尊敬的公民，有一份好职业。爷爷鼓励他所有的学生成为好人。这位年轻人然后说，爷爷作为教育家的贡献是了不起的"成就"，这将是他来生的福报。听到爷爷受到他以前的学生和同事这样推崇，我非常感动。在他生命的尽头，他留下了令人追思的成就。

我们盖房子

今天很难想象，一对年轻夫妇工作不到八年就可以自己盖房子。我们之所以做得到，是因为马来亚大学的政策是鼓励当地的教职员自己盖房子，并给他们提供低利率的住房贷款。这样一来，空出来的大学住房就可以分给新任命的外籍员工。加上幸运的是，特别是在像八打灵再也这样的新城镇，土地很多，而且便宜。政策生效后，我们查看城镇中正在开发的新区，找到了一块适合我们的土地，面积足以让我们盖一座大房子，另加一座等父亲退休后父母过来同住的房子。这块地位于小路尽头，可以保障隐私。娉婷这一次又是一切成竹在胸。

———◦◦◦———

从英国回来之后（1962 年），我们两次搬家：一次是在八打灵再也卫理公会小学后面的一所临时房屋，然后是刚建成的新宿舍科学巷（Lorong Ilmu）的一所大学房屋。那个地区毗邻新的大学医院，房屋环绕成马蹄形。房间很宽敞，

有四间卧室，后面是仆人的房间，花园还有待开发。我们是
第一批租户，不得不自己栽种些花木，布置得像个花园。当
时的大学宿舍配有"基本"家具。也就是说，起居室和餐厅
配备了木制家具，卧室有床和床头柜。书房有书桌和椅子。
我们必须自己购买床垫、窗帘、冰箱和其他需要的家具。我
要说的是，大学对员工非常慷慨，因为房屋完全由物业处维
修，我们不需要自己找工人来修理。我们还为书房买了一台
冷气机，后来手头宽裕了些，为卧室也买了一台。当时认为
冷气机是奢侈品，我们通常使用吊扇搅动湿热的空气。我们
习惯了高温，住得挺舒适的。

　　1962年，马来亚大学开始为员工建造私人住房。大学
正在考虑采用一种贷款制度，以鼓励员工购买自己的房屋。
当地同事大多数愿意这样做，因为这意味着他们能够拥有自
己的房子。我知道爷爷和奶奶等爷爷退休之后，希望来与我
们同住。

　　爷爷和奶奶对于退休和学者的生活仍然是老观念。爷爷
的想法是，他可以帮助赓武做研究，两人一起写书。这样的
梦想在旧中国可能行得通，但是现在的学者不再是隐士，整
天坐而论道或吟诗填词。赓武是一个喜欢活动的人，他既是
学术领袖和行政管理者，又是学者。我认为爷爷并不真正了
解他自己的儿子。无论如何，赓武从来没有用过研究助手。
他总是喜欢自己做研究，因为他不相信任何人能过滤他要看

什么，或帮他诠释什么重要什么不重要。迄今为止，他从未雇用过研究助理。爷爷退休之后不可能依靠参加赓武的活动过日子。

爷爷仍然在工作，尽管他在宽柔中学担任校长的工作相当困难，但他乐于面对这种挑战。他是一位出色的校长，在华人小区深受尊重。他使学校达到了很高的学术水平，并大大增加了学生人数。因此，学校董事会一直敦促他继续工作，他同意并一直工作到六十五岁左右。

我想出一个办法，让爷爷退休后跟我们一起生活，但不住在同一座房子里。我决定设计一栋房子，让祖父母有自己单独的住处，就是现在通常说的与主屋相邻的"祖母套房"。八打灵再也仍在开发中，由市政府改组成的公司急于出售土地。他们推荐了一方上好的地产，有一大块平地，但低于路面。土地东边与一个旧橡胶庄园接壤，前面有一条像山沟的斜坡，有半英亩大小。我们那里非常隐逸，只在左边有一户邻居，面向斜坡。我们可以在这块地上造一座非常漂亮的房子。我委托我们的朋友曾文辉（Chen Voon Fee）和他的建筑公司 Design 4 提案设计一个有四间卧室、一个大书房、客厅、餐厅、户外露台加上祖父母的套房的大房子。爷爷和奶奶的房子不能太小，我希望他们会对新家感到满意。

Design 4 提出了一个非常宏伟的计划，主入口位于一楼，从楼梯走到地下就是客厅和餐厅。大厅右侧就是一条宽阔的楼梯，通往楼下的主客厅。车房后面另外有楼梯直达祖父母的房子。房子很宽敞，超过1000平方英尺，里面有客厅和饭厅、大书房以及一间带浴室的卧室和独立厨房。他们也有自己的女佣房间。

我们有一个多种族的朋友群，大家用英语交谈。奶奶不懂英语，因此与这些朋友见面会觉得不自在。我们常常招待朋友，所以朋友来的时候，祖父母在哪里吃饭呢？他们不知道我们招待什么人，因此我们不能使用同一个客厅和饭厅，更不用说厨房了！这样的安排，他们可以有自己的用人，自己做饭，招待自己的朋友。这房子在地下跟我们有一堵共享墙，墙的两边就是他们的客厅与我们的起居室，整个房子都在同一层，可以通向花园。这是个美丽的房子，即使在今天看来也算宽敞。

于是，我们启动了这项大工程，真是令人兴奋。我已经帮爷爷和奶奶在八打灵再也建造过一间他们投资的房子，是大学附近的一个小平房，因此我看得懂建筑师的平面图。我们那时已经住过许多房子，所以知道自己喜欢和需要什么。总的来说，我觉得空间宽敞最重要，因为有了足够的空间，以后就不需要扩建了。我们已有三个孩子，不打算再生了。我们为两个女孩准备了一个大卧室，女孩长大后可以把房间一分为二。我们的书房在卧室旁边。大多数人的书房远离睡房，我们不同，因为已经养成了工作到很晚的习惯，尤其是赓武，把书房放在卧室旁边，让他可以在工作一天之后轻松地上床睡觉。我们结婚之后一直就是这样。

筹备工作就绪之后，1964 年中开始动工。幸运的是，赓武说一切由我做主，他只要求有个大书房。建筑师对此表示感谢，因为夫妻之间经常会有冲突，给出相互矛盾的指示。我们最终的设计很宏伟，房子正面景观开扬，与对面的房子隔着巨大的空间。右边草地连接到森林保护区。房子的前面有一个大露台，我们经常在这里招待朋友。

碰巧我们的房子完工时，我最小的弟弟学能（Henry）和他的妻子 Helene 因租约到期而不得不搬家。我们俩都认为，不如先让他们住在那个房子里，因为赓武的父母仍在柔佛。这就像有了个大家庭，孩子们就近有个阿姨和叔叔。他们和我们一起住了三年，相处非常愉快，直到他们决定自己盖房子，我们也准备去澳大利亚。孩子们也受益匪浅，他们有事时除了找父母和用人，就喜欢去找他们的科学家阿姨。我们的儿子新明如果有问题是我们无法回答的，就会去找他的阿姨。学能和 Helene 那时还没有孩子，对我们的孩子宠爱有加。孩子们下午通常会待在阿姨的客厅里，因为在我们家看电视是有时间限制的。

这种大家庭同住的方式对我们所有人都非常有益，我因此感到，如果有足够的空间，每个人有足够的隐私，传统的大家庭是件好事。这样的安排自然会避免今天的小家庭对父母造成的压力。

　　我们大约在 1965 年 5 月搬进去，在那所房子里只住了三年多一点时间。我知道，我们搬去澳大利亚之后，不可能再有这样的房子了。我们直到去了香港，才住进一所更豪华的房子！我对那所房子很有感情，因为是我们自己建造的，我付出很多心血。所以我犯了一个错误，决定不卖掉它，希望三年后回来再住。事后看来，这个想法不切实际，随后发生的事件也证明我错了。

八打灵再也的新房屋，建筑师曾文辉按照婷婷的规划设计

定　居

　　我们在伦敦的那一年，儿子新明的教育开了个好头。四岁那年，他去了马斯韦尔山的预备学校学前班，让老师教他读和写。我仍然记得在伦敦的时候，他读出电视上的面霜广告，使我们吃了一惊。我们回吉隆坡后，他还要等一年才能上学。他一直要找书来读，我们也尽量满足他的要求。我们可以看到他的学习生活有了一个良好的开端。当我们开始定居后，娉婷把她担心的事记录了下来。

———◦○◦———

　　那时的幼儿园很少。孩子们七岁开始上学，所以要等很长时间才能让孩子接受正规教育。有一些私立幼儿园，其中一个是由一对姐妹经营，她们是爷爷和奶奶的朋友。我们把女儿送到那里，直到她们可以上小学。新明已经知道如何阅读，而且记忆力很好。他开始上学的时候，发现又要从头学习ABC，就拒绝上学。幸好女校长认识我们，认为新明已经在阅读儿童百科全书了，却把他放在一个没有人会认字的班上，实在很荒谬。她把他带到另外一班，新明于是安心上学。

因此，我们过着繁忙的生活，家庭强盛健康。赓武致力于历史系的发展，也参与大学的治理工作。我在忙着提高学生的语言水平，除了一些小病痛和一般的家庭问题，我们的生活稳步向前。

周末时候，我们会带孩子们开车兜风，去游乐场等地方玩耍。放假时，我们去东海岸的吉兰丹和丁加奴。有一次，我在马六甲为老师开办假期课程，赓武周末开车带孩子来跟我见面。我们住在马六甲招待所。英国人在马来亚的每个城镇建造这样的招待所，这是值班官员住的旅馆。招待所主要由海南人经营，由于历史原因，海南人通常经营咖啡店和几种餐馆。这些招待所很便宜，公众也可以入住。建筑物相当迷人，小别墅风格，有宽阔的游廊和一间餐厅。房间很宽敞，通常是套房，有一个大客厅和一间带浴室的卧室。

———◦◦◦———

在我担任院长时，我们的历史系讲座教授约翰·巴斯汀突然宣布辞职去伦敦，令我们所有人感到惊讶。马来亚大学仍然遵循英国的惯

三兄妹在丁加奴，　1967 年

例，每个系只有一名讲座教授担任系主任。替换约翰的人也必须担任历史系主任。我一直安于继续研究中国与东南亚的关系，并对关于东南亚地区海外华人的新课题感兴趣，也继续担任教授东亚历史的讲师。我当然不认为我可以申请这个系主任的职位。我的朋友和同事却鼓励我至少要成为候选人。

1963 年 8 月，我被任命为讲座教授。因此，我觉得我应该回历史系全职教书，并专心发展该系。我担任院长只一年就提出要辞职。经过历史系教员和大学同意后，我接受了任命，马上回去担任系主任。历史系系主任的工作很有挑战性，在我负责历史系发展的五年时间，我珍惜其中的每一分钟。大学规模不断扩大，大批学生选择读历史。我们的教职员人数仍然很少。我和阿拉斯泰尔·兰姆于 1959 年加入历史系。阿拉斯泰尔教南亚和中亚史，并对印度早期的影响力和群岛的考古工作有浓厚的兴趣。约翰·巴斯汀邀请了我们新加坡的两位同事戴维·巴塞特（David Bassett）和玛丽·特恩布尔（Mary Turnbull）加入，教授东南亚历史的不同时期。布莱恩·皮科克（Brian Peacock）是国家博物馆的东南亚地区考古学家，与阿拉斯泰尔密切合作。

我记得，历史系还聘请了一位教授欧洲史的人，另一人是我们的第一位印度尼西亚专家。我在剑桥遇到的傅乐山被聘为另一位中国史学家。他研究的题目是 1875 年至 1878 年中国第一任驻英大使郭嵩焘的日志，因此被要求教授中国近代史。在他之后还聘了一位中俄历史专家，一位政治思想史学家，还有一位是教马来-波利尼西亚历史。

几年后，尽管历史系不断成长，有些人也另求发展。因此，我们不仅要招聘新教员，还必须找人替补那些离开的教员。我设法让威廉·罗夫（William Roff）和安东尼·里德（Anthony Reid）加入我们，罗夫教马来穆斯林历史，里德专注于马来群岛的近代史。历史系还很幸运地得到来访学者的帮助，为学生提供不同的历史观点，包括伦敦亚非学院和耶鲁大学的学者；此外还有五名富布赖特访问学者，其中两名开设美国历史课程，另外三名专门研究印度尼西亚、泰国和缅甸。到了这个时候，对东南亚地区感兴趣的历史学家和政治学家成了常客，我们邀请他们与学生座谈。我相信学生们特别高兴见到阿诺德·汤因比（Arnold Toynbee），听他阐述如何把东南亚纳入他的世界文明史观。

我们还开始从马来亚大学的新加坡校友那里招聘人才：两名讲授马来亚——新加坡历史，一名讲授经济史，另外两名研究荷属东印度群岛和近代印度尼西亚。然后，我说服邱家金（Khoo Kay Kim）和罗林斯·邦尼（Rollins Bonney）研究十九世纪的马来各州当作硕士论文题材。他们的两项研究非常出色，被牛津大学出版社出版，随即很快加入教员行列。此外，我们还瞩目从其他大学毕业的本地学者，邀请了扎纳尔·阿比丁·瓦希德（Zainal Abidin Wahid）和詹姆斯·孔基利（James P. Ongkili）（均来自昆士兰大学）、加州大学洛杉矶分校的梁文勇（Stephen Leong）和哈佛的吴清德（Goh Cheng Teik）加盟。我们规划未来，为自己的毕业生争取奖学金，一个去伯克利研究美国利益在亚洲的兴起，另一个去伦敦研究外交史，还有一个关注亚非问题，去了尼日利亚的伊巴丹（Ibadan），研究撒哈拉以南非洲。在我离开之前，三个人都回到历史系任教。我曾希望说服其他几位有前途的学生研究马来各州的历史，但他们最终选择去做公务员。

我们也开始吸引国外的研究生，包括来自澳大利亚、印度、香港、新西兰和东非获得英联邦奖学金的人。有几个继续在别的大学从事学术研究。我对印度的拉吉·瓦西尔（Raj Vasil）、肯尼亚的詹姆斯·艾伦（James Allen）和新西兰的迈克尔·斯坦森（Michael Stenson）的研究题目特别感兴趣。他们都研究马来亚/马来西亚的历史，并出版为学术专著。历史系自己拥有一批聪明的年轻本科生，很快变得生气蓬勃，我在历史系度过了十年，从来没有沉闷的时刻。

到 1968 年我离开时，我敢说我们历史系不仅已经多样化，讲授的课程范围广泛，而且在马来西亚和东南亚历史方面是最强的科系之一。我们的主要兴趣仍然是东南亚历史，而且培养在马来西亚历史方面的研究能力，逐渐占据核心地位。我们还开设课程，让学生深入了解与马来西亚始终相关的其他地区，尤其是南亚和东亚、西方（欧洲和美洲）以及亚非新国家。外交部门认为我们的毕业生表现优秀，当时的外交部常任秘书长加沙里·沙菲（Ghazali Shafiee）鼓励我在历史系内设立一个部门，使学生除了学习东南亚地区及其他地区的近代历史，还具备政治和国际关系的基本知识。我相信历史是一门优良学科，能培养具备历史知识的毕业生，帮助他们更好地为国家服务。我在我的就职演说《历史的运用》中阐明了我的立场。我相信我已尽力为学生提供了均衡的课程，使他们成为知识渊博的有用公民。多年后，我很高兴看到邱家金担任系主任，把历史系首二十五年的工作正式列入记录。

我的授课时数依旧排满，但减少了我的中国历史课程，为那些希望了解"历史书写"之历史的学生开设了关于"历史理论和方法"的新课程。我必须承认，这是我真正喜欢的一门课程，不仅因为我喜欢讲课，而且我喜欢在小组中辅导一些最好的学生。看到我的学生欣喜地发现用不同的方法研究不同民族的过去，并学会质疑某些历史著作的价值，真是令人高兴。1965 年后，由于从马来中学入学的人数增多，我们开始对论文评分，提供辅导课程并举行使用本国语言的考试。我很高兴获悉，其中一些学生毕业后的表现非常优秀。

在我埋头工作时，娉婷在马来西亚逐渐成为英语作为第二语言（ESL）的教学专家之一。她为我们的孩子讲述我们如何在马来西亚安顿下来，发展我们的职业生涯。她回想起我们努力了五年，然后因为我想重新回到已经搁置了一段时间的中国史研究，决定搬去澳大利亚。

———◇◇———

同时，我在大学隔壁的班太山的马来亚师范学院工作。该学院的宗旨是培训中学教师，讲授人文学科和作为第二语言的英语（ESL）。

当时有关教育政策的争议很大。政府希望将马来语作为所有国立（即政府资助的）学校的教学语言。这将意味着逐步淘汰所有以英语教学的学校。华文学校必须教授国家制定的课程，将马来语当作必修课。不过允许华文学校继续以私立学校营运。为学生着想，华文学校不得不教马来语，否则这些学生将无法进入任何一所大学，而当时马来西亚只有这么几所大学。因此，必须为这些新学校培训大批教师，同时马来西亚仍将英语作为第二语言。

我很高兴地发现，我以前大学的同班同学杜尔西·纳瓦拉特南（Dulcie Navaratnam，婚后改为 Dulcie Abraham），是师范学院英语系主任。我非常喜欢在那里教书。我主要担心的是我们的学生英语水平不高。我认为，他们都应该至少在英语六年级结束时或在高等学校证书中获得英语高学分（而不仅仅是及格）。我猜想获得英语高学分的学生人数不够多。许多人上师范学院是有津贴的，视之为进入大学的途径，许多人的确在教书几年后进了大学。

两年后，杜尔西转到柔佛州新山的马来亚师范学院。她成为那里的英语系系主任，要求我接任吉隆坡的系主任。要我接任是因为当时我是当地最资深的人，我也觉得自己可以胜任。我担任了系主任，直到 1968 年 8 月前往澳大利亚。

———◦◦———

娉婷接着告诉孩子们，为什么他们应该以我在马来亚大学取得的成就感到自豪。

———◦◦———

我意识到赓武在努力出人头地。1963 年，他三十三岁不到就被任命为历史学讲座教授。与学生时代不同，他工作非常努力，撰写讲稿，出版新书，积极参加公民和校园活动。

他对名字过目不忘，只要见过学生一次就可以记住他们的名字。这给学生留下了深刻的印象！他头脑冷静，很多人征询他的意见。大多数人没有意识到他是少年老成。他关于南海贸易的早期研究发表于 1958 年。他在新加坡发表了一系列广播演讲，出版为《南洋华人简史》。马来亚大学随后出版了他的博士论文《五代时期北方中国的权力结构》(*The Structure of Power in North China during the Five Dynasties*)，后来由斯坦福大学出版社重印。他还撰写了关于马来亚华人分类及其政治倾向的文章。许多学者在分析海外华人时发现这些分类很有帮助。

我们现在回顾，马来亚大学是我们人生中的一段美好时光。我们正在为一所新大学建造校舍和发展学术基础。我们广向全球招聘，所以有各种各样的学者，其中一些已经很有名望。那些日子里，我们的薪水在当时是不错的，大学的工作人员也深受尊重。我们有斯里兰卡著名的数学教授克里斯蒂·贾亚拉纳姆·埃利泽 (C. J. Eliezer)。还有黄丽松，他是化学教授，也是理学院院长，其后为新加坡南洋大学校长、再之后是香港大学校长。还有其他几位年轻的学者，他们后来成为其他大学的教授。赓武也在那里建立了他早期的声誉。

　　在离开吉隆坡时，我们仍然认为过几年就可以回来。但是当娉婷几十年后为我们的孩子讲故事时，她觉得这是我们生活中一个篇章的终结。那时我们的孩子还很小，住在马来西亚很开心。我想他们可能对我们为什么要再次搬家有些疑惑，而且是搬去一个如此遥远的国家。我也认为这是娉婷用这种方式表示，为什么她同意我转去澳大利亚国立大学任职。她听起来好像对离开我们大家都非常喜欢的新房子毫不后悔。我知道其实不然，但娉婷不会让任何遗憾阻止她重新开始。她将在堪培拉再建一栋非常舒适的房子，一栋我们在那里一直住了十五年的房子。

第九部　出乎意料

1965： 澳大利亚和新西兰

在前面的章节中，我提到 1965 年 8 月 9 日宣布新加坡脱离大马来西亚时令我震惊。那天晚上，在看电视新闻时，我很惊讶地看到李光耀哭了。当时我正从澳大利亚乘飞机回家，在返程途中，我一直在想与吉隆坡脱离是怎样发生的。李光耀是不是要负一部分责任？当我们的飞机降落在新加坡换机去吉隆坡时，我听到有人放鞭炮，庆祝新加坡解放并出人意料地独立成为共和国。我却高兴不起来。相反，我想到的是西马和东马的经济支点不见了。马来亚最初的理想现在缩小了，由原本的马来亚半岛（Tanah Melayu）加上沙捞越和沙巴取而代之；这个国家忐忑不安地跨进了不可知的新海洋。

现在回顾，我长久以来一直认为新加坡就是马来亚的一部分。马来西亚的提议被拿出来讨论时，我人在伦敦，以为这个想法会被相关的五个政体中的大多数人接受。即使几个月后我听到新加坡的人民行动党在这个问题上意见分歧，我仍然相信新加坡的大多数人会同意加入联邦。因此，在 1962 年回来后，我以马来亚大学文学院院长的身份带领我的同事们将这个马来西亚介绍给全世界。但在访问了婆罗洲北部各州之后，我不是那么确定一切将会顺利进行，不过我仍然认为新加坡、沙捞越和沙巴领导人设计的"马来西亚人的马来西亚"（Malaysian Malaysia）这一口号将会帮助新的政治实体。新加坡在1962年进行的公民投票尽管引起争议，但似乎证实了多数人的支持。从吉隆坡远望，我不敢相信我的社会主义学会的朋友们是共产党，他们站在社会主义阵线（Barisan Socialis）的一边，并于1963年初被"冷藏行动"（Coldstore）拘禁。我仍然认为，新加坡对于马来西亚取得成功至关重要。联邦是一个非常复杂的国家组合，有关领导人经过认真谈判才促使其成立，因此可以指望它会继续维持下去。

这就是为什么我把我可能有的任何疑问放一旁，继续将大部分时间用于处理与马来西亚有关的事务。1964年调查报告《马来西亚概览》发表之后，我参与了一个调查1964年新加坡种族暴动的委员会（该委员会于1965年1月召开了一次预备会议），又参与了另一个规范传统医疗做法的委员会（报告于5月完成）。我还被要求担任课程审查委员会的主席，以帮助新加坡南洋大学的学位获得国家认可。这份报告在新加坡与马来西亚脱离后，于9月被新加坡政府接受，令我感到惊讶。

与此同时，我受邀担任澳大利亚国立大学（澳大）的首届亚洲研究员（1965年5月至8月）。这完全是出乎意料的事。这是澳大和澳大利亚政府卷入一次尴尬事件造成的结果。罗伯特·孟席斯（Robert Menzies）总理未经咨询就宣布，泰国国王将由澳大授予名誉博士学位。澳大的教授委员会认为这不符合大学的惯例，拒绝授予学位。孟席斯很生气，但澳大不让步。几个月后，澳大为了表明拒绝并非针对泰国，以泰国国王的名义设立了亚洲研究基金。头两笔研究基金在1965 年颁发，一笔给泰国艺术大学（Silpakorn University）的泰国艺术史学家和考古学家 S. 蒂恭亲王，另一笔给我。我了解到，这是要我帮助澳大太平洋研究学院开展关于东南亚、特别是马来西亚的历史研究。因此，1965 年是我念念不忘马来西亚的一年。所以，在新加坡与马来西亚脱离的那一天从澳大回来，要重新想象马来亚/马来西亚的未来，就像在庆祝宴会上吃了一顿难吃的大餐。

事实证明，澳大的邀请对我们来说非常重要。它用最好的方式把澳大利亚介绍给我们，我是这个独特的研究型大学的客人，有机会访问三个大城市（阿德莱德、墨尔本和悉尼）的其他大学。当时我们还不知道，但是这次访问不仅影响了我后来的职业生涯，而且改变了我们家庭的生活。

我对澳大利亚的亚洲研究略知一二，知道悉尼大学长期以来设有日本研究系，并已开始发展中国研究和印度尼西亚研究。有人还告诉我，新的墨尔本莫纳什大学（Monash University）正在建立一个大型的东南亚研究中心。至于澳大利亚国立大学，我听说它的亚洲研究学院教授中文、日语和印度尼西亚语，它的亚洲文明系也涵盖了南亚和东南亚的语言和文化。太平洋研究学院有两个历史系，一个教太平洋史，另一个教远东史。第三个历史系似乎没有必要，因此太平洋历史系开启了东南亚史研究。我还知道任职的第一位学者是我的前辈约翰·巴斯汀，但他不久之后就离开这里去了我们吉隆坡马来亚大学，然后又去了伦敦。

我的几个历史学家朋友和同事都有新西兰背景：哈里·本达和比尔·罗夫（Bill Roff）在威灵顿学习过，安东尼·里德（Anthony Reid）和另外两个研究生都是新西兰人。我们的地理系、数学系、工程系和农学系也有新西兰人。因此，我决定借此机会首先访问新西兰，拜访我在威灵顿的前同事特里·麦基和在奥克兰的英国历史学家尼古拉斯·塔林（Nicholas Tarling）。他们两人都以研究东南亚著称，并积极推动关于东南亚的研究。

在澳大利亚国立大学，我由太平洋历史系接待，那里的吉姆·戴维森（Jim Davidson）很想开展东南亚史研究。来自新加坡马来亚大学的埃米莉·萨德卡（Emily Sadka）、方宝成（Png Poh Seng）和蒋海丁（Chiang Hai Ding）等人在那里读博士学位。我还发现，澳大利亚国立大学还有一些学生来自东南亚，但只有两个人在读历史，都是新加坡南洋大学的毕业生：远东历史系的颜清湟（Yen Ching-Hwang）和文学院历史系的杨进发（Yong Ching Fatt）。总之，尽管有了好的开始，但在东南亚历史方面仍然不够稳固。我很希望看到它继续发展，吉姆·戴维森鼓励我去参观邻州的其他大学，以了解发展情况。

我等着娉婷来与我会合，然后再参观其他大学。我们访问了阿德莱德大学（University of Adelaide），休·斯特雷顿（Hugh Stretton）告诉我，他支持东南亚历史的教学，但他的同事们似乎对中国和日本的历史更感兴趣。他们系后来聘请了颜清湟。但是在墨尔本，约翰·雷格（John Legge）领导的莫纳什大学明确表示会从事东南亚研究。此外，该大学通过杰米·麦基（Jamie Mackie）和我的前同事西里尔·斯金纳（Cyril Skinner）等老朋友与马来西亚建立了密切联系。

至于在悉尼大学和新南威尔士大学的许多马来西亚学生，他们的兴趣并不是历史。因此，我回到堪培拉，敦促澳大在太平洋历史系开展历史研究。我熟悉英国和美国的情况，因此认为通过澳大和莫纳什的新中心，澳大利亚可能成为全世界最强大的东南亚研究中心之一。现在回顾，我将看到许多最好的东南亚历史学家都在这两所大学攻读研究生学位。单单是来自马来亚大学历史系的学生中，我记得从澳大毕业的林德义（Lim Teck Ghee）和谢文庆（Cheah Boon Kheng），以及从莫纳什大学毕业的李锦兴（Lee Kam Hing）和卡斯诺·约翰（Khasnor Johan）。他们后来都为研究马来西亚和东南亚历史做出了重要贡献。

向吉姆·戴维森提出我的报告后，我觉得已经履行了亚洲研究员的职责。但是这项工作使我意识到我自己的立场有些矛盾。从我在马来亚大学提交历史学的荣誉论文以来，我都在研究中国历史，包括中国明朝与东南亚的关系以及东南亚地区华人的历史。我担任历史系主任之后，确实做了更多马来西亚和东南亚历史的研究，但是欧洲和美国学术界认为我主要是个中国历史学家。而且，在我访问澳大期间，只有远东历史系的同事才知道我的工作：费子智（C. P. Fitzgerald）担任英国文化协会负责人时知道我当时在南京，王铃和骆惠敏在剑桥时认识我，而安德鲁·弗雷泽（Andrew Fraser）在亚非学院研究日本时知道我在撰写中国十世纪的历史。至于罗依果（Igor de Rachewiltz），我们一起参加了纽约关于儒家人物的会议。同样，中文系系主任马悦然（Goran Malmqvist）以及他的同事柳存仁和张磊夫（Rafe de Crespigny），都热情地欢迎我。

就在我访问澳大利亚期间，我为费正清关于中国世界秩序的会议撰写了论文。因为我在马来亚大学太忙而无法参加会议，只能将论文寄给费正清。他将论文编入合集出版，以帮助了解中国历史上明朝的朝贡制度。

同时，在澳大利亚的其他人也把我视为新出版的《马来西亚概览》的编辑，负责东南亚事务的官员都将该书作为参考资料。我应邀参加了几次会议，讨论马来西亚和印度尼西亚。在我离开堪培拉的前一天晚上，我与一些外交部门的人共进晚餐，第二天是8月9日，我正与负责马来西亚事务的人员一起午餐时，他们当场离席去处理新加坡与马来西亚脱离的新闻。他们显然也一样对突发事件毫无所知，令我震惊。因此，在我回到吉隆坡的前夕，我开始觉得可能不得不对我未来的工作方向做出选择。我应该优先研究中国，还是应该学习更多马来西亚和东南亚的历史？

1965: 调整方向

我在前面曾经指出， 1965 年是变革的一年，但是直到那年的下半年，尤其是 8 月之后，我才感受到它的影响。最初的几个月我非常忙碌，但是一切似乎朝着好的和可预测的方向发展，我忙得很快乐。在我看到马来西亚由于新加坡的脱离而被削弱时，乐观的情绪开始改变。但是，我还没来得及适应，一场更加戏剧性的事件真正改变了该地区所有人的目标。

我指的是印度尼西亚的政变企图，后来被称为"九三〇事件"（Gestapu）。我们当时正在家里招待朋友和同事，来宾包括好友阿斯拉夫和印度尼西亚专家杰伊·马里亚诺夫（Jay Maryanov）。我们饭后正在聊天，听到电台报告六名印度尼西亚将军在当天清晨被杀害后发生的事情。报告称之为共产党阴谋，我记得阿斯拉夫和杰伊都不敢相信印度尼西亚共产党会如此愚蠢。没有人想到我们听到的只是一个开始，政变失败后的可怕后果将在接下来的几周和几个月内出现。最后，令大家无法相信的是，这个事件导致印度尼西亚共产党的崩溃。没有人能够想象，一个拥有约二百万党员的大党，竟然这样轻易地被彻底消灭。

当时，许多人倾向于将我们地区的共产主义放在反殖民民族主义光谱的一端。毕竟，印度尼西亚共产党是一个参加选举的合法政党，已经显示出赢得选票的能力，而且似乎一直有民族主义倾向。因此，更令人震惊的是，一场全国性的怒潮席卷了这个党，最终导致数十万人丧生，其中包括大批印度尼西亚华人，还有好几万华人被遣回中国。

坦白地说，到那年年底发生的一切事情令我感到恐惧。有一阵子，我不知道该相信谁。我的专家朋友们各持己见，有些人勉强地接受印度尼西亚军方的正式说法，认为一切都是印度尼西亚共产党的错；有些人认为是军队派系斗争，想看到苏加诺垮台。有人说，一些派系还与英美冷战战略家合作，目的在反制苏加诺反马来西亚的对抗运动。

随后发生的事件和辩论导致我重新审视民族主义在本地区可能的含义。我开始意识到，在我编写《马来西亚概览》时，对马来西亚的希望过于简单。《概览》出版后的一年中发生的事件让我幡然醒悟，不得不重新评估前方的艰难道路，特别是对马来西亚这样的多元族群社会来说，它仍然在努力寻找通往新国家的道路。

1965 年晚些时候的其他变革性事件也接踵而来，特别是越共（Viet Cong）在南越进展迅速，使得美国总统约翰逊（Johnson）投入更多美军，准备进行决战。在北边的中国，有关政治形势的报道标志着"无产阶级文化大革命"的开始。我将在下一节详细讨论这个问题。

同一年在本国，我个人卷入了一些政治事务，这与冷战给本地区带来的意识形态斗争多少有些关系。我积极参与了在吉隆坡建立新大学的工作，并且刚刚完成了《马来西亚概览》，其间我认识到新马来西亚的高等教育需要些什么。因此，我在1965年初毫不迟疑地接受邀请，在审查南洋大学课程的委员会担任主席。委员会由以下人员组成：南洋大学的三名代表和新加坡的三名代表（其中一名是教育部的代表）以及物理学教授汤寿伯（Thong Saw Pak）。我们从1月开始开会，5月完成了报告，以便我及时启程去澳大利亚国立大学。大部分会议都是在校园里举行，在审查完相关文件之后，我们还会见了大学教职员和学生的数十名代表。

早在1959年就已经有了两份关于南洋大学的报告：普雷斯科特委员会报告（Prescott Committee Report）评论了该大学的弱点，几个月后又发表了魏雅聆（Gwee Ah Leng）委员会报告，着重审查当地情况。第二份报告提出了一些意见，但没有建议承认南洋大学的学位。

我主持的委员会审查了课程改革，这将有助于南洋大学获得与其他两所大学同等的地位，成为官方认可的第三所高等教育机构。令人关切的是，南洋大学应该像其他两所大学一样，培养出能够为国家服务的毕业生。认可南洋大学的学位将使其毕业生能够参加职位竞争，而这是自大学成立以来他们无法做到的。委员会的每个成员都赞成我的看法，认为这是最可取的办法，特别是我们知道南洋大学的学生都是华文高中里最聪明的学生，他们提供的服务将有助于马来西亚未来的发展。我们以为他们将继续以华文授课。鉴于他们都能说流利华语，如果加强英语能力，他们将比其他毕业生具有优势，如果再精通马来语，这一优势将更扩大。我们认为，他们将成为我们多元文化社会中的重要资产，因此相信政府将会提供足够的资金给南洋大学并全面认可其学位。我可能比有的同事更乐观一些，相信大多数学生或多或少会说三种语言，但每个人都同意，如果做到了这一点，与只会一种语言甚至双语的学生相比，他们不仅能够成为优秀的学者，而且更能满足国家的需要。

南洋大学位于新加坡，但为整个马来西亚服务，我们在撰写报告时考虑到了这一点。最理想的结果是，南洋大学将会从英语和马来语中学吸引更多富有冒险精神、希望会说三种语言的学生。但首先，它需要获得新加坡州和吉隆坡全国政府的认可，与其他两所获得认可的大学平等。没有人预料到，在我们提交报告三个月后，新加坡和马来西亚会分道扬镳。

尽管我们知道有背后的政治考虑，但没人想到从当时的政治斗争角度来考虑报告。我们认为只应该考虑教育的未来，确保南洋大学学位获得正式认可，从而帮助国家振兴。我不知道新加坡离开马来西亚联邦时委员会其他成员是怎样想的。我从堪培拉回来后，距离5月份提交报告已经过去了三个月。这份报告有如石沉大海，毫无回音，我很快专注于我在吉隆坡学校的职务。我当时想，报告已经不再适用，因为独立的新加坡必须重新审查其国家优先事项。因此，当新加坡政府在9月宣布，接受该报告并将尽快采取行动，我大吃一惊。

委员会在审查时没有考虑到新加坡的政治斗争，尤其是在加入马来西亚的问题上。我们意识到，马来西亚成立后不久就举行了选举，反对派的许多领导人，包括我在马来亚大学社会主义学会的一些朋友，都未经审判就被拘禁了。因此，委员会谨慎地只讨论适合于大联邦制中第三所大学的教育问题，完全避开党派政治。然而，当新加坡脱离出去建立了新的独立国家后，关于谁来领导新加坡的斗争变得更加激烈。我们的报告引起了争议，这在很大程度上是因为反对派认为这可能威胁到未来的华文教学。新加坡既然已经独立，而且是一个华人占多数的国家，他们觉得这样的威胁是完全不能接受的。

在这种情况下，拒绝接受报告是可以理解的，但是攻击报告的猛烈程度超出了所有人的预期。同样，政府对支持政治反对派的学生采取非常严厉的措施，也令许多人感到惊讶。这些极端的反应令我失望，尤其是一些华文报刊针对我进行攻击，说我一开始就想破坏华文教育，而这完全不是我的想法。所有这些攻击都记录在案，并且不少人已经就此写了文章，包括一些历史学家在内。因此，我在这里就不多说了。我只想说，我考虑过如何响应这些歪曲和人身攻击。鉴于这种攻击已成为新加坡权力斗争的一部分，而我现在是外国人，所以我认为响应是徒劳的，于是决定不采取任何行动，以免局势恶化。我不做回答是否正确，现在只能让大家公断。我可以理解意见不同，甚至理解为什么拒绝我们的建议，但是侮辱人格的做法既卑鄙又伤人。

国家历史

1965 年以后发生了一系列事件，使我很难想清楚新加坡脱离出去对我的生活有什么影响。在十五年的自我探索过程中，我理所当然地认为，我愿意加入的国家是包括新加坡在内的马来亚。但是在马来西亚建国之后情况会有多大改变？尽管我意识到在新关系中寻求平衡可能产生压力，但还是说服自己这个新国家是大有可为的。谈判失败导致脱离提醒了我，我真的不了解在后殖民时期建立国家的基本矛盾。我认识到，必须重新思考我身为历史学家的矛盾立场，一方面是新产生的爱国主义意识，另一方面是想研究关于人类和解与冲突的大问题。我不希望成为世界大同主义者，只真心希望我自己和我的家人获得归属于一个国家的安全感。我坚信，在一个尊重学术和真理的现代大学工作，是可据以获得归属感和影响力的坚实平台。因此，我更加下定决心致力于实现这一目标。首先，这意味着我必须不断学习和写作，才能继续在我选择的领域成为值得信赖的学者。

1965 年的几件事使我对世事的无常更加敏感。新加坡的脱离只是冷战升温所表现的一小角。印度尼西亚发生的流血政变和中南半岛各国酝酿的对抗都发生在邻近地区。尼赫鲁逝世后，印度争夺领导权的斗争以及中苏关系的破裂都离我们不远。后者不可避免地对中国造成了巨大影响，随之而来的"无产阶级文化大革命"几乎使中国天翻地覆。从堪培拉回来后的几个月是我一生中最郁闷的日子。

在编辑完《马来西亚概览》之后，我深信我们的教科书过于关注英国人在十九世纪的作为，却没有充分顾到马来各邦的历史。我们显然应该更加注重《马来纪年》（*Sejarah Melayu*）和其他历史著作中概述的早期历史。我的同事们同意我们应该在课程中加以纠正，鼓励对国家历史进行更多研究。我就任历史系主任后，组织了一次历史教师会议，讨论东南亚历史的教学。我然后请扎纳尔·阿比丁·瓦希德编辑《历史教学》（*History Teaching*）一书。

我还认为，让本科生重视马来西亚历史的一个方法是将实地考察当作课程的一部分，因此，在我去澳大利亚之前，安排一些学生去想象十九世纪的霹雳州在英国介入之前的状况，在我们出发之前，请扎纳尔·阿比丁·瓦希德和邱家金提供详细资料。我回国后，我们安排了从安顺（Telok Anson）溯河而上。我们没有想到新加坡会在 8 月 9 日脱离，但这件事提醒我们，在新加坡的英国强权于 1873 年介入霹雳州。新加坡就在那个时候开始控制西马来亚各州的事务，而马来统治者对此并不欢迎。我们出发前往蒂加岛（Pulau Tiga）和历史悠久的巴西沙叻（Pasir Salak），那里是霹雳州历史的转折点。马哈拉惹里拉（Maharaja Lela）在这里策划杀害詹姆斯·伯奇（James Birch）。我至今记得，在我们溯河而上时，邱家金解释了这条河为什么对霹雳州的历史如此重要。我想起学生们专心聆听的样子，他们在到达甘榜牙也（Kampong Gajah）时向他提出尖锐的问题，而他用手指着不远处的巴西沙叻。这次实地考察非常成功，我们第二年又组织了一次。这次，我们去了霹雳州西北部的拉律（Larut）和峇登（Matang），半岛上的第一条铁路在那里从威尔德港（Port Weld，现在的瓜拉十八丁〔Kuala Sepetang〕）通到前州府太平（Taiping）。拉律战争（Larut Wars）就是在这里爆发，以致引起英国介入。我们要求当地警察护送我们前往十八丁河（Sepetang）华人的沼泽定居点附近，警察说这些定居点长期以来被走私分子和秘密会社利用，现在仍然受到严密监视，以防止非法活动。学生们听得入迷，想象着住在秘密华人新村（Chinese kampongs）的人如何械斗，在一个世纪前争夺把拉律锡矿运往槟城的权利。

我的同事，尤其是扎纳尔·阿比丁·瓦希德、邱家金和贾吉特·辛格·西杜（Jagjit Singh Sidhu），都热衷于组织全国历史教师协会（HITAM），以进一步开展工作。这个协会将举行会议，讨论国家历史的教学和研究。协会将成为我们历史系对教师专业的贡献。马来西亚历史学会已经有了期刊《马来西亚历史》（*Malaysia in History*），我们历史系的学生有了《马来亚大学历史学会杂志》（*Journal of the University of Malaya Historical Society*）后更名为《历史杂志》（*Jernal Sejarah*）。我们决定，该协会也可以为历史老师出版一份刊物，就是《历史评论》（*Peninjau Sejarah*）。扎纳尔·阿比丁·瓦希德自愿担任编辑，于1966年7月发行第一期。

　　我代表历史系承担了另外一项任务。1964 年，我参加了香港大学组织的一次会议，会议汇集了两个历史学家流派。第一个流派在马尼拉举行会议，成立了国际亚洲历史学家协会（IAHA）。另一个流派同年在新加坡举行了东南亚历史会议。国际亚洲历史学家协会于1962 年接着在台北开会，而东南亚历史学家邀请国际亚洲历史学家协会参加他们 1964 年在香港举行的第二次会议。他们在会议上协议将这两个会议合并，并请我担任国际亚洲历史学家协会主席，于1967 年在吉隆坡举行了第四届会议。我把这一消息带回历史系，全系感到非常高兴，开始筹备我们的第一个国际会议。到 1964 年底，我们已经分工负责，邀请从事马来、印度和中国研究的同事以及地理系和经济系的同事参加，扩大成为一个亚洲研究会议。

　　我从堪培拉回来后，发现东方主义学者会议宣布将于 1967 年在美国开会，这是该会首次在欧洲以外举办。每个人都认为它将吸引大批亚洲学者与会。我们如果在 1967 年举行国际亚洲历史学家协会会议，许多人觉得很难一年内参加两次会议。我认为我们最好把会议推迟到 1968 年。我们的筹委会同意在安娜堡的东方主义学者会议上为国际亚洲历史学家协会会议打广告。我们都很年轻，雄心勃勃，不仅希望在马来西亚举办首届国际历史会议，而且举办成有史以来规模最大的亚洲历史会议。我与副总理敦·拉扎克（Tun Razak）取得联系，他表示愿意支持我们，承诺主办这次会议的正式晚宴。

　　我原本以为可以把马来西亚华人的故事编入国家历史，为未来的发展做出贡献，但现在我有点信心不足，因为这个地区正在出现以种族为基础的意识形态斗争。我在电台做了关于南洋华人的演讲之后，一直在收集马来亚华人历史的资料。1963 年，马来西亚成立后不久，联合国教科文组织在新加坡举行会议，我宣读了一篇关于马来亚华人传统领导层的论文，也由此理解自己可以用怎样的方式为国家历史贡献些许力量。此外，我在吉隆坡附近的雪兰莪州、邻近的霹雳州和森美兰州认识的朋友使我察觉，现在活跃于当地政治的华人族群正发生变化。可是我对马来亚华人公会了解越多，就越对某些政党感到不安。我钦佩 K. J. 拉特南（K. J. Ratnam）在《马来亚的社群主义和政治进程》中（*Communalism and the Political Process in Malaya*，1965）的研究，并同意在建立民主国家的第一阶段，马来亚的三大族群不可避免地可能主导其政治。但我已经在担心，政治活动家将会永久依赖种族团结来号召民众支持，并以此为唯一的途径。

我曾试图将当前的中国政治分歧与华人从不同地方、不同时期来到马来亚的历史联系起来。我在追溯根据不同政治目标来组织华人社会的努力中，开始看到马来亚华人政治的模式。我在广播演讲中指出，认为南洋华人在东南亚各地都一样的说法是错误的。华人从一国到另一国之间的差异很大。我所知道的马来亚华人，他们对政治的敏感程度是大多数人不了解的。他们的历史表明，他们有自己的组织方式，这在政治上具有重要的意义。此外，这样的方式使他们中的大多数人能够迅速适应不同的政治制度和机构。

我现在坚信，认为华人不关心政治或对政治不感兴趣的说法是错误的。这种说法来自一个借鉴欧洲和美国的民主和政党政治理念的定义，并因国家主权政治而进一步缩小了范围。这个定义忽视了社会和族群价值的力量，使得华人的政治触角在与当地统治者和精英分子打交道时，特别是在影响其商业利益的问题上，变得很敏感。马来亚华人公会显然就是如此，它的领导人来自采矿和种植业，是商人和消费品制造商。他们的力量来自为"新村"提供的福利服务，使得居民不再同情马共；而且他们还关注教育问题，保存了中华文化。他们与维护工人权利的人合作，但总是小心翼翼地强调传统的身份认同观念。我想要指出的是，可以用不同的方式描述他们在政治上的行动。1967年，当我参加在安娜堡举行的东方主义学者会议时，提出了关于教育政策和马来亚华人政治的性质的初步结论。但是，当时对中国文化大革命的兴趣正浓，大会上没有人对我在论文中的说法感兴趣。大家关心的是中国文化的价值正在遭到破坏。

在概述华人对马来亚国家历史的贡献时，我必须更深刻了解他们的组织渊源。我发现了三类在政治上可以区分的集团。第一类是总是唯中国马首是瞻的少数人。第二类的人数也很少，他们希望参与马来亚新国家的塑造并最终完全认同这个国家。居于这两者之间的是大多数定居在马来亚的华人，他们认为的最佳利益是与官方权威机构积极合作，同时捍卫使他们成为华人的文化价值观。

给他们贴上引人注目的标签很容易，例如，把第一类称为亲中、亲共或爱中，把第二类称为理想主义者或幼稚的新民族主义者，甚至是造成组织解体的同谋，把两者之间的第三类称为传统主义者、机会主义者或文化沙文主义者。然而，我学到的知识越多，越认识到用这样的速记标签来区分这三类人会引起误解。我努力了好多年，设法厘清三者之间的界线、减少模糊不清的地带。最后，我放弃了。当我的《马来亚华人政治》论文于 1970 年发表时，我干脆放弃了使用彩色标签的想法。我把第一类称为 A 组，第二类称为 B 组，第三类称为 C 组，转而广泛描述每个组别自己相信的想法，以及每个组别在不得不行动时倾向于采取何种行动。那个时候，我已经放弃了认为自己真的可以帮助撰写国家历史的想法。我只想当个学者和老师。

革　命

　　我从小时候在怡保起，就一直没有摆脱革命的阴影。在大多数中国商店甚至一些住家中，我都会看到孙中山的照片和两面旗帜，一面是中华民国国旗，另一面是国民党党旗。每年 10 月 10 日，我都会看到纪念辛亥革命的活动。过去我觉得这么说挺有意思：我是在 10 月 10 日前一天出生的，刚好赶得上纪念活动。日本占领马来亚后，我们有三年半时间不能提辛亥革命。1947 年我去中国时，人们谈论的革命多半是反殖民主义的革命，其中一些人与马来亚共产党等密切相关，而马共是受到中国革命运动的启发。在南京时，我父亲带我去了中山陵，让我看到国家如何向国父致敬。但是我大学里的同学们却不以为然。国民党的革命如今被认为是腐败无能的，农村的一些社会革命似乎比较干净，也更有决心使中国免于腐烂。

　　我的父母如果以为回到马来亚就不会再遇到革命，那他们就错了。在我的新大学里，我们谈论印度尼西亚和越南的革命，并争论昂山（Aung San）是不是个革命家。马来亚"紧急状态"认定马共的革命主张是"恐怖主义"，但我们知道族群中许多从事政治活动的人不以为然。我想起以前书本里说的早期革命，包括杀死了自己国王的英国和法国革命，也记得以"吞噬自己的孩子"告终的法国大革命，都令人惊悚。美国革命比较成功，很大程度上是因为十三个殖民地距离很远，有更多的空间把这场革命带上比较有建设性的道路。

然后是中国革命和俄国革命。当民族主义者输给各自为政的军阀时，年轻的革命党人便以俄为师。日本帝国主义使民族主义者一再挫败，也暴露了他们的不团结。辛亥革命到头来需要美国的军事支持，使年轻人的幻想破灭了。大家想不到的是，美国的野心无法挽救国民党政权的命运，中共在苏联的帮助下获得胜利。

我的阅读没有把我变成革命者，而是使我更加喜欢历史。我的同学在谈论反殖民主义时，观察到英属印度因种族冲突而分裂，也看到巴勒斯坦和塞浦路斯的命运。新的马来亚联邦看起来很容易受到族群恐怖主义的威胁。邻近的越南和印度尼西亚发生的事情也发人深思。我们看到使用暴力是没有前途的。我接受联邦政治领导人采取的谈判方式，拒绝了革命。

但是革命并没有结束。胡志明仍然致力于苏俄和中国对西方资本主义的敌对行动。苏加诺觉得大马来西亚是新殖民主义，誓言要竭力对抗，包括与共产党人结盟。革命的旗帜不同，但革命的口号始终在耳边回响。到1965年底，印度尼西亚摆脱了危险，但美国介入越南战争正如火如荼地进行。毛泽东的"无产阶级文化大革命"在几个月内成为全球瞩目的大戏。这是一次打着"继续革命"的旗号，令人困惑不解的"人民力量"的爆发，让老一辈革命家只能加以嘲笑和拒绝。

1966 年是令人迷惑的一年，因为不知道这种新型革命将给本地区带来什么影响。由于所有中国出版物首先在马来亚、然后在马来西亚和新加坡被禁，我无法知道发生了什么事。即使可以看到的一些宣传也是支离破碎，缺乏任何清晰的画面。我一直在忙于建立历史系，准备迎接大批选择历史系的学生，这是因为大家越来越关注国家历史，而且就要用国定语言教学。因此，我没有时间去关注这种令人担忧的革命热情重燃，只能杂乱无章地阅读任何看得到的新闻。

无论如何，我感到好奇，为什么有些革命成功，而另一些革命失败。我仍然无法理解，选择走民主选举道路的印度尼西亚共产党（PKI）怎么会消灭得如此彻底。东南亚所有其他共产党都选择了暴力革命。因此，香港《亚洲杂志》（*Asia Magazine*）编辑胡安·加邦顿（Juan Gatbonton）找我撰写一份关于印度和日本共产党仍在进行民主选举斗争的报告，我很感兴趣。我可以乘机了解一下印度两个共产党：印度共产党（CPI）、印度共产党（马克思主义）和日本共产党（JCP）对于印度尼西亚共产党公开参与选举的失败政治战略，有什么看法。我几年前曾经为加邦顿撰写一份报告，分析南洋华人及其对东南亚地区激进民族主义政策的反应。我告诉他，如果能去西贡了解一下当地华人对越共正在进行的革命的想法，也会很有趣。加邦顿表示同意，把西贡加进了我的行程。

我从德里开始，拜访了我的朋友罗米拉·塔帕，她把我介绍给她的哥哥罗梅什（Romesh）。罗梅什是《研讨会》（*Seminar*）杂志的创刊主编，印度共产党（马克思主义）的成员，但也与国大党领导人英迪拉·甘地（Indira Gandhi）关系密切。在中苏分裂和 1962 年中印战争之际，原来的印度共产党开始分裂，印度共产党（马克思主义）选择站在中国一边。我告诉罗梅什我想问的问题，请他建议应该去见什么人。他给我大致介绍了印度各地共产主义的情况，劝我不要去西孟加拉邦（West Bengal），因为那里的分裂刚刚开始，情况特别严重。他建议我去喀拉拉邦（Kerala）拜访印度共产党（马克思主义）领导人 E. M. S. 南布迪里巴德（Namboodiripad），然后去马德拉斯（金奈）（Madras［Chennai］）拜访印度共产党领导人库马拉曼加拉姆（Mohan Kumaramangalam），听一下不同意见。

我欣然接受了他的建议，因为我从未去过印度南部。在去卡利卡特（Calicut）的路上，我读到喀拉拉邦和马德拉斯边境的"大米暴动"，但我知道这是两邦之间经常发生的事。更为严重的是前一年的骚乱，反对中央政府用印地语代替英语作为官方语言的决定。我没想到竟然没见到南布迪里巴德，他因为参与"大米暴动"而锒铛入狱。我只能见到他的一些支持者，他们并不认为印度尼西亚共产党的命运与印度共产党（马克思主义）在印度的选举成功有任何关系。我又去了南方科钦（Cochin）的埃尔讷古勒姆（Ernakulam），然后到奎隆（Quilon），没遇到有任何人担心共产主义在民主国家的未来。我遇到的当地领导人都很有信心，认为他们维护农民和工人阶级的福利，一定会获得广泛支持。

来到了如此遥远的南方，我忍不住要去追寻马拉巴尔海岸

（Malabar coast）的历史，那里很早就与地中海各地人民进行香料贸易，还有定居在那里的犹太人、基督教徒和穆斯林。特别令人好奇的是为什么郑和在 1408 年后，给科钦统治者（当时称为柯支国〔Kezhi〕）留下皇帝的碑文，以支持他对抗他的对手。我拜访了一座仅存的犹太教堂，知道大多数人已经搬去孟买和其他城市谋生。在奎隆，我想起了腰果早在明朝舰队到达之前就很受欢迎。我可以理解为什么明朝的中国人高度重视喀拉拉邦的所有港口。

从科钦坐火车到马德拉斯，沿途所有大站贴满了标语和涂鸦，都反对用印地语作为政府语言，令人难忘。只有少数几张提到导致南布迪里巴德人狱的"大米暴动"的标语，但都被铺天盖地的反印地语示威遮盖住了。在马德拉斯，库马拉曼加拉姆邀请我去他家里，他是伊顿公学和剑桥大学培养出来的典型，出身显赫，是 1930 年代著名的剑桥共产党人。他使我想起林丰美（Lim Hong Bee），他是同一时间在剑桥修业的新加坡女王学者，终其一生都是英国共产党人。

库马拉曼加拉姆的房子很漂亮，对客人很亲切。他口齿便给，支持苏联，对印度共产党的分裂表示遗憾。他认为毛泽东的革命思想其实源自中国农民起义的传统。库马拉曼加拉姆对历史的冷静分析使我想起了英国的马克思主义者，他们认为共产主义革命在所有社会都是不可避免的。像印度共产党这样的政党可以在民主进程中发挥作用，不会缺乏民众的支持。他向我保证，印度共产党不会遭到印度尼西亚共产党那样的命运。现在反对印地语的斗争是人民的政治教育的一部分。我们的交谈彬彬有礼。一年之后，听说他退出印度共产党，加入了国大党，我一点也不奇怪。

无论我去印度南部的哪个地方，我都感到很自在。那里的人民和土地看起来都很熟悉。当我表示我来自马来西亚时，人们总是给我友好的问候，包括表示知道我来自什么国家。我去了马马拉普拉姆（Mamallapuram），我相信那里是黄支国所在地，史书记载在汉朝时已经与中国贸易。那里是印度教的圣地之一，有几座我从未见过的美丽寺庙。令人难忘的是我参观了马德拉斯博物馆，那是在英国统治下建立的，至今展示的还是原来的馆藏。我在那里度过了数小时，尤其对博物馆中摩诃波罗多和罗摩衍那故事的丰富表现方式着迷。相比之下，佛教部分都是千姿百态的各种佛像。对比如此惊人，我相信我现在知道为什么印度选择留下印度教的辉煌，把朴实而平淡的佛教让给他人。

我的下一站是东京。几年前我去过日本，拜访了几位著名的汉学家，他们的著作对我的早期研究大有帮助。我与他们在东京大学和京都大学以及东洋文库的莫里森图书馆（Morrison Library）见面。我也在那时候发现京都大学的东南亚中心正在进行新的研究。但是我这次旅行与学术研究无关；由于关注的是当代政治，我走进了一个全新的领域。我没能见到日本共产党领导人宫本显治（Miyamoto Kenji）或野坂参三（Nosaka Sanzo），只见了日共报纸《赤旗报》的几位编辑。他们给了我一本日本共产党简史和最近几期的《赤旗报》。

我听说日共多年来一直避免在中苏对抗中选边站。几位编辑细心地向我解释，日共因被迫响应更为好战的号召，而失去民众支持。另一方面，他们也不赞成赫鲁晓夫与美国的和解政策，他们眼中的美国代表了新的帝国主义强权。日共内部进行了激烈的辩论，导致一些派系出走，加入其他社会主义政党。他们尤其批评社会主义者不能团结，但指出原因在于执政的自由民主党在美国支持下造成日共分裂。

在印度和日本与共产党人会面后，我想起了赫鲁晓夫批判斯大林的"秘密讲话"以及波兰和匈牙利起义对英国、法国和意大利政党的影响。印度共产党和日本共产党也有类似反应，但没有因为这些事件而公开分裂。只是在中国的大跃进后，才出现了严重的裂痕，最终印度共产党一分为二，日共失去了许多年轻党员。我问到印度尼西亚共产党的前途，与我交谈的人强调说，苏加诺领导下的印度尼西亚并不稳定，没有宪政民主，与军方玩政治是一个严重的错误；印度尼西亚共产党为此付出了沉重的代价。

印度共产党和日本共产党的立场凸显了东南亚各国的不同经验。越盟（Viet Minh）在战场上打败了法国人，而在越南南部仍继续与美军支持的国家作战。共产党人在缅甸、马来西亚和菲律宾领导武装行动；他们在印度尼西亚没有这样做，遭到摧毁。我现在想了解西贡人民对周围的致命战斗是什么感觉。飞机降落在新山一国际机场（Tan Son Nhut Airport）时，我看到战争离我有多近。机场上有一排几天前越共炸毁的飞机。当我通过移民关口时，听到远处炸弹爆炸的声音。我住的旅馆在城里一个安静、戒备森严的地方。周围的紧张局势由附近的一些房屋插着英国、法国和其他欧洲国家的旗帜可以看出；有人告诉我，这是要让越共的支持者知道，这些居民不是美国人。我想象美国当局不会喜欢看到这样的旗帜。

我好几次访问了堤岸（Cholon）华人市区，发现那里的商店在发战争财。有人向我保证，越共是真正的民族主义者，痛恨与帝国主义者合作的人。他们想要的是一个真正独立的、统一的越南。我想起了我在马来亚的一些朋友对马共也持相似的看法。明显不同的地方在于，越共领导人是土生土长的本地人，而领导马共的华人不仅被多数马来人视为移民/外国人（*pendatang asing*），而且被认为是中共的追随者。

回国后，我在《亚洲杂志》上报告了我的行程，但没有就东南亚地区做出结论。我的主要收获是认识到革命有许多方面，有些方面可能会持续很长时间。在马来西亚和新加坡，仍然听得到革命的呼声，但是在泰国和沙捞越边境上的战斗，对两年前当选的两个政府（新加坡在 1963 年，马来西亚在 1964 年）来说，不再是威胁。从西贡回来后，我觉得那里只是大风暴来临之前的局部平静。

聚焦东亚

　　我始料未及的是，第二年的活动重点向北转移。我接到三份邀请，去参加与"文化大革命"直接或间接有关的会议，此外还受邀离开马来亚大学，去几个专门研究中国历史和政治的中心工作。

　　1966 年 2 月，我首先应邀参加在芝加哥大学举行的"中国危机"会议。"危机"指的是中国在半个世纪内发生了两次暴力革命后再度处于另一场革命之中。这次会议是该大学一年来的研讨会和演讲的总结，目的在解释中国当前的情况。会议旨在彻底检视中国传统以及为何第二次革命似乎正在"吞噬自己的孩子"。第二个邀请是去参加前面提到的安娜堡的东方主义学者会议。我发现同一主题几乎主导了会议的中国部分。大会的主题本来是前现代东方，没有想到汉学家们无法逃避，要就中国当前的发展展开辩论。对我而言，我的任务还没有结束。那年年底，我受邀去韩国，一再被问到中国的革命正在如何改变儒家文明的核心价值。

　　这三场会议接踵而来，使我在 1967 年感到自己跟不上这个领域的最佳研究。显然我必须回到可以为学术做出贡献的研究工作。如果我想继续在大学的职业生涯，非这样做不可。

　　就中国来说，革命的真正目的是统一中国，重新获得尊重和自豪。革命的概念具有多层含义，最新的含义是从法国和俄国的革命翻译得来的。对于联合邦和马来西亚来说，印度尼西亚的经验是最直接的挑战。苏加诺和印度尼西亚共产党如何变得如此强大？但是为什么前者如此轻易被推翻，后者遭到如此彻底的摧毁？接受过哈佛大学培训的印度尼西亚汉学家李德清（Lie Tek Tjeng）告诉我，他曾注意到刘少奇主席 1963 年到雅加达访问和艾地（D. N. Aidit）1965 年到北京访问，并认为印度尼西亚共产党的突然垮台可能影响了毛泽东的想法，因此觉得需要继续革命，甚至可能是 1966 年初发起"文化大革命"的一个因素。我在吉隆坡工作，无法获得有关中国共产党当前发展的资料，因此无法评论李德清的看法。

　　我记得曾与马来亚大学的两位同事谈起这件事，他们在 1950 年代末从欧洲去中国工作，一直在那里留到 1960 年代初大跃进的高峰时期。一位是马来研究系在印度尼西亚出生的蔡瑞福（Tjoa Soei Hock），他 1950 年代从荷兰到中国工作。另一位是物理系的汤寿伯，他曾应邀到北京进行物理研究，但受不了外行干部的瞎指挥，就离开了。他们两人都说，可以感觉到党组织内部日益紧张的气氛，最后导致毛泽东与刘少奇决裂。

　　芝加哥请我担任会议历史遗产部分的评论员。我早些时候访问芝加哥时，见过会议的组织者何炳棣和邹谠。他们邀请了一些西方著名历史学家，审视十九至二十世纪的儒法国家与正在进行的社会斗争之间的联系。何炳棣在会议开始时发表了一篇精辟的论文，指出中国政治传统的相关特点。接着是两篇历史分析，分别由刘广京谈十九世纪，韦慕庭（Martin Wilbur）谈二十世纪。我很感兴趣，他们两人都试图找出不断演变的中国权力结构的重要特征。随后，三位政治学家/思想家——史华慈、邹谠和詹隼（Chalmers Johnson）——从过去的经验来解释 1966 年初以来展示的思想、领导层和群众行为。这次芝加哥的新做法是请了十四名评论员深入审视六种历史观点。我评论韦慕庭的论文，比较过去的分裂时期，指出统一要能成功的必要条件。总的来说，我感到非常鼓舞，因为想到历史学家能够有助于了解当前局势，甚至有责任要这样做。

我留下来参加会议的第二部分，听了另外二十位社会科学家的报告，他们不仅描述了他们如何在中国香港、中国台湾和日本收集大量小册子和访谈数据，还提到需要什么技能来阐述这些数据。当然，我看到的是一群"中国观察家"在工作，他们提出了问题，却不一定有答案，但我却因此希望了解更多情况。特别是，我看到革命者声称要打倒一切与封建历史有关的事物，却利用过去来进行当前的内部斗争。后来我意识到，看到历史学家和社会科学家如此交流经验，对我以后的工作产生了巨大影响。

几个月后在附近的密歇根州举行的东方主义学者会议异乎寻常，有许多社会科学家参加。我在会议的东南亚部分发现了这一点，有几个社会科学家评论我关于"从外地输入的教育"的论文。吸引大会最多人参加的是一个特设小组，我被邀请与费正清和来自欧洲的学者一起，解释中国最新革命中的"文化"是什么意思。这引起了汉学家们的激烈反应，使得大家都在谈论政治而不是谈论文化。例如，台湾国民党的一位资深学者指责东南亚华侨放弃了他们的遗产。因为我就在小组里，他就以我为例：有人自称是马来亚华人而不是中国人（传统上指所有华人，但被现在的政府用来识别在中华人民共和国或在台湾地区的公民）。我在研究华侨问题时，观察到命名的政治敏感性。在小组讨论中引起的激情，促使我更加深入地研究跨国流动性，这是新的身份政治的核心。很明显，过去和当前在中国发生的事情影响了许多人的命运。

* * *

在前面的一节中，我提到东南亚各国倾向于关注自己的民族问题。的确，大多数国家面对它们从帝国统治者那里继承的边界以及混杂居住在边界内的不同族群，都难以处理。结果，很少有人关注整个地区的性质和发展潜力。唯一的例外是苏加诺誓言要摧毁新殖民主义的马来西亚。这对他没有任何好处，甚至可能促成了他的垮台。结果，反而是北美、西欧和澳大利亚的学者和政策制定者比较认真看待东南亚地区。

然而，到 1960 年代中期，战后复兴后的日本得以与新国家的领导人和平交往。"亚洲四小龙"实施出口导向的战略，独立的新加坡也随即加入。在日本的新刊物中看到的新学术研究令人印象深刻，尤其是在京都大学新设立的东南亚研究中心进行的研究。

　　我不仅开始在日本和西方国家的国际会议上遇到日本学者，后来也在中国香港、新加坡、吉隆坡和曼谷遇到过。在安娜堡的东方主义学者会议上，我们了解到日本收集的"文化大革命"文献与中国香港相比，毫不逊色。在芝加哥会议上，中国观察家们也承认他们依赖很多日本资料。连同香港和台湾的收藏，这些材料对于研究毛泽东时代的人来说，是无价之宝。东亚的新发展使学者们对变化有了不同的看法。

　　因此，当有人邀请我到韩国居留一个月，我很感兴趣并马上答应。这是韩国驻马来西亚大使崔圭夏（Choi Kyu-hah）提议的。他是研究英国文学的韩国高级外交官，并对中韩关系的历史有兴趣。他发现我和他的朋友全海宗（Chun Hae-jong）都是费正清的《中国的世界秩序》（*The Chinese World Order*）的撰稿人，就说服韩国教育部邀请我，就韩国和中国的儒学传统进行比较。此前我读过十世纪以后的中越历史，使我对朝鲜人与众不同的原因感到好奇，但对中韩关系关注尚未充分，这次能亲眼看到韩国史料，特别感兴趣。全海宗的论文谈到朝鲜人与满清打交道时所面临的复杂情况，使得我想一探究竟，而能够到汉城大学（SNU）查看韩国王家档案也是非常难得的机会。

　　在这里我要指出，这是一次决定性的访问，因为我在韩国所看到的，使我下定决心回去专门研究中国，并且要到可让我看到所有有关中国出版物的地方。让我先说一下我经历了什么，使我决心这样做。

　　我到达汉城大学后，全教授带我参观了大学的档案馆藏，其中包括最后一套朝鲜王国的文献。我抽出其中一份阅读，看到全是清朝的公文用语，文献中自豪地叙述如何抵抗日本全面并吞的企图，令我印象深刻。全海宗还向我介绍了他的两位同事，研究李氏朝鲜（Yi dynasty）时期儒学的专家高柄翊（Koh Byong-ik）和发掘百济王国首都遗迹的考古学家金元龙（Kim Wonyong）。他们都强调朝鲜文化的古老根源，以及朝鲜半岛不同地区与中国势力之间的特殊关系。在这样的背景下，我结识了两位杰出的历史学家，西江大学的李基白（Yi Ki-baek）和高丽大学的金俊烨（Kim Jun-yop）。

　　李基白是研究高丽王国（918—1392）的杰出历史学家。他关于高丽王国十世纪时根基的研究恰好与我的研究时期吻合。他研究了高丽如何成功抵抗契丹辽朝的入侵，而我则研究北方中国五代时期没有能够挡住契丹占领中国。甚至宋朝在 978 年统一中国大部分地区之后，仍然无法击败契丹，反而被迫接受羞辱性的和平，在接下来的三百年中，把所有边境州县割让给非汉族的政权。高丽和宋朝共同面对危险的敌人，建立了相互尊重的关系。李基白向我介绍了《高丽史》（Koryo-sa），并指出新罗王国（Silla kingdom）陷落后领土划分与导致半岛完全统一的因素的相似之处。我非常珍视他的见解，但感到遗憾我没有回头去研究十世纪时的中国，以致不能完成宋朝 960 年至 978 年的统一故事。

　　金俊烨曾是亚洲研究中心的创始主任。他个人的故事更是了不起。他被日本人征召到中国作战，却逃到重庆加入得到蒋介石支持的韩国民族主义者。他在重庆就读于国立中央大学，也就是我在南京时就读的那所大学，同时教中国学生和官员学习朝鲜语。1948年，他回到韩国。我们发现，我大学一年级时曾与他同学几个月。碰巧的是，他的研究中心正在发展东南亚的研究，他把我介绍给他的第一位博士生，当时正在研究安南（越南）的法律法规。金俊烨计划开设印度尼西亚语课程，对马来西亚也特别好奇。我们成为好朋友，在二十世纪一直保持联系。

这一切为我介绍中韩/朝两千年历史提供了一个良好的开端。同时，金俊烨还深入参与，就韩国与朝鲜斗争的紧急问题提供咨询。他告诉我他如何寻求台湾学者的帮助，希望了解"文化大革命"。我不得不承认，我对中国年轻人的行为完全无法理解。

然后，全海宗请他的研究生权锡棒（Kwon Sikbong）在剩下的几周里陪我到全国各地走走。我们从安东开始，安东是韩国最伟大的儒学思想家李滉（号退溪）的故乡。在进入他的藏书阁之前，我被带到了历史悠久的李滉书院行礼如仪。书院每天早晨仍在为当地学童上课，传授重要的儒家经典。尽管我不确定这样做的象征性或实质性意义，但这与年轻的红卫兵在中国针对儒家的所作所为形成了鲜明对比。

随后的行程是去西海岸刚刚发掘的百济首都遗址，这是进一步跨入历史。那里王室陵墓备受瞩目，显示了唐朝的强大影响力。然后，我们越过半岛参观东南方的新罗王国首都庆州。权锡棒让我一定要参观保存最完好的佛国寺建筑群。我所知有限，不知道那里的佛教有多少是由中国传入，有多少是新罗僧侣直接从印度学习得来，但是这些文物看起来肯定与中国发现的十世纪前的文物不同。

最好的事还在后头。在拜访了距日本最近的港口釜山以及十六世纪李舜臣击败日本水师的南海岸之后，我被带到内陆海印寺所在的伽倻山（Kaya mountains）。六百多年来，这里一直收藏着数千块用来印刷高丽《大藏经》的木雕版。这些是世界上仅存的最古老的佛经雕版，保存得非常好，在我访问时仍然被用来印刷新的经文。我看到已经印好的几套《大藏经》，准备送给在朝鲜战争期间提供联合国部队的几个国家。

整个山谷都在深深缅怀着过去的历史，使我深受感动；我很遗憾停留的时间如此短暂。我们返回汉城（今称首尔）的前一天晚上，一群韩国妇女在隔壁的房间晚餐。她们大声唱歌，权锡棒和我都听出来她们在唱日本军歌。权锡棒非常生气，差点跳起来跑去隔壁阻止，让我感到惊讶。这是我第一次感受到韩国人对日本帝国主义的深恶痛绝。他说，听到还在唱这样的歌，觉得非常可耻，并告诉我，韩国年轻人尤其不能容忍任何人对日本怀旧。

我们经大邱返回汉城，开车穿过半岛的乡村地区。每一块农地都在耕种，很明显韩国人口十分稠密。我们快到首都时，景观突然大变。亚洲四小龙的工业资本主义呈现出来，成排的工厂烟囱冒着烟，显示出韩国追赶日本并加入现代世界的决心。

在我访问期间，每天都有新闻报道中国的"文化大革命"。我对报道中的反共分析不感兴趣，但让我想起了中国各地对文化的大肆破坏与韩国对珍贵文物的维护之间的尖锐对比。我非常难过。这渊源于中国历史深处，并提醒我必须努力学习。中国过去的历史有什么可以帮助我了解中华人民共和国非同寻常的事件？我好几夜无法成眠，向自己提出类似的问题，然后打电话给娉婷诉说我的感受。我告诉她，我现在准备接受邀请，到澳大利亚国立大学担任研究教授。

稍事休息

　　我之前提到三封邀请信，这些信函要求我离开马来亚大学，重新回去研究中国。三封信都在几个星期内寄到，那时候我正在犹豫是否要离开中国历史领域，专注于历史系应该尝试塑造的国家历史。尽管接受邀请的诱惑很大，但我真的希望离开马来西亚不要超过两年或三年。

　　娉婷和我一直在考虑邀请的事，这些邀请包括了美国、英国和澳大利亚的教授职位。第一个邀请来自哥伦比亚大学的傅路德（Luther Carrington Goodrich），要求我加入东亚语言文化系。我上次在安娜堡与他交谈时，他急于扩大明史研究的工作（他正准备出版权威的《明代名人传》〔*Dictionary of Ming Biography*〕），并准备进一步研究唐、宋历史。此后不久我收到了第二个邀请，是亚非学院院长 C. H. 菲利普斯（C. H. Phillips）来信，请我担任该校当代中国中心的主任。碰巧的是，几天后又接到澳大利亚国立大学太平洋研究学院院长杰克·克劳福德来信，告诉我远东史讲座教授费子智将于1968年退休，请我继任讲座教授的职位。

值得注意的是，三封信都称呼我为中国历史学家，尽管他们也指出我也曾研究中国与东南亚的关系。这明明是在提醒我，我只是忠于职守地参与关于马来西亚历史的工作，在该领域还没有任何重要贡献。他们看重的是我在中国史方面的工作。我还意识到，他们提供的每个职位都可以为我提供进一步发展的机会。另一方面，只要我留在马来亚大学推动国家历史研究，在接触中国书籍方面继续受到限制，我就很难提高自己中国历史研究的质量。

在接到这些邀请时，我正感到自己跟不上该领域的最新研究成果。我觉得很难拒绝这些邀请。我不愿离开马来亚大学，很想知道是否可以休三年无薪假，接受其中某一个邀请。我们最近才搬到新家，孩子们已经开始上学，不可能不把他们带走。娉婷和我踌躇了几个月，讨论每个邀请的利弊。

娉婷对于让孩子在纽约长大犹豫不决，而根据她在英国的一所实用中学的不愉快经验，她很怀疑我们能否负担得起住在伦敦并将孩子送入"公学"（私立学校）。至于堪培拉，因为距离最近，我们比较容易与家人保持联系。对我来说，我不确定是否愿意留在傅路德所考虑的前现代或"中古"时期。我也不想转向当代中国的研究，但如果我选择去亚非学院，那就必须这样做。在澳大利亚国立大学，克劳福德向我保证，他希望看到远东历史系更为开放，我可以将现代史与我关于东南亚华人的研究结合起来。我们知道哥伦比亚大学和亚非学院在世界事务上更为举足轻重，也更负盛名，我们也承认纽约和伦敦是更令人向往的城市，但权衡轻重，澳大利亚国立大学似乎提供了更多我们喜欢的东西。

因此，我们同意选择澳大，在我从汉城返回后做出最终决定。但是，经过那几周在韩国的见闻，我迫不及待地想告诉娉婷，韩国的访问使我觉得将会以终身研究中国历史为职志，所以忍不住先给她打电话。当我在电话中听到她同意我的决定，我可以感觉到娉婷是再一次表示，她会嫁鸡随鸡、嫁狗随狗。

我写信给大学理事会，要求三年无薪假。我解释说，我接受邀请加入澳大的研究学院，是因为我不需要授课，可以专心做我的研究。我还询问理事会，是否可以任命一位新的讲座教授系主任，等我回来后可以担任该系的第二位讲座教授。理事会指出，如果这样做，那就意味着该系将有两名讲座教授，有违大学的政策。他们只能同意在我离任期间任命一名资历较浅的人代理系主任。我可以看出，在讲座教授系主任制度下，这样做对历史系没有好处。澳大讲座教授任职到六十五岁。如果我向马来亚大学辞职，历史系就可以聘请新的讲座教授系主任。如果我在三年后想回来，那就要看我的运气了。于是，我向理事会说明理由，并提出请辞。

但是我仍然对离开感到不安，这使我做出本来不想做的事。我一直不愿讲这个故事，这既是友谊的故事，也是我不顾马来西亚将要面对的社会现实公开表达自己政治倾向的故事。我个人不喜欢基于族群的政治，而这种政治是支撑巫统、马华公会和国大党三大政党组成联盟的基础。我承认，为了使英国人早日离开，族群主义也许是不可避免的。但是我一直认为，从长远来看，族群主义式的权力分享不利于国家建设。

故事中的友谊部分与陈志勤有关，他是大学理事会成员，支持我去澳大利亚国立大学一段时间，并鼓励我请三年假。他感到遗憾的是，因为理事会不允许聘请第二个讲座教授系主任，我决定辞职，但他希望我几年后能返回。

故事的两个部分合而为一，是因为陈志勤决定成立不以族群为基础的马来西亚民政运动党（Parti Gerakan Rakyat Malaysia，Gerakan，民政党），请我在去澳大利亚之前助一臂之力。当我还是新加坡马来亚大学校园的社运学生时，我们的友谊就开始了。他在医学院，是我的学长。毕业后，他不仅成为吉隆坡受人敬爱的医生，而且是一位敬业的议员。我和他失去了联系，但是几年后在吉隆坡重逢，成为好朋友。身为忠实的校友，他对建立新大学十分关心，我们共同努力，帮助大学招收新员工和学生。那时他是马来亚工党领导人之一，在国家政治中非常活跃。1964 年，他当选为吉隆坡中心巴图选区的代表，并在随后的十二年中一直是备受尊重的反对派声音。

但是，当工党变得激进向左转时，陈志勤被逐出工党，只能以独立议员的身份继续留在议会中。他想组建一个不依赖族群忠诚、真正关心穷人的政党，问我是否可以帮忙。他知道我已决定去澳大，而且我对成为政治家不感兴趣，因此他只要求我就起草宣言和章程提出建议。我已经从马来亚大学辞职，这样做将是表明我对马来西亚的承诺，于是表示同意。我以朋友和顾问的身份参加了几次会议。最终，陈志勤说服赛义德·侯赛因·阿拉塔斯担任该党主席，并同意林苍佑（Lim Chong Eu）医生在槟城的联合民主党与民政党合并。一切谈妥之后，他邀请我参加 1968 年的创党会议，并向我介绍帮助他起草章程的人。第二天，有媒体报道我是该党的创始人之一。

我在这里讲这个故事，因为这是我唯一一次公开参加党派性质的马来西亚政治活动，尽管只是在外围而已。认同马来西亚民政运动党，是在我认为与我们生活相关的包容性家园观念之上增添了一层薄薄的共享和归属感：这些生活包括国家和同胞、城镇和州、校园同事和学生、家人和朋友、房屋和花园，甚至我私人想法中的多重身份。当我表示我现在的公众形象又增加了一层时，娉婷感到困惑。她对我太了解了，笑着转移了话题，觉得这只不过是我过度敏感性格的另一种表现方式。

我回想起我们在吉隆坡的最后一年，还有一个值得纪念的环节。那是国际亚洲历史学家协会的会议，我们延后了这次会议，以免在安娜堡的东方主义学者会议的阴影下开会。我的同事们知道我在会议后几周就要离开马来亚大学，将这次会议视为欢送会。我很是感激，但真正令人难忘的是另一件事，成为我们这个时代的革命后果的标志。那就是布拉格之春。马来西亚于 1967 年与苏联建立外交关系，有几名苏联集团的学者来参加会议。最活跃的三位学者来自捷克，都是他们的领导人亚历山大·杜布切克（Alexander Dubcek）的支持者，并由他们最好的汉学家之一鲍格洛（Timoteus Pokora）率领。苏俄驻马来西亚大使驳斥鲍格洛的公开反抗言论，使会议出现一些戏剧性场景。结果，会议被政治性发言打断，而且在会议结束后几天，苏联军队如大家预见的那样镇压了布拉格起义。鲍格洛离开吉隆坡之前，告诉我苏俄大使警告他，"布拉格之春"已经过去了。此后不久，我得知鲍格洛被解雇，并且不得恢复职业生涯。我的同事们告诉我，与会者都认为会议是成功的，但我不能忘记脆弱的学术自由突然粉碎的那一刻。它使我想起，我正着手了解被红卫兵羞辱的学者的命运。我也因此更加感激，我的职业生涯是在马来亚大学开始的。

总　结

　　当我从怡保出发，以未来国家的新公民身份到马来亚大学学习时，我很高兴朝着新的家乡迈出了第一步。尽管我不知道我的学习方向，但这似乎并不重要。在最初的那几年中，我的家乡观念仍然与某个可以代替中国的国家联系在一起。我的心目中没有别的家乡。在怡保，我的父母从一个肮脏的出租屋搬到了一个两居室的公寓，然后搬到吉隆坡一个半独立式的出租屋，在那里我有一个房间，一年中只在放假去探望他们时住两个星期。在离开伦敦之前的五年中，我一直住在新加坡的大学宿舍，从十五人一间的开放式宿舍到二十个分隔房间的封闭式宿舍，再到位于杜宁道的四十座半独立式房屋中一个双人房间。我从来没有认为我住过的地方就是家乡。

　　实际上，在那些年里，我很少想到家乡这个词。我认为部分原因是，家乡的观念似乎表现为我从未想过的形式，就是把持续学习的校园当做家。马来亚大学就是这样一个地方，它的教职员工和学生住在靠近图书馆和实验室的大楼里，大多数人都频繁交往。不仅如此，我们还有一个视如己有的美丽植物园。实际上，我很容易就把这个美丽

的校园视为家园，因为在五年学习期间，我平均每年至少有 45 周在
那里度过。

　　然后我去了伦敦。娉婷与我会合后，我们结婚并搬到剑桥，然后
又回伦敦。英国尤其是伦敦，是文学和音乐的文化之地。至于伦敦的
康诺特厅、哈默顿学院、果园街和牧羊丛（Shepherd's Bush）的公
寓，都是我们工作和休息的临时住所。帕金森一旦明白表示让我回到
马来亚大学成为新的员工，我可以期待旧校园将再次成为我的家园。
当然，娉婷也把新加坡视为家乡，她和家人在那里居住了十五年之
久。之后，我的父母也决定搬去那里，人口渐增的王氏一家在 1957
年终于可以居住在一起了。

　　然而事与愿违。我期盼着回到我的移居国马来亚及其首都，那里
是马来亚大学的新校区。我们用新加坡的大学住房换来吉隆坡的住
房，从 1957 年到 1964 年一共住过四所房子，都分别留下一些愉快的
回忆。可是，在那段时间，另一种形式的家乡在我脑海中不断形成，
这个家乡与校园相连，但与一个能够自由开放地学习的大学越来越密
切地联系在一起。我没有真正想过这个想法对家乡的观念有多重要，
只觉得与一些思维敏锐的人待在一起会感到舒服和满足。

　　回首过去，正是许多层次的归属感混合在一起使我相信我们正在
安顿下来。新校园正不断扩大，不仅在学术领域和图书馆收藏方面，
而且新建筑有人入住，大学的理念逐渐成形。我先后担任文学院院长
和历史系主任，使我更接近国家建设项目的核心，包括我花了几年
时间试图在《马来西亚概览》中描述的大马来西亚计划。在国外，苏

加诺的对抗运动以及美国日益介入针对中苏共产主义挑战的战争，也提高了民族主义意识。

在吉隆坡，我们现在已经熟悉了新环境。我看到吉隆坡及其附属城市八打灵再也变得生动有趣，我们与当地商店和邻居产生了亲密感情。作为英语教学专家，娉婷的表现非常出色，我们的儿子准备去一所好小学读书，那里除了英语，还有马来语和华语教学。我父亲现在是一位备受尊敬的校长，任职于全国最好的独立华文中学之一。

我在大学里的工作非常有满足感。自 1949 年以来与我一起成长的马来亚大学传统得到了认真的维护。我获得充分的支持，把一群敬业的同事团结在一起。在他们的帮助下，历史系将为毕业生借学习历史打开视野，从而能够在更大更复杂的世界上为国家提供服务。我努力为发展马来西亚国家历史树立榜样，因此进入迷人的新领域，包括马来西亚华人族群的历史。在校园外，我应邀参加了语言厅（Dewan Bahasa）和图书馆（Pustaka）的主要历史著作精选的翻译计划。我主持历史的特殊术语委员会，以确保专业上的一致性。

那时候，我最关心的是将我们的研究生课程更系统地与马来西亚历史的本地研究联系起来。两者都取得了进展，每周举行一次由马来亚大学员工和研究生（包括其他院系有共同兴趣的研究生）主持的研讨会，这特别有用，这种常规会议给我们所有人带来很大的鼓舞。在三年多的时间里，这些研讨会帮助我们的团队规划和组织了 1968 年的第一次国际历史学家会议。我至今回想同事们怎样努力筹备会议，邀请全世界许多著名亚洲历史学家来到吉隆坡，仍十分欣慰。

三代同框，新加坡，1968 年。此照后不久全家迁往澳大利亚

　　前面提到，我意识到自己的行政职责和沉重的教学负担，正影响我中国历史研究的质量。1967 年，我在芝加哥和安娜堡参加会议，凸显了我无法跟上最新的研究工作的进度。我在这些会议上遇到的每位中国历史学家似乎都能理解中国事态发展的关键特征。很明显，我无法接触到有关当代中国的书籍和文章，已严重阻碍了我的理解能力。但是我遇到的每个人都以为我应该知道发生了什么事，并应该解释为什么中国的年轻人听从那个时代的破坏性号召。因此，我在韩国

的一个月使我相信，我必须回头研究中国历史，不然就来不及了。

在我们做出这个决定之前，娉婷和我一再思量。但是她坚信，我身为中国历史学家的职业生涯岌岌可危，并鼓励我去堪培拉。我把我们的计划告诉父母时，他们也毫不犹豫。一如既往，他们认为我应该继续学习，而任何能够提高我学习能力的举动都是正确的。马来西亚是我们的国家，大学是我的知识家园，而且这里有我们自己的家可以回来。尽管如此，这是一个艰难的决定。我们离开后，1969 年的重大事件改变了国家格局，这完全出乎我们的意料。

娉婷向来实事求是。澳大提供三年的大学住房，但是如果我们不想购买任何新家具，就不得不带齐所有家庭用品。我们会把八打灵再也的房子出租，如果房子里面没有家具，比较容易租出去。在国际亚洲历史学家协会会议之后，我们收拾行李准备出发。在 9 月中旬离家的前夕，娉婷环顾四周，仔细盘点了我们要带的东西，然后对我说："我们住在什么地方，那里就是我们的家。"我点点头，对于这一点我完全同意。

心安即是家

我们在澳大利亚住了十八年，是否在那里找到了家？家一定是一个国家或城市吗？譬如我们已经住了将近十年的香港？或者家是我们居住了二十四年以上、具有独特的多元文化的城市国家新加坡？或者家是这所或那所房子？确实，我们住过一些非常舒适的房子，包括我们在新加坡的公寓。

我们一直很幸运，无论我们在哪里生活和工作，从未发现有什么地方不能成为我们想象的家。对我自己来说，家可能与大学有关，在那里我可以自由地提出我感兴趣的问题：例如，中国是一种具有复原力的古老文化，是两千多年来经历兴亡盛衰的几个帝国，或者是一个多民族的现代国家；还有，关于像我这样居住在中国之外的人，这种无论居住在哪里的"华人"。在每个校园中，娉婷和我都结交朋友，把我们在这个世界发现的有趣事物与同事和学生分享。

回顾往事，五十多年前，我们离开吉隆坡前往堪培拉。我们总是被问起，我们认为自己的家在哪里。由于我们永远无法确定，往往回答说，家就是我们所在的地方，也是所有我们感觉像在家里的地方。

在堪培拉，我们在澳大提供给我们的房子里住了三年。二百码以外的库姆斯大楼就是我上班的地方，研究图书馆就在大楼对面。娉婷决定攻读亚洲研究的另一个学位，只需向前再走五十码到另外一座大楼。

当我们儿子读的堪培拉高中搬到附近的阿兰达郊区，而两个女孩也可以在那里上小学时，我们就在那个郊区盖了新房子。娉婷现在经验更丰富，设计了一个安乐窝，我们在那里住了十五年。

1977 年，我成为澳大利亚公民。娉婷继续保留着马来西亚国籍好几年。

我将让我们的子孙后代去讲述，他们自己认为的家在哪里。我们把八打灵再也的房子租了出去，直到在堪培拉盖第二座房子后两年才卖掉。我们的儿子新明去悉尼就学后，再也没有和我们同住。他结婚之后，定居在悉尼。两个女儿就读于澳大，并一直与我们住在一起，新玫直到结婚才搬出去。新兰毕业后有自己的家。我母亲来和我们住在一起，有一段时间，在阿兰达只有我们三个人。

在澳大工作十八年后，我去了香港大学，住在那座豪华的校长官邸里，我的母亲与我们同住。我们把阿兰达的房子出租了，希望在我香港大学的工作结束后返回堪培拉。这个愿望没有实现。我退休后，去了新加坡的东南亚研究所，还担任东亚政治经济研究所的执行主席，后来又成了新加坡国立大学东亚研究所所长。

我们的孩子都没有留在堪培拉，所以我们决定卖掉堪培拉的房子，并在新加坡投资了一个公寓。我们没有计划，不知道什么时候回澳大利亚，如果回去，是住在新明居住的悉尼，还是住在新玫和新兰都买了房子的墨尔本。

结婚六十周年

到头来，我们已经在新加坡住了二十四年。我们住的第一个共管公寓被整栋出售，我们被迫搬了出来，就在邻近的郊区买了另一套公寓。我们住得非常舒适，只要还在新加坡，就会继续留在这里。在这五十年，我们似乎一直感觉像在家里。

附录： 有关马来亚家乡的著作

(每个类别内按时序排序)

我的生活：怡保及以后

刘宏，《生命之树长青——专访王赓武教授》，《地平线月刊》， 2000年，第一期，页13–24。

《前言》，《王宓文纪念集》。新泽西： 八方文化创作室， 2002，页ix–xi。

李业霖主编，《南洋大学走过的历史道路》。马来亚南洋大学校友会， 2002。

Philip A. Kuhn, "Wang Gungwu: The Historian in His Times," in *Power and Identity in the Chinese World Order*, *Festschrift in Honour of Professor Wang Gungwu*, eds. Billy K. L. So, John Fitzgerald, Huang Jianli, and James K. Chin. Hong Kong: Hong Kong University Press, 2003, pp. 11–31.

Lee Guan-kin, "Wang Gungwu: An Oral History," in *Power and Identity in the Chinese World Order*, pp. 375–413.

刘宏，《从新加坡看华人世界： 王赓武教授与海外华人研究》，《战后新加坡华人社会的嬗变： 本土情怀、局域网络、全球视野》。厦门： 厦门大学出版社， 2003，页245–263。

Gregor Benton and Hong Liu (eds.), *Diasporic Chinese Ventures: The Life and Work of Wang Gungwu*. London: Routledge/Curzon, 2004.

陈松赞,《校长王宓文先生传略》, 载郑良树编,《宽柔论集》。新
　　山: 南方学院出版社, 2006, 页 83‑112。

Alan Baumler, "Rethinking Chinese History in a Global Age: An
　　Interview with Wang Gungwu," *The Chinese Historical Review*
　　14, no. 1 (Spring 2007): 97‑113.

Vineeta Sinha, "In Conversation with Wang Gungwu," *ISA*
　　(*International Sociological Association*) *E-Bulletin*, no. 6 (March
　　2007): 54‑80.

Wang Gungwu: Junzi: Scholar-Gentleman in Conversation with Asad-
　　ul Iqbal Latif. Singapore: Institute of Southeast Asian
　　Studies, 2010.

Huang Jianli, "Conceptualizing Chinese Migration and Chinese
　　Overseas: The Contribution of Wang Gungwu," *Journal of*
　　Chinese Overseas 6, no. 1 (2010): 1‑21.

"My Green Innocence," "Life had changed forever," and "A
　　Nomad in Ipoh," in *Ipoh*, *My Home Town: Reminiscences of*
　　Growing Up, *in Ipoh*, *in Pictures and Words*, ed. Ian Anderson.
　　Ipoh: Media Masters Publishing, 2011, pp. 104‑107, 144‑
　　145, 262‑265.

Zheng Yongnian and Phua Kok Khoo (eds.), *Wang Gungwu:*
　　Educator and Scholar. Singapore: World Scienti c, 2013.

苏基朗,《古今生民命、天下华人心》,《天下华人》。广州: 广东人
　　民出版社, 2016, 页 1‑9。

李怀宇采访,《王赓武: 关注华人的忧患与命运》,《各在天一涯:
　　二十位港台海外知识人谈话录》。北京: 中华书局, 2016, 页
　　75‑101。

"Childhood Memories to the Age of 12," in *Recalling*, ed. Nicholas
　　Tarling with the assistance of Ooi Keat Gin and Rupert Wheeler.
　　New York: Hamilton Books, 2017, pp. 217‑233.

Wang Gungwu, *Home Is Not Here*. Singapore: NUS Press, 2018.

Rachel Leow, "Home is Everywhere," *Mekong Review* 4, no. 2

(Feb. -April 2019): 6 - 7 [also in *Los Angeles Review of Books China Channel*, 7 October 2019].

Wu Xiao An, Review essay, "Home is not Here," *Journal of the Malaysian Branch of the Royal Asiatic Society* 92, part 2, no. 317 (December 2019): 163 - 176.

王菁，《漂泊的学人——王赓武：何处为家？》，《东方历史评论》，2019. Madeline Y. Hsu, "Where Is Home? e Current State of Chinese Migration Studies," *Cross-Currents: East Asian History and Culture Review* (e-journal) 32: 140 - 145. <https: // cross-currents. berkeley. edu/e-journal/issue-32/hsu>.

毛升，《评王赓武回忆录 | 侨居与定居之间》，《上海书评》，2020年2月12日。

Philip Holden, Anthony Reid, and Khoo Boo Teik, "SOJOURN Symposium on Home Is Not Here," *SOJOURN: Journal of Social Issues in Southeast Asia* 35, no. 1 (2020): 138 - 159.

大学

"A New Tradition at the University" and "Campus at Pantai Valley," *The Straits Times Annual for 1960* and *for 1966*. Singapore, 1960 and 1965, pp. 53 - 55 and 54 - 57.

"The University in Relation to Traditional Culture," in *Proceedings, Asian Workshop on Higher Education*, ed. Li Choh-Ming. Hong Kong: Chinese University of Hong Kong, 1969, pp. 21 - 32.

《二十年前的一段往事——王赓武校长谈"南大事件"》，香港大学《学苑》，1986。由 Gregor Benton 翻译为 "Wang Gungwu on the Nantah Incident: An Interview," in *Diasporic Chinese Ventures: The Life and Work of Wang Gungwu*, 2004, pp. 31 - 42.

"The University and the Community," in *Proceedings, Second Asian Workshop on Higher Education*, ed. Rayson L. Huang.

Singapore: Nanyang University, 1972, pp. 17‑29, 111‑120.

"Universities in Transition in Asia," *Oxford Review of Education* 18, no. 1 (1992): pp. 17‑27.

"The University as a Global Institution," in *The Universities of the Future: Roles in the Changing World Order*. Richard, A. Harvill Conference on Higher Education, University of Arizona, 1994, pp. 38‑43.

The Modern University in Australia and Asia, The Menzies Oration on Higher Education, 1 October 1996, University of Melbourne, 1997.

李业霖主编，《南洋大学走过的历史道路》。马来亚南洋大学校友会，2002。

Shifting Paradigms and Asian Perspectives: Implications for Research and Teaching, in *Reflections on Alternative Discourses from Southeast Asia*, ed. Syed Farid Alatas. Singapore: Pagesetters Services, 2002, pp. 47‑54.

"Inception, Origins, Contemplations: a Personal Perspective," in *Imagination, Openness & Courage: The National University of Singapore at 100*. Singapore: NUS Press, 2006, pp. 1‑31.

"New University, Three Generations: China, Malaya, Singapore," *s/pores: New Directions in Singapore Studies* 1, issue 2. 1. <http: //spores. wordpress. com/2008/02>.

"Post-imperial Knowledge and Pre-Social Science in Southeast Asia," in *Decentring and Diversifying Southeast Asian Studies: Perspectives from the Region*, ed. Goh Beng-Lan. Singapore: Institute of Southeast Asian Studies, 2011, pp. 60‑80.

《马来亚大学中文系成立往事：王赓武教授专访》，《薪火相传、桃李芬芳：国大中文系六十周年系庆特刊》，2013，页 20‑23。

文学

Pulse. Published by Beda Lim at the University of Malaya, Singapore,

1950.

"Trial and Error in Malayan Poetry," *The Malayan Undergrad* 9, no. 6 (July 1958): 6 – 8. Reprinted in *s/pores: New Directions in Singapore Studies*, 10 January 2008.

"Twelve Poems," in *Litmus One*, *Selected University Verse*, *1949 – 1957*. The Raffles Society, University of Malaya, Singapore, 1958, pp. 27 – 36.

"The Violin," in *The Compact: A Selection of University of Malaya Short Stories*, *1953 – 1959*, ed. Herman Hochstadt. Raffles Society, University of Malaya, 1959, pp. 85 – 94.

Awang Kedua, "Five Poems," *Varsity 1962*, Kuala Lumpur, 1962, pp. 71 – 72.

"On Hearing of a Friend's Death," "If I Was Born to Rule," "In a Silk-Draped Hothouse," "I Am Not a Soldier," "A New Sensation," and "A Short Introduction to Chinese Writing in Malaya," in *Bunga Emas: An Anthology of Contemporary Malaysian Literature*, ed. T. Wignesan. London: Anthony Blond and Kuala Lumpur: Rayirath (Raybooks) Publications, 1964.

"The Pier," "Moon Thoughts," "Ahmad," and "A New Sensation," in *The Flowering Tree: Selected Writings from Singapore/Malaysia* , compiled by Edwin Thumboo. Singapore: Educational Publications Bureau, 1970, pp. 21, 22, 23, 123 – 138.

Koh Tai Ann, "Literature in English by Chinese in Malaya/Malaysia and Singapore: Its Origins and Development," in *Chinese Adaptation and Diversity: Essays on Society and Literature in Indonesia*, *Malaysia* & *Singapore*, ed. Leo Suryadinata. Singapore: Singapore University Press, 1993, pp. 120 – 168.

Philip Holden, "Interrogating Diaspora: Wang Gungwu's *Pulse*," *Ariel* 33, Issue 3 – 4 (2002): 105 – 130.

《无以解脱的困境？》,《读书》, 2004 年 10 月，页 110 - 120。

"Within and Without: Chinese Writers Overseas," *Journal of Chinese Overseas* 1, no. 1 (2005): 1 - 15.

"A New Sensation," in *Twenty-two Malaysian Stories: An Anthology of Writing in English*, ed. Lloyd Fernando. Singapore: Heinemann Educational Books (Asia), 1968, pp. 113 - 125.《前所未有的感觉》，载胡宝珠翻译，张锦忠、黄锦树、庄华兴编《回到马来亚：华马小说七十年》。黑风洞：大将出版社，2008，页 51 - 61。

"Learning Me Your Language," *s/pores: New Directions in Singapore Studies* 1, issue 2 (2008). < http: //spores. wordpress. com/2008/01/12>.

"An Interview with Wang Gungwu by Robert Yeo from the Mid - 1980s," *s/pores: New Directions in Singapore Studies* 1, issue 2. 1. <http: //spores. wordpress. com/2008/02>.

"Plus One," "Three Faces of Night," and "A New Sensation," in *Writing Singapore: An Historical Anthology of Singapore Literature*, eds. Angelia Poon, Philip Holden, and Shirley Geoklin Lim. Singapore: NUS Press, 2009, pp. 106 - 117.

"Three Faces of Night (Poem)," in *& Words: Poems Singapore and Beyond*, ed. Edwin umboo. Singapore: Ethos Books, 2010, pp. 32 - 33.

"Six Poems," in *Malchin Testament: Malaysian Poems*, ed. Malachi Edwin Vethaman. Petaling Jaya: Maya Press, 2017, pp. 333 - 339.

"Moon oughts" and "Three Faces of Night," in *Unfree Verse: Singapore Poetry in Form, 1937 - 2015*, eds. Tse Hao Guang, Joshua Ip, and Theophilus Kwek. Singapore: Ethos Books, 2017, pp. 9 - 11.

"Two Poems 'The Pier' and 'Pulse,'" in *Who Are You My Country? Writing about Identity Past and Present*, eds. Winston

Toh Ghee Wei, Theophilus Kwek, Joshua Jesudason, and Hygin Prasad Fernandez. Singapore: Landmark Books, 2018, pp. 39, 92.

Nilanjana Sengupta, "Foreword," in *The Votive Pen: Life and Poetry of Edwin Thumboo* (2020).

历史

"Johor Lama: An Introduction to Archaeology," *The Malayan Historical Journal* 1, no. 1 (1954): 18 – 23.

"The *Chiu Wu-Tai Shih* and History-Writing during the Five Dynasties," *Asia Major*. London, 1957, pp. 1 – 22.

"The University of Malaya Archaeological Society's Survey of Central Kedah, May 1958," *Journal of Malayan Branch of the Royal Asiatic Society* 31, no. 1 (no. 181) (1958): 220 – 223.

"The Nanhai Trade: A Study of the Early History of Chinese Trade in the South China Sea," *JMBRAS* 31, pt. 2 (1958): 1 – 135. 〔姚楠译，《南海贸易——对南中国海中国早期贸易史的研究》，《南海贸易与南洋华人》。香港：中华书局，1988，页 1 – 204。〕

"Mr. Harrison and the 'Western Bias' in the Nanhai Trade," *Asian Perspectives*, Hong Kong, 1961.

"Feng Tao, An Essay on Confucian Loyalty," in *Confucian Personalities*, eds. Arthur F. Wright and Denis Twitchett. Stanford: Stanford University Press, 1962, pp. 123 – 145, 346 – 351.

"The Opening of Relations between China and Malacca, 1402 – 1405," in *Malayan and Indonesian Studies: Festschrift for Richard Winstedt*, eds. J. S. Bastin and R. Roolvink. London: Oxford University Press, 1964, pp. 87 – 104.

The Use of History. Inaugural lecture, University of Malaya, 14 Dec.

1966, Kuala Lumpur; also published in Papers in International Studies, Ohio University, 1968.

"Early Ming Relations with Southeast Asia—A Background Essay," in *The Chinese World Order*, ed. J. K. Fairbank. Cambridge, MA: Harvard University Press, 1968, pp. 34–62, 293–299.

"China and Southeast Asia, 1402–1424," in *Studies in the Social History of China and Southeast Asia: Essays in Memory of Victor Purcell*, eds. J. Chen and N. Tarling. Cambridge: Cambridge University Press, 1970, pp. 375–401.

Community and Nation: Essays on Southeast Asia and the Chinese. Kuala Lumpur and Sydney: Heinemann Asia and Allen & Unwin, 1981.

"Southeast Asian Hua-ch'iao in Chinese History-Writing," *Journal of Southeast Asian Studies* 12, no. 1 (1981): 1–14.

"Lu Xun, Lim Boon Keng and Confucianism," *Papers on Far Eastern History*, no. 39 (1989): 75–91.

"Merchants Without Empire: The Hokkien Sojourning Communities," in *The Rise of Merchant Empires: Long-Distrance Trade in the Early Modern World*, 1350–1750, ed. James D. Tracy. Cambridge: Cambridge University Press, 1990, pp. 400–421.

China and the Chinese Overseas. Singapore: Times Academic Press, 1991.

"The Status of Overseas Chinese Studies," in *Chinese America: History and Perspectives 1994*. San Francisco: Chinese Historical Society of America, 1993, pp. 1–18.

"Migration and Its Enemies," in *Conceptualizing Global History*, eds. Bruce Mazlish and Ralph Buultjens. Boulder, CO: Westview Press, 1993, pp. 131–151.

"Among Non-Chinese," in *The Living Tree: The Changing Meaning of Being Chinese Today*, ed. Tu Wei-ming. Stanford: Stanford

University Press，1994，pp. 127–146.

"Ming Foreign Relations: Southeast Asia," in *The Cambridge History of China*，*vol. 8: The Ming Dynasty*，*1368–1644*，*Part 2*，eds. Denis Twitchett and Frederick W. Mote. Cambridge and New York: Cambridge University Press，1998，pp. 301–132，992–995.

The Chinese Overseas: From Earthbound China to the Quest for Autonomy. Cambridge，MA: Harvard University Press，2000.

刘宏、黄建立编，《海外华人研究的大视野与新方向：王赓武教授论文集》。新泽西：八方文化创作室，2002。

《离乡别土：境外看中华》。傅斯年纪念讲座。台北：中央研究院历史语言研究所，2007。

The Structure of Power in North China during the Five Dynasties. Kuala Lumpur: University of Malaya Press，1963；Stanford: Stanford University Press，1967.

胡耀飞、尹承译，《五代时期北方中国的权力结构》。上海：中西书局，2014。

Huang Jianli，"Approaches to History and Domain Crossings: Wang Gungwu and His Scholarship," in *Chineseness and Modernity in a Changing China*，eds. Zheng Yongnian and Zhao Litao. Singapore: World Scientific，2020，pp. 9–28.

马来西亚

"Memperkembang Bahasa Kebangsaan: Peranan Perseorangan dan Badan Kesusasteraan" [Developing the National Language: The Role of Individuals and Literary Bodies]，*Bahasa*，*Keluaran Perseketuan Bahasa Melayu* 2，no. 2 (1960): 86–95. University of Malaya，Kuala Lumpur.

"Malacca in 1403," *Malaya in History* 7，no. 2 (1962): 1–5. Kuala Lumpur.

Latar Belakang Kebudayaan Pendudok di-Tanah Melayu: Bahagian Kebudayaan China [The Cultural Background of the Peoples of Malaysia: Chinese Culture]. Kuala Lumpur: Dewan Bahasa dan Pustaka, 1962.

"Malayan Nationalism," *Royal Central Asian Journal* 49, pts. iii and iv (1962): 317 - 325. London.

"The Melayu in *Hai-kuo Wen-chien Lu*," *Journal of the Historical Society* 2 (1963): 1 - 9. University of Malaya, Kuala Lumpur.

Malaysia: A Survey (editor). New York and London: Praeger and Pall Mall Press, 1964.

"The Concept of Malaysia," "Early Chinese Influence in Southeast Asia," "Political Malaya, 1895 - 1941," "The Japanese Occupation and Post-War Malaya, 1941 - 1948," and "Malaya: The Road to Independence and Malaysia," in *History of the Malaysian States*. Singapore: Lembaga Gerakan Pelajaran Dewasa, 1965, pp. 1 - 4, 12 - 16, 80 - 91.

"Political Symposium, the Great Split," *Varsity 1965* 1, no. 5 (1965): 8 - 12. University of Malaya Students' Union.

"The Way Ahead," *The Straits Times Annual for 1966*, Singapore, 1965, pp. 26 - 31.

"1874 in Our History" and "Malaysia's Social History," *Peninjau Sejarah* 1, no. 1 and no. 2 (1966): 12 - 16 and 1 - 5. Kuala Lumpur.

"The Growth of a Nation," in *Ten Years of Merdeka*, Straits Times. Kuala Lumpur, August 1967, pp. 3 - 6.

"Political Change in Malaysia," *Pacific Community* 1, no. 4 (1970): 687 - 696.

Malaysia: Contending Elites. Sydney: University of Sydney, Department of Adult Education, 1970.

"Chinese Politics in Malaya," *The China Quarterly* 43 (1970): 1 - 30.

"Reflections on Malaysian Elites," *Review of Indonesian and Malay Studies* 20, no. 1 (1986): 100 – 128. Sydney.

"Malaysia-Singapore: Two Kinds of Ethnic Transformations," *Southeast Asian Journal of Social Science* 25, no. 2 (1997): 183 – 187.

"Continuities in Island Southeast Asia," in *Reinventing Malaysia: Reflections on Its Past and Future*, ed. Jomo K. S. Bangi, Malaysia: Penerbit Universiti Kebangsaan Malaysia, 2001, pp. 15 – 34.

"Chinese Political Culture and Scholarship about the Malay World," in *Chinese Scholarship on the Malay World: A Reevaluation of a Scholarly Tradition*, ed. Ding Choo Ming. Singapore: Eastern Universities Press, 2003, pp. 1 – 30.

Nation-Building: Five Southeast Asian Histories (editor). Singapore: Institute of Southeast Asian Studies, 2005.

黄坚立，《南洋大学与新加坡的语文分化：1965 年王赓武报告书的争议》，载李元瑾编《南大图像：历史河流中的省视》。新加坡：南大中华语言文化中心；八方文化创作室，2007，页 165 – 220。（英文修订版：Huang Jianli, "A Window into Nanyang University: Controversy over the 1965 Wang Gungwu Report," in *A General History of the Chinese in Singapore*, eds. Kwa Chong Guan and Kua Bak Lim. Singapore: Singapore Federation of Chinese Clan Association and World Scientific, 2019, pp. 445 – 475.)

"The Fifty Years Before," in *The Chronicle of Singapore, 1959 – 2009: Fifty Years of Headline News*, ed. Peter H. L. Lim. Singapore: Editions Didier Millet and National Heritage Board, 2009, pp. 15 – 27.

"Student movements: Malaya as Outlier in Southeast Asia," Review Article, *Journal of Southeast Asian Studies* 44, no. 3 (2013) 511 – 518.

"The Call for Malaysia" and "Malaya: Platform for Nation Building,"

in *Nanyang: Essays on Heritage*. Singapore: Institute of Southeast
Asian Studies, 2018, pp. 11 - 35 and 36 - 58.

亚洲：东南亚

"The Emergence of Southeast Asia," *Bakti*, Journal of the Political
Study Centre, Singapore, no. 3 (1961): 9 - 11.

"Nation Formation and Regionalism in Southeast Asia," in *South
Asia Pacific Crisis: National Development and the World
Community*, ed. Margaret Grant. New York: Dodd, Mead &
Company, 1964, pp. 125 - 135, 258 - 272.

"The Teaching of History in a Southeast Asian Context," in *History
Teaching: Its Problems in Malaya*, ed. Zainal Abidin b. A.
Wahid. Department of History, University of Malaya, 1964,
pp. 1 - 11.

"The Vietnam Issue" and "Communism in Asia," *Journal of the
Historical Society*, University of Malaya, 1965 and 1967, pp. 1 -
5 and 1 - 12.

" South and Southeast Asian Historiography," *International
Encyclopedia of the Social Sciences* 6 (1968): 420 - 428, ed.
David L. Sills. New York: Macmillan.

Scholarship and the History and Politics of Southeast Asia. Flinders
University Asian Studies no. 1, Adelaide, 1970.

"Southeast Asia between the 13th and 18th Centuries: Some
Reflections on Political Fragmentation and Cultural Change"
(1971), in *Historia: Essays in Commemoration*, eds. A. B.
Muhammad, A. Kaur, and Abdullah Zakaria. Kuala Lumpur:
Malaysian Historical Society, 1984, pp. 1 - 12.

"Nationalism in Asia," in *Nationalism: The Nature & Evolution of
an Idea*, ed. Eugene Kamenka. London: Edward Arnold, 1973,
pp. 82 - 98.

"The Study of the Southeast Asian Past," in *Perceptions of the Past in Southeast Asia*, eds. A. J. S. Reid and D. Marr. Singapore: Heinemann, 1979, pp. 1 - 8.

"China and Southeast Asia: Some Recent Developments," in *Collected Essays in Sinology, Dedicated to Professor Kim Jun-yop*. Seoul: Korea University Press, 1983, pp. 657 - 671.

"Introduction," in *Southeast Asia in the Ninth to Fourteenth Centuries*, eds. D. G. Marr and A. C. Milner. Singapore and Canberra: Institute of Southeast Asian Studies and Research School of Pacific Studies, Australian National University, 1986, pp. xi - xviii.

"Nationalism and Its Historians." Keynote Lecture at the History of Nationalism Conference, 14th International Association of Historians of Asia, Bangkok, May 1996, in *Bind Us in Time: Nation and Civilization in Asia*, 2003, pp. 1 - 22.

China's Place in the Region: The Search for Allies and Friends. The 1997 Panglaykim Memorial Lecture, Center for Strategic and International Studies, Jakarta, 1997.

"ASEAN and the Three Powers of the Asia-Pacific," in *Southeast Asia's Changing Landscape*, ed. Gerrit W. Gong. Washington, DC: The Center for Strategic and International Studies, 1999, pp. 19 - 26.

"The Search for Asian National Histories," in *IAHA 2000: Proceedings*, 16th *Conference of the International Association of Historians of Asia*, Vol. I, eds. Ahmat Adam and Lai Yew Meng. Kota Kinabalu: Universiti Malaysia Sabah, 2004, pp. 275 - 283.

"Contemporary and National History: A Double Challenge," in *Nation-Building: Five Southeast Asian Histories*, ed. Wang Gungwu. Singapore: Institute of Southeast Asian Studies, 2005, pp. 1 - 19.

"The Pull of Southeast Asia," in *Historians and Their Disciplines: The Call of Southeast Asian History*, ed. Nicholas Tarling. MBRAS Monograph no. 40, 2007, pp. 161 – 174.

"Southeast Asia: Imperial Themes," *New Zealand Journal of Asian Studies* 11, no. 1 (2009): 36 – 48.

"Party and Nation in Southeast Asia," *Millennial Asia: An International Journal of Asian Studies* 1, no. 1 (Jan-June 2010): 41 – 57.

"The Peranakan Phenomenon: Pre-national, Marginal, and Transnational," in *Peranakan Chinese in a Globalizing Southeast Asia*, ed. Leo Suryadinata. Singapore: Chinese Heritage Centre and NUS Museum Baba House, 2010, pp. 14 – 26.

"Before Southeast Asia: Passages and Terrains," in *ISEAS at 50: Understanding Southeast Asia Past and Present*. Singapore: Institute of Southeast Asian Studies, 2018, pp. 65 – 84.

海外华人

"Chinese Reformists and Revolutionaries in the Straits Settlements, 1900 – 1911," Appendix B: Wu Hsien-tzu 伍宪子, "A Short Account of K'ang Nan Hai in Nanyang" (1952). Trans. Wang Gungwu. University of Malaya, 1953.

A Short History of the Nanyang Chinese. Singapore: Donald Moore, 1959. [张弈善译,《南洋华人简史》。台北: 水牛出版社, 1969。]

"Sun Yat-sen and Singapore," *Journal of the South Seas Society* 15, pt. 2 (1959): 55 – 68. Singapore.

"An Early Chinese Visitor to Kelantan" and "A Letter to Kuala Pilah, 1908," *Malaya in History* 6, no. 1 and no. 2 (1960 and 1961): 31 – 35 and 22 – 26.

"Traditional Leadership in a New Nation: The Chinese in Malaya and

Singapore," in *Leadership and Authority: A Symposium*, ed. G. Wijeyewardene. Singapore: University of Malaya Press, 1968, pp. 208 - 222.

"Secret Societies and Overseas Chinese" (review article), *The China Quarterly* 47 (1971): 553 - 560. London.

"Political Chinese: An Aspect of Their Contribution to Modern Southeast Asian History," in *Southeast Asia in Modern World*, ed. Bernard Grossman. Wiesbaden: Otto Harrassowitz, 1972, pp. 115 - 128.

"The Limits of Nanyang Chinese Nationalism, 1912 - 1937," in *Southeast Asian History and Historiography: Essays Presented to D. G. E. Hall*, eds. C. D. Cowan and O. W. Wolters. Ithaca. NY: Cornell University Press, 1976, pp. 405 - 421.

" 'Are Indonesian Chinese Unique?': Some Observations," in *The Chinese in Indonesia*, ed. J. A. C. Mackie. Melbourne: Thomas Nelson, 1976, pp. 199 - 210.

"The Question of the 'Overseas Chinese,' " *Southeast Asian Affairs 1976*, Singapore, 1976, pp. 101 - 110.

"A Note on the Origins of *Hua-ch'iao*," in *Masalah-Masalah International Masakini*, ed. Lie Tek Tjeng, vol. 7. Jakarta: Lembaga Research Kebudayaan Nasional L. I. P. I., 1977, pp. 71 - 78.

The Chinese Minority in Southeast Asia. Southeast Asia Research Paper Series 1, Nanyang University, Singapore. Singapore: Chopmen Enterprises, 1978.

"South China Perspectives on Overseas Chinese," *Australian Journal of Chinese Affairs*, no. 13 (1985): 69 - 84. Canberra.

姚楠编,《东南亚与华人：王赓武教授论文选集》。北京：中国友谊出版公司；新华书店北京发行所发行, 1987。

"The Study of Chinese Identities in Southeast Asia," in *Changing Identities of the Southeast Asian Chinese since World War II*,

eds. Jennifer Cushman and Wang Gungwu. Hong Kong: Hong
Kong University Press, 1988, pp. 1 - 21.

"The Chinese as Immigrants and Settlers," in *Management of
Success: The Moulding of Modern Singapore*, eds. K. S. Sandhu
and Paul Wheatley. Singapore: Institute of Southeast Asian
Studies, 1989, pp. 552 - 562.

"Patterns of Chinese Migration in Historical Perspective," in
*Observing Change in Asia — Essays in Honour of J. A. C.
Mackie*, eds. R. J. May and W. J. O'Malley. Bathurst:
Crawford House Press, 1989, pp. 33 - 48.

《同化、归化与华侨史》，载吴伦霞、郑赤琰编《两次世界大战期间
在亚洲之海外华人》。香港: 中文大学出版社，1989，页
11 - 21。

"Greater China and the Chinese Overseas," *The China Quarterly*,
no. 136 (1993): 926 - 948. London.

"Wealth and Culture: Strategies for a Chinese Entrepreneur," *A
Special Brew: In Honour of Kristof Glamann*, ed. Thomas
Riis. Odense University Press, 1993, pp. 405 - 422.

"The Hakka in Migration History," in *Proceedings*, *International
Conference on Hakkaology* , eds. Hsieh Chien and C. Y. Chang.
Hong Kong: Chinese University of Hong Kong, Centre for Asia-
Pacific Studies, 1995, pp. xxv - xl.

"Southeast Asian Chinese and the Development of China," in
*Southeast Asian Chinese and China: The Politico-Economic
Dimension*, ed. Leo Suryadinata. Singapore: Times Academic
Press, 1995, pp. 12 - 30.

"Sojourning: The Chinese Experience in Southeast Asia," in
*Sojourners and Settlers: Histories of Southeast Asia and the
Chinese*, ed. Anthony Reid. St Leonard's, NSW: Allen &
Unwin, 1996, pp. 1 - 14.

"Upgrading the Migrant: Neither *Huaqiao* nor *Huaren*," in *The*

Last Half Century of Chinese Overseas, ed. Elizabeth Sinn. Hong Kong: Hong Kong University Press, 1998, pp. 15 - 33.

The Chinese Diaspora: Selected Essays (edited with Wang Ling-chi). Two volumes. Singapore: Times Academic Press, 1998.

" Chineseness: The Dilemmas of Place and Practice," in *Cosmopolitan Capitalists: Hong Kong and the Chinese Diaspora at the End of the 20th Century*, ed. Gary Hamilton. Seattle: University of Washington Press, 1999, pp. 118 - 134.

"A Single Chinese Diaspora? Some Historical Reflections," in *Imagining the Chinese Diaspora: Two Australian Perspectives*. Canberra: Centre for the Study of the Chinese Southern Diaspora, 1999, pp. 1 - 17.

"Ethnic Chinese: The Past in Their Future," in *Intercultural Relations, Cultural Transformation, and Identity — The Ethnic Chinese*, ed. Teresita Ang See. Manila: Kaisa Para Sa Kaunlaran, Manila, 2000, pp. 1 - 20.

"Diaspora, A Much Abused Word" (interview by Editor Laurent Malvezin), *Asian Affairs*, Hong Kong, no. 14 (Winter 2001): 17 - 29.

《再论海外华人的身份认同》，载李焯然编《汉学纵横》。香港：商务印书馆，2002，页 45 - 63。